신학생을 위한

구약

솔로몬

신학생을 위한 구약

2009년 2월 25일 초판 1쇄 발행

편저자 | 정일오
펴낸이 | 박영호
펴낸곳 | 도서출판 솔로몬

주소 | 서울시 동작구 사당3동 207-3 신주빌딩 1층
전화 | 599-1482
팩스 | 592-2104
직영서점 | 596-5225

등록일 | 1990년 7월 31일
등록번호 | 제16-24호

ISBN 978-89-8255-425-4

서 문

구약은 시대적으로, 사상적으로, 문화적으로 현대의 기독교인들에게는 너무나 거리가 먼 책이다. 그래서 수많은 기독교인들이 구약성경을 오해해 왔다. 그리고 구약은 신약과는 달리 오늘날의 삶에 적용하기가 대단히 어렵다. 그래서 구약성경은 설교에 적용하기가 어려운 내용이 되었고, 간혹 구약성경의 내용을 말할 때는 주로 예화 내지 교훈으로서만 사용해 왔다.

그러나 구약성경은 분명히 하나님의 말씀이고 영원히 진리의 말씀이다. 구약의 말씀이 하나님의 말씀이기 때문에 그 말씀은 어느 시대에나 적용될 수 있는 말씀이고 구원사적 의미가 있는 말씀이다. 그래서 본 편집부에서는 이러한 사실을 밝히고 구약성경에 더욱 친밀하도록 하고자 본서를 내놓게 되었다.

이 개론서는 구속사적 입장에서 구약성경을 바라보고 이해하도록 하기 위하여 이전에 김경신 교수님이 편역하셨던 「구약 이해의 길잡이」라는 책을 대폭 수정해서 다시 만들었다. 이 책은 구약에 얽힌 여러 가지 문제들을 다루기보다는 내용 자체를 살펴보도록 하기 위하여 기록되었으며, 그것들이 오늘날 어떤 의미를 가지고 있는지를 엿보도록 약간의 설명을 덧붙였다.

본서는 평신도들과 성경을 더 잘 알기를 원하는 신학대학 학생들을 위하여 쓰여졌다. 물론 목회자들이나 신학대학원 학생들에게도 참고할 만한 가치가 있을 것이다.

정일오

Contents

시가서

대선지서

소선지서

들어가기 전 : 구약에 대한 오해들

우리는 성경 말씀을 읽고 연구하고 또한 설교하는 것을 듣고 믿음을 가지며 신앙생활을 한다. 그러므로 성경관이 잘못되면 우리의 신앙이 잘못된다. "구약성경과 신약성경이 어떤 관계를 가지고 있느냐?"는 질문은 우리의 신앙생활에 가장 기본적인 태도를 갖게 하는 질문이며 가장 중요한 질문이다.

1. 구약과 신약 사이에 차이점이 있다는 데 대한 반론

구약은 준비고, 신약은 성취인가?

우리가 구약을 하나의 준비로 생각한다면, 구약이 신약에 종속되는 글로서 인식될 수 있다. 그러나 구약성경은 하나의 준비로서 주어진 것이 아니다. 구약성경에 기록된 내용들은 그 사건이 일어났던 당시에 실제로 하나님의 구원을 경험하고 하나님과 생명력 있는 관계를 유지하면서 축복을 받았던 사람들이나 혹은 죄로 인하여 하나님으로부터 저주를 받았던 사람들에 대한 기록이다. 우리가 거울을 들여다보는 것같이, 구약 시대에는 복음이 예표적 그리고 상징적 형태로 이미 존재했고, 구원받은 사람들은 그 복음을 통하여 살아 계신 하나님과 생생한 관계를 누리며 살았다. 다만 구약성경은 인간의 실상을 너무나 확실하게 현실적으로 보여주고 있을 뿐이다. 인간은 하나님의 말씀대로 살지 못하고 실패할 수밖에 없다는 것을 극명하게 보여주는 것이 구약이다. 신약 시대에도 진정한 구원을 받지 못한 사람은 설교를 듣고 교회에 출석하고 여러 가지 신앙 활동을 해도 말씀에 순종하는 삶을 살지 못한다. 그러나 룻이나 라합처럼 하나님의 백성 가운데 들어 있지 않은 이방인들이라고 할지라도 복음을 간접적으로 듣고 하나님의 주의 영에 감동될 때 얼마든지 구약의 이스라엘 백성들이 행했던 믿음의 행동을 할 수 있었다. 그래서 구약성경에는 이방인의 구원이 간헐적으로 발견된다.

구약은 배경 혹은 서론에 지나지 않는가?

어떤 사람은 구약을 전주곡이나 배경 혹은 서론 정도로 생각한다. 또한 사람들은 일반적으로 구약의 언약을 율법 언약 혹은 모세 언약으로 생각하는 경향이 있다. 그리고 구약의 이스라엘 백성들이 시내산에서 맺은 언약에 실패했으므로 신약 시대에 새 언약을 맺게 된 것으로 생각하기도 한다. 따라서 어떤 이들은 구약성경이 이스라엘 백성들의 실패를 입증하는 역사라고 생각하는 경향이 있다. 물론 이러한 색채가 없지는 않다. 그러나 구약 시대의 언약 체결 방식은 돌비에 새겨진 하나님의 가르침(토라)을 객관적으로 제공한 것이다.

이러한 토라(하나님의 가르침, 즉 언약의 말씀)의 제공 방식이 객관적이었으므로 당연히 마음의 변화가 일어나지 않은 이스라엘은 그 가르침대로 살 수가 없었다. 이러한 현상은 오늘날도 마찬가지다. 그러나 마음에 변화가 일어난 백성들은 구약 시대에도 이미 하나님과 생명적 언약관계를 맺고 신약 시대 백성들 못지않게 믿음생활을 했다. 예를 들면, 에녹이 그러했고, 노아가 그러했으며, 아브라함을 비롯한 족장들이 그러했고, 모세, 여호수아, 다윗 그리고 신실한 선지자들과 제사장들이 그러했다. 히브리서 11장에는 구약의 위대한 신앙인들의 모습이 열거되어 있다. 우리의 모범은 예수님이시다. 그러나 주님의 모습을 발견할 수 있는 인물이 구약성경에는 무수히 많이 기록되어 있다.

신약만이 성경의 확실한 교리를 제공하는 것이 아니라, 구약성경 역시 확실한 교리를 세울 수 있는 근거가 된다. 그 이유는 신구약성경 모두 하나님의 성령의 감동으로 기록되었고, 그래서 구약성경 역시 하나님의 영원히 변치않는 말씀이기 때문이다. 그런데 구약은 신약보다 훨씬 더 광범위한 분야를 취급한다. 신약이 구속에 더 집중하고 있는 반면, 구약은 우주 전체와 불신 세계의 실상을 적나라하게 파헤치고 있다. 그럼에도 불구하고 하나님께서 세상에 계시하시는 계시의 내용은 신약과 구약이 똑같다.

구약은 비윤리적인가?

일반적으로 사람들은 구약을 읽으면서 구약의 윤리가 비윤리 내지는 저급한 윤리를 나타내고 있는 것으로 생각하는 경향이 있다. 예를 들어, 아브라함이 후처 혹은 첩을 취한 일, 아브라함과 이삭이 거짓말을 한 일, 야곱이 네 명의 아내를 거느린 일, 요셉이 애굽의 이방신의 제사장의 아내를 취한 일, 라합이 거짓말한 사실을 여과 없이 기록하고 그녀(기생)가 이스라엘 백성 가운데 들어와서 다윗 계열(예수의 족보)에 들어간 일, 다윗이 여러 첩들을 거느린 일, 솔로몬이 천 명의 처첩을 거느린 일 등을 그 예로 든다.

하나님은 아담에게 한 명의 아내를 주셨다. 그래서 한 남자와 한 여자의 결혼으로 한 가정을 이루게 하셨다. 이것은 구약성경 전체의 사상이다. 이스라엘 족장들이나 왕들의 축첩은 하나님의 기쁘신 뜻은 아니었다. 오히려 축첩으로 말미암아 족장들과 왕들은 가정 내의 불화와 알력과 갈등 그리고 하나님의 징계를 경험했다(말 2:15을 보라). 이러한 사실들을 여과 없이 기록하고 또한 비윤리적인 사실을 여과 없이 기록한 것은 구약이 인간적 윤리보다 하나님과 인간간의 관계를 더 중시했기 때문이다. 진정한 윤리는 하나님과 바른 관계를 맺은 다음, 그분의 백성으로서 그분의 말씀을 따라 행하는 것이다. 인간은 자신의 표준을 가지고 윤리/비윤리를 가려서는 안 된다. 순전히 인간적인 윤리는 가장 반기독교적일 수 있다. 예를 들어, 인간적 윤리를 강조하는 유교를 보라. 유교도들은 자기 의 혹은 자기 중심적 윤리 표준 때문에 예수를 믿기가 너무나 어렵다. 그럼에도 불구하고 구약의 계시는 가장 선하시고 사랑이 무한하신 하나님의 모습을 보여준다. 예를 들어, 동등처벌법("이는 이로…")은 보복을 가르치는 법이라기보다는 네 이웃을 네 몸처럼 사랑하라는 의미에서 주신 명령이다. 특히 구약에서 강조하여 가르치는 독특한 법은 약자 보호법인데, 이 법은 가난하고 힘이 없는 사람을 돌보아 주기를 바라시는 하나님의 사랑을 반영하고 있다.

구약성경에는 장차 마귀를 쳐부술 메시아의 계보를 확보하기 위하여 하나님이 계획하신 뜻이 나타나 있는데, 장남 제도, 둘째 것을 택하시는 하나님의 기쁘신 뜻, 수혼 제도, 고엘 제도, 이방인의 가입 등이 그것이다. 이러한 계획들 가운데는 인류를 구속하시려는 하나님의 뜻이 들어 있다. 이 과정에서 인간의 눈으로 보기에 비윤리적인 것 같은 모습이 보일 수도 있다. 그러나 이러한 제도 혹은 모티프(motif)들은 구속사적 입장에서 보면 인류 구원 계획 가운데 숨겨진 하나님의 뜻을 드러내고 있다.

나아가서 시편은 이스라엘 백성들의 신학 사상을 나타내고 있는데, 시편의 저자들은 가끔 원수의 철저한 보복을 구하는 기도를 드리고 혹은 저주를 하기도 한다. 이러한 시편의 저주는 하나님 편에서, 하나님의 심장을 가진 저자가 하나님이 심판하실 원리와 원칙을 확증하는 것으로 이해한다면 옳을 것이다. 저주는 어떤 면에서 저주가 아니다. 인간에게 주어진 고통과 괴로움은 그 사람이 하나님께로 나아가 영생을 얻는 하나의 디딤돌이 되기도 한다. 예를 들면, 감옥이나 병석에 누워 있을 때 그리고 사업이 실패하고 망했을 때 사람은 곤고함을 느끼고 하나님을 찾게 되어 구원을 받는다. 특히 사형수들은 죽음을 앞두고 하나님 앞에 엎드리는 경우가 많지 않는가?

구약성경에 기록된 전쟁 기사는 하나님께서 이방인들을 전쟁이라는 수단을 통하여 무자비하게 죽이는 것을 허용하시는 것처럼 보인다. 이 문제는 구약의 전쟁(Holy War)을 성경신학적으로 깊이 연구해 보면 저절로 풀린다. 구약의 전쟁은 ① 하나님의 죄에 대한 심판적 차원에서, ② 살아 있는 사람들에게는 하나님의 거룩에 대한 계시적 차원에서, ③ 이스라엘의 승리 편에서는 하나님의 승리와 그 결과로 인한 이방의 정복 그리고 이방인을 하나님의 백성으로 삼으시려는 궁극적인 목적적 차원에서 이해해야 한다(참고. 시 68:18).

구약은 율법이고, 신약은 복음인가?

율법(토라)은 "하나님의 가르치심"을 의미한다. 그것을 율법으로 보아서는 안 된다. 구약은 토라를 지킴으로 생명(영생)을 얻는 것으로 가르치고 있는가? 레위기 18:5을 보면 이렇게 기록되어 있다: "너희는 나의 규례와 법도를 지키라 사람이 이를 행하면 그로 인하여 살리라 나는 여호와니라." "그로 인하여"는 "율법을 지킴으로 인하여"를 의미하기보다는 "그것들 안에서"를 의미한다. 즉 그것들을 지킴으로써 하나님의 토라(가르치심)가 가져다주시는 풍성한 은혜를 맛보며 산다는 것이다. 그러므로 구약에서 토라는 구원 얻는 근거가 아니었다. 이스라엘 백성은 하나님의 은혜로 애굽으로부터 구원을 받은 결과 하나님의 백성이 되었고, 그러므로 하나님의 토라를 지키면서 하나님의 백성으로 살아가야 한다는 것을 말씀하시는 것이다. 구약 시대에도 구원은 전적인 하나님의 은혜였다. 신약 시대에도 구원은 전적인 하나님의 은혜로 되어진다. 구약 시대에 신실한 성도들은 말씀에 철저히 순종하면서 주의 뜻을 따라 살았을 때 성공과 승리 그리고 영광을 얻었다. 신약 시대의 성도들도 구약의 계명의 말씀을 철저히 지키고 성화된 삶을 살 때 저 풍성한 삶을 맛보게 된다.

구약 시대에도 참 이스라엘 백성들은 그리스도의 보혈을 통한 죄사함과 성령을 통한 중생을 통하여 영생을 얻었다. 애굽에서 나온 구약의 이스라엘 백성들이 모두 구원받은 사람들(충만한 실체)은 아니었음을 알아야 한다. 또한 요단강을 건너 가나안 땅에 들어간 사람들이 모두 구원받은 사람은 아니다. 스데반이 말한 대로 이들은 광야 교회의 교회원(보이는 교회 구성원; 행 7:38)들이었다. 따라서 저들 가운데도 구원받지 못한 사람들(가라지)이 있었다. 구약의 성도들의 죄사함은 대리적 희생 제사를 통하여 이루어졌다. 제사는 타락하자마자 주어진 하나님의 계시였다. 그래서 가인과 아벨이 제사를 드린 것이다. 또한 구약의 성도들도 신약의 성도들처럼 성령으로 말미암은 마음의 변화(하나님의 말씀이 마음에 심겨짐)를 통하여 중생했다.

어떤 사람은 구약의 하나님은 두려운 하나님이요 공의의 하나님이시며, 신약의 하나님은 은혜로운 하나님이라고 생각하는 경향이 있다. 그러나 구약은 보복을 권장하거나 칭찬하지 않는다. 오히려 동등처벌법을 강조함(보복을 강조한 것이 아님)으로써 이웃을 사랑해야 할 것을 강조한다. 구약법은 이웃에 대한 배려와 돌봄을 강조하고 부정한 행실을 구체적으로 밝힌다. 이러한 윤리는 신약의 그것과 동일하며, 신약에 구체화되지 않은 윤리는 구약이 보충해 준다. 요컨대 신구약 성경의 윤리는 모두 "사랑"이다(참고. 요일 2:7-11). 안식일에 나무를 한 사람을 죽이라고 명령하신 것은 안식일 명령의 구속사적 중요성에 근거하여 해석해야 한다. 안식일은 모세언약의 표였다. 다시 말해서 안식일을 지키지 않는다는 것은 하나님의 백성 됨을 포기하는 것이다. 그러므로 이스라엘 백성 내에는 하나님의 언약 백성이 아닌 사람이 한 사람도 있어서는 안 된다. 그래서 이스라엘 공동체 내에서 끊어 죽이라(혹은 그 공동체에서 추방하라: 추방은 고대 근동에서 사형에 해당하는 형벌임)는 명령을 내리신 것이다.

구약의 성도들은 구약성경만으로도 거듭났으며 신약 성도들에 못지않은 믿음생활을 했다(히 11장). 초대 교회 성도들은 신약성경 없이 예수님의 행적을 증언하는 사람들을 통하여 구약성경을 해석하는 것을 들으면서 신앙생활을 했다. 그럼에도 불구하고 그들은 오늘날의 성도들 이상으로 온전한 신앙생활을 했다. 오늘날도 수많은 성도들이 구약 본문을 읽다가 거듭났다고 증언하고 있다.

어떤 사람은 구약이 신약에 종속된다고 말한다. 그러나 구약은 신약과 함께 오실 메시아를 계시한다는 점에서만 그리스도의 출현에 종속된다.

그러므로 구약과 신약은

1) 둘 다 동일한 하나님의 계시된 말씀이다.

2) 둘 다 동일한 진리를 가르친다.

3) 둘 다 동일한 구원의 길을 제시한다.

2. 신구약 성경의 중심 주제

신구약 성경의 중심 주제는 무엇인가? 우리는 물론 신구약 성경의 주제가 예수 그리스도라는 사실을 잘 알고 있다. 그러나 다시 생각해 보면 이 문제는 그렇게 쉽게 답할 수 있는 것이 아니다. 신약성경은 그 중심 주제가 예수 그리스도이심을 분명히 알 수 있다. 그러나 구약성경의 경우에는 쉽게 결정할 수가 없다. 왜냐하면 잠언, 전도서, 아가, 욥기 등이 예수 그리스도의 모습을 분명하게 명시하지 않고 있기 때문이다. 구약성경이 취급하고 있는 주제는 신약성경보다 광범위하다. 아마도 구약의 중심 주제에 대해서는 여러 가지 답변이 제시될 수 있을 것이다. 그럼에도 불구하고 우리는 구약의 중심 주제를 결정하기 위해 하나의 히브리어 문구를 만들 필요가 있는데, 그것은 곧 '따바르 야웨'다. '따바르'란 히브리어는 여러 가지 의미를 지닌다. 말씀, 물건, 물질, 역사, 사건 등의 의미를 모두 포함한다. 이 단어야말로 구약이 취급하고 있는 각 성경의 주제를 다 포괄할 수 있다. 이 따바르라는 단어의 중심부엔 말씀이신 예수 그리스도가 계신다. 주님은 하나님의 말씀으로 이 땅에 오셨다. 모든 물질은 예수 그리스도를 통하여 창조되고 유지된다(요 1:1-4, 14; 히 1:1-3). 구약의 역사는 예수 그리스도를 중심으로 하고 있는 구속의 역사다. 구약의 사건은 그리스도를 보여주는 사건이다.

신학생을 위한 구약

들어가면서

성경은 그 어느 문학, 역사 그리고 신학 작품보다 더 위대한 작품이다. 그것은 그 저작과 보존, 선포 그리고 영향력(역사를 변화시키고 삶을 변화시킴)에서 가장 독특한 책으로 존재하고 있다. 그것은 다양한 저자, 다양한 시대 그리고 다양한 문학 형태로 이루어진 하나의 전집류와 같은 책이다. 그럼에도 불구하고 하나님의 성령의 감동에 의하여 기록된 것으로서 단일성을 이루고 있다. 또한 구약과 신약은 함께 영원한 과거에서 영원한 미래까지, 높은 천국에서 깊은 지옥까지를 선명하게 둘러볼 수 있도록 구성되어 있다. 이 66권의 성경에서 우리는 우리의 과거를 발견하고, 우리의 현재를 이해하며, 우리의 미래에 대한 소망을 얻는다.

구약성경은 신약성경의 기초를 이루는 구속의 역사다. 성경 안에는 점진적 계시가 있으며, 구약성경에서 암시된 것이 신약성경에서 밝히 드러난다. 구약은 모든 역사의 중심적 사건－메시아의 대속 사역－을 미리 보여주고 있으며, 신약은 메시아의 사역을 되돌아보면서 묘사하고 있다.

정경 문제와 관련하여 구약성경이 거룩한 하나님의 말씀으로 모아진 것은 어느 때인가? 에스라 시대였을 가능성이 크다. 그리고 그렇게 모아져서 전수되어 온 기록들을 70명의 유대인 학자들이 헬라어로 번역했다(주전 약 2세기경). 주전 190년 이미 이러한 구약의 책들이 모아져 한 권의 책으로 편집되어 있었다는 증거가 있다. 벤 시락 예수는 이 책을 읽는 데 전념했다고 시락의 지혜서 서문에 나타나 있다. 그런데 일반적인 견해에 의하면, 이러한 것들이 성서(Holy Scripture)로 불리다가 주후 100년경 얌니아 총회에서 최후로 공인되었다고 한다. 선드버그는 얌니아 총회 이전의 유대교 내에서는 정경의 범위가 확실히 결정되지 않은 상태였다고 주장한다. 그러나 차일즈는 그 이전, 특히 주전 2-1세기경에 이미 정경과 같은 의미의 거룩한 책으로 구약이 편집되어 유대인들에게 그 권위를 인정받아 왔다고 주장한다.

구약의 정경성은 요세푸스(37-95), 멜리토(170), 오리겐(254 사망), 유세비우스, 터툴리안(160-250), 제롬(340-420) 등이 인정했다. 특히 제롬은 라틴어 벌게이트역을 번역하면서 외경을 번역하기는 했으나 그것들을 정경으로 인정하지 않고 다만 번역만 했을 따름이다.

구약 22권(또는 24권, 개신교의 39권)이 정경으로 인정된 것은 무엇 때문이었는가? 그것은 교회가 그것을 정경으로 인정했기 때문이라고 할 수 없다. 그것 자체가 하나님의 말씀이기 때문에 교회는 그것들을 인정하지 않을 수 없었던 것이다.

웨스트민스터 신앙고백은 1644년 기초 위원들이 3년 간 작성하여 1646년 11월 26일에 완성했고, 1649년 8월에 스코틀랜드 장로교회가 그것을 수락한 것이다. 그 웨스트민스터 신앙고백 1:4은 다음과 같이 기록하고 있다.

> "성서의 권위에 대하여 우리는 그것을 믿고 복종해야 한다. 그 권위는 어떤 사람이나 교회의 증언에 의거하는 것이 아니라, 진리 자체이시며 저자가 되시는 하나님께 전적으로 매여 있다. 그것은 하나님의 말씀이다. 따라서 우리는 그것을 받아들여야 한다."

따라서 우리는 기독교회가 유대인의 경전을 기독교의 경전으로 인정한 것－이것은 기독교가 구약 성경에 기록된 내용에 정통성을 가지고 있다고 인정하였기 때문임－과, 393년 힙포 공의회와 397년 칼타고 공의회에서 신약성경을 기독교 정경으로 인정한 것에는 하나님의 감동과 간섭이 있었다는 사실을 믿는다.

구약성경은 본래 두 부분으로 나누어진다: 율법과 선지자들(마 7:12; 눅 16:16, 29, 31). 이것은 나중에 세 부분, 즉 율법, 선지자의 글 그리고 시편(눅 24:44)으로 확대되었다.

히브리어 성경(MT, 맛소라 본문)은 모두 24권으로 다음의 순서로 되어 있다.

1) 토라(율법)

(1) 창세기(베레쉬트) (2) 출애굽기(쉐모트)

(3) 레위기(와이크라) (4) 민수기(베미드바르)

(5) 신명기(데바림)

2) 네비임(선지서)

전선지서 – (6) 여호수아(예호슈아) (7) 사사기(쇼페팀)

(8) 사무엘(쉐무엘) (9) 열왕기(멜라킴)

후선지서 – (10) 이사야(예샤야후) (11) 예레미야(이르메야후)

(12) 에스겔(예헤즈켈) (13) 12서(테레 아샤르)

3) 케투빔(성문서)

시서 – (14) 시편(테힐림) (15) 욥기(요옵) (16) 잠언(미슐레)

오축(five scrolls, 다섯 개의 두루마리) –

(17) 룻기(룻) : 오순절에 낭독

(18) 아가(쉬르 하쉬림) : 유월절에 낭독

(19) 전도서(코헬레트) : 장막절에 낭독

(20) 애가(에카-오호라) : 성전 멸망일에 낭독

(21) 에스더(에스테르) : 부림절에 낭독

역사서 – (22) 다니엘(다니엘)

(23) 에스라·느헤미야(에즈라·네헤미야)

(24) 역대기(디브레 하야밈).

독특한 점은 히브리 성경(MT)에서 다니엘서가 역사서로 분류되어 있다는 점이다. 이는 히브리인들이 다니엘을 선지자가 아닌 정치가로 보았기 때문이다.

구약성경의 헬라어 역본(LXX)은 오늘날 우리가 사용하고 있는 성경처럼 네 부분으로 편집되었다: 율법서(5), 역사서(12), 시가서(5) 그리고 선지서(17). 5권의 율법서는 12권의 역사서와 결합되어 다음과 같은 구조를 이루고 있다.

	역사서(17)	시가서(5)	선지서(17)	
모세오경(5)	창세기	욥기	이사야	대선지서(5)
	출애굽기	시편	예레미야	
	레위기	잠언	예레미야애가	
	민수기	전도서	에스겔	
	신명기	아가	다니엘	
역사서(12)	여호수아		호세아	소선지서(12)
	사사기		요엘	
	룻기		아모스	
	사무엘상		오바댜	
	사무엘하		요나	
	열왕기상		미가	
	열왕기하		나훔	
	역대상		하박국	
	역대하		스바냐	
	에스라		학개	
	느헤미야		스가랴	
	에스더		말라기	
	사건 과거 하나님의 역사 해설 언약 백성	경험 현재 하나님의 길 시 언약의 실천	예고 미래 하나님의 뜻 예언 언약의 선포자들	

17권의 역사서는 창조를 포함하여 이스라엘 역사 전체를 그 시작부터 말라기 선지자의 시대까지 밟아 가고 있다. 모세오경에서 이스라엘은 선택되고 구속되었으며, 훈련과 가르침을 받았다. 나머지 12권의 역사서는 그 땅의 정복과 사사들의 시대, 통일 왕국 형성, 북왕국(이스라엘)과 남 왕국(유다)의 분열을 기록하고 있다. 남북 왕국의 백성들은 포로로 사로잡혀 갔으나, 그들 중 많은 사람들이 본국으

로 귀환했다.

5권의 시가서는 삶의 의미, 축복 그리고 아름다움의 근거로서 하나님과의 올바른 관계에 초점을 맞추고 있다.

17권의 선지서는 주로 이스라엘의 죄악과 우상 숭배로 인한 형벌에 대한 예고와 위로(심판에도 불구하고 하나님의 사랑과 은혜로 말미암는 미래의 소망)라는 두 방향의 메시지를 담고 있다. 선지자들은 모두가 일신상의 커다란 위험을 무릅쓰면서도 하나님의 날카로운 말씀을 글자 그대로 대담하게 선포했는데, 그 이유는 그들이 주의 영에 사로잡혀 야웨 하나님의 입장에서 인간들의 죄를 바라보았기 때문이다.

모세오경

모세오경 개요

모세의 다섯 권의 책은 율법서, 토라(율법에 대한 히브리어), 모세의 율법 그리고 오경 등의 다양한 이름으로 알려져 있다. 오경이라는 단어는 헬라어 펜타('다섯')와 튜코스('두루마리' 또는 '책')로 이루어진 복합명사를 번역한 명칭이다.

이 다섯 권의 책에 대한 모세의 저작권을 뒷받침하는 외적 및 내적 증거가 많이 있지만, 지난 두 세기 동안 많은 비평가들이 이 문제에 도전해 왔다. 그 일반적인 비평의 요지는 이스라엘 종교가 여러 단계를 거쳐 발전했으며, 다양한 문서가 계속해서 생겨났고, 이것들이 분열 왕국 때 그리고 바벨론 포로 이후에 편집되었다는 것이다. 그러나 이러한 주장은 그 이후에 그릇된 것으로 입증되었거나 혹은 입증되지 않은 상태로 남아 있는 인간의 상상이나 가정 위에 세워진 학설에 지나지 않는다.

이 오경은 모세가 저술한 것인가, 아니면 여러 명의 익명의 사람들이 기록해 놓은 다양한 문서들을 편집해 놓은 작품인가? 이 책들은 내용, 주제, 목적 그리고 문체에서 명백한 연속성을 지니고 있으며 분명히 한 사람의 저자가 기록한 것임을 암시해 주고 있다. 각각의 책들은 앞의 책에서 마친 부분과 자연스럽게 연결되어 있다. 모세오경은 그 연속적인 역사에서뿐만 아니라 영적인 면이 점진적으로 전개되는 면에서도 완전성을 지니고 있다.

책	핵심 사상	그 민족	그 백성	하나님의 성품	하나님의 역할	하나님의 명령
창세기	시작	선택됨	예비됨	전능	창조주	"있으라"
출애굽기	구속	구출됨	구속됨	자비	구원자	"내 백성을 가게 하라"
레위기	예배	성별됨	교육 받음	거룩	거룩케 하시는 자	"거룩하라"
민수기	방랑	연단 받음	시험 받음	의	붙드시는 자	"들어가라"
신명기	갱신된 언약	준비됨	재교육을 받음	사랑	상 주시는 자	"순종하라"

창세기

이 책은 성경 전체의 역사적 및 신학적 기초를 제공해 준다. 처음 11장은 다음과 같은 태고의 사건들을 간추려서 개관(槪觀)해 놓고 있다: 하나님의 창조 사역, 인간의 타락, 홍수 심판 그리고 민족들의 흩어짐. 12장에서는 갑자기 화제의 방향이 바뀌면서 하나님께서 모든 민족에게 구원과 축복을 부어 주기 위해 사용하실 한 사람을 선택해 내신다. 창세기의 나머지 부분은 아브라함과 그의 후손들인 이삭, 야곱 그리고 요셉 등에 얽힌 사건들을 담고 있다.

출애굽기

야곱의 후손들은 가나안에서 애굽으로 이동했는데, 이제 새로운 바로의 압제 아래서 고통을 받는다. 약 400년이 지난 후 그들은 압제로 인하여 야웨 하나님께 구원해 달라고 부르짖는다. 이에 응답하여 하나님은 모세에게 능력을 부여하시고 그로 하여금 열 가지 대재앙을 행하게 하신다. 이스라엘 백성들은 유월절 사건을 통해 자유를 얻어 애굽을 떠나고 홍해를 건너 시내 산으로 나아간다. 거기서 하나님은 이스라엘과 언약을 체결하고 자신의 뜻을 계명의 형태로 계시해 주신다. 또한 자기 백성 가운데 거주하기 위하여 성소의 모형을 보여주며 백성들이 자원하여 드리는 예물로 그 성소를 지으라고 명하신다.

레위기

이제 이스라엘 백성은 구속함을 받아 해방되었으니 하나님께로 구별되어져서 거룩한 삶을 살아야 한다. 하나님은 그들에게 성결 의식과 제사 제도에 관한 규례를 말씀하신다. 레위기의 나머지 부분은 그 백성들이 어떻게 의식적으로 그리고 도덕적으로 성결케 되는지를 가르치고 있다. 성화(聖化), 봉사 그리고 순종이 강조되고 있다.

민수기

시내 산에 머물고 있는 그 백성은 약속된 가나안 땅으로 진행하기에 앞서 관련된 몇 가지 지시를 받는다. 그런데 그들은 가나안 땅으로 들어갈 바로 그 시점에 믿음이 사라지고 가나안 백성들을 두려워하여 스스로 광야로 돌아선다. 그리하여 하나님은 자신을 의지하지 않은 출애굽 세대가 모두 죽어 갈 때까지 40년 간 광야에서 헤매게 함으로써 그들을 징계하신다.

신명기

모세는 임종을 앞두고 있고, 여호수아가 그의 후계자로 임명된다. 광야에서 자라난 그 세대에게 고별 설교를 하면서 모세는 그들에게 하나님께서 과거에 행하신 일을 상기시키고, 현재의 성별과 완전의 필요성을 강조하며, 가깝고 먼 장래에 어떠한 일이 있을 것인지를 예고한다. 그러고 나서 모세는 백성들을 축복한 후 죽음을 앞두고 느보 산에서 약속된 땅을 바라본다.

창세기

태초에 하나님이 천지를 창조하시니라(1:1).
너를 축복하는 자에게는 내가 복을 내리고 너를 저주하는 자에게는 내가 저주하리니 땅의 모든 족속이 너를 인하여 복을 얻을 것이니라 하신지라(12:3).

초점	네 가지 대 사건 1–11				위대한 네 사람 12–50			
구분	창조 1–2	타락 3–5	홍수 6–9	민족들(바벨) 10–11	아브라함 12–24	이삭 25–26	야곱 27–36	요셉 37–50
화제	원 역사				족장 시대 역사			
	인류의 시작				히브리 민족의 시작			
지역	동방 (에덴에서 우르까지)				서방 (가나안에서 애굽까지)			
기간	2000년 이상 (창세기의 20%)				약 286년 (창세기의 80%)			

개관

창세기에는 초기 형태의 성격적 구도(Plot)가 들어 있고 핵심적인 모든 성경적 원리의 뿌리가 담겨 있다.

창세기는 삶에 관한 많은 기본적 질문에 답하고 있다: 모든 것은 어디로부터 왔는가? 어떻게 사람은 여기에 있게 되었는가? 왜 이 세상에는 고통과 악이 있는가? 이 모든 것 배후에 하나님은 태초부터 존재해 오신 것으로 기록되어 있다.

이 책은 인간의 역사책이라기보다는 인간의 구속 역사를 다룬 첫 장이다. 따라서 창세기는 고도로 정선된 역사에 대한 신학적 기록이요 해석이다. 열한 번이나 톨도트, 즉 '계보, 후예'라는 단어를 담고 있는 구절들은 이 책을 요셉 기사를 포함하여 열두 개의 단락으로 구분하고 있으나, 그것을 네 가지 대 사건(1-11장)과 위대한 네 사람(12-50장)으로 이루어진 두 개의 큰 단락으로 나누는 것이 좀 더 기본적인 구분이 된다.

표제

히브리어 표제는 **베레쉬트**, 즉 '태초에'(in the beginning)이다. 헬라어 표제는 **게네시스**인데, 이 표제어는 '기원, 원천, 세대, 출생'을 의미한다. **칠십인역**(*Septuagint*)으로 일컬어지는 구약성경의 주전 3세기 헬라어 역본은 '계보'라는 단어를 번역하면서 이 단어를 사용했다. 이 구절은 창세기의 열한 개 토판에 그 후기로서 등장한다(2:4; 5:1; 6:9; 10:1; 11:10, 27; 25:12, 19; 36:1, 9; 37:2). 라틴어 표제는 **리베르 게네시스**(*Liber Genesis*), 즉 '출생의 책'(the Book of Birth)으로서 헬라어 표제에서 따온 것이다. 창세기는 모든 면에서 시작(우주, 사람, 가정, 죄, 희생 제사 등)의 책이다.

저자

창세기는 모세가 태어나기 300년 전 즈음에 끝날지라도, 그 내용을 살펴볼 때 모세가 창세기의 저자임을 증거하고 있다. 그 계시 내용 전체가 하나님의 감동에 의해서 기록된 것이기는 하지만, 그 대부분이 직접적인 계시에 의해 모세에게 주어진 것이라고는 언급되어 있지 않다. 모세는 틀림없이 초기의 구전이나 기록된 자료를 사용했을 것이다. 모세는 야곱이 애굽으로까지 가져왔을 수도 있는(창 46장) 그의 조상들의 계보에 관한 기록(창 5:1; 10:1; 25:19)을 분명히 쉽게 입수할 수 있었을 것이다. 그 출처가 어떠했든지 간에 모세는 이 책을 편집할 때 성령의 인도하심을 받은 것이 분명하다(딤후 3:16; 벧후 1:21).

외적 증거: 탈무드에 기록된 가장 오랜 유대 전승은 창세기를 모세의 작품으로 돌리고 있다. 신명기 1:8, 열왕기하 13:23 그리고 역대상 1:1 이하와 같은 성경 구절들은 창세기 사건들을 모세 율법의 일부분으로 언급한다. 우리 주님도 모세의 율법을 한 단위로 자주 언급하셨으며, 이렇게 언급된 율법은 보편적으로 창세기를 포함하는 것으로 이해되었다(마 19:4-8; 눅 16:29-31; 24:27; 요 5:46-47, 7:19, 23).

내적 증거: 창세기는 문체와 전개 방법에 있어서 하나의 문학적

단위로서 한 사람에 의해 기록되었음에 틀림없다. 애굽식 이름들(창 27:36; 41:45; 46:20)과 낱말들(창 40:11), 그리고 관습들은 그 저자가 애굽의 언어와 사회 관습에 익숙한 사람임을 보여 준다. 창세기는 모세오경의 나머지 부분과 연결되어 있다. 그것은 출애굽기를 잘 이해하기 위하여 필요한 정보를 정확하게 제공해 준다. 창세기 46장의 그 계보가 출애굽기 1:1 이하에서 다시 시작된다. 창세기의 끝부분은 신명기의 끝부분과 아주 유사하다. 모세는 그것을 쓸 만한 자격을 갖춘 유일한 사람이었다. 이스라엘의 일반 백성들과는 달리 그는 바로의 왕궁에서 고등교육을 받았다(행 7:22). 출애굽기로부터 신명기까지의 저자로서 모세는 이스라엘의 과거(창세기)에 관해서 체계적으로 기록해야 할 필요성을 느꼈을 것이다.

연대와 배경

창세기는 모세에 의해 애굽이나 미디안에서 기록되었을 가능성도 있으나, 출애굽 후 시내 광야에서 기록되었을 가능성이 더 크다. 만일 출애굽 사건의 연대를 전기 연대로 잡는다면 창세기의 저술 연대는 주전 1445년 직후였을 수도 있다. 이 책은 하나님께서 자신들에게 무엇을 행하셨으며 자신들이 지상에서 어떤 위치에 있는지를 알려는 이스라엘 백성들을 위하여 기록된 한편, 이들을 통하여 하나님의 구원 은혜와 복을 받게 될 전 세계 백성들을 위하여 기록되었다.

이러한 목적에 맞추어 창세기는 우주, 지구, 온 인류의 시작을 보여주고, 인류가 어떻게 타락했으며 어떻게 퍼져 나갔는지를 알려

준다.

주제와 목적

창세기의 주제는 하나님께서 모든 민족을 축복하기 위해 사용하실 한 민족의 선택이다.

창세기 1-11장은 2000년 이상의 세월을 담고 있으나, 이것은 그 책의 1/5에 불과하다. 이와 대조적으로, 창세기의 4/5(12-50장)는 300년도 못되는 기간의 이야기를 담고 있다. 창세기는 지극히 주제별로 선정된 이야기를 다루면서 하나님의 구속 사역 과정에 초점을 맞추고 있음이 명백하다. 따라서 창세기는 완전하거나 보편적인 역사가 아니다.

창세기는 만물의 시작을 서술하기 위해 쓰여졌다: 우주(1:1), 사람(1:27), 안식일(2:2-3), 결혼(2:22-24), 죄(3:1-7), 희생 제물과 구원(3:15-21), 가족(4:1-15), 문명(4:16-1), 정부(9:1-6), 나라들(11), 이스라엘(12:1-3). 그것은 또한 하나님께서 이스라엘을 택하신 것과 그 민족을 위한 하나님의 언약 계획을 기록하여 이스라엘 백성들로 하여금 영적인 전망을 가지도록 하기 위해 쓰여졌다. 창세기는 인간의 죄가 어떻게 하나님의 사랑과 대리적 희생을 통하여 처리되었는지를 보여 준다.

성경에서 창세기의 위치

창세기는 나머지 모든 성경들의 시간을 합한 것보다 더 많은 시간을 다룸으로써 나머지 성경에 대한 역사적 전망을 제공하고 있다. 그것은 에덴에서 우르, 하란, 가나안 그리고 애굽으로 그 지역을 더듬어 가고 있는데, 이것은 모세오경뿐만 아니라 성경 전체의 입문서 역할을 하고 있다. 창세기는 성경의 모든 위대한 교리들의 근거를 제공해 준다. 창세기는 요한계시록을 이해하는 데 특히 중요하다. 왜냐하면 성경의 처음과 마지막 석 장은 서로 밀접하게 관련되어 있기 때문이다. 따라서 창세기와 요한계시록은 세계의 전 역사를 감싸는 역할을 한다.

내용

1. 원 역사(1-11장)

1) 창조(1-2장)

창조는 첫 3일과 후 3일 간의 창조가 평행을 이루면서 진행되어 나가는데, 첫 3일은 창조하신 것을 나누는 작업을, 후 3일은 나누어진 공간을 채우는 작업을 하면서 진행된다. 모든 피조물들은 인간들이 거주할 수 있도록 준비된다.

창세기 1:1의 "태초에 하나님이 천지를 창조하시니라"는 말씀은 첫째 날의 창조를 말하면서 동시에 하나의 선언이다. 본문은 하나님의 존재에 대하여 증명하려고 하지 않는다. 또한 1:1의 "천지(하늘들과 땅들)"는 첫째 날에 창조된 것으로서 우주/은하계/행성을 의미한다. 그리고 1:1-3은 창조 다음에 천사의 타락이 있었다고도 말하지 않는다. 혼돈과 공허는 인간이 거주할 수 없는 상태를 말할 뿐이다. "저녁이 되며 아침이 되니"는 히브리인들의 날 개념을 보여준다. 그들은 하루가 시간 길이로 측정되는 것이 아니라 낮+밤으로 구성되는 것으로 생각한다. 따라서 창조의 하루는 24시간 하루에 가깝다.

(1) 인간 창조

인간은 하나님의 창조의 면류관이다. 인간은 흙과 하나님의 생기로 이루어져 있으므로 육신적일 수밖에 없으며 그러면서도 하나님을 사모한다. 그는 하나님의 형상대로 창조된 존재이며 전인(全人)이 하나님의 형상이다. 신구약 성경에 기록된 모든 인간, 그리고 인류역사상 지상에 살다가 죽어 간 모든 인간은 하나님의 형상을 가진 사람들이다. 그러므로 모든 인간의 모습 속에서 하나님의 본체가 되시는 그리스도의 모습을 발견하게 되는 것은 당연하다.

하나님의 형상으로 지어진 인간은 피조물이요 동시에 자유자다. 그러나 절대 자유자(신)는 아니다. 그래서 하나님은 인간이 피조물의 한계를 넘어가지 않도록 선악과를 먹지 말라고 명령하신 것이다. 피조물인 인간이 그것을 먹는 것 자체가 죽음이다.

(2) 에덴

에덴은 하나님의 임재 장소다. 그곳에 네 강이 있다는 것은 풍요롭다는 것을 의미한다. 에덴에 있는 금과 호마노 그리고 베델리엄은 성막(성전)을 암시해 준다. 선악과는 인간으로 하여금 피조물의 선을 넘지 말라는 의도에서 거기에 두신 것이있다. 그것을 먹는 것 자체가 사망(하나님으로부터 분리)이다. 생명나무는 후에 십자가 사건과 연관된다. 예수님은 자신이 생명이시고 자신을 믿는 자는 영생을 얻었다고 말씀하신다.

2) 타락(창 3-5장)

(1) 유혹

유혹은 하와가 혼자 있을 때 왔다. 그리고 유혹자는 아름다운 것, 즉 영광스러운 것을 가지고 왔다. 유혹자의 "너희가 그것을 먹는 날에는 너희 눈이 밝아 하나님과 같이 되어 선악을 알 줄을 하나님이 아심이니라"는 말은 하나님이 선악과를 먹지 말라고 금지하신 바로 그 이유였다. 하나님은 인간이 피조물의 위치를 지키고 하나님의 위치에 올라가려는 시도를 하지 말 것을 명령하신 것이었다. 그런데 인간은 절대 자유자가 되려고 그 열매를 먹었다.

마귀의 유혹의 목적은 하나님과 인간 사이를 갈라놓는 것이었다. 그것은 성공한 것 같았다. 그러나 하나님의 지혜로운 구속의 역사는 마귀의 궤계를 여지없이 파했으니, 그것이 원복음(창 3:15)이다.

(2) 타락의 결과

하나님같이 된다는 마귀의 말은 거짓되게 실현되었으니, 곧 그들은 열매를 먹은 결과 스스로 하나님과 같은 위치에 서서 자기가 하나님인 것처럼 생각하며 살게 되었다. 이러한 교만은 타락한 인간에게 가장 극악하고도 근본적인 죄다. 인간은 선악과를 먹은 즉시 이미 죽었다. 즉 하나님에게서 분리되고 떠나갔다. 그래서 하나님을 피했다.

(3) 하나님의 저주

뱀에게 내리신 저주인 3:15은 원복음이다. 그분은 마귀를 멸하기 위하여 여자의 자손으로 오실 것이며 육체가 죽임을 당할 것이고 부활하실 것이다. 인간이 땀이 흐르도록 수고하는 일이 모든 타락한 성품의 억제를 가져다 줄 것이며, 그러는 가운데 육신은 죽게 되고, 여자는 남편의 지배를 받게 될 것이다.

(4) 추방

하나님은 타락한 인간을 에덴에서 동편으로 추방하셨다. 생명나무 열매를 따먹고 영생하지 못하도록 하시려는 배려였다. 하나님은 다른 방법으로 인간들과 만나려는 계획을 가지셨다. 그룹들과 두루 도는 화염검은 에덴으로 들어오려는 사람을 죽이기 위함이었다. 인간이 하나님을 만나기 위해서는 죽어야 한다. 그 죽음은 후에 그리스도의 대속적 죽음으로 대치된다. 그러나 그리스도의 죽음이 지상에서 일어나기까지는 정결한 짐승으로 대치되어 그것들이 살육을 당한다. 그리고 인간은 죽음 없이 주님과 만날 수 있게 된다. 추방된 저들은 서편을 바라보아야 한다. 후에 성막의 입구가 동편인 점은 성막이 에덴을 표상하고 있음을 암시한다.

(5) 하나님의 조치

하나님은 무화과나무(허물을 가리고자 하는 인간의 노력) 대신 가죽옷을 지어 입히셨는데, 가죽옷은 그리스도의 의의 옷을 예표한다. 그리고 하나님은 인간들을 에덴에서 추방하셨는데, 타락한 인간이 생명나무를 먹는 것이 인간에게 저주가 되었기 때문이다. 이제 하나님은 다른 방식으로 인간과 교제를 누리시고 저들에게 영생을 주실 것이다.

(6) 가인과 아벨(4장)

가인과 아벨의 제사는 1) 믿음, 2) 제물(피, 첫 것), 3) 삶에서 차이가 있었다(참고. 히 11:3).

3) 홍수(창 6-9장)

제4장에는 가인 계열이 나오고, 제5장에는 셋 계열이 나온다. 제6장에서 가인 계열과 셋 계열의 혼합으로 인하여 하나님은 온 인류를 심판하셨다. 노아는 의인이었다. 그러나 그는 먼저 하나님에게 은혜를 입은 사람이었다(창 6:8, 9). 홍수에 관해서는 마태복음 24:36-39; 베드로전서 3:20, 21 그리고 베드로후서 3:3-7을 보라.

인간의 수명은 홍수 이후로 현저히 감소한다. 그러나 120년(6:3)이란 수명의 단축을 의미하는 것이 아니다. 노아가 배를 짓는 기간을 가리킨다. 그러면 홍수 후 수명의 단축은 궁창이 사라짐으로써 태양빛(자외선)을 직접 투사 받게 되었기 때문인가? 그 후에 살았던 사람들의 수명들을 보면 그러한 의견에 의아심을 갖게 한다.

노아는 포도나무를 심어 그 소출로 포도주를 만들어 마시고 취한다. 함이 그 모습을 보고 형제에게 알렸고, 이를 안 노아는 함의 넷째 아들 가나안에게 저주를 했다. 이 저주는 이스라엘의 가나안 땅 점령 시에 실현되었다. 하나님은 셈의 장막에 거하실 것이다.

4) 민족들(바벨탑)(10-11장)

시날 땅은 유프라테스와 티그리스 강이 합쳐지는 삼각주 지역이며, 따라서 미세한 진흙이 많았다. 여기서 벽돌이 발명되었다. 이에 따라서 건축 붐이 일어났고, 인간들은 대를 쌓고 흩어지기를 거부했으며 자기들의 이름을 내기를 원했다. 그래서 하나님께서는 언어를 혼잡케 하여 인간이 온 땅에 흩어지게 하셨다(참고. 행 2:1-4).

2. 족장 시대 역사(12-50장)

1) 아브라함(12-24장)

아브람의 소명 가운데는 한 사람을 통하여 세계에 복을 주시려는 하나님의 계획이 나타난다. "너는 본토 친척 아비집을 떠나 내가 네게 지시할 땅으로 가라…"(12:1-3). 고대 사회의 특징은 부족 사회이므로 타 부족으로 가서 거주하는 것은 법의 보호를 받지 못하며 생명의 보장을 받지 못했다. 아브람은 하나님만을 보호처로 생각하고 가족과 함께 자기의 양자였을 롯을 데리고 가나안으로 왔다. 그곳에서 그는 단을 쌓고 여호와의 이름을 부른다. 그 후 기근을 당하여 애굽으로 간 아브라함은 거짓말을 하여 위기에 처했으나, 하나님의 특별한 보호가 있었다.

그러나 애굽으로부터 올라온 아브람과 롯의 종들 사이에 재산이 많음으로 인하여 다툼이 일어나 서로 분리하기로 한다. 이에 롯은 풀이 많은 요단 동편을 택하여 소돔으로 간다. 롯은 물질을 더 얻기 원했던 것이다.

구 바벨론과 소돔, 고모라 연합군과의 전쟁이 일어나고(14장), 서방 군소연합군이 패하고 조카 롯이 포로로 잡혀간 소식을 듣고 아브람은 318명의 종들을 데리고 가서 구출해 온다. 승리하고 돌아오는 아브람을 환영한 살렘 왕 멜기세덱은 그리스도의 모형이다(히 7:1-17).

구 바벨론 연합군의 보복 공격을 두려워하고 있을 아브람에게 하나님이 나타나서 "나는 너의 방패요 지극히 큰 상급이니라"고 말씀하신다. 첫 번째 말씀은 수긍이 갔으나 두 번째 말씀은 납득이 되지 않았다. 그는 아들이 없어서 다메섹 엘리에셀을 양자로 입양했던 것이다. 자녀가 없는 아브람에게 상급은 아무런 의미가 없었다. 하나님은 아브람의 몸에서 후사가 나올 것을 약속하시고, 아브람은 이를 믿는다. 가나안 땅의 소유에 대해서는 주께서 아브람과의 언약 체결을 통하여 약속하신다.

16장은 '아들을 어떻게 얻느냐?'는 문제와 관련된 사건을 기록하고 있다. 사라는 아브람의 몸에서 후사가 나오리라는 주의 말씀을 오해해서 하갈을 통하여 아들을 얻으라고 남편에게 권한다. 그리하여 하갈은 이스마엘을 낳는다.

13년 간의 공백이 지나고 아브람의 나이 99세 때에 하나님은 아브람과 그의 온 가속이 할례를 받을 것을 명하시고 아브람의 이름을 아브라함으로 개명해 주신다. 그 후 여호와의 사자 세 분이 다시 나타나서 이삭을 낳을 것을 예고하신 후 소돔과 고모라를 멸하신다. 이스마엘은 이삭과 함께 유업을 받을 수 없었다. 그래서 아브라함은 이스마엘을 집에서 내보내고(참고. 갈 4:24, 25), 그는 최후, 최고의 시험을 받는다. 여기에 장차 오실 메시아가 이삭,

수양으로 예시되었다. 모리아 산은 후에 주님이 십자가에서 죽으신 골고다 언덕임에 틀림없다.

2) 이삭(25-26장)

사라가 죽고 아브라함은 그녀를 장사하기 위하여 막벨라 굴과 그 주변 땅을 가나안 에브론에게서 산 후(23장), 아들 이삭의 베필로 리브가를 맞게 된다. 이삭이 리브가를 아내로 맞아 살아가던 중 아브라함이 죽자(175세) 이스마엘과 이삭이 함께 장사지낸다. 이삭은 쌍둥이 형제 에서와 야곱을 낳게 된다.

3) 야곱(27-36장)

야곱과 에서는 서로 형이 되기 위하여 태에서부터 다투었다. 그러나 장자권은 이미 예정되어 있었다(참고. 25:22-26). 그것은 하나님의 예정이었다(말 1:2, 3; 롬 9:10-13). 야곱은 밖에서 사냥하고 들어온 에서에게서 팥죽 한 그릇을 주고 장자권을 샀다(히 12:16, 17). 그 후 그는 부친 이삭을 속이고 그에게서 장자의 축복을 받고 그로 인하여 에서의 미움을 받아 재산을 물려받지 못한 채 고향과 부모를 떠나 타향에서 고난의 삶을 산다. 고향 땅을 떠난 야곱은 벧엘에서 잠을 잘 때 하늘의 사닥다리를 보게 되는데(참고. 요 1:47-51) 하나님이 함께 하시고 복 주시며 조상에게 약속한 모든 것을 이루실 것이라는 말씀을 듣는다(28장). 삼촌 라반의 집에 도착한 야곱은 삼촌의 양떼를 치면서 종살이를 하던 중 라헬을 사랑하여 그녀를 자기 아내로 맞기 위해 7년을 봉사할 것을 약속한다. 그러나 삼촌에게 속아서 라헬의 언니인 레아와 혼인하고 다시 7일이 지난 뒤 라헬을 얻기 위하여 7년을 봉사하기로 하고 라헬과 혼인을 한다. 결국 야곱은 레아, 그녀의 여종 실바, 라헬, 그녀의 여종 빌하라는 네 명의 처첩을 거느리게 된다. 하나님의 축복 속에 야곱은 거부가 된다. 그런데 라반의 아들들이 야곱의 부가 자기 부친 라반의 재산으로 인한 것이라고 생각하는 것을 보고 야곱은 가나안으로 돌아갈 것을 결심하고 가속들을 거느리고 떠난다.

얍복 강가에 이른 야곱은 밤에 주의 사자와 씨름을 하고 그 결과 이스라엘이라는 이름을 얻는다. 그리고 하나님은 에서의 마음을 녹이셔서 야곱과 화해하게 하신다(32장). 에서의 뒤를 따르다가 형 에서의 종이 될 것을 두려워한 야곱은 그와 헤어져 세겜에서 거주하게 된다. 그 곳에서 딸 니다가 세겜에게 욕을 당하는 비극적인 일과 레위와 시므온이 세겜 사람들을 치고 약탈하는 힘든 일을 겪는다(참고. 창 49:5-7). 야곱은 벧엘로 올라가서 서원을 갚으라는 주의 명령에 따라 우상과 단장품을 제거하고 벧엘로 올라간다. 그 후 야곱은 아브라함이 살았던 마므레, 곧 헤브론으로 가서 오랜 세월을 보내게 된다.

4) 요셉(37-50장)

야곱의 열한 번째 아들이요 사랑하는 아내 라헬의 소생인 요셉은 순수하고 꿈을 가진 사람이었다. 그러나 그의 순수함과 꿈은 형들의 시기로 좌절되는 듯했다.

38장에 나오는 유다의 결혼 및 엘, 오난, 셀라와 다말 사이에 일어난 사건은 메시아의 족보를 보여준다.

형들의 시기로 미디안 광야에서 살던 이스마엘 상고들에게 종으로 팔린 요셉은 애굽으로 가서 바로의 시위대장 보디발의 집에서 종살이를 하게 된다. 그곳에서 용모가 출중한 요셉은 보디발의 아내의 유혹을 받으나 거절하고 오히려 누명을 쓰고 감옥에 갇힌다. 그러나 여전히 하나님은 요셉과 함께 하신다. 술 관원장과 떡 관원장의 꿈을 해석한 요셉은 나중에 바로의 꿈을 해석하여 애굽의 총리가 된다.

총리가 된 요셉 앞에 형들이 곡식을 사러 와서 엎드림으로써 요셉의 젊은 시절의 꿈이 실현되고, 그는 부친 야곱과 그 모든 가속들을 애굽으로 초청하여 거주하게 한다.

창세기에서의 그리스도

인간은 하나님의 형상대로 창조되었다. 그리스도 예수는 하나님의 본체이시다. 주님은 "나를 본 자는 아버지를 보았거늘 어찌하여 아버지를 보이라 하느냐? 나는 아버지 안에 있고 아버지는 내 안에 계신 것을 네가 믿지 아니하느냐?"(요 14:9-10)고 하셨다. 인간은 타락했음에도 불구하고 일그러진 형상이기는 하지만 하나님의 형상을 가지고 있다(창 9:6). 그렇다면 성경의 모든 인물 그리고 현대의 모든 인간은 하나님의 형상을 가지고 있으므로 온 인류에게서 그리스도의 모습을 발견할 수 있다. 악한 인간은 그리스도의 반대 모습을 보여준다. 따라서 악인에게서 그리스도의 모습을 발견하려면 그들을 반대로 뒤집어보면 된다.

창세기는 메시아 예언을 취급함에 있어서 보편적인 것에서 특정한 것으로 옮겨 가고 있다. 그리스도는 여자의 후손(3:15), 셋의 아들(4:25), 셈의 아들(9:27), 아브라함의 후손(12:3), 이삭의 후손(21:12), 야곱의 후손(25:23) 그리고 유다 지파의 후손(49:10)이시다.

그리스도는 모형(모형은 영적 진리를 예증하는 역사적 실체다)으로서의 구실을 하는 사람들과 사건들 속에서 구체적으로 찾아볼 수 있다. 아담은 "오실 자의 표상"(롬 5:14)이다. 그는 하나님의 특별한 옛 창조의 머리였으며, 그리스도는 새 창조의 머리이시다. 아벨의 열납된 피의 희생 제물은 그리스도를 가리키며, 아벨이 가인에 의해 살해된 사건과 그것 사이에는 유사성이 있다. 멜기세덱('의의 왕')은 "하나님의 아들과 방불"했다(히 7:3). 그는 떡과 포도주를 가져온 살렘('평강')의 왕이었으며 지극히 높으신 하나님의 제사장이었다. 이삭과 요셉 역시 그리스도의 모형이다. 요셉과 그리스도는 그들의 아버지로부터 특별한 사랑을 받은 존재였으나, 이 둘은 모두 그 형제들에게 미움을 받았고, 그 형제들의 지도자로서 배척당했으며, 모두 음모를 당하여 은전에 팔렸고, 무죄하면서도 정죄를 당했으며, 또한 둘 다 하나님의 능력에 의해 굴욕으로부터 영광의 자리로 올라갔다.

출애굽기

그러므로 이스라엘 자손에게 말하기를 나는 여호와라 내가 애굽 사람의 무거운 짐 밑에서 너희를 빼어 내며 그 고역에서 너희를 건지며 편 팔과 큰 재앙으로 너희를 구속하여(6:6).

나는 너를 애굽 땅 종 되었던 집에서 인도하여 낸 너의 하나님 여호와로라(20:2).

<table>
<tr><th>초점</th><th colspan="6">출애굽
1 18</th><th colspan="3">언약 체결
19 24</th><th colspan="3">성막
25 40</th></tr>
<tr><th>구분</th><td>애굽에서의 속박
1 2</td><td>모세의 소명
3 6</td><td>재앙들
7 10</td><td>유월절
11 12</td><td>홍해를 건넘
13 15</td><td>시내 산 여행
16 18</td><td>십계명
19 20</td><td>언약의 책
21 24</td><td>성막을 위한 계획
25 27</td><td>제사장들과 레위인들
28 31</td><td>금송아지
32 34</td><td>성막의 완성
35 40</td></tr>
<tr><th rowspan="3">화제</th><td colspan="2">국가로서의 성장</td><td colspan="4">국가로서의 독립</td><td colspan="6">국가로서의 조직</td></tr>
<tr><td colspan="2">준비</td><td colspan="4">구속</td><td colspan="6">교훈</td></tr>
<tr><td colspan="2">백성</td><td colspan="4">하나님의 은혜</td><td colspan="6">하나님의 거룩</td></tr>
<tr><th>지역</th><td colspan="4">애굽</td><td colspan="2">광야</td><td colspan="6">시내 산</td></tr>
<tr><th>기간</th><td colspan="2">430년
(출애굽기의 15%)</td><td colspan="4">2달
(출애굽기의 30%)</td><td colspan="6">10달
(출애굽기의 55%)</td></tr>
</table>

개관

출애굽기는 하나님의 압제당하는 사람들을 위한 그분의 능력 있는 구속 행위들로 가득하다. 이 책은 고통으로 시작하고 해방으로 끝을 맺는다. 또한 그 백성의 신음 소리로부터 하나님의 영광으로 나아간다. 출애굽기는 창세기에서 시작한 이야기의 계속으로서, 가나안에서 애굽으로 이동한 야곱의 70명의 후손들이 역경 속에서도 번성하여 150만 명 이상으로 불어났다. 이스라엘 사람들이 하나님께로 돌이켜서 압제로부터 해방해 주시도록 부르짖었을 때, 하나님은 이에 응답하여 "편 팔과 큰 재앙으로"(6:6) 애굽을 치고 자기 백성을 구출해 내셨다. 하나님께서 수 세기 전 아브라함에게 주신 약속(창 15:13-14)을 성실하게 이행하셨던 것이다.

이 책은 세 부분으로 나누어진다. (1) 출애굽(1-18장), (2) 언약 체결(19-24장) 그리고 (3) 성막(25-40장).

표제

히브리어 표제는 웨엘레 쉐모트, 곧 '그리고 이것들이 그 이름들이다'이다. 이것은 1:1의 히브리어 첫 문구에서 따온 것이다. 출애굽기는 '그리고'라는 낱말로 시작하여 그것이 창세기의 연속임을 보여준다. 헬라어 표제는 엑소도스, 곧 '출발, 나감'이다. 칠십인역은 핵심 사건을 묘사하는 '출애굽'이라는 단어를 본서의 표제로 붙였다(19:1을 보라, '나올 때'). 엑소도스는 누가복음 9:31에서는 예수님의 육신의 죽음을, 베드로후서 1:15에서는 베드로의 죽음을 가리킨다.

이것은 구원이라는 출애굽기의 주제와 부합된다. 그것은 죽음을 통해 완성되기 때문이다. 라틴어 표제는 리베르 엑소두스(Liber Exodus), 곧 '떠남의 책'(tue Book of Departure)으로서 헬라어 표제에서 따온 것이다.

저자

비평가들은 본서가 이스라엘 역사의 후대 편집자들에 의해 엮어 만들어진 문서들 및 구전들의 합성물임을 지지하면서 출애굽기에 대한 모세의 저작권에 도전을 가했다. 그들의 논증은 대체로 빈약하며 확고한 근거를 찾아내기가 어렵다. 모세가 그 저자임을 가리키는 강한 외적, 내적 증거에 비추어 볼 때 특히 그러하다.

외적 증거 : 출애굽기는 여호수아 시대 이후로 모세의 작품으로 간주되었다(출 20:25을 수 8:30-32과 비교해 보라). 다른 성경 저자들, 즉 다윗(왕상 2:3), 에스라(스 6:18), 다니엘(단 9:11), 말라기(말 4:4), 제자들(요 1:45) 그리고 바울(롬 10:5)도 그것을 모세의 것으로 돌린다. 이것은 또한 우리의 믿음의 주님이신 예수의 증언이기도 하다(막 7:10; 12:26; 눅 20:37; 요 5:46-47; 7:19, 22, 23). 유대와 사마리아 전승은 출애굽기에 대한 모세의 저작권에 일치된 견해를 보이고 있다.

내적 증거 : 출애굽기의 여러 부분이 그것이 모세의 것임을 직접적으로 시사하고 있다(출 17:8-14; 20:1-17; 24:4, 7, 12; 31:18; 34:1-27). 모세는 계시를 받을 당시에 이미 하나님의 계시의 중요성을 인식하고 계시와 계시적 사건들이 일어난 직후에 성령의 감동에

의하여 역사적 기록 형태로 기록했을 것임에 틀림없다. 저자 자신이 출애굽 사건의 목격자이며 교육을 받은 사람이었음이 출애굽기에 명백히 나타나 있다. 그는 애굽의 풍습과 기후, 광야의 식물, 동물 그리고 지형에 대해 세부적으로 알고 있었다. 또한 여기서 단일 저자임을 가리키는 문체 및 전개 방법의 일관성도 찾아볼 수 있다. 이 책의 고대성은 그것이 고대의 문학적 구조, 단어 그리고 표현들을 자주 사용하고 있다는 사실을 통하여 뒷받침되고 있다.

연대와 배경

출애굽의 연대를 전기 연대(주전 약 1445년)로 잡는다면, 이 책은 40년 간의 광야 여행 시에, 즉 주전 1445년과 1405년 사이에 쓰여졌다. 모세는 죽음 직전에 모압 평지에서 그가 기록 편집했던 하나님의 일에 관한 기사들을 간직하고 있었을 것이다. 출애굽기는 야곱의 애굽 도착(약 주전 1875년)으로부터 431년 뒤에 광야에서 성막을 세울 때(약 주전 1445년)까지의 기간을 다루고 있다.

주제와 목적

출애굽기에는 두 개의 기본 주제가 있는데, 이것은 서로 밀접하게 연결되어 있다. 첫 번째 주제는 유월절 사건으로 말미암아 일어난 주제로서 구속(redemption)과 출애굽 사건으로 말미암아 일어난 구원(deliverance)이다(출 6:6; 15:13, 16; 신 7:8). 이 구속과 구원은 피 흘림을 통해 그리고 하나님의 능력으로 말미암아 성취되었다. 이 사건 이후 하나님은 시내 산에서 이스라엘과 언약관계에 들어가시는데 이것이 또 하나의 주제다(출 19-24장).

전반부는 땅 위에 하나님의 통치를 가져오게 할 민족으로서의 이스라엘의 탄생을 그리기 위해 쓰여졌다. 그것은 모세의 지도하에서 이루어진 이스라엘의 구속의 역사를 기록하고 있다. 그것은 또한 우상 숭배의 허위성을 폭로하는 역할을 하기도 한다. 야웨는 소위 '신들'이라 일컬어지는 그 어떤 것보다도 무한히 뛰어나신 분으로 계시되어 있다. 후반부에서는 이러한 뛰어나신 하나님과 이스라엘 간의 언약 체결을 묘사하면서 그분의 백성으로서 이스라엘이 어떻게 살아야 하는지를 묘사하고 있다. 하나님에 대한 순종이 구속받은 그리고 구별된 백성들에게 필수적이라는 사실을 가르치고 있다.

성경에서 출애굽기의 위치

출애굽기는 창세기에서 택함받은 아브라함의 자손들이 하나의 국가로 성장하고 지상의 하나님 나라로서 설립된 사실과 그 나라에서 시행되는 종교적 의식과 이스라엘의 관습, 성막의 건축, 제사장직의 형성, 모세법 그리고 제사 제도 등을 설명하고 있다. 따라서 출애굽기는 이스라엘의 그 다음 역사의 토대가 된다. 그것은 어떻게 이스라엘 사람들이 애굽에서 나왔고, 하나님의 언약 백성이 되었으며, 자기 백성 가운데 그분의 임재와 그 형태가 어떠했는지를 서술하고 있다. 출애굽기는 그리스도 이전에 하나님의 구원 행동 가운데 가장 위대한 선례로서 구약성경의 중심부를 차지한다.

유월절, 출애굽, 모세, 율법 그리고 성막은 그 후 수 세기 동안 이스라엘의 마음을 지배했다.

내용

1. 출애굽(1-18장)

1) 준비(1-4장)

(1) 출애굽의 준비(1:1-22)

출애굽은 죄악의 권세로부터의 탈출을 예표하며, 광야생활은 세상에서의 성도들의 생활을 예표한다(참고. 고전 10:1-5).

① 애굽에서 이스라엘의 번성(1:1-12)

이스라엘 백성의 번성은 그들의 조상들과 맺은 하나님의 언약의 신실한 이행의 증거였다. 하나님의 백성은 번성해야 한다. 그러나 그들의 번성은 대적의 위협이 되었다.

② 애굽 왕의 탄압(1:13-22)

바로는 중노동을 통하여, 산파들에게 사내아이를 죽이라는 명령을 통하여, 그 다음에는 이스라엘 백성에게 직접 사내아이를 강물에 던지라는 명령을 내림으로써 사내아이를 다 죽이려고 했다. 강물에 던져 아이들을 죽인 바로는 후에 나일 강이 피로 변하는 것으로, 그 다음에는 그의 군대가 홍해의 물에 빠져 죽임을 당하는 것으로 보응을 받는다.

(2) 모세의 준비(2:1-25)

수많은 아기들이 죽어 갔으나, 모세는 하나님의 능력에 의하여 구출된다. 예수께서 탄생하셨을 때도 헤롯은 두 살 아래의 사내아이를 모두 살육하라는 명령을 내렸고, 수많은 아이들이 죽어 갔다. 모세는 예수 그리스도의 예표였다(요 1:17; 3:14; 히 3:1-6). 예수는 어린아기의 몸으로 애굽으로 내려갔다가 출애굽을 하셨는데, 이는 새 출애굽 사건의 상징이다.

모세의 부모는 모세를 3개월을 숨겨서 키웠는데(출 2:1; 히 11:23) 그것은 신앙의 행위였다. 모세의 부모는 아기를 소중히 여겨서 죽음을 무릅쓰고 그를 살려보려고 했다.

① 애굽에서의 준비(2:1-15)

애굽의 압제를 물리치고 히브리 백성을 구원할 인물 모세는 바로의 보호를 받아 가며, 그 어머니가 그들로부터 월급과 양육비를 받아 가며 자라게 되었다. 모세는 자기 친어머니의 품에서 젖을 먹고 자랐으며, 그가 얼마만큼 자란 후에도 여전히 바로의 궁에서 유모의 자격으로 모세를 돌보았을 것이다. 그녀의 교육은 큰 결과를 가져다주었다. 위대한 인물을 기르려면 어릴 때부터 신앙 교육/성경 교육을 시켜야 한다. 큰 인물은 성경적 세계관을 가진 사람이다.

그러나 아직 변화되지 않은 모세는 육체적으로는 자랐으나 하나님의 훈련을 받아야 했다. 그는 40세가 되었을 때 자신을 이스라엘의 구속자로 생각하고 스스로의 힘으로 백성을 구출하려고 했다. 그러나 하나님의 도우심을 받지 못하고 스스로의 힘으로 백성을 구출하려는 시도는 실패할 수밖에 없었다. 게다가 그는 하나님의 계시를 받지 못한 상태에 있었으므로 좌우를 살펴(2:12; 위로부터 오는 참 은혜를 받지 못한 사람은 언제나 좌우를 살핀다) 사람이 없음을 보고 애굽 사람을 쳐죽여 모래에 감추었다. 그러나 아무리 비밀리에 행한 일이라고 할지라도 그것을 숨길 수는 없다. 내가 알고, 하늘이 알고, 땅이 알고, 네가 안다. 악행은 반드시 발각되고야 만다.

② 미디안에서의 준비(2:16-25)

마치 매일 죽는 삶과 같은 하루하루를 보내면서 그는 자신이 무익한 존재임을 철저히 깨달았다. 그러나 광야에서 그는 지도자로서 가장 중요한 훈련을 받는다. ㉠ 40년 간 광야에서 양을 치는 가운데 그는 자기의 무능성을 깊이 인식하고 겸손을 배운다. ㉡ 양을 치는 동안 그는 인간을 지도하고 인도하는 방법을 터득한다. 즉 끝없는 인내심과 온유를 배운다. ㉢ 40년 간 그는 광야길을 터득한다. ㉣ 그는 40년 간 하나님을 의지하는 법을 배운다. 40년 간의 광야생활이 모세를 지도자로 키운 것이다.

(3) 애굽으로 돌아감(3:1-4:31)

① 하나님의 명령(3:1-4:17)

주께서 떨기나무 가운데 나타나신 뒤 나무에 불이 붙어 사라지지 않도록 하여 모세를 자기에게로 오게 하셨다. 하나님의 계시는 주의 사역자에게 필수적이다. 그런데 모세는 자기의 무능성을 철저히 인식하고 있었으므로 하나님이 주시는 사명을 거부한다. 하나님의 종은 자신이 얼마나 무능하며 부적합한 인물인지를 철저히 깨달은 사람이다.

하나님의 능력의 계시가 나타나고, 지팡이가 뱀으로 변하고, 문둥병이 들었다가 낫는 이적을 경험하고 나서도 모세는 여전히 자신의 부족을 토로한다. 주님은 모세에게 이적을 행할 권능을 주시고 함께 하리라는 약속을 하신다.

② 모세의 새로운 소명(4:18-31)

"하나님의 지팡이를 잡았더라"는 기록은 특이하다. 그가 변하자 그가 가졌던 지팡이도 변했다. 그와 지팡이가 모두 하나님의 것으로 변했다. 이 둘은 모두 죽은 것(자), 지극히 무익한 것(자)이었다. 할례받지 않은 이방인들을 치고 자기 백성을 구출하러 가는 모세 자신이 아들들에게 할례를 행하지 않았으므로 하나님이 그를 죽이려 하시자, 십보라가 재빨리 아들들에게 할례를 행한다(출 4:22, 23).

2) 바로의 방해(5-11장)

(1) **여덟 번의 요구**(5:1-3; 7:10; 7:15-18; 8:1-4; 8:20-23; 9:1-4; 9:13-19; 10:1-6).

"내 백성을 보내라 그들이 광야에서 내 앞에 절기를 지킬 것이니라."

"내 백성을 보내라 그들이 나를 섬길 것이니라." 하나님을 섬기는 백성은 반드시 하나님 이외에 그 어느 누구에게도 소속되지 말아야 한다. 후에 이스라엘은 자기 백성 중에서는 종을 삼는 일이 있어서는 안 된다는 명령에 따라 종을 해방시키는 안식년 규례를 세운다.

(2) **여덟 번의 거절**(5:2; 7:13; 7:22, 23; 8:15,19; 8:32; 9:7,12; 9:34, 35; 10:11, 20, 27).

바로가 이스라엘을 보내기를 거절한 데는 이유가 있었다: "여호와가 누구관대 내가 그 말을 듣고 이스라엘을 보내겠느냐? 나는 여호와를 알지 못하니 이스라엘도 보내지 아니하리라." 그는 여호와 하나님을 몰랐던 것이다.

(3) **열 개의 재앙**(7:20; 8:6; 8:16; 8:24; 9:3; 9:10; 9:22; 10:12; 10:21; 11:5).

주님은 바로에게 자신을 알려 주시기 위해 피, 개구리, 이, 파리, 악질, 독종, 우박, 메뚜기, 흑암, 장자 등 열 개의 재앙을 내리신다. 이 재앙들은 애굽의 신들에 대한 형벌일 뿐만 아니라 그분의 능력의 현시였다. 이 재앙들은 멀리서부터 점점 가까워지고 강도가 강해진다.

3) 구원(12-18장)

(1) 고센에서 홍해까지(12-13장)

① 유월절(12:1-13:16)

유월절은 이스라엘이 애굽에서 해방된 날로서 아빕월(종교력1월) 14일 밤부터 15일 해질 때까지를 말한다. 10일이면 양을 가족의 수를 따라 준비하고 가족이 적으면 이웃과 함께 하나를 준비한다. 그리고 14일 해질 때 양을 잡아 피를 그 문의 인방과 설주에 바르고 고기는 불에 구워서 먹는다. 주의 사자는 "피를 볼 때에 너희를 넘어갈 것이다"(그리스도의 속죄의 예표). 피가 없는 집의 장자가 모두 죽고 이스라엘 백성은 그 날에 나와서 해방을 얻었으므로 그 날을 기념하면서 1주간을 무교절기로 지켜야 한다(12:15-20).

애굽의 장자들이 모두 죽고 나서 이스라엘 백성들은 애굽 사람들로부터 각종 보물들을 받아 가지고 애굽을 떠났다(출 3:21, 22; 12:35, 36). 이 보물은 애굽의 항복을 의미한다. 이 보물은 후에 하나님이 거주하실 성막을 짓는 데 사용된다.

그들은 유아 외에 보행하는 장정이 60만 가량이요 중다한 잡족과 양과 소와 심히 많은 생축, 발교되지 못한 반죽을 가지고 출발했다. 이때는 "이스라엘이 애굽에 거한 지 430년이라 430년이 마치는 그날"(12: 40, 41)이었다.

② 이스라엘의 탈출(13:17-22)

모세는 요셉의 해골을 취하여 가지고 갔는데(13:19, 참고. 창 50:25; 수 24:32; 히 11:22) 이는 요셉의 간곡한 부탁 때문이었다. 요셉은 믿음과 소망 그리고 사랑의 인물이었다. 그들이 광야로 나갔을 땐 불기둥과 구름기둥(13:21, 22)이 그들 앞에서 인도했는데, 이는 여호와의 사자로서 제2위 하나님이셨을 것이다.

(2) 홍해를 건넘(14장)

① 애굽인의 추격(14:1-12)

남자만 60만 명이라는 인력의 손실은 애굽의 경제를 곤두박질치게 할 것이었다. 그래서 바로는 국경 지역에 배치되어 있는 초소들로부터 보고를 받고 저들이 홍해에 갇혔음을 알고 병거 600승과 모든 병거들을 징발하여 추격한다.

백성들은 처음엔 담대히 나갔다(14:8). 그러나 애굽의 병거가 뒤쫓아오자 심히 두려워했다(14:10). 그들은 곧 여호와께 부르짖고 (10절), 이어서 "어찌하여 우리를… 이끌어 내어 이 광야에서 죽게 하느뇨?(11절) 하고 모세를 원망했다.

② 이스라엘을 구출하심(14:13-31)

그러나 모세(지도자)는 태도가 달랐다. "너희는 두려워 말고 가만히 서서 여호와께서 오늘날 너희를 위하여 행하시는 구원을 보라"(13절)고 권면한다. 이어서 그는 "여호와께서 너희를 위하여 싸우시리니"(14절, 聖戰 개념)라고 강조하여 말한다. 과연 여호와께서는 애굽을 무찌르셨다!

(3) 홍해에서 시내 산까지(15-18장)

① 1개월 – 사막까지(15장)

백성들은 감격의 노래를 불렀다. 마라에서는 물이 써서 마시지 못했으나 여호와께서 지시하신 나무를 그곳에 던지자 물이 치료되었다. 주님은 모든 것을 회복시키는 분이셨다(26절).

② 2주 – 시내 산까지(16:1-18:27)

이스라엘 백성은 애굽에서 나온 지 한 달째인 2월 15일에 원망하기 시작했는데(16:3), 그것은 애굽에서 가지고 나온 양식이 다 떨어졌기 때문이다. 주님은 백성들의 형편을 알고 만나를 내리기로 하셨다(16:4, 5). "하늘에서 비같이 일용할 것을 날마다 거둘 것이라." 광야에서의 만나 이적은 굉장한 것이었다. 왜 하나님은 양식을 매일 주셨는가? 그분은 쩨쩨하신 하나님이셨는가? 주님은 ㉠ 백성들을 겸손케 하시려고(신 8:3), ㉡ 날마다 주를 바라보게 하시려고, ㉢ 일용할 양식에 만족하는 법을 배우게 하시려고, ㉣ 이웃에게 나누어 주는 법을 가르치시려고 매일 양식을 내려 주셨다. 그리고 ㉤ 1개월이나 1년 양식을 짊어지고 가면 허리가 휘어질 것이다. "내가 짊어지고 갈 것이니, 너희는 빈손으로 걸어만 가라"는 뜻이었다. 그러므로 믿는 자는 수중에 재물을 가진 자나 안 가진 자나 누구나 부자다!

이어서 주님은 안식일을 준수하라고 명령하신다: "육 일 동안은 너희가 그것을 거두되 제칠일은 안식일인즉 그 날에는 없으리라." "제6일에는 그 거둔 것을 예비할지니 갑절이 되리라." 이 명령 가운데는 "매일은 양식을 거두는 삶이다. 그러나 안식일은 언약의 증표니 이 날을 지켜서 너희 하나님 야웨를 섬기고 그분의 말씀을 듣고 그대로 살아라"는 의도가 들어 있다.

게다가 고기를 먹도록 메추라기를 내려 주셨다. 먹을 것이 없는 광야에서도 이스라엘은 굶는 일이 없었다.

그러나 백성들은 불순종했는데, ㉮ 하나님의 공급하심을 믿지 않고 내일을 염려하는 인간적인 마음 때문에(16:19-20), ㉯ 하나님의 말씀을 믿지 않는 마음 때문에(16:25-30), ㉰ 그리고 욕심 때문이었다(불신앙의 결과).

백성들은 르비딤에서 물이 없음으로 인하여 또다시 원망했다(17:1-7). 같은 르비딤에서 아말렉과의 전쟁이 있었는데, 이는 아말렉 족속들이 이스라엘을 전멸시키려고 했기 때문이다(17:8-16). 그곳은 협곡에 있는 공간이었고, 주변은 산으로 둘러싸여 있다.

③ 이드로의 방문(18장)

모세의 장인 이드로가 모세의 아내 십보라와 그 아들들인 게르솜과 엘리에셀(대상 23:15)을 데리고 모세에게 왔다. 그는 모세에게서 하나님께서 어떻게 이스라엘 백성을 구원하셨는지를 듣게 되었다. 그는 하나님 여호와에 대한 신앙고백을 하고 희생제물을 가져와서 여호와께 바친다(10-12절). 이어서 그는 모세의 재판 방법에 대해 수정할 것을 제안한다(18-23절). 그는 모세에게 "백성이 필경 기력이 쇠하리니"라고 말하는데, 이는 제명에 못 죽는다는 뜻이다. 이어서 "그대가 혼자 할 수 없으리라"(18절)고 하여 중간 지도자를 세우게 한다.

④ 중간 지도자의 조건(21절)

㉠ "재덕이 겸전한 자"(안셰-하일, "하일의 남자들")는 능력 있는 사람을 뜻한다. 히브리어 하일은 "힘, 부, 덕" 등을 의미한다. 따라서 "재덕이 겸전한 자"는 유능하고 지도자로서 능력이 있어서 싸움을 잘 할 수 있으며 덕이 있는 사람을 의미한다. 이 단어에는 '힘센 군사'라는 의미도 들어 있다. ㉡ "하나님을 두려워하며" : "하나님 경외"는 이드로의 표현이고 "야웨 경외"를 의미한다. ㉢ "진실무망하며" : 이 히브리어를 직역하면 "진리(진실)의 사람"이다. ㉣ "불의한 이를 미워하는 자" : "뇌물을 싫어하는 사람"이라는 뜻이다.

2. 언약 체결(19-24장)

1) 계명(도덕생활)(19-20장)

"내 말을 잘 듣고 내 말을 지키면 내 소유가 되겠고 제사장 나라가 되며 거룩한 백성이 되리라"(5, 6절). 율법은 선악을 아는 나무의 열매를 먹지 말라는 명령과 맥락을 같이한다. 육신을 가진 인간은 피조물의 위치를 지키면서 법을 따라 살아가야 한다. 20:1-17에 나타나 있는 십계명은 오고오는 시대의 온 인류가 지켜야 할 법이다.

2) 재판(사회생활)법(21-23장)

(1) **주인과 종에 관하여**(21:1-11).

사람이 종으로 팔려와서 6년을 섬겼으면 "7년에는 자유케 하라"는 명령이 십계명 이후 가장 먼저 나타난다. 하나님 앞에서 인간은 모두가 동등하므로 사람이 사람을 소유하는 것을 금지하셨다. 인간은 오직 하나님에게만 속해야 한다.

(2) **상해에 관하여**(21:12-36).

"이는 이로…"라고 명령하시는 동등처벌법은 "네 이웃을 네 몸과 같이 사랑하라"는 명령이다. 즉 자신의 이가 부러지면 아픈 것을 생각하여 남의 이를 부러뜨리지 말라는 것이다.

(3) **재산에 대한 권리**(22:1-15).

하나님은 가난한 자들을 도우라는 명령을 주시면서 동시에 각자가 소유한 것에 대한 권한을 부여해 주신다. 이것은 네 것과 내 것 사이에 선(線)을 분명히 그으라는 것이다. 하나님은 각자에게 재물을 주셨으므로 도적질을 하면 하나님의 주권에 도전하는 것이다. 도적질한 것에 대한 배상에 관해서는, 도적질한 것을 없앴으면 소는 5배로, 양은 4배로 배상하게 했다. 값어치 있는 것일수록 훔치지 말라는 것이다. 또 훔친 것이 그 손에 있으면 갑절로 배상하게 했다.

(4) 여러 가지 악행에 관하여(22:16-23:9).

한 청년이 처녀와 동침하면 반드시 결혼하고, 무당은 죽이고, 우상 숭배자는 죽이고, 나그네, 고아, 과부를 해롭게 말고, 가난한 자에게 꾼 것은 갚으라. 재판관을 욕하지 말라. 드리기를 힘쓰라. 헛소문, 모함, 부정한 재판을 금하고 이웃을 사랑하라.

(5) 국가적 안식과 축제일(23:10-19)

7년마다 땅을 쉬게 하라는 명령은 땅이 하나님의 것임을 인정하라는 의도이며 동시에 이듬해의 소출을 가난한 자로 하여금 먹게 하라는 것이다. 무교절, 맥추절, 수장절은 현대의 기독교인들의 구원과 삶에 깊이 연결된 절기다. 오늘날의 그리스도인은 이러한 명령이나 제도, 절기들의 신학적 의미를 연구하여 반드시 지켜야 한다.

(6) 가나안 국가와의 관계 문제(23:20-33)

계명을 지키라. 우상을 타파하라. 그들을 서서히 쫓아내리라. 그들과 언약하지 말라.

3) 언약 체결(24장)

언약 체결은 다음과 같은 순서로 진행된다: 모세가 율법(출 20-23장)을 듣고 산에서 내려와 그 율법을 선포함(3절), 법을 준행하리라는 백성들의 응답(3절), 여호와의 말씀을 기록함(4절), 제사를 드림(4-8절), 식사(9-11절), 모세가 시내 산으로 올라감(12-18절).

3. 성막(25-40장)

1) 설계(25-31장)

(1) 법궤, 단, 촛대(25장)

하나님과 계약을 체결하고 시내 산으로 올라간 모세에게 하나님은 가장 먼저 자신이 거할 성막을 지으라고 명령하신다.

"이스라엘 자손에게 명하여 내게 예물을 가져오라 하고 무릇 즐거운 마음으로 내는 자에게서 내게 드리는 것을 너희는 받을지니라"(2절).

자원하는 마음은 하나님이 주신 마음으로서 성령의 감화가 있었다는 증거다.

"내가 **그들 중에 거할 성소를** 그들을 시켜 나를 위하여 짓되 무릇 **내가 네게 보이는 대로** 장막의 식양과 그 기구의 식양을 따라 지을지니라"(8-9절; 비교. 요 1:14). 성막(성소)은 그리스도 예수의 몸이다. 예수의 육신은 하나님으로 충만하셨다.

(2) 성막, 널판, 휘장(26장)

(3) 놋제단, 포장, 기름(27장)

(4) 제사장들의 의복과 성별(28-29장)

(5) 향단, 놋대야, 붓는 기름(30장)

(6) 일하는 사람(일꾼)들인 브살렐과 오홀리압은 하나님의 신으로 충만한 사람들이었다. 이들로 하여금 성막을 짓도록 명하시고, 이어서 안식일이 언약 백성이 된 증표이므로 이 날에 일하는 자는 죽이라고 명령하신다(31장).

2) 연기됨(32-34장)

(1) 모세가 산에 오래 머물러 있는 동안 이스라엘 백성들은 금송아지를 만들어 섬겼다(32:1-14). 모세는 두 돌판을 가지고 산에서 내려오다가 백성들이 우상 숭배 하는 모습을 보고 돌판을 던져 깨뜨렸다. 그리고 여호와를 두려워하여 백성들을 위하여 중재 기도를 한다. 이어서 레위인들은 여호와 편에 서서 우상 숭배에 연루된 사람들을 살륙한다. 모세는 이어서 하나님이 함께 하신다는 표시로서 하나님의 임재를 요구한다. 모세는 다시 산으로 올라가 40일을 금식하는 중 여호와의 영광을 보나 그분의 등(후광)을 본다(34장; 비교. 고후 3:1-11).

3) 완료(35-40장)

백성들은 자원하여 물질을 가져다 바치고, 브살렐과 오홀리압은 여호와의 지시를 따라 성막을 포함한 기구들을 만든다. 모든 것을 마치고 봉헌을 할 때 여호와의 영광이 구름의 모습으로 임한다.

출애굽기에서의 그리스도

출애굽기에는 메시아 예언들은 없으나 그리스도의 모형과 초상들로 가득하다. 예표론적인 면에서 일곱 가지 사항으로 살펴볼 수도 있다.

(1) **모세 :** 여러 면에서 모세는 그리스도의 모형이었다(신 18:15). 모세와 예수 그리스도는 둘 다 선지자, 제사장 그리고 왕이었다.

이들은 모두 기업 무를 자들이었으며 유아기에 위험한 고비를 넘겼다. 이들은 모두 권력과 부를 자진하여 포기했다. 이들은 모두 구원자들이었으며, 입법자들이었고, 중보자들이었다.

(2) **유월절 :** 요한복음 1:29, 36과 고린도전서 5:7은 그리스도께서 죽임을 당하신 우리의 유월절 어린 양이심을 명백히 밝히고 있다. 하나님의 어린 양과 유월절 어린 양 사이에는 유사점이 많다.

(3) **일곱 절기 :** 이 절기들은 각각 그리스도의 사역의 어떤 국면을 보여주고 있다.

(4) **출애굽 사건 :** 바울은 세례 개념을 출애굽 사건과 관련시키고 있다. 왜냐하면 세례는 옛 사람이 죽고 새 피조물이 되었다는 사실을 상징하기 때문이다(롬 6:2-3; 고전 10:1-2).

(5) **만나와 물 :** 신약성경은 이 두 가지를 그리스도께 적용시키고 있다(요 6:31-35, 48-63; 고전 10:3-4).

(6) **성막 :** 재료와 색깔, 기구 그리고 배열에서 성막은 그리스도의 인격과 구속 방법을 명백하게 나타낸다. 고난, 피, 죽음으로부터 아름다움, 거룩함, 하나님의 영광으로 점진적인 진전이 이루어지고 있다. 그리고 성막은 주의 영의 내주를 예표한다. 주를 모신 사람의 육신은 하나님의 전이며, 주를 모신 사람의 공동체 역시 하나님의 임재의 장소(성전)다.

(7) **대제사장 :** 여러 가지 면에서 대제사장은 우리의 위대하신 대제사장이신 그리스도의 사역을 예시해 준다(히 4:14-16; 9:11-12, 24-28).

실제로 떨기나무에 현현하신 여호와의 사사 그리고 구름기둥과 불기둥 가운데 현현하신 여호와의 사자는 제2위 하나님이시라는 학자들 사이의 의견은 옳은 것으로 판단된다. 제2위 하나님은 이스라엘 백성들이 광야길을 가는 동안 그들에 앞서 가셨다. 예수께서는 우리의 구원을 이루기 위하여 십자가에 죽으시고 첫 열매로 부활하심으로써 새로운 출애굽 사역을 이루셨다. 그분은 헤롯의 어린 아기들의 살육이 있기 전 아기의 몸으로 애굽으로 가셨다가 약속의 땅으로 올라오셨는데, 이것은 새 출애굽을 미리 알리는 사건이었다.

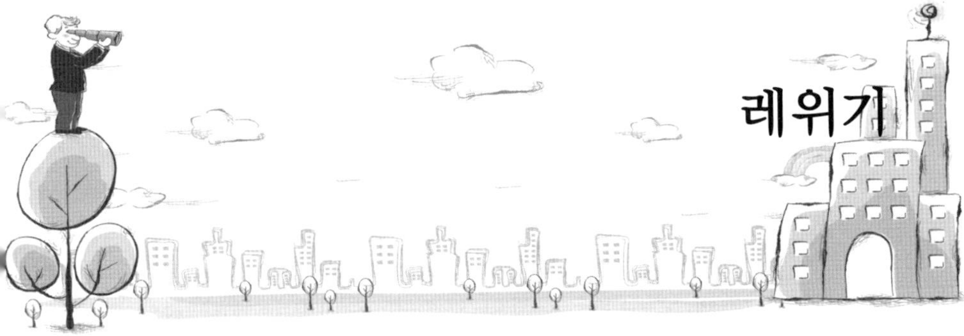

레위기

육체의 생명은 피에 있음이라 내가 이 피를 너희에게 주어 단에 뿌려 너희의 생명을 위하여 속하게 하였나니 생명이 피에 있으므로 피가 죄를 속하느니라(17:11).

나는 너희의 하나님이 되려고 너희를 애굽 땅에서 인도하여 낸 여호와라 내가 거룩하니 너희도 거룩할지어다(11:45; 참조. 19:2).

초점	제사 1		10	성화(聖化) 11					27
구분	세 가지 자원 제사 1 3	두 가지 의무 제사 4 7	제사장들의 제사 사역 8 10	개인적인 결례 11 15	대속죄일과 피 규례 16 17	백성들에 관한 규례 18 20	제사장들에 관한 규례 21 22	절기에 관한 규례 23 24	가나안에서의 규례 25 27
화제	주님과의 교제의 근거			주님과의 교제의 실천					
	예배			생활					
	제물을 통해 하나님께 나아감			순종을 통해 하나님과 교제함					
	"내가 거룩하니"			"너희도 거룩할지어다"					
장소	시내 산								
기간	한 달								

개관

하나님께서 이스라엘을 애굽에서 몰아내시는 데는 단 하룻밤이 걸렸지만, 이스라엘에게서 애굽을 몰아내는 데는 40년이나 걸렸다. 출애굽기의 주제는 하나님 백성의 구속과 구원이며, 레위기는 그 백성의 성화(聖化)와 성결에 초점을 맞추고 있다. 출애굽기에서 이스라엘은 제사장의 나라와 거룩한 백성으로 구속받아 하나의 국가로 세워졌다. 레위기는 연대적으로뿐만 아니라 논리적으로 이야기를 펼치면서, 이스라엘 자손들이 자기들의 제사장적 소명을 어떻게 이루어야 하는지를 보여준다. 그들은 출애굽기에서 압제의 땅으로부터 인도받아 나왔고, 레위기에서는 하나님의 성소로 인도된다.

출애굽기 끝부분에서 성막이 완성되었다. 레위기는 그 성막에서 어떤 일들을 해야 하는지를 기록하고 있다. 이 책은 레위 족속의 제사장직에 관한 지침서로서의 역할을 하면서 예배(제사)의 규정과 교훈을 가르치고 있다. 레위기는 새롭게 구속받은 백성들을 예배와 봉사, 그리고 하나님에 대한 순종으로 인도하기 위해 사용되었다. 역사적 사건에 대한 기록은 이 책 속에서 잠시 정지된다. 왜냐하면 그것은 시간선상에서 (단지 한 달 동안) 일어난 사건들이 아닌 하나의 가르침을 말하고 있기 때문이다. 본서는 두 개의 주요 부분으로 나누어진다: (1) 제사(1-10장)와 (2) 성화(11-27장).

표제

히브리어 표제는 **와이이크라**, 곧 "그리고 그가 부르셨다"(레 1:1)이다. 탈무드는 레위기를 '제사법'(Law of the Offerings)이라고 언급하고 있다. 칠십인역에서 사용한 헬라어 표제는 **류이티콘**, 곧 '레위인들에 관한 것'이다. 라틴어 벌게이트역은 70인역에서 본서 이 라틴어 역본의 이름인 **레비티쿠스**(*Leviticus*)를 따왔으며, 이것이 영어 표제로 채택되었다. 그런데 이 표제는 약간 빗나간 것이다. 왜냐하면 이 책은 레위인들 전체를 다루고 있지 않고, 레위인들의 일부인 제사장들과 백성의 성결을 다루고 있기 때문이다.

저자

창세기와 출애굽기에 대한 모세의 저작권을 지지하기 위해 사용된 논증들이 레위기에도 적용된다. 모세오경은 하나의 문학적 단위이기 때문이다. 이 논증들 이외에도 다음과 같은 것들이 있다.

외적 증거 : (1) 레위기에 대한 모세의 저작권을 입증해 주는 한결같은 고대의 증거가 있다. (2) 주전 1400년경의 것으로서 북부 시리아 해안에 세워져 있는 라스 샤므라 토판(Ras Shamra Tablets)에는 레위기의 속건제에 필적할 만한 고대의 규정들이 있다. (3) 그리스도는 레위기를 포함한 모세오경을 모세의 것으로 돌리셨다. 좀 더 구체적으로 그분은 레위기를 언급하고 그것을 모세에게 돌리셨다(마 8:2-4과 레 14:1-4; 마 12:4과 레 24:9, 그리고 눅 2:22을 비교해 보라).

내적 증거: (1) 레위기는 야웨께서 이 법들을 모세에게 주셨다는 사실을 27장 가운데서 56번이나 진술하고 있다(1:1; 4:1; 6:1, 24; 8:1을 보라). (2) 레위기의 법전은 모세 시대에 적합하다. 경제적, 사회적, 도덕적 그리고 종교적 고찰을 해 볼 때, 그것은 고대의 것임이 드러난다. 율법들 가운데 많은 사항들이 또한 이동식 생활 방식과 관련되어 있다.

연대와 배경

레위기에서는 어떠한 움직임도 일어나지 않는다. 즉 이스라엘 자손들은 시내 산 아래 진을 치고 있었다(25:1-2; 26:46; 27:34). 이스라엘의 새 달력은 첫 번째 유월절과 함께 시작되었고(출 12:2), 출애굽기 40:17에 의하면 그 성막은 정확하게 1년 후에 완성되었다. 레위기는 이 시점에서 시작하고 있으며, 이 때는 두 번째 해의 첫 달이다. 민수기 1:1은 둘째 달 첫 날에서 시작되고 있다. 아마도 모세는 그 첫 달 동안에 레위기의 많은 부분을 썼을 것이다. 그는 아마도 모압 땅에서 숨을 거두기 직전인 주전 1405년경에 이 글을 마무리지었을 것이다.

주제와 목적

레위기의 명백한 주제는 하나님과 그분의 백성들 간의 교제와 성결에의 길이다(11:45; 19:2). 다시 말해서 제사와 거룩한 삶이다. 따라서 레위기는 사람이 제물과 제사장의 중보를 토대로 해서 거룩하신 하나님께 나아가야 하며, 성화와 복종을 토대로 해서만 거룩하신 하나님과 동행할 수 있다는 사실을 가르친다. 하나님의 택하신 백성은 대속물의 피를 의지하고 그러면서도 거룩한 삶의 모습을 가지고 하나님에게 나아가야 한다.

레위기는 이스라엘에게 하나님과의 교제 가운데서 제사장의 나라와 거룩한 백성으로서 사는 법이 어떤 것인지를 구체적으로 보여주기 위해 기록되었다. 그러므로 이 책은 예배와 삶을 위한 안내서이고, 하나의 법전이며, 제사장들의 거룩에 관한 편람이다. 창세기에서 인간은 타락했으며, 이스라엘이 태동했다. 출애굽기에서 백성들은 구속되었으며, 이스라엘이 구원되었다. 레위기에서 백성들은 정결케 되었으며, 이스라엘은 하나님 섬김을 위해 성별되었다.

성경에서 레위기의 위치

일부 독자들에게는 레위기가 지루해 보일 것이다. 제10장에서 나답과 아비후의 죽음을 제외하고는 어떠한 행동이나 이야기의 줄거리도 없다. 그것은 규율과 규정, 그리고 반복들로 인해 분위기가 무겁다. 그 내용은 지루하며 현실 가운데 적용하기가 어렵다. 그러나 사실상 레위기는 영적 진리로 충만하다. 본서는 죄 용서와 하나님과의 교제에 관한 문제에 초점을 맞춘 수많은 교리적 및 실천적 주제들을 전개시키고 있다. 그것은 죄의 형벌로서의 한 대속물의 죽음을 어떻게 하나님께서 은혜 가운데 받아 주시는가 하는 사실을 밝히고 있다. 따라서 거기에는 오실 메시아의 모형과 표상들이 많이 들어 있다.

레위기와 출애굽기의 관계는 서신서들과 복음서들의 관계와 같다.

출애굽기	레위기
용서	정결
인간에 대한 하나님의 접근	하나님에 대한 인간의 접근
인간의 죄악	인간의 타락
구원	성화
구속 행위	성결의 과정

이 책에서의 예언적인 표현과 상징들은 신약성경, 특히 히브리서에 비교적 자세히 해석되어 있다.

내용

1. 교제의 근거 - 제사(1-10장)

1) 제사의 종류(1-7장)

"여호와께서 회막(meeting place = holy place, 즉 성소)에서 모세를 부르시고"란 레위기의 첫 구절은 의미심장하다. '그가 부르셨다'(와이크라)라는 첫 단어는 '크게 불렀다'라는 의미로서 굉장히 중요한 사항을 알리려 할 때 사용된 단어다. 회막은 하나님의 임재의 장소로서 누구도 접근할 수 없는 곳이었는데, 그분은 모세를 가까이 오게 하시고 그에게 백성들이 자기 앞에 나올 수 있는 길을 가르치셨다.

(1) 번제(Burnt Offering)(1장)

번제는 가죽을 제외한 모든 것을 단 위에 불살라 드리는 제사로서 "그리스도의 십자가 희생"을 예표하는 제사다. 따라서 번제는 백성의 대속을 위한 완전한 희생을 나타낸다. 속죄(贖罪)란 무엇인가? 개역성경에서는 바칠 속(贖)자(字)를 사용하여 속죄라고 표현했으나, 속죄에 해당하는 히브리어 단어 카파르란 죄를 "덮는다" 혹은 "사한다"는 의미다.

제물을 바치는 자가 정결한 짐승의 머리 위에 힘을 주어 안수하는 행동을 표현하고 있는 히브리어 어근 싸마크는 "기대다, 싣다, 의지하다"를 의미하며, 따라서 ㉠ 의지하다, ㉡ 동일시, ㉢ 전가를 의미한다.

(2) 소제(Meal Offering)(2장)

소제는 주로 번제 다음에 드리는 제사로서 번제를 통하여 하나님이 죄를 사해 주신 데 대한 응답으로 드리는 것이다. 따라서 헌신과 충성의 의미가 강하다. 고대에는 봉신이 종주에게 충성의 의미로 드린 것이 민하(소제)였다.

(3) 화목제(Peace Offering)(3장)

하나님과 바른 관계를 가진 상태에서 하나님과의 교제, 감사로서 드리는 제사, 하나님과 화목한 상태에서 이웃과의 교제를 의미하는 제사다. 여기에도 대속물의 희생이 곁들여졌다. 따라서 그리스도의 십자가 안에 하나님 및 이웃 간의 진정한 교제가 있음을 시사한다.

(4) 속죄제(Sin Offering)(4:1-5:13)는 지은 죄를 속하기 위하여 드리는 의무 제사다.

(5) 속건제(Trespass Offering)(5:14-6:7)는 하나님에게든 인간에게든 어떤 손해를 입힌 경우에 보상으로 드리는 의무 제사다.

모든 제사에는 그리스도의 희생이 들어 있으며, 이는 그리스도 없이는 하나님과 혹은 다른 이웃과의 사이에 화목이 없다는 사실을 암시한다.

(6) 제사장들이 제사에서 지켜야 할 규례와 분깃(6:8-7장)

① 번제는 희생당하여 여호와께 온전히 바쳐지는 제물이기 때문에 모두 하나님의 몫이다(6:8-13).

② 소제의 분깃(6:14-23)은 한 움큼과 소제물 위의 유향을 모두 단 위에서 불사르고 그 나머지는 모두 아론과 그 자손의 몫인데 누룩을 넣지 말고 먹어야 한다. 그러나 제사장이 드리는 소제물(19-23)은 다 불에 살라서 드려야 한다. 그리고 소금을 반드시 넣어야 한다.

③ 속죄제의 분깃(6:24-30)은 속죄제 희생의 고기 중 피와 그 일부 희생 제물은 모두 불살라야 하고 나머지 모든 고기는 거룩한 곳에서 제사장들이 먹는다.

④ 속건제의 분깃(7:1-10)은 속건제 희생의 피와 그 기름은 모두 불살라 드리고 그 고기는 남자들이 거룩한 곳에서 먹어야 한다. 속죄제도 같다(7절). 번제물의 가죽은 드리는 제사장의 것이며 화덕에 구운 소제물, 솥이나 번철(후라이팬)에서 만든 소제물은 그 드린 제사장의 것이 된다. 소제물은 기름 섞은 것이나 마른 것이나

균등히 분배한다.

⑤ 화목제의 분깃(7:11-27)은 감사로 드릴 경우에는 기름 섞은 무교병/유교병과 기름 바른 무교전병과 과자를 감사 희생과 함께 드리되 그 일부를 드리고 나머지는 피를 뿌린 제사장에게 돌린다. 그 고기는 그 날에 먹어야 한다.

그러나 서원제나 자원제이면 그 이튿날 먹어도 된다. 제3일에는 불살라야 하며, 제3일에 먹는 자는 죄를 당하고 제사가 열납되지 않는다. 부정한 물건에 접촉되면 먹지 말고 불살라야 한다. 몸이 부정한 자가 그것을 먹으면 백성 중에서 끊쳐진다.

⑥ 화목제의 분깃(7:28-38)은 가슴 부분은 제사장들의 것이며 희생을 드리는 자가 우편 뒷다리를 가진다.

* 제사를 드리는 방법에 대해서

화제 : 불로 태워서 드리는 제사(불로 멸한다는 의미임)

요제 : 흔들어 드리는 제사(흔든다는 것은 살아 있다는 것을 의미하는데 하나님께 바쳐지지만 세상에서 끊어져 없어지지 않고 생명을 되돌려 받아 살아서 주만을 섬긴다는 것을 의미함)

전제 : 부어서 드리는 제사(모든 것을 쏟아 희생한다는 의미임)

거제 : 받들어 올려 드리는 제사(자신을 포기하고 하나님께 모든 것을 드리고 나서 다시 받아 주의 것으로 사용한다는 것을 의미함)

2) 제사장의 위임과 사역(8-9장)

제사장들은 하나님에게 구별되어 헌신하고(8장), 그 다음 사역을 개시한다(9장). 그들은 먼저 자기를 위한 속죄제를 드리고, 그 다음에 백성을 위한 속죄제, 번제, 화목제를 드렸다.

3) 제사장 나답과 아비후의 죽음(10장)

이들은 번제단의 불이 아닌 다른 불을 가지고서 분향을 했다. 번제단의 불은 신약적인 면에서는 십자가의 희생을 암시한다. 그것을 통해서만 향(기도를 암시)이 거룩하게 되어 하늘 보좌로 올라간다. 두 제사장은 이것을 무시했다.

2. 교제의 실천 - 성화(11-27장)

1) 정한 것과 부정한 것에 관한 규례(11-17장)

(1) 정결한 음식물 : 굽이 갈라지고 새김질하는 것, 지느러미 있는 것, 날개가 있어 나는 것과 뛰는 것. 잡식성은 부정함.

(2) 산후 : 남아는 7일, 여아는 14일 간 부정함. 여인의 산혈은 각각 33일과 66일 만에 깨끗해진다. 정결의식을 위해 1년 된 어린 양, 산비둘기 둘/집비둘기 새끼 둘을 속죄 제물로 드림.

(3) 피부 : 피부병 전체를 포괄적으로 말함. 피부병이 퍼지거나 난육(생살)이 터져 나와서 보이면 부정, 의복이나 집의 곰팡이(?)도 부정. 정결케 되는 날의 규례(14:1-32).

(4) 집 곰팡이(14:33-53) : 건강상의 이유로 집을 헐 것을 명하신 것으로 보인다.

(5) 유출병(15:) : 죄인 된 인간의 몸에서 분비액이나 고름 혹은 피가 밖으로 흘러나오는 병을 가리킨다. 남녀를 막론하고 모든

인간은 유출한다. 따라서 모든 인간은 부정하다.

2) 대속죄일과 피(16-17장)

(1) 대속죄일 규례(16장) : 지성소에 무시로 들어오지 말 것, 제사장은 자신을 속죄할 것, 지성소 속죄, 백성을 위한 속죄, 7.10일은 자기를 괴롭게 하는 날(금식). 대제사장이 1년 1차씩 아사셀 양을 광야로 보내고 속죄제 염소의 피는 속죄소 위에 뿌림.

(2) 피에 관한 규례(17장) : 짐승을 잡을 때는 반드시 먼저 여호와 전 앞에서 잡고 피를 먹지 말 것.

3) 백성들의 규례(18-20장)

(1) 성 범죄 금지(18장) : 애굽의 풍속과 가나안의 풍속을 좇지 말라. 각종 부도덕한 성행위를 하지 말라.

(2) 일반적 훈계(19장) : 우상 숭배 하지 말라. 희생 제물은 2일 내에 먹고 남은 것을 불사르라. 약한 이웃을 돕고 이웃에게 해를 끼치지 말라. 문신을 금하라.

(3) 범법자 형벌(20장) : 사형에 해당하는 죄들은 우상 숭배, 근친 상간의 여러 가지 형태.

4) 제사장들의 규례(21-22장)

(1) 금지된 행실(21장) : 제사장은 시체로 더럽히지 말고, 머리털을 깍지 말고, 처녀와만 결혼하라. 육체에 흠이 생기지 않도록 조심

하라.

(2) 금지된 사람(21:16-24) : 하나님 앞에 구별된 사람만이 제사를 드려야 한다. 부정한 자는 성물을 먹지 말라. 성물은 제사장에게만 제한된다.

(3) 금지된 제물(22:17-33) : 흠 있는 것과 상한 것은 드리지 말아라.

5) 절기에 관한 규례(23-24장)

(1) 안식일 : 안식일 준수 이유가 창조와 관련되어 있다(23:1-3)

(2) 유월절(무교절기)(23:4-14; 참고. 출 23:15; 34:18)

정월 14일(금) 저녁부터 7일 간(무교절기) 지키고, 첫 안식일 이튿날에는 아직 익지 않은 첫 곡식단을 가져와서 요제로 드린다(흔히 초실절이라고 함. 참고. 23:9-14; 그리스도의 부활 상징). 첫 곡식단을 가져오기까지 백성들은 떡이든 볶은 곡식이든 생이삭이든 먹지 말아야 한다.

(3) 칠칠절(오순절)(23:15-21)

첫 곡식단을 가져온 날, 곧 안식일 이튿날부터 세어서 7주(50일) 되는 날에 추수한 첫 곡식으로 누룩(전인을 변화시키는 성령의 능력 상징)을 넣어서 구워 만든 새 소제를 드린다. 새 소제는 에바 십분 이로 만든 떡 두 개(유대인과 이방인 상징)를 구워 요제로 드린다.

(4) 곡식 베는 규례(삽입)(23:22)

모퉁이까지 다 베지 말고 떨어진 것을 줍지 말라. 가난한 자와 객을 위하여 버려 두라.

(5) 나팔절(23:23-25)

종교력으로 7월 1일로서 이 날에 농경의 해가 끝나고 민력으로 새해가 시작된다(23-44절). 이 날에는 아무 노동도 하지 말고 화제(불로 태워 제사드리는 방법)를 드린다. 그리스도의 재림을 상징한다.

(6) 대속죄일(23:26-32)은 대제사장이 1년 1차 염소의 피를 가지고 지성소에 들어가서 이스라엘 온 백성을 대속하는 날이다. 이 날에 온 백성이 몸을 괴롭게 하는데, 이는 금식을 의미할 것이다.

(7) 초막절(수장절)(23:33-44)

종교력으로 7월(민간력으로 1월임) 15일부터 7일 간 초막에서 추수를 마치고 지키며 제8일에는 대회로 모인다. 그러므로 모두 8일 간이다. 성도가 세상에 있으나 천국생활을 한다는 사실을 상징한다.

(8) 성전의 등불(24:1-4)은 저녁부터 아침까지 항상 켜져 있게 해야 한다.

(9) 진설병(24:5-9)은 두 줄로 한 줄에 여섯 개씩 포개어 놓는 방식으로 진열하는 것으로 ① 생명의 떡이신 예수, ② 주님과의 교제를 상징한다.

(10) 이러한 규례들을 발표하는 중에 여호와를 저주하는 자를 돌로 쳐 죽여야 하는 비극적인 일이 일어났다(24:10-16).

(11) 보응의 법칙(24:17-23)

동등처벌법은 외국인과 본국인에게 공동으로 적용되는데 ① 재판 절차를 통하여 시행해야 하고, ② 이웃을 자기 몸처럼 사랑하라는 뜻이며, ③ 1:1 처벌만을 하라는 법으로서 이는 사랑의 법이다.

6) 가나안에서의 규례(25-27장)

(1) 안식년을 지키라(25:1-7)

이는 7년마다 땅을 쉬게 하라는 법인데 ① 땅이 하나님의 것임을 인정하고, ② 나그네, 가난한 자, 들짐승을 위하여 거두지 말며, ③ 유기농과 소출 증대의 의미가 들어 있다.

(2) 희년법(25:8-17)은 종을 자유케 하라는 법으로 7월 10일 속죄일에 나팔을 붊과 동시에 시행한다. 이때 종은 그 기업과 가족에게로 돌아가고, 판 물건(특히 부동산)도 본 주인에게로 돌아가게 해야 한다. 그러므로 땅을 팔 땐 희년으로부터 연수를 따라서 팔고 사도록 해야 한다.

(3) 기업 무르는 규례(25:18-34)

토지의 완전 매매는 불가한데, 왜냐하면 이스라엘은 그 땅에 나그네로 거주하고 있고 땅은 하나님의 것이기 때문이다.

희년 전에도 기업을 무를 힘이 있으면 무를 수 있다. 기업을 무를 수 있는 자는 그 당사자나 혹은 그의 가까운 친척(고엘)이다. 무를 때는 햇수를 계산하여 무르되 자기가 기업 무를 힘이 없으면 희년에 되돌려 받는다.

성 안의 가옥은 매매 가능하나 1년 내에는 무를 수 있다. 1년 내에 무르지 못하면 영원히 구입자의 소유가 된다. 성이 없는 촌락의 가옥의 경우에는 물러 주기도 하고 희년에 돌려주기도 한다. 레위인의 가옥에 대해서는 매매 가능하나 희년에 돌려주어야 한다. 레위인의 성읍의 들에 있는 밭은 팔지 못한다.

(4) 꾸는 것(25:35-38)에 대해서는 동족끼리 변리를 받지 말고

꾸어주되 거주하는 외국인에게는 이자를 받아도 가하다.

(5) 종으로 팔리는 경우(25:39-55)에 동족 히브리인끼리는 종으로 부릴 수 없다. 종은 이방인 중에서 취해야 한다. 이스라엘 백성이 이방인에게 팔리면 언제나 무를 수 있으나 기업 무르는 규례대로 해야 한다.

(6) 축복과 저주(26:1-46)는 순종이냐, 불순종이냐에 달려 있다.

(7) 서원에 대한 규례에 관한 자세한 내용은 27:1-25을 보라.

(8) 여호와의 것(27:26-34)

① 첫 것은 여호와의 것(27:26-27)－속하려면 정가에 정가의 5분의 1을 더하여 속한다.

② 아주 바친 것(27:28-29)은 속하지도 못하고 팔지도 못한다.

③ 십일조(27:30-33)를 속하려면 5분의 1을 더하여 속할 수 있다. 십일조는 소나 양의 10분의 1인데, 양이나 소를 막대기 아래로 지나가게 하여 그 열째마다 하나님의 것이다. 그러므로 바꾸거나 하지 못한다. 바꾸면 둘 다 하나님의 것이 된다.

레위기에서의 그리스도

(1) 다섯 가지 제사: 번제(burnt offering)는 그리스도께서 그의 아버지의 뜻에 복종하여 자신을 완전히 희생하신 것을 예표한다. 소제(meal offering)는 죄 없으신 그리스도의 충성을 예표하며 동시에 신자의 헌신과 충성을 예표한다. 화목제(peace offering)는 십자가의 공로로 말미암아 신자들이 하나님과 함께 누리는 교제를 예표한다. **속죄제**(sin offering)는 우리의 죄 짐을 지신 그리스도를 예표

한다. **속건제**(treapass offering)는 그리스도께서 죄의 대가를 치러 주신 것을 예표한다.

(2) **대제사장 :** 첫 번째 대제사장인 아론과 우리의 영원한 대제사장이신 그리스도 사이에는 여러 면에서 비교 및 대조가 된다.

(3) 일곱 절기: **유월절**은 하나님의 어린 양의 대속적 죽음에 관하여 말해 준다. 그리스도께서는 유월절에 죽으셨다. **무교병**은 신자의 성결한 행위에 관해 말해 준다(고전 5:6-8). 무교절기의 초실절에 드려지는 첫 열매는 모든 신자들의 부활의 첫 열매로서 그리스도의 부활을 가리킨다(고전 15:20-23). 그리스도는 초실절에 살아나셨다. **오순절**은 그리스도의 승천 후 성령의 강림에 관하여 말한다. **속죄일**은 그리스도의 십자가 사건을 미리 가리키며, **나팔절**과 **초막절**은 그리스도의 재림과 관련된 사건들에 대해 말한다.

민수기

나의 영광과 애굽과 광야에서 행한 나의 이적을 보고도 이같이 열 번이나 나를 시험하고 내 목소리를 청종치 아니한 그 사람들은 내가 그 조상들에게 맹세한 땅을 결단코 보지 못할 것이요 또 나를 멸시하는 사람은 하나라도 그것을 보지 못하리라(14:22-23).

초점	구 세대 (1–14)			타락 (15–25)				새 세대 (26–36)		
구분	백성들의 계수와 정렬 (1–4)	백성들을 정렬케 함 (5–10)	백성들의 원망과 불신앙 (10–14)	가나안에서의 생활에 관한 지시 (15)	고라당의 반역 (16)	원망과 범죄 (17–21)	발람의 이야기 (22–25)	두 번째 인구 조사와 이스라엘의 율법 (26–30)	요단 동편에 정착함 (31–33)	가나안 정착을 위한 준비 (34–36)
화제	준비			연기				약속		
	기다림			방황				기다림		
	인구 조사, 지시, 여행							인구 조사, 지시		
장소	시내에서 가데스			광야				모압 편지		
기간	약 두 달 (민수기의 39%)			38년 (민수기의 17%)				몇 달 (민수기의 44%)		

개관

하나의 민족으로서 이스라엘은 출애굽한 지 겨우 13개월째에 불과한 이 책의 시작 부분에서 유아기 상태에 있었다. 하나님의 훈련의 책이라고 할 수 있는 민수기에서 이스라엘 백성은 성숙하기 위하여 훈련의 길을 가는 모습으로 나타난다. 하나님은 불신앙적 판단의 결과가 어떠한 것인지를 그들에게 가르치셔야 했다. 광야에서의 40년 간의 경험은 그들을 출애굽 당시 노예 근성을 가진 오합지졸로부터 약속의 땅을 차지할 준비가 된 하나의 성숙한 민족으로 성장시켜 주었다. 민수기는 옛 세대와 함께 시작하며(1-14장), 타락이라는 과정(15-20장)을 거쳐 가나안 땅의 입구에 도착한 새 세대와 함께 끝을 맺는다(21-36장).

표제

민수기의 히브리어 본문에서 첫 단어는 와이예답베르, 곧 '그리고 그가 말하였다'이다. 그러나 히브리어 성경(MT)의 책명은 1:1에 있는 다섯 번째 단어인 **베미드바르**, 곧 '광야에서'이다. 이 명칭이 그 책의 내용과 더 깊이 관련되어 있다. 칠십인역의 헬라어 표제는 **아리트모이**, 즉 '숫자들'(Numbers)이다. 라틴어 벌게이트역도 이 표제를 따랐고 그것을 **리베르 누메리**, 곧 '계수의 책'(the Book of Numbers)으로 번역했다. 이 표제들은 두 번의 인구 조사에 근거한다. 즉 출애굽 세대(1장)와 광야에서 자라나 가나안을 정복한 그 세대의 인구 조사(26장)에 근거한다. 민수기는 또한 '노정의 책'

(Book of the Journeyings), '불평에 대한 책'(Book of the Murmurings) 그리고 '모세의 네 번째 책'(Fourth Book of Moses)이라 일컬어지기도 한다.

저자

모세가 민수기의 저자임을 가리키는 증거는 모세오경 앞부분의 것과 유사하다. 이 다섯 권의 책은 이처럼 문학적 단일체를 형성하고 있기 때문에 그것들의 저작권 문제는 함께 연결되어 있다.

외적 증거: 민수기에 대한 모세의 저작권을 입증하는 보편적인 고대의 증거가 있다(유대인들, 사마리아인들, 초대 교회). 또한 민수기의 사건들을 인용하고 그것을 모세와 관련시키고 있는 신약성경의 구절들이 많이 있다. 이 구절들은 요한복음 3:14; 사도행전 7; 13; 고린도전서 10:1-11; 히브리서 3-4; 그리고 유다서 11장 등이다.

내적 증거: "여호와께서 모세에게 일러 가라사대"(참고. 1:1)라는 문구가 본서에 80회 이상 나타난다. 그 밖에 민수기 33:2은 다음과 같이 명백한 진술을 하고 있다. "모세가 여호와의 명대로 그 노정을 따라 그 진행한 것을 기록하였으니…." 모세는 이 책에서 그 사건들의 목격자로서 세부적인 기록을 했다. 모세는 출애굽기에서 신명기에 이르기까지 그 중심 인물로서 이 책을 쓰기에 어느 누구보다도 좋은 자격을 갖추고 있었다.

어떤 이들은 모세에 대한 3인칭의 언급을 볼 때 민수기의 저자가 어떤 다른 사람임을 가리킨다고 주장한다. 그러나 이러한 3인칭의 사용은 고대 사회에서 일반적인 관습이었다(로마 황제도 자신의 글에서 그와 같이 했다).

연대와 배경

레위기는 한 달 간 주어진 내용을 취급하고 있으나, 민수기는 거의 39년에 걸친 일들을 다루고 있다(약 주전 1444년에서 주전 1405년). 그것은 이스라엘이 시내 산에서의 마지막 19일(1:1; 10:11)부터 40년이 되던 해 모압 평지에 도착했을 때(22:1; 26:3; 33:50; 신 1:3)까지를 기록하고 있다. 이 기간의 대부분은 가데스 바네아에서 보냈다. 그들의 장막은 그들이 진을 칠 때마다 여러 평방마일을 차지했다. 그 백성들의 수가 1백5십만 이상(민 1장과 21장의 인구조사에 근거함)이었기 때문이다. 하나님은 불모지에서 그들을 기적적으로 먹이고 지켜 주셨다. 그분은 그들의 옷이 해어지지 않게 하셨고, 그들에게 만나와 고기와 물과 지도자와 또한 약속을 주셨다.

주제와 목적

민수기의 주제는 거룩하신 하나님 여호와에 대한 불신앙과 불순종의 결과로 인한 40년 간의 광야에서의 연단이다. 주님은 자기 백성을 징계하셨으나, 그들의 변덕스러움에도 불구하고 자신의 언약과 약속들을 성실하게 지키셨다. 민수기는 하나님께서 자기 백성을 향해 베푸신 신실하심, 인내, 거룩하심, 공의, 긍휼 그리고 주권을 나타내고 있다. 그것은 그분의 축복을 얻기 위한 지름길이 없음을 가르친다. 즉 그분은 특정한 목적들을 위해 시험과 연단을 사용하신다는 것이다.

민수기는 이스라엘이 시내에서 모압에 이르기까지 방황한 역사를 추적하기 위해 기록되었다. 그러나 38년 간의 방황에 관한 기록이 거의 없다는 사실은 민수기가 주제에 초점을 맞춘 역사서임을 보여준다. 본서는 하나님의 구속 계획 가운데 전개된 중요한 사건들을 선별하여 기록하고 있다. 첫 세대의 죄가 두 번째 세대에게 여러 가지 사실을 상기시켜 주고 경고하는 내용들이 기록되어 있다. 그들은 축복의 땅을 소유하기에 앞서 하나님을 절대적으로 신뢰해야 했던 것이다.

성경에서 민수기의 위치

창세기에서 하나님은 한 백성을 택하셨고, 출애굽기에서는 그들을 구속하셨으며, 레위기에서는 그들을 성별하셨고, 민수기에서는 레위기에서 끝난 시내 산 부분에서 시작하고 있다. 레위기는 신자들의 예배와 삶에 대한 규례를, 그리고 민수기는 그들의 실제 행위를 서술하고 있다.

레위기	민수기
성 소	광 야
정 결	긴 여행
교 제	불신앙
입 법	해 설
의식적(儀式的)	역사적

민수기는 성경적 믿음이란 하나님에 대한 철저한 신뢰를 요구한다는 사실을 가르치고 있다. 확대 해석된 두 개의 신약성경 구절들은 이 광야 체험을 영적 진리의 예증으로서 들고 있다. 고린도전서 10:1-12에서는 탐욕과 부도덕의 위험을 예증하며, 히브리서 3:7-4:6에서는 믿음을 통해 하나님의 안식에 들어간다는 주제를 예증한다. "저희에게 당한 이런 일이 거울이 되고 또한 말세를 만난 우리의 경계로 기록하였느니라"(고전 10:11).

내용

1. 구 세대(1-14장, 준비 - 시내에서 가데스까지)

1) 숫자 계수(1장)

계수 대상은 20세 이상으로 싸움에 나갈 만한 각 남자다.
르우벤-46,500명, 시므온-59,300명, 갓-45,650명,
유다-74,600명, 잇사갈-54,400명, 스불론-57,400명,
에브라임-40,500명, 므낫세-32,200명, 베냐민-35,400명,
단-62,700명, 아셀-41,500명, 납달리-53,400명

계 603,550명

2) 배치(2-4장)

동편-유다, 잇사갈, 스불론 계 186,400명
남편-르우벤, 시므온, 갓 계 151,450명

회막－레위

서편－에브라임, 므낫세, 베냐민 계 108,100명

북편－단, 아셀, 납달리 계 157,600명

레위인은 1개월 이상 된 사람을 계수했는데, 게르손 자손은 7,500명으로서 회막 서편에 진치고, 성막, 장막, 덮개, 회막 문장, 뜰의 휘장 성막, 단 사면의 뜰의 문장, 줄을 담당했다. 고핫 자손은 8,600명으로 성막 남편에 진치고 법궤, 상, 등대, 단, 성소의 기구, 휘장을 맡았다. 므라리 자손은 6,200명인데 회막 북편에 진쳤고, 성막의 널판, 그 띠, 그 기둥, 그 받침, 그 모든 기구, 뜰 사면 기둥과 그 받침, 그 말뚝, 그 기둥을 맡았다. 회막의 동편에는 모세, 아론 그리고 아론의 아들들이 지켰는데, 합계가 22,000명이다.

일반 백성은 성막으로부터 2,000규빗(약 900m) 떨어진 곳에 진을 쳤다. 이는 하나님의 거룩을 침범하지 말라는 암시적 교훈이 들어 있다.

하나님은 인구 조사를 마친 뒤 하나님에게 바쳐진 레위인들로 하여금 속전을 받으라고 명하셨는데(3:44-51), 이는 백성을 대신하여 레위인을 받으셨기 때문이다. 장자는 하나님의 것이지만 장자들을 대신하여 레위인을 받았으므로 장자들은 자신들을 속하는 의미(하나님에게 드리지 않고 자기의 삶을 살 수 있도록)에서 레위인의 숫자보다 많은 장자의 숫자에 따라 속전을 레위인에게 주어야 한다(273×5세겔=1,365세겔).

제사장의 직무는 30세에서 50세까지로 규정하고 있다.

3) 교육(5-10:10)

① 하나님이 그들 가운데 거주하시므로 거룩한 주의 백성 가운데서 부정한 자를 축출하라고 명하신다(5:1-4). 이는 건강한 자를 보호하는 한편, 주의 거룩한 공동체 안에 죄로 부정한 자가 있어서는 안 된다는 사실을 가르치고 있다. 그리고 이어서 ② 죄의 값을 1/5을 더하여 배상하라는 규례(5:5-10), ③ 아내의 부정 행위를 밝히는 절차(5:11-31), ④ 나실인 규례(6:1-21)와 제사장의 축복 공식(민 6:22-27)이 나타나고, 이어서 ⑤ 족장들이 드린 물건들(7장)이 장황하게 기록되어 있다. 다시 ⑥ 등잔의 제도(8:1-4; 상번제 시에 켜고 꺼라), ⑦ 레위인을 요제로 드린 일(8:5-26), ⑧ 이듬해 14일 해질 때부터 유월절을 지킨 일(9:1-14)이 기록되었는데, 정한 기일에 지키지 못한 사람은 2월 14일부터 지키도록 배려하셨다. 또한 이스라엘이 행진할 때 인도한 구름기둥과 불기둥에 대해서 언급하고(9:15-23), 은나팔 신호 체계를 설명하고 있다(10:1-10).

4) 출발(10:11-14장)

10:11부터는 진행 방법, 르우엘의 아들 호밥이 길을 인도한 사실 등이 묘사된다. 그러나 백성들은 원망하기 시작했는데(11:1-3), 백성들이 악한 말로 불평하고 원망하므로 불이 진 끝을 살랐고 모세의 기도로 불이 꺼졌다.

(1) 섞여 사는 무리의 탐욕(11:4-15)

이스라엘 백성들과 함께 애굽에서 무작정 따라나섰던 잡족들이 식욕을 돋구고, 먹는 즐거움을 주고, 정력에 좋은 음식을 먹고 싶다고 말하면서 탐욕을 품고 불평하자 온 백성이 가세하여 울었다. 그들은 "애굽에 있을 때가 우리에게 재미있었다"는 것이었다. 즉 옛 생활이 재미있었다(11:18)는 것이다. 이러한 원망을 듣고 우는 모습을 보고 모세는 죽고 싶은 심정이었다.

(2) 모세의 간구와 하나님의 조치(11:10-30)

모세가 죽기를 구하자, 하나님은 다음과 같이 응답하신다: ㉠ 70명의 장로와 유사들을 회막 앞으로 모으라. 그들에게 너에게 부었던 성령을 부어 너와 같은 심령을 가지고 백성을 지도하도록 만들어 주겠다. ㉡ 코에서 고기 냄새가 넘치도록 고기를 백성에게 먹여 주겠다.

이러한 말씀대로 70인에게 성령이 임했는데(24-30절), 심지어 진중에 남아 있던 엘닷과 메닷에게도 성령이 임하여 예언하기 시작했다. 여호수아가 모세에게 예언을 금하게 하라고 간하자, 모세는 모든 사람이 선지자 되기를 원한다고 대답한다. 모세가 말한바와 같이 신약의 새 이스라엘 공동체는 성령 충만한 백성이며 모든 사람이 성령을 받아 넓은 의미의 선지자가 된다. 이어서 하나님은 저들에게 메추라기를 보내셨으나(31-35절), 저들의 입에 고기가 물려 있을 때 저들에게 진노가 임하여 백성들 다수가 죽임을 당했다(기브롯핫다와=탐욕의 무덤).

그 후 모세가 구스 여인을 취하자 아론과 미리암이 모세를 비방하다가(12장) 미리암이 문둥병에 걸린다. 모세가 아닌 미리암이 죄인임을 하나님께서 증거해 주신 것이다.

가나안 땅 접경 지대에 이르자 그 땅을 탐지하기로 하고 정탐꾼들을 가나안 땅으로 보낸다(13-14장). 그러나 열 명의 불신앙적인 정탐꾼들의 보고로 인하여 백성들도 불신앙에 붙잡히고, 저들은 "우리가 애굽 땅에서 죽었거나 이 광야에서 죽었더면 좋았을 것을"(14:2), 그리고 "애굽으로 돌아가는 것이 낫지 아니하랴"(14:3)고 하며 광야로 돌아선다.

하나님은 "이 백성이 어느 때까지 나를 **멸시**하겠느냐 내가 그들 중에 모든 이적을 행한 것도 **생각**하지 아니하고 어느 때까지 나를 **믿지 않겠느냐**?"(14:11)고 하신다. 믿음이 없는 사람은 하나님을 멸시(가볍게 생각)한다. 이어서 주님은 "정탐한 날수(40일)대로 1년씩 계산하여 40년을 광야에서 유리할 것이라"(14:33, 34)고 선언하신다. 그러자 정신이 난 백성들은 뒤늦게 가나안 입구에서 뒤로 물러난 것을 후회하고 무조건 앞으로 나가서 정복하려 했다. 그러나 아말렉인과 가나안 사람들이 내려와 이스라엘을 쳐서 몇몇은 죽임을 당하고 패하여 호르마까지 후퇴한다.

2. 타락(15-25장, 심판과 연단 - 광야에서)

1) 가나안 땅에 들어가서 행할 규례(15장)

백성들이 하나님의 명령을 어기고 돌아섰는데, 본문에 저들이 가나안 땅에 들어갔을 때 그곳에서 행할 규례(제사)를 명령하신 내용이 나오는 것은 놀라운 일이다. 하나님은 저들에게 약속하신 것을 반드시 이루어 주실 것임을 밝히고 있는 것이다.

① 제사에 소제물을 드릴 것을 말씀하신다. 소제는 ㉠ 단독으로 드리는 소제가 있고, ㉡ 번제와 화목제에 곁들여 드리는 소제가 있다. 소제물은 광야에서는 불가하고 가나안 땅에 들어가서야 구할 수 있다.

② 하나님은 안식일을 범한 한 사람을(15:32-36) 공동체에서 끊어 버리라고 명령하신다. 그리고 ③ 옷단에 술을 달도록 명령하시는데(37-41절), 술은 계명을 기억하도록 하는 장치다.

2) 고라당과 르우벤 지파 자손의 반란(16-18장)

고라(레위 족속), 다단과 아비람과 온(르우벤 지파)이 합세하여 아론의 대제사장직과 모세의 지도권에 도전한다. 이로 인하여 반역자들은 땅이 갈라져서 음부에 들어가고, 하나님은 아론의 지팡이에서 싹이 나고 열매가 맺게 하여 제사 권한을 재확인하신다. 인간은 스스로 지도자가 될 수 없다.

3) 붉은 암송아지(19장)

온전하여 흠이 없고, 아직 멍에 메지 아니한 핏빛이 나는 붉은 암송아지(히 7:26)를 진 밖으로 끌어내어(참고. 히 13:10 이하), 대제사장 엘르아살 앞에서 죽이고, 제사장은 그 피를 회막(=성소)문을 향하여 일곱 번 뿌린다. 그 암송아지는 전부 불사르면서 백향목, 우슬초, 홍색실을 불 가운데 던진다. 그리고 그 재를 보관했다가 물에 풀어서 부정을 씻기 위하여 뿌리도록 했다. 9절의 "속죄제니라"는 속죄제사가 아니라 "죄를 정결케 하기 위한 것"이라는 뜻이다. 주님은 반드시 정결케 하는 물을 뿌려 정하게 하라고 하신다(11-22절). 이는 세례의 기원으로서 이 물은 그리스도의 보혈(죽음)을 예표한다.

4) 원망과 모세의 범죄(20장)

가데스 므리바에서 백성들은 "없다"는 말을 다섯 번이나 반복하면서 없는 것으로 인하여 원망한다(5절). 주님은 "지팡이를 가지고 네 형 아론과 함께 회중을 모으고 그들의 목전에서 너희는 반석에게 명하여 물을 내라 하라"(8절)고 명하신다. 모세는 반석을 향하여 물을 내도록 명령만 하면 되었다. 그런데 그는 "패역한 너희여 들으라 우리가 너희를 위하여 이 반석에서 물을 내랴 하고 그 손을 들어 그 지팡이로 반석을 두 번 쳤다"(10-11절). 모세는 화를 냈고, 마치 자신이 물을 내는 것처럼 말했다. 이는 여호와의 거룩한 성품을 가리는 말과 행동이었다.

5) 원망과 불뱀(21장)

백성들은 호르마를 정복하고(1-3절) 에돔을 둘러 가는 길에 길로 인하여 원망했다. 그로 인해 주님은 불뱀을 보내어 물게 한다(4-9절). 하나님은 모세에게 놋으로 뱀을 만들어 장대에 달라고 하고 불뱀에게 물린 자마다 장대에 달린 놋뱀(십자가 상징 참고. 요 3:14-15)을 보도록 명하신다. 이어서 백성들은 호르 산에서 비스가 산 꼭대기까지 나아가고(10-20절), 아모리 왕 시혼과 바산 왕 옥의 땅을 전쟁으로 빼앗았다(21-35절). 이후로 이스라엘은 가끔 '바산 암소'(암 4:1; 참고. 겔 39:18)로 불린다.

6) 발람과 발락(22-25장)

이스라엘이 모압 평지에 있을 때, 모압 왕 발락은 자신들이 전쟁을 통하여 이스라엘을 물리칠 수 없음을 알고 브돌에 살고 있는 발람을 불러 저들을 저주케 하여 그 영적 힘으로 이스라엘을 멸하려고 시도한다. 그러나 하나님은 발람의 예언을 막으신다. 그 후 저들이 싯딤(요단 동편 한 지역으로 장소 불명)에 머물렀을 때, 이스라엘 백성들은 모압 여자들과 행음하기 시작하여 하나님의 진노를 받아 죽임을 당한다. 이는 발람의 꾀로 인한 것이었다.

3. 새 세대(26-36장, 가데스에서 모압 평지까지)

1) 새 인구 조사(26-27장)

광야에서 거의 40년을 보낸 지금, 이스라엘은 완전히 세대 교체가 이루어졌고 다시 인구 조사를 해야 했다.

르우벤-43,730명, 시므온-22,200명, 갓-40,500명,
유다-76,500명, 잇사갈-64,300명, 스불론-60,500명,
므낫세-52,700명, 에브라임-32,500명, 베냐민-45,600명,
단-64,400명, 아셀-53,400명, 납달리-45,400명

계 601,730명

레위인은 23,000명(1개월 이상)이었다
그리고 여호수아가 후계자로 뽑힌다(27:18).

2) 새 교육(28-36장)

(1) 제사 제물(28-29장)

다음은 각 제사의 제물에 대한 내용이다: 번제물(28:1-8), 안식일 제물(28:9-10), 월삭 제물(28:11-15), 유월절 제물(28:16-25), 칠칠절 제물(28:26-31), 신년초 제물(29:1-6), 대속죄일 제물(7-11절), 초막절 제물(29:12-40).

(2) 서원의 구속력 문제(30장)

(3) 이스라엘은 미디안을 물리치면서(31장) 특별히 거짓 선지자 발람을 죽이는데, 그 이유는 31:16에 나타난다.

(4) 요단 동편을 광범위하게 점령한 이스라엘 족속 가운데 르우벤, 갓, 므낫세 반지파가 요단 동편을 택한다(32장). 그러나 저들이 요단 동편 땅을 얻기 위해서는 온 이스라엘과 함께 서편을 점령해야 했다.

(5) 모세는 이스라엘의 노정기(33장)를 기록한다.

(6) 이어서 가나안 땅을 점령할 경우를 대비하여 땅 분배를 지시한다(34장).

(7) 그리고 점령한 후에는 도피성(35장) 제도를 세운다. 가나안 땅을 점령한 후 백성의 각 지파에서 3개 성읍씩 총 48개의 성읍을 차출하여 레위인이 거하게 하고, 도피성은 그 중 6개의 성읍으로 정하라는 것이다. 그리스도 안에 거하는 자는 형벌로부터 피할 수 있다. 그러나 고범죄는 사함을 받지 못한다.

(8) 슬로브핫과 땅의 보존 문제(36장)

여인들이 땅을 상속받아서 다른 지파 사람들에게 시집갈 경우,

한 지파의 재산이 다른 지파의 재산이 되는 것을 방지하기 위하여 슬로브핫의 딸들은 자기 지파 내에서만 혼인하라는 지시를 받는다.

민수기에서의 그리스도

아마도 민수기에 나타난 가장 선명한 그리스도의 표상은 막대기에 단 놋뱀으로서, 이것은 그분이 십자가에 달리신 모습을 그리고 있다(21:4-9). "모세가 광야에서 뱀을 든 것같이 인자도 들려야 하리니"(요 3:14). 그 무리의 갈증을 채워 준 그 반석 역시 그리스도의 한 모형이다. "…이는 저희를 따르는 신령한 반석으로부터 마셨으매 그 반석은 곧 그리스도시라"(고전 10:4). 매일 내린 만나는 하늘에서 내려오신 생명의 떡을 나타냈다(요 6:31-33).

민수기 24:17에서 발람은 그리스도의 통치를 예견한다. "내가 그를 보아도 이때의 일이 아니며 내가 그를 바라보아도 가까운 일이 아니로다 한 별이 야곱에게서 나오며 한 홀이 이스라엘에게서 일어나서…." 그리스도의 인도하심과 임재하심은 불기둥과 구름기둥에서 보여지며, 그리스도 안에 있는 죄인의 피난처는 거처에 대한 여섯 번의 인용 가운데 묘사되어 있다. 붉은 암송아지(민 19장)도 백성들을 정결케 하기 위하여 무참하게 살육당한 그리스도를 예표한다(히 9:13).

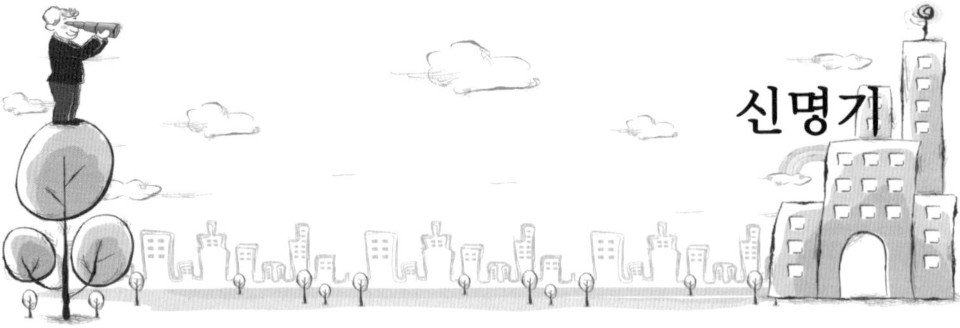

신명기

이스라엘아 네 하나님 여호와께서 네게 요구하시는 것이 무엇이냐 곧 네 하나님 여호와를 경외하여 그 모든 도를 행하고 그를 사랑하며 마음을 다하고 성품을 다하여 네 하나님 여호와를 섬기고 내가 오늘날 네 행복을 위하여 네게 명하는 여호와의 명령과 규례를 지킬 것이 아니냐(10:12-13).

내가 오늘날 천지를 불러서 너희에게 증거를 삼노라 내가 생명과 사망과 복과 저주를 네 앞에 두었은즉 너와 네 자손이 살기 위하여 생명을 택하고 네 하나님 여호와를 사랑하고 그 말씀을 순종하며 또 그에게 복종하라 그는 네 생명이시요 네 장수시니 여호와께서 네 열조 아브라함과 이삭과 야곱에게 주리라고 맹세하신 땅에 네가 거하리라(30:19-20; 또한 4:1; 5:29; 6:4-5을 보라).

<table>
<tr><td>초점</td><td>과거를 기억함
1 4</td><td colspan="4">율법 강론
5 26</td><td>미래를 계시함
27 30</td><td>사후 조치
31 34</td></tr>
<tr><td>구분</td><td>역사적 개관
1 4</td><td>기본 계명과 경고
5 11</td><td>의식법
12 16</td><td>시민법
17 20</td><td>사회법
21 26</td><td>언약의 인준
27 30</td><td>모세의 작별과 죽음
31 34</td></tr>
<tr><td rowspan="3">화제</td><td>모세의 첫 번째 설교</td><td colspan="4">모세의 두 번째 설교</td><td>모세의 세 번째 설교</td><td>모세의 고별사</td></tr>
<tr><td>역사적</td><td colspan="4">법적</td><td>예언적</td><td>역사적</td></tr>
<tr><td>과거 전망</td><td colspan="4">현재 전망</td><td colspan="2">미래 전망</td></tr>
<tr><td>지역</td><td colspan="6">모압</td></tr>
<tr><td>기간</td><td colspan="6">한 달</td></tr>
</table>

개관

신명기, 즉 모세의 '윗 광야 이야기'(Upper Desert Discourse)는 120세 된 이스라엘의 지도자가 약속의 땅을 차지하기 직전에 있는 새 세대에게 주는 일련의 고별 메시지로 구성되어 있다. 그것은 법적 문제들을 광범위하게 다루고 있기 때문에 레위기와 유사하지만, 제사장과 제사보다는 일반 백성들에게 더 강조점을 두고 있다. 모세는 이 제2세대에게 자기들이 받은 바 거룩한 부르심을 이루기 위하여 전적으로 순종해야 할 것을 상기시키고 있다. "여호와께서 …우리 열조에게 맹세하신 땅으로 우리에게 주어 들어가게 하시려고 우리를 거기서 인도하여 내시고"(6:23). 모세는 과거의 전망으로부터 현재의 전망 그리고 미래의 전망으로까지 시야를 넓혀 가면서 이스라엘을 위한 하나님의 역사를 취급하고 있다.

표제

신명기의 히브리어 표제는 **하데바림**, 곧 '그 말씀들'(the word)인데, 이것은 1:1의 머리말 "이것이 그 말씀들이니라"에서 따온 것이다. 새 세대에 대한 모세의 고별사는 말과 기록을 통해 주어져 그것이 모든 세대에게 계속 남아 있도록 했다. 유대 백성들은 그것을 **미쉬네 하토라**, 곧 '율법의 반복'(repetition of the Low)과 '훈계의 책'(Book of Adonomitions)이라고도 불렀다. 칠십인역은 17:18의 '이 율법서의 복사'(a copy of thc low)를 **토 듀테로노메온 투토**, 곧 '이 두 번째 율법서'(this second law)로 오역해 놓았다. 신명기는 두 번째 율법서가 아니라 시내 산에서 받은 원래의 율법 가운데 많은 부분을 적용시키고 확대시킨 것이다. 영어 표제(Deuteronomy)는 헬라어 표제 **듀테로노메온**, 곧 '두 번째 율법서'(Second Law)에서 따왔다. 신명기는 또한 '회고의 책'(Book of Remembrance)으로도 일컬어져 왔다.

저자

신명기에 대한 모세의 저작권은 모세가 이 율법서의 전통적인 창작자에 불과하다고 주장하는 비평가들에 의해 심한 공격을 받아왔다. 어떤 비평가들은 신명기의 일부가 구전을 통해 모세의 시대로부터 전해져 내려왔을 것이라는 견해에 동의한다. 비평가들은 그것이 주전 621년경 이전에 작자 미상으로 기록되었는데 요시야에 의해 사용되어 그 해에 개혁을 일으키게 했다고 주장한다(왕하 22-23). 그러나 이 논증들이 아무런 호소력이 없는 여러 가지 이유가 있다.

외적 증거 : 구약은 신명기와 오경의 나머지 책들을 모세의 것으로 돌린다(수 1:7; 삿 3:4; 왕상 2:3; 왕하 14:6; 스 3:2; 느 1:7; 시 103:7; 단 9:11; 말 4:4). (2) 이 율법들이 성문화된 법규의 형태로 존재하여 가나안에 사는 이스라엘인들에게 영향을 미쳤다는 증거가 여호수아와 사무엘상에 있다. (3) 예수께서는 사단의 시험을 세 번 물리칠 때 신명기의 구절들을 하나님의 말씀으로 인용하셨고(마 4:4, 7, 10), 그 저자를 모세라고 말씀하셨다(마 19:7-9; 막 7:10; 눅 20:28; 요 5:45-47). (4) 신명기는 27권의 신약성경 중에서 17권

가운데 80번 이상 인용되었다. 이 인용은 모세의 저작권을 뒷받침해 준다(행 3:22; 롬 10:19을 보라). (5) 유대와 사마리아 전승은 그 저자를 모세라고 말하고 있다.

내적 증거 : (1) 성경 본문에서는 모세가 그것을 썼음을 약 40번 가량 기록하고 있다. 31:24, 26을 읽어 보라(또한 1:1-5; 4:44-46; 29:1; 31:9을 보라). (2) 신명기는 모세 시대에 적합하나 요시야 시대에는 맞지 않는다. 가나안 땅이 밖에서 정탐되고, 가나안 종교가 미래의 위협으로 나타나며, 청중들이 애굽과 광야를 회고하고 있는 것으로 기록되고, 이스라엘이 장막에 살고 있는 것으로 서술되어 있으며, 분열 왕국과 관련성이 있다는 증거가 없다. (3) 이것이 주전 7세기에 기록되었다면 허위 진술과 문학적 위조라는 심각한 문제가 뒤따른다. (4) 지리적, 역사적 묘사들은 이것이 직접적인 체험에서 얻은 지식임을 보여 준다. (5) 이것은 주전 15세기와 14세기에 사용되었던 계약의 형태를 따르고 있다. (6) 34장에 나타난 모세의 사망 기록은 아마도 여호수아에 의해 기록되었을 것이다.

연대와 배경

레위기와 마찬가지로 신명기도 머물러 있는 동안에 쓰여진 책이다. 이것은 여리고와 요단 강 동쪽 모압 평지에서 모두 일어났다(1:1; 29:1; 수 1:2). 이것은 약 한 달 간의 일을 다루고 있다(1:3; 34:8과 수 5:6-12을 보라). 이 책은 새 세대가 가나안에 들어가기 직전, 즉 광야생활 40년이 끝나 갈 무렵(약 주전 1405년)에 기록되었다. 모세는 백성들로 하여금 하나님의 축복을 받도록 하기 위해, 하나님을 믿고 순종하도록 격려하기 위해 이것을 기록했다.

주제와 목적

'잊지 말라'는 신명기의 핵심 주제다. 망각이 오만과 불순종으로 인도하기 때문에 모세는 망각의 위험성을 강조하고 있다. 그들은 두 가지를 기억해야 했다. (1) 그들이 형통할 때, 그것을 허락하신 분은 하나님이시다. (2) 그들이 하나님께 불순종하면, 전 세대가 가데스 바네아에서 그분을 믿지 않았을 때 그분이 행하셨던 것처럼 그들을 징계하실 것이다. 신명기는 축복의 조건으로서 순종을 요구하고 있는 책이다. 하나님은 자신의 언약에 항상 신실하셨으며, 이제 그 언약을 새 세대에게 이루고자 하신다. 신명기는 모세 시대에 근동 지역의 조약과 같은 형태를 사용한 갱신된 요소를 지닌다. (1) 전문(前文, 조약을 맺는 무리들의 목록, 1:1-5), (2) 역사적 서언(과거 그 왕의 자비로운 처사, 1:6-4:43), (3) 약정(언약의 조건, 4:44-26:19), (4) 인준(축복과 저주, 27-30장), (5) 연속성(언약을 유지하기 위한 규정, 31-34장). 신명기에는 선택이 강조되어 있으며, 백성들로 하여금 사망보다 생명을 택하도록 촉구하고 있다(30:19-20). 백성들은 '사랑'(21번)에서 우러난 마음으로 하나님의 명령을 '들으라'(hear, 50번), '행하라'(do), '지키라'(keep), '준행하라'(observe, 77번)는 권면을 받는다.

성경에서 신명기의 위치

신명기는 앞의 네 책들을 보충하는 책이며, 공관복음과 비교할 때 요한복음이 지니고 있는 역할과 흡사한 역할을 하고 있다. 그것은 빠진 요소들을 채워 주며, 모세의 다른 책들에서 발견되는 역사의 영적 의미를 보충해 준다. 창세기에서 민수기까지는 하나님의 길을 묘사해 주며, 신명기는 하나님의 사랑을 계시해 준다.

창세기에서 민수기	신명기
이스라엘 역사의 전개	이스라엘의 역사 철학
하나님이 하신 일들	하나님이 세우신 원리
하나님께서 모세에게 말씀하심	모세가 백성들에게 말함

이 책에서 하나님의 사랑에 대한 강조(4:37; 7:7-8; 10:15; 23:5)는 이스라엘의 이해를 위해 결정적인 단서였다.

신명기는 아마도 예수께서 가장 아끼시던 책이었을 것이다. 그분은 그것을 자주 인용하셨다(마 4:4, 7, 10; 22:37, 38; 막 7:10; 10:19; 12:29, 30).

내용

1. 첫째 담화: 과거 역사 회상(1-4장)

1) 시내 산으로부터의 여행의 노정기를 상기함(1-3장)

이스라엘이 광야를 통과해 오는 동안의 노정기를 살펴보는 가운데 백성들의 반역, 불신앙, 원망 등이 강조되어 있다.

2) 법도를 준행하라(4:1-40)

명령을 지키라(1-8절), 행실을 삼가고 마음을 지키라(9-14절), 우상을 삼가라(15-24절), 주는 유일하게 살아 계시는 하나님이시니 너희가 우상과 악행으로 노를 격발하면 망할 것이다(25-40절).

3) 요단 동편의 도피성(4:41-43)

이에 관해서는 민수기에 자세히 기록되어 있다.

4) 율법 강론의 역사적, 지리적 배경(4:44-49)

율법 강론의 시기는 아모리 왕 시혼과 바산 왕 옥을 물리치고 그곳에 임시로 정착한 후, 장소는 "요단 동편 벳브올 맞은편 골짜기"이다.

2. 둘째 담화: 이스라엘이 순종할 율법 강론(5:1-26:19)

1) 기본 계명과 권면(5:1-11:32)

(1) 십계명(5:1-21)은 절대다수의 절대행복을 위하여 하나님께서 이스라엘뿐만 아니라 온 인류를 위하여 주신 것이므로 만민이 듣고 순종해야 하는 하나님의 가르침이다.

(2) 하나님의 임재를 두려워했던 백성들 회고(5:22-33)

이 말씀은 너무나 중요한 말씀이므로, 백성들의 마음속에 인상 깊이 새겨지도록 하기 위하여 불과 구름, 흑암, 큰 소리 등의 위협적인 모습을 보고 듣도록 하셨다.

(3) 순종에 대한 권면과 경고(6:1-25)

※ 쉐마(들으라)(6:4-9)

㉠ 여호와의 계명을 마음에 새기고, ㉡ 온 마음과 힘을 다하여 여호와를 섬기며, ㉢ 부지런히 가르치라. 이것이 내가 살고, 자식이 살고, 가문이 살고, 사회가 살고, 나라가 살고, 인류가 사는 길이다.

(4) 가나안 땅을 점령하면서 할 일(7장)

① 이방의 일곱 족속을 진멸(헤렘)하고 그들과 언약을 맺지 말라(1-4절).

② 이방신을 섬기는 도구를 모두 멸하라(5절).

③ 너희는 성민(구별된 백성)임을 기억하라(6-11절).

그분을 사랑하는 자에게 천대까지 복을 주시고 그분을 미워하는 자에게는 당장에 보응하신다.

④ 이 법도를 철저히 이행하면…(12-26절).

(5) 과거와 미래를 생각하고 하나님의 역사임을 잊지 말라(8장)

① 과거(1-6절)는 징계 받은 과거다. ② 미래(7-20절)에 ㉠ 그들이 소유할 땅과 그 땅의 질을 잊지 말라. ㉡ 말씀을 잊지 말라. ㉢ 교만하지 말라. 교만하면 잊어버린다. 그리고 ㉣ 하나님을 기억하라.

(6) 땅 소유의 원인(9장)

① 네 의로움 때문이 아니라 그 백성이 악함을 인함이다(1-5절).

② 오히려 너는 목이 곧은 백성이다(6-29절).

(7) 목이 곧은 결과로 두 번째 돌판을 받음(10장)

① 두 번째 돌판을 받은 경위(1-11절)에 대해서는 출애굽기 34장을 보라.

② 하나님이 요구하시는 것(12-22절)—"이스라엘아 네 하나님

여호와께서 네게 요구하시는 것이 무엇이냐 곧 네 하나님 여호와를 경외하여 그 모든 도를 행하고 그를 사랑하며 마음을 다하고 성품을 다하여 네 하나님 여호와를 섬기고 내가 오늘날 네 행복을 위하여 네게 명하는 여호와의 명령과 규례를 지킬 것이 아니냐?"(12-13절) 그리고 약한 자와 나그네를 사랑하라.

(8) 기억하라(11장)

① 너희가 기억할 일(1-7절)은 애굽에서 여기까지 오게 된 경위다

② 그러므로 내(모세)가 권하는 말을 지키라(8-17절). 그리하면 풍성한 삶을 누릴 것이다.

③ 잊지 않기 위하여 어떻게 할 것인가?(11:18-32)

"나의 이 말을 너희 **마음과 뜻에 두고** 또 그것으로 너희 **손목에 매어** 기호를 삼고 너희 **미간에 붙여** 표를 삼으며 또 그것을 너희의 자녀에게 **가르치며** 집에 앉았을 때에든지, 길에 행할 때에든지, 누웠을 때에든지, 일어날 때에든지 **이 말씀을 강론하고** 또 네 집 **문설주와 바깥 문에 기록하라**"(18-20절).

2) 세부적인 계명들(12:1-26:19)

(1) 예배와 거룩한 삶을 위한 법규들(12:1-16:22)

① 주변 제단을 모두 헐고 중앙 성소에서 절기를 지키라(12:1-32).

② 다른 신을 섬기도록 하는 유혹자(물건)를 철저히 제거하라(13:1-18) : 헤렘

③ 거룩을 유지하라(14:1-21) : 정·부정의 짐승 규례에 관해서는 레위기 11장을 참조하라. 짐승은 굽이 갈라져 쪽발이 되고 되새김

질을 하는 것, 물고기는 지느러미와 비늘이 있는 것, 날짐승은 날개로 날며 곡물을 먹는 것은 정하다. 그러나 잡식성의 짐승과 기는 것은 부정하다.

④ 십일조 규례(14:22-29) : 3년 십일조는 각 성읍에 저장했다가 레위인, 가난한 자에게 공급해 주어라.

⑤ 가난한 자에 대하여(15:1-18) : 면제년을 준수하라.

⑥ 첫 새끼, 제물에 관한 규례(15:19-23) : 상한 것을 제물로 드리거나 피를 먹지 말라.

⑦ 세 개의 순례 절기(16:1-17) : 유월절, 칠칠절, 초막절

⑧ 공의로운 재판(16:18-20) : 외모로 판단하는 것과 뇌물 수수를 금하라. 이는 사회 타락의 원인이며 하나님의 성품과 다른 행위다.

⑨ 제사와 관련된 규례(16:21-17:1) : 단 곁에 목상이나 주상을 세우는 것을 금하라. 흠 있는 것을 드리지 말라.

(2) 가정 및 도덕과 신앙생활과 관련된 법(17:2-26:15)

① 사형에 해당하는 죄(17:2-13) : 우상 숭배자, 재판에 불복하는 자

② 왕이 지킬 일(17:14-20) : 자국 백성을 왕으로 삼을 것, 왕은 율법을 등사할 것, 말(군사력)과 아내를 여럿 두는 것(육신의 쾌락)과 은금(재물)을 주의할 것.

③ 제사장의 응식(18:1-8)

제사장과 레위인은 분깃과 기업이 없고 하나님이 기업이다. 그러므로 이들은 ㉠ 하나님에게 드리는 제물의 응식, ㉡ 모든 것의 첫 열매, ㉢ 십일조(레 27:30-33)로 살아간다.

④ 이방의 접신 행위와 참 선지자(18:9-22)

부패한 인간은 거룩하신 하나님에게 절대로 나아갈 수 없다. 그런데 죄인인 인간은 자신의 죄 문제를 처리하지 않고 신과 접촉하려고 하므로 하나님이 가증히 여기신다. 이런 방식으로 신접하여 예언하는 자는 거짓 선지자요 증험도 없다. 참 선지자인가의 여부는 그 선지자의 말이 실제로 이루어지는 것(증험)으로 판단된다.

⑤ 도피성, 지계표, 거짓 증인(19:1-21)

⑥ 전쟁시에 취할 행동(20:1-20) : 군사에서 면제될 자는 새 집을 짓고 거주하지 않은 자, 포도원을 세우고 열매를 추수하지 못한 자, 새로 결혼한 자다. 대적과 전쟁할 때는 먼저 평화 선언을 하고 거부하면 진멸하라.

⑦ 암살, 여자 포로 문제(21:1-14)

⑧ 상속권과 패역한 아들(21:15-21). 사랑받지 못한 아내의 아들이 장자일 경우에도 그에게 장자 상속권을 주어라. 부모의 말을 듣지 않은 아들은 돌로 쳐죽여라.

⑨ 저주받은 자, 즉 나무에 달린 자의 사체는 당일에 장사하라(신 21:22, 23). 여기서 우리는 우리 대신 저주를 받은 메시아를 엿보게 된다.

⑩ 자비를 베풀라(22:1-12) : 이웃의 우양이 길 잃은 것을 보거든 못 본 체하지 말아라. 여자가 남장을 하거나 남자가 여장을 하는 변태 행위를 금하라. 어미와 새끼를 동시에 취하지 말라.

⑪ 순결에 관하여(22:13-30) : 한 남자가 결혼 후 아내의 순결에 대해서 누명을 씌울 경우 태장형과 은 100세겔의 벌금형을 내리고, 처녀인 표적이 없을 경우 여자를 사형시키며, 유부녀/약혼한 처녀/

처녀와 통간할 경우 모두 사형시켜라.

⑫ 거룩 유지에 관하여(23:1-25) : 신낭이 상한 자, 사생자, 암몬, 모압 사람은 백성에서 제외시켜라.

⑬ 약한 자를 돌보라(24:1-22) : 이혼과 재혼, 신혼 시의 군소집 면제, 멧돌 전집 금지, 유괴 금지 등. 이혼의 조건이 되는 수치되는 일에 대해서는 레위기 20:17을 보라.

⑭ 지켜야 할 도의적 행동(25:1-19) : 태형은 39대까지만 하고, 형제 중 하나가 자손이 없이 죽었을 경우 수혼을 통하여 대를 잇게 하라. 이웃 아내가 남자의 음낭을 잡을 경우 손을 찍어라. 부정한 저울추를 금지하라.

(3) 결론적 권면(26:1-19)

① 가나안의 첫 소산과 제3년 십일조(1-15절)에 대해서는 이를 각 성읍에 저장해 놓았다가 각 성읍에서 사용하되 레위인, 객, 고아, 과부에게 주라.

② 법도와 규례를 행하라(16-19절). 그리하면 모든 민족 위에 뛰어나리라. 비록 지금 이스라엘의 상당수가 아직도 예수를 믿지 않아서 구원의 은혜를 받지 못하고 있을지라도, 그들은 그 말씀을 문자 그대로 지키려고 노력하고 있다. 따라서 그들은 물리적인 복을 받아 민족 가운데서 뛰어난 민족이 되었다.

3. 세 번째 담화(27:1-30:20)

1) 에발 산에 기록하고 선포하라(27:1-26)

2) 축복과 저주(28:1-68)

지금까지의 계명은 호렙 산에서 주신 계명을 재강론한 것이다.

3) 부록: 모압 땅에서 주신 계명의 말씀(29:1-30:20)

① 회고(29:1-9)

② 언약의 대상(10-17절)

③ 우상, 쓴 뿌리 경고(18-29절)

'쓴 뿌리'란 하나님의 저주의 말씀을 듣고도 이를 무시하여 "아무리 다 망한다고 해도 나는 평안할 것이다"라는 생각(신앙 지상주의)을 하여 제멋대로 행동하는 것을 의미한다. 예수님 당시 대제사장, 바리새인들, 사두개인들, 일반 유대인들 사이에는 이러한 사상이 팽배해 있었다.

④ 순종하라(30:1-20)

말씀에 순종하기는 어렵지만 말씀이 마음에 새겨져 있을 때 가능하다. 그러므로 말씀을 마음에 새겨라(11-14절).

4. 사후 조치(31-34장)

1) 마지막 부탁(31장)

① 여호수아에게 지도권 위임(31:1-8)

② 레위인들에게 율법 위임(31:9-13)

③ 모세를 향한 하나님의 지시(31:14-21) : 노래를 지어 가르치라

④ 모세의 조치(31:22-30)

2) 모세의 노래(32장)

① 노래(1-43절)
② 마지막 권면(44-47절)
③ 모세를 향한 하나님의 지시(48-52절) : 죽을 준비를 하라

3) 모세의 축복(33장)

4) 모세의 죽음(34장)

신명기에서의 그리스도

18:15에 그리스도의 가장 명료한 모습이 나타나 있다. "네 하나님 여호와께서 너희 중 네 형제 중에서 나와 같은 선지자 하나를 너를 위하여 일으키리니 너희는 그를 들을지니라"(또한 18:16-19; 행 7:37). 출애굽기에서 언급된 바와 같이 모세는 여러 면에서 그리스도의 예표였다. 그는 선지자(34:10-12), 제사장(32:31-35) 그리고 왕(33:4-5)이라는 세 가지 직임을 모두 갖춘 자로서 그리스도 이외에 성경에서 유일하게 하나님의 영광을 체험한 선지자였다(신 34:9-12). 그들은 둘 다 유아기에 죽음의 위험 가운데 있었으며, 모두가 구세주이고 중보자이며 구원자였다. 또 그들은 모두 형제들에게 배척당했다. 모세는 한두 가지 기억에 남을 만한 미덕을 갖춘 사람이 아니라 많은 미덕을 겸비한 그 누구보다도 가장 위대한 사람들 가운데 하나였다.

이스라엘의 절기

그리스도의 초림					
월	일	절기	돌이켜 봄	내다봄	성경
1	14	유월절	애굽으로부터의 해방	그리스도의 구속 사역	고전 5:7 벧전 1:18-19
1	15-21	무교절기	열방으로부터의 분리	신자들의 구별된 삶	고전 5:7-8 갈 5:16-24
1	16	초실절	추수의 시작 예고, 첫 열매 봉헌	그리스도의 부활	고전 15:20-23 계 1:5
3	6	오순절	추수 시작	성령을 보내심	행 2:1-47 고전 12:13

여름이 지나감(요 4:35)

그리스도의 재림					
7	1	나팔절	이스라엘의 신년	하나님 나라 입성	사 27:12-13 마 24:29-31
7	10	속죄일	이스라엘의 민족적 속죄	새 이스라엘의 완전 속죄	슥 13:1 히 9:7
7	15-22	초막절	광야에서의 이스라엘	세상에서 하나님 백성의 삶(제8일)	슥 14:16-21 고후 5:1-7

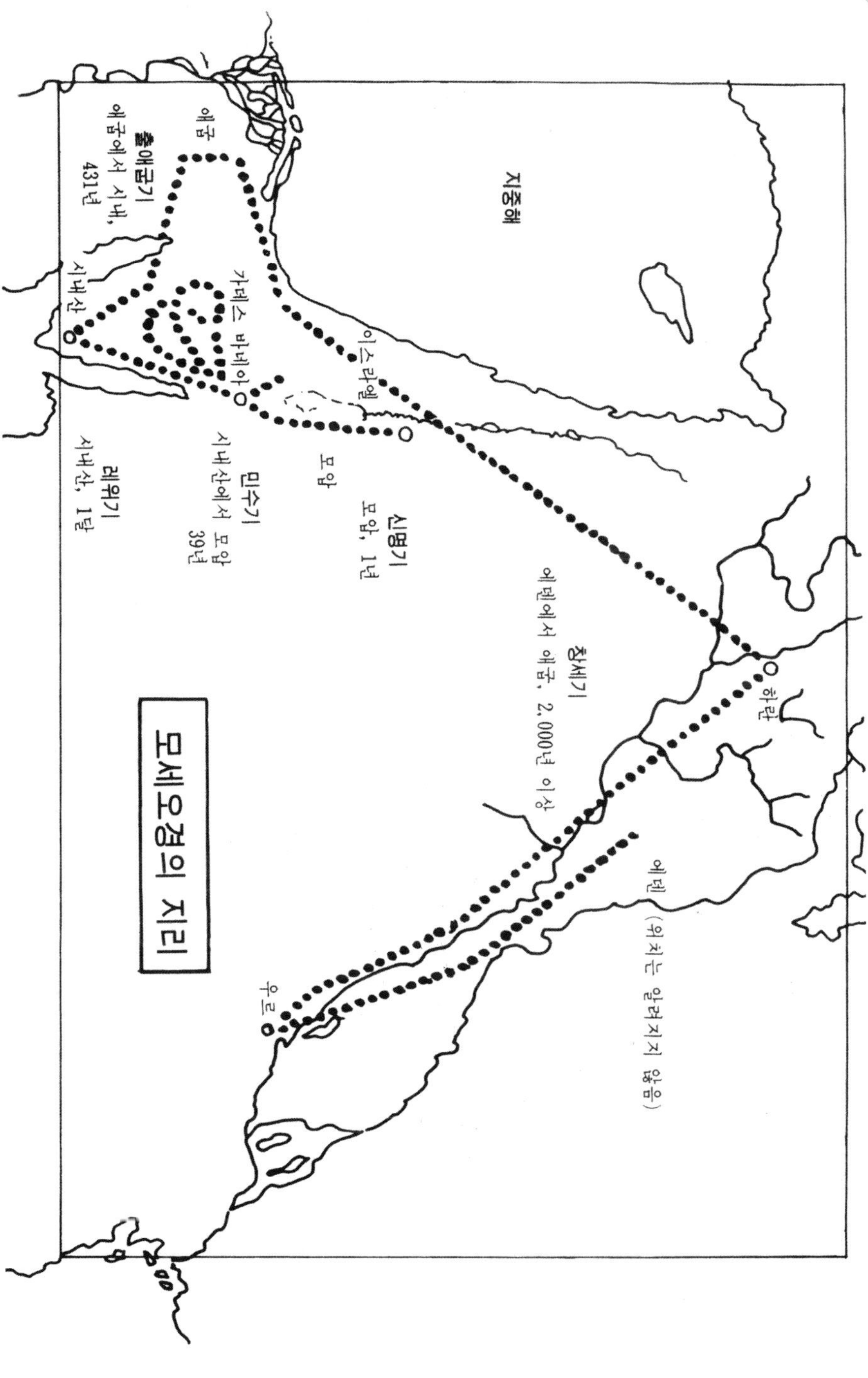
모세오경의 지리
지중해
애굽
출애굽기
애굽에서 시내,
431년
시내산
가데스 바네아
이스라엘
모압
민수기
시내산에서 모압
39년
레위기
시내산, 1달
신명기
모압, 1년
창세기
에덴에서 애굽, 2,000년 이상
하란
우르
에덴 (위치는 알려지지 않음)

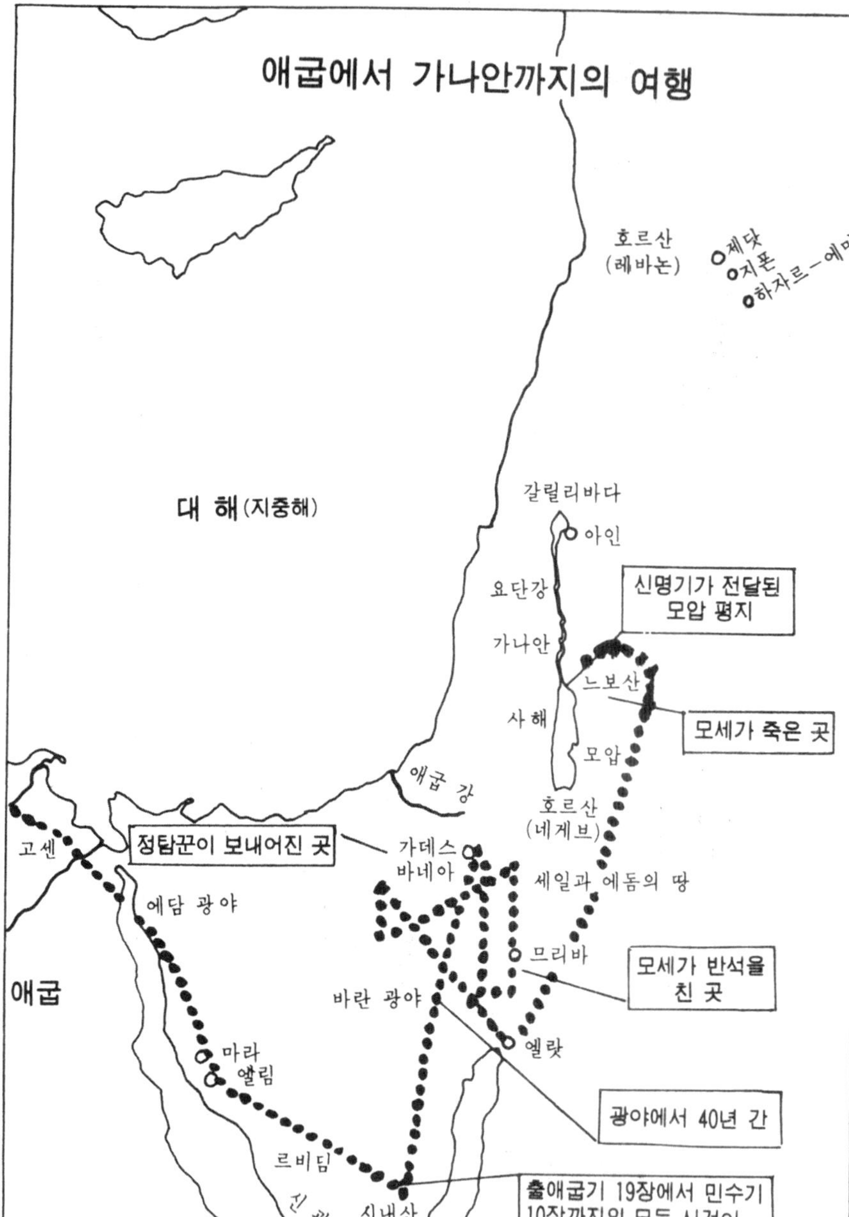
애굽에서 가나안까지의 여행
호르산
(레바논)
제닷
지폰
하자르-에만
대 해(지중해)
갈릴리바다
아인
요단강
신명기가 전달된
모압 평지
가나안
느보산
사해
모세가 죽은 곳
모압
애굽 강
호르산
(네게브)
고센
정탐꾼이 보내어진 곳
가데스
바네아
세일과 에돔의 땅
에담 광야
애굽
므리바
모세가 반석을
친 곳
바란 광야
엘랏
마라
엘림
광야에서 40년 간
르비딤
신 광야
시내산
출애굽기 19장에서 민수기
10장까지의 모든 사건이
이곳에서 일어남
홍해

역사서

역사서 개요

12권의 이 역사서들은 신명기 이후 이스라엘의 역사를 계속해서 다루고 있다. 이 책들은 이스라엘이 약속의 땅을 차지하고 정착한 사건, 사사 시대에서 왕정 시대로 접어든 일, 왕국의 분열과 쇠퇴, 북 왕조와 남 왕조의 포로 사건 그리고 남은 자의 귀환을 묘사하고 있다.

이 역사서들은 세 부분, 즉 (1) 신정(神政) 시대, 즉 하나님이 친히 다스리시던 시기의 역사서(여호수아, 사사기, 룻기), (2) 왕국 시대의 역사서(사무엘, 열왕기, 역대기) 그리고 (3) 회복기의 역사서(에스라, 느헤미야, 에스더)로 나누어진다.

신정 시대의 역사서

이 책들은 가나안의 정복과 정착 그리고 사사 시대의 생활을 다루고 있다. 이 기간(1405-1043년) 동안 이스라엘 국가는 하나님께서 친히 다스리시던 나라(신정국)였다.

여호수아

여호수아의 전반부는 여호수아와 백성들이 믿음을 가지고 주의 명령에 순종하면서 7년에 걸쳐서 약속의 땅을 정복한 내용을 기록하고 있다. 이스라엘 사람들은 영육 간의 준비를 마친 후 세 번의 출정을 통해 요단 서편의 땅을 정복했다. 이 책의 후반부는 12지파에게 땅을 분배하는 내용을 상세히 다루고 있고, 여호수아가 백성들에게 도전을 주는 내용으로 끝맺는다.

사사기

사사기에 나타나 있는 불순종은 여호수아서에서 찾아볼 수 있는 신실한 순종과 대조를 이루고 있다. 이스라엘 사람들은 가나안 사람들을 모두 쫓아내지 않았고, 그들의 우상 숭배에 빠져들기 시작했다. 사사기의 역사는 범죄, 외국의 압제, 회개 그리고 구원이라는 일곱 개의 주기로 진행해 나간다. 그럼에도 불구하고 하나님은 배교하는 성향을 가진 자기 백성들이 호소할 때마다 구원하심으로써 자신의 자비와 신실성을 나타내신다. 이 책은 우상 숭배와 부도덕에 대한 두 가지 예증으로 끝을 맺으면서, 마지막 부분에서 왕의 필요성에 대해 강조한다.

룻기

이 작은 책은 어두운 시기에 한 줄기 빛을 비추어 주고 있다. 룻의 이야기는 사사 시대에 일어났으나, 그것은 의(체데크)와 사랑

(헤쎄드) 그리고 하나님께 대한 충성(에메트)을 보여 주는 하나의 인상 깊은 사건이다. 여기서는 메시아 왕을 예표하는 인물인 다윗 왕의 가계를 보여준다.

왕국 시대의 역사서

이 여섯 권의 책들은 이스라엘의 왕국 시대의 역사를 주전 1043년에 시작된 왕국 초기부터 주전 586년의 멸망까지 추적해 나가고 있다.

사무엘상

선지자 사무엘은 사사 시대에서 왕정 시대로 이어지는 과도기에 이스라엘을 지도하고 다스렸다. 백성들은 왕을 세워 달라고 요구했으며, 하나님은 백성들로 하여금 한 사람을 제비 뽑아서 그(사울)에게 기름을 붓도록 사무엘에게 명하셨다. 사울은 출발은 좋았으나 곧 불경건하고 교만한 인물임이 드러났다. 다윗은 하나님께서 택한 인물로서 왕으로 기름부음을 받았으나 그를 죽이려는 사울에게 오랫동안 쫓김을 당하면서 극심한 환난을 당했다.

사무엘하

사울이 죽은 후 다윗은 유다에서 7년을 통치했으며, 그 다음 33년은 예루살렘에서 열두 지파를 통일하여 다스렸다. 그가 간음과 살인죄를 범하기 이전에는 그의 통치는 승리와 영광 그리고 평안이었다. 그러나 그러한 죄를 범한 시점부터 죽을 때까지 그는 개인적으로, 가정적으로 그리고 국가적으로 큰 괴로움을 당하게 되었다.

하지만 그러한 고통들이 오히려 그를 더욱 겸손하고 간절하게 주를 의지하게 했으며, 이 시절에 그를 통하여 수많은 시가들이 지어진다.

열왕기상

솔로몬은 나라를 정치적·경제적 절정기에 올려놓았다. 그러나 세상에서 가장 지혜로운 그가 여러 이방 여인들과 정략 결혼을 하는 어리석은 일을 했다. 이는 그가 여호와 하나님만을 의지하는 믿음이 부족했음을 시사한다. 주전 931년 그가 죽은 후, 왕국은 분열되어 이스라엘의 북부 열 지파가 자기들의 왕(여로보암)을 따로 세웠다. 오직 남부의 유다 왕국(두 지파)만이 다윗 왕조에 속해 있었다.

열왕기하

분열 왕국 이야기는 열왕기하에서 계속되어 이스라엘과 유다의 비참한 최후로써 끝난다. 이스라엘의 19명의 왕들 가운데 하나님 보시기에 옳은 사람은 하나도 없었으며, 그들의 부패는 주전 722년 앗수르 사람들의 손에 포로가 되는 결과를 초래했다. 유다는 20명의 통치자들 가운데 여덟 명이 주님을 따랐기 때문에 좀 더 오랫동안 존속했다. 그러나 유다 역시 이스라엘과 다르지 않았다. 주전 605년과 586년 사이에 유다 백성들은 세 차례에 걸쳐 바벨론 사람들에게 포로가 되어 끌려갔다.

역대상

역대기 전체는 다윗 시대로부터 바벨론 포로 시기까지의 남쪽 유다를 중심으로 한 역사를 기록하고 있으며, 특히 성전을 중심으로 기록하고 있다. 그 첫 번째 책(역대상)은 아담으로부터 사울 가족의 족보를 다룬 아홉 장으로 시작하여, 다윗의 생활의 영적 측면을 다룬 기사가 이어진다.

역대하

역대하는 솔로몬의 생애에 관한 이야기가 이어지며, 성전 건축과 봉헌에 초점을 맞추고 있다. 다윗을 이어 유다의 왕이 된 사람들이 성전과 율법에 얼마나 충성했는가에 따라 그들이 복을 받거나 혹은 징계를 당하게 된다. 그러나 결국은 인간 왕들과 그 백성들은 말씀과 성전에 충성을 다하지 못하고 하나님의 징계를 받아 바벨론의 포로가 된다. 동시에 마지막 부분은 미래의 희망을 암시해 주면서 마친다.

회복기의 역사서

마지막 세 권의 역사서는 70년(주전 605-536년) 간의 포로생활 후에 유대인의 남은 자들이 본국으로 귀환한 사실을 기록하고 있다. 신실하게 남은 자들은 주전 536-420년에 스룹바벨, 에스라 그리고 느헤미야의 인도를 받아 돌아온다.

에스라

바벨론은 주전 539년에 페르시아에 의해 정복당했고, 고레스는 유대인의 팔레스타인 귀환을 허용하는 칙령을 주전 536년에 선포했다. 스룹바벨은 약 5만 명에 이르는 백성들을 예루살렘으로 이끌고 와서 성전을 재건했고(주전 516년경), 약 60년(주전 458년) 뒤에는 제사장 에스라가 거의 2천 명에 이르는 유대인들과 함께 돌아왔다.

느헤미야

성전이 지어졌으나, 예루살렘 성벽은 여전히 황폐된 상태에 있었다. 느헤미야는 페르시아 왕의 허락하에 물자와 경비를 구하여 성벽을 재건했다(주전 444년). 성벽이 세워진 후 에스라와 느헤미야는 그 백성들을 부흥과 개혁으로 이끌었다.

에스더

에스더 이야기는 에스라 6장과 7장 사이에서 일어났다. 대부분의 유대인들은 페르시아 본국에 남아 있었으나, 그들의 생명은 그들을 근절시키려는 음모 때문에 위기에 처하게 된다. 하나님께서 주권적으로 개입하여 에스더와 모르드개를 사용해서 그 백성을 구원하셨다.

여호수아

이와 같이 여호수아가 여호와께서 모세에게 이르신 말씀대로 그 온 땅을 취하여 이스라엘 지파의 구별을 따라 기업으로 주었더라 그 땅에 전쟁이 그쳤더라(11:23; 또한 21:43-45을 보라).

초점	정복 1 — 12			정착 13 — 24		
구분	전쟁 준비 1 — 5	여리고와 아이 성의 중앙부 출정 6 — 8	남부와 북부 출정 9 — 12	다섯 지파와 갈렙에 대한 분배 13 — 17	일곱 지파와 레위인들에 대한 분배 18 — 21	지도자들과 백성들에 대한 여호수아의 도전 22 — 24
화제	그 땅에 들어감	그 땅을 정복함		그 땅을 나눔		
	가나안을 소유함			가나안을 분할함		
	행동			분배		
지역	9와 1/2지파가 가나안 서편을 차지함 2와 1/2지파가 요단 동편을 차지함					
기간	7년 (여호수아서의 50%)			약 18년 (여호수아서의 50%)		

개관

열두 권의 역사서 가운데 첫 권인 여호수아서는 모세오경과 이스라엘의 역사를 다룬 나머지 책들을 연결하고 있다. 그것은 신명기 이후에 일어난 사건들을 기록하고 있으며, 이 과정에서 이스라엘은 광야에서 요단 강을 건너 약속의 땅 가나안으로 들어간다. 이제 이스라엘은 창세기 이후 수 세기에 걸쳐서 예언되어 온 내용이 실현되는 바로 그 시점에 도달한다. 모세는 이스라엘을 속박으로부터 이끌어내도록 부름받았으나, 여호수아는 이스라엘을 축복으로 인도하도록 부름받았다. 모세오경 전체는 여호수아서에서의 완성을 위한 준비였다. 이 책은 백성의 승리가 믿음과 순종에 달려 있음을 보여준다(요일 5:4). 그 전반부(1-12장)는 7년에 걸친 그 땅의 정복을 서술하며, 후반부(13-24장)는 그 땅의 분할과 정착에 대한 세부 사항을 이야기하고 있다.

표제

본서의 중심 인물의 이름이 본서의 명칭이다. 여호수아의 본래 이름은 호세아('구원', 민 13:8, 16; 신 32:44)였으나, 모세가 그것을 예호수아, 곧 '야웨는 구원이시다'로 바꾸었다. 그는 또한 예호슈아의 축약형인 예슈아로 불려졌다. 이것은 헬라 이름 예수와 동일한 히브리어다. 따라서 칠십인역에서 이 책에 붙인 헬라어 표제는 예수스 나우스, 곧 '눈의 아들 여호수아'(Joshua the Son of Nun)였다. 라틴어 표제는 리베르 요슈에(Liber Josue), 곧 '여호수아의 책'이다.

저자

확실하게 증명할 수는 없지만, 유대 전승은 이 책의 저작권을 여호수아 자신에게 돌리고 있는 것 같다. 그러나 여호수아가 죽은 이후에 첨가되었음에 틀림없는 내용이 세 곳에 나타나 있다. 즉 (1) 옷니엘이 기럇 아르바를 취함(15:13-19; 삿 1:9-15과 비교하라). (2) 단이 북쪽으로 이주함(19:47; 참조. 삿 18:27-29) 그리고 (3) 여호수아의 죽음과 장례(24:29-33). 이 부분들은 제사장 엘르아살과 그의 아들 비느하스가 사사로 있었던 초기에 삽입되었을 것이다(24:33).

여호수아 24:26은 다음과 같은 명백한 진술을 하고 있다: "여호수아가 이 모든 말씀을 하나님의 율법책에 기록하고…." 이것은 그 책 전체에 대한 것은 아닐지라도 적어도 여호수아의 고별사를 가리킨다(또한 18:9을 보라). 여호수아는 이스라엘의 지도자로서, 그리고 그 사건들 대부분의 목격자로서 그 책을 쓰기에 가장 적합한 사람이었다. 그는 심지어 한 곳에서 1인칭을 사용하고 있다(5:6, '우리에게'; '우리'가 45:1의 어떤 사본에 나타나 있다). 이 책은 그 사건들이 일어난 직후에 기록되었음에 틀림없다. 또한 라합이 본서가 기록되었을 때 살아 있었던 것으로 보인다(6:25). 초기 저작권에 대한 다른 증거들은 이스라엘의 출정과 가나안 도시들의 고대 이름의 사용에 관한 자세한 정보를 제공해 주고 있다는 점이다.

문체와 구성의 통일성은 이 책 전체가 한 저자임을 시사한다. 그러나 많은 비평가들은 모세오경의 경우와 같이 여호수아서에 대한 후기 문서설을 지지한다. 사실상 그들은 흔히 이 책을 모세오경과 같은 것으로 여겨 본서가 덧붙여짐으로써 '육경'(Hexateuch)을 이루는 것으로 본다. 또한 그들은 그 사건들이 발생한 직후 수 세기 동안 여러 출처들이 합해지고 편집되었다고 주장한다. 그러나 이 이론에는 역사상의 또는 본문상의 근거가 없다.

여호수아는 애굽에서 종으로 태어났으나 가나안에서 정복자가 되었다. 그는 모세의 개인적인 시종으로 봉사했으며, 열두 정탐꾼 중 하나로(오직 그와 갈렙만이 하나님을 믿었다), 그리고 모세의 후계자로 일했다. 그의 뛰어난 점은 순종적인 믿음, 용기, 하나님과 그분의 말씀에 대한 헌신이었다.

연대와 배경

정복은 주전 1405년경에 일어났다(출애굽기의 후기 연대는 가나안 정복을 주전 1200-1240년 즈음으로 잡는다. 13:2-3에 의하면, 블레셋 사람들은 여호수아 시대에 위협이나 탁월한 세력을 지니고 있지 않았으나 주전 1200년에 와서는 그렇게 되었다. 여호수아 시대에는 블레셋이 혼돈된 상태에 있었으나, 여호수아가 110세인 약 주전 1380년에 죽었으므로 이 책은 주전 1405-1380년의 사건들을 다루고 있다.

그 당시 가나안 사람들은 도덕적으로 그리고 영적으로 가장 타락한 상태에 있었고 정치적으로도 결속력이나 그 세력이 약해 있었다. 라스 샤므라(Ras Shamra) 서판은 그들의 야만성, 부패, 저속한 제사, 뱀 숭배 그리고 남녀 매춘 행위를 알려 주고 있다. 하나님은 그들의 죄악이 "관영"(창 15:16)했으므로 이스라엘을 그분의 심판의 막대기로 사용하셨다.

주제와 목적

여호수아서의 주제는 이스라엘의 약속의 땅 소유와 순종하는 믿음을 통한 하나님의 축복이다.

여호수아서의 역사적 목적은 여호수아의 지도하에서 이스라엘 백성들이 가나안을 정복한 사실을 문서로 기록해 놓으려는 것이다. 따라서 여호수아서는 아브라함에서 말라기 시대에 이르기까지 이스라엘의 지리적인 그리고 연대적인 이야기를 싣고 있는 17권의 역사서 가운데 11권을 묶어 놓고 있다. 그 밖의 10권의 책들은 다음과 같다: 창세기, 출애굽기, 민수기, 사사기, 사무엘상·하, 열왕기상·하, 에스라 그리고 느헤미야. 나머지 6권—레위기, 신명기, 룻기, 역대상·하 그리고 에스더—은 보충적인 성격을 지닌다. 11권의 목록 가운데 오직 여호수아서에만 이스라엘이나 그 지도자의 중대한 실수가 기록되어 있지 않다(7장에 기록된 범죄는 속히 수습되었다).

신학적으로 여호수아서는 승리의 축복이 하나님에 대한 순종과 신뢰에서 온다는 사실을 가르친다. 적극적인 믿음은 축복의 결과를 가져다주는 순종으로 인도한다. 하나님은 그 백성들이 성공할 수 있도록 하시기 이전에, 그분의 지시에 순복하여 불가능한 일을 시도해 볼 것을 요구하셨다. 본서는 이스라엘 땅에 관해서 열조들과 맺은 언약에 신실하신 하나님과 부도덕한 가나안 사람들에게 심판을 내리시는 거룩하신 하나님을 강조하고 있다.

성경에서 여호수아서의 위치

여호수아서는 모세오경을 마친 부분에서 시작하여 그 다음의 역사로 연결시켜 주는 역사적 연결 고리 역할을 한다. 그것은 광야 시대부터 사사 시대에 이르기까지 이스라엘에게 도덕적, 영적 교훈을 가르쳐 주는 신학적 역사서다.

창세기에서 하나님의 백성은 준비되었고, 출애굽기에서는 구속되었으며, 레위기에서는 가르쳐졌고, 민수기에서는 가데스 바네아에서 있었던 하나님의 테스트에 불합격하여 새 세대로 교체되기까지 40년이 지난다. 새 세대는 신명기에서 가르치심을 받았고, 여호수아서(여리고)에서 다시 테스트를 받았다. 이때 그들은 신앙 테스트에 합격하여 하나님의 축복을 받았다. 이스라엘은 기대에서 소유로, 이상에서 모험으로 나아갔다. 여호수아서의 주요 개념들 가운데 하나는 기록된 하나님의 말씀이다(1:8; 8:32-35; 23:6-16; 24:26-27).

내용

1. 준비(1-5장)

1) 서론 - 여호수아에게 위탁(1:1-9)

이 단락은 여호수아서에서 가장 중요한 단락이다!

(1) 하나님의 지시(1:1-2)

하나님은 모세가 죽고 난 후 그의 후계자 여호수아에게 명령을 하신다. 하나님의 말씀을 받은 지도자는 주의 백성을 지도할 자격이 있다. 지도자는 하나님의 말씀을 전달하는 것이 가장 중요한 임무다. 하나님의 말씀이 들려지면 백성들은 따를 것이다.

하나님은 "내 종 모세가 죽었으니 이제 너는 이 모든 백성으로 더불어 일어나 이 요단을 건너 내가 그들 곧 이스라엘 자손에게 주는 땅으로 가라"고 명령하신다. 하나님께서 그 땅을 주시겠다는 것이다. 그리고 너희는 그곳으로 가기만 하라는 것이다. 그러면 주신다는 것이다. 그러므로 인간의 움직임(순종)이 중요하다.

(2) **약속과 명령**(1:3-9)

여호수아는 가나안 땅으로 가서 싸워 그 땅을 점령해야 할 입장에 있다. 그런데 어떻게 싸우라는 명령이 나오지 않고 다음과 같은 지시만 나온다.

> "너의 평생에 너를 능히 당할 자 없으리니 내가 모세와 함께 있던 것같이 너와 함께 있을 것임이라 내가 너를 떠나지 아니하며 버리지 아니하리니 마음을 강하게 하라 담대히 하라 너는 이 백성으로 내가 그 조상에게 맹세하여 주리라 한 땅을 얻게 하리라 오직 너는 마음을 강하게 하고 극히 담대히 하여 나의 종 모세가 네게 명한 율법을 다 지켜 행하고 좌로나 우로나 치우치지 말라 그리하면 어디로 가든지 형통하리니 이 율법책을 네 입에서 떠나지 말게 하며 주야로 그것을 묵상하여 그 가운데 기록한 대로 다 지켜 행하라 그리하면 네 길이 평탄하게 될 것이라 네가 형통하리라"(5-8절).

진쟁에서의 승패, 그리고 모든 세상사에서의 승리와 성공은 싸움 기술이나 작전 혹은 사업 수완이 아니라 모두 하나님의 율법(토라=

가르치심) 준수와 관련이 있다! 말씀대로 행하면 승리요 형통이다.

2) 가나안에 들어감(1:10-5:15)

(1) 이동 준비 명령(1:10-18)

여호수아는 양식을 준비하도록 지시하고 요단 동편 지파들에게 전쟁에 동참할 것을 명한다.

(2) 정탐꾼들의 임무 완수(2:1-24)

라합은 이방인일 뿐만 아니라 가장 악한 가나안의 기생이므로 하나님의 호의를 입기에는 부적합한 조건을 모두 갖추고 있었다. 어쩌면 그녀는 가나안 땅의 기생으로 살아가는 중에 여리고 성읍의 삶에 환멸을 느끼고 그곳으로부터 벗어나기를 간절히 사모했을 수도 있다. 그녀는 소문을 듣고 야웨 하나님에 대한 믿음이 생겨났다. 이것은 하나님의 은혜였다! 그녀는 두 정탐꾼을 숨겨 주고 자신과 가족들을 살려 줄 징표를 요구한다. 그것은 창문에 붉은 줄을 매어 놓는 것인데, 이는 그리스도의 보혈을 상징한다.

(3) 성전(聖戰)을 위한 준비(3:1-13)

법궤의 뒤를 따르라. 그리고 주의 능력이 나타날 것을 대비하여 스스로 성결케 하라.

(4) 요단을 건넘(3:14-4:18)

제사장들이 법궤를 메고 물을 밟자 흐르던 물이 쌓여 다른 곳으로 흘러갔다. 백성들은 요단 강 가운데 열두 개의 돌을 세우고 다시 요단 강 가운데서 돌 열둘을 취하여 육지(=길갈)에 세워 표를 삼았다. 하나님의 역사에 대한 증거로서 후세대에게 가르치기 위하여 이렇게 한 것이다.

(5) **길갈에 진침**(4:19-5:12)

백성들은 앞으로는 여리고 성을 바라다보이고 뒤로는 요단 강이 가로막고 있는 길갈에서 할례를 행했다. 할례란 정체성 확립을 의미한다. 따라서 할례를 행한 것은 이스라엘 백성들 자신이 선민이라는 정체성을 가진다는 것을 의미한다. 그리고 그곳을 길갈이라고 칭한다. 즉 애굽의 종살이하던 수치가 물러갔다는 것이다. 이제 진정한 하나님에게 속한 하나님의 자유민이라는 것이다.

(6) **여호와의 군대장관**(5:13-15)

할례를 행하자 여호와의 군대장관이 여호수아 앞에 나타났다. 이제 그가 앞서 나가서 싸우실 것이다. 그러나 누구를 위해 싸우시는가? 대상이 명확하지 않다. "한 사람이 칼을 빼어 손에 들고 마주 섰는지라"(13절). 마주 서 있음을 유의하라! 그분께서는 지금은 하나님의 백성을 위하여 싸우실 것이지만, 만일 이스라엘 백성 가운데 죄악이 있을 때는 자기 백성들을 대항하여 싸우실 것이다.

2. 전쟁(6-12장)

1) 여리고, 아이 전투(6:1-8:35)

여리고 성을 치기에 앞서 이스라엘로 하여금 그 성을 하루에 한 바퀴씩 말없이 돌도록 명하신다. 대적의 긴장감이 증폭될 것이며 저들의 힘이 약해질 것이다.

이스라엘은 헤렘(바쳐진 것) 전쟁을 치러야 한다. 성전(holy war)은 헤렘(진멸) 전쟁이며 인간의 전쟁이 아니고 하나님의 전쟁이다. 게다가 가나안 땅에서의 첫 번째 전쟁이다. 그러므로 모든 것은 하나님께 바쳐져야 한다. 대적이 가지고 있는 것을 자신이 소유하면 그는 죽음에 바쳐져야 한다. 그런데 아간이 물욕에 이끌려 범죄한다(7장).

2) 남방 전투(9:1-10:43)

기브온 사람들은 살아남기 위하여 속임수를 썼다. 그런데 여호수아와 족장들은 여호와께 묻지 않고 그들과 언약을 맺었다(14절). 백성들의 원성을 무마하기 위한 여호수아의 조치는 훌륭했다. 그 결과 기브온 사람들은 여호와의 단을 위하여 나무를 패며 물 긷는 자가 되었다. 그들이 야웨께 드리는 제사를 항상 보면서 야웨 신앙에 흠뻑 젖었을 것은 너무나 분명하다. 그들의 항복은 하나님을 향한 항복이었다!

기브온과의 언약의 결과로 가나안 족속들이 기브온을 공격하자, 언약을 맺은 이스라엘은 그들을 위하여 전투를 해야 했다. 그리하여 대적들을 다시 정복한다. 하나님의 은혜로 전화위복이 되었다.

3) 북방 전투(11:1-23)

메롬 물가 전투를 하고, 하솔을 취하여 불살랐다.

4) 정복된 가나안 왕들의 목록(12장)

본 장에는 이스라엘이 정복한 왕들의 명단이 열거된다. 이 장은 두 부분으로 나누어지는데, 12:1-6은 요단 동쪽의 정복 요약 기사, 12:7-24은 요단 서쪽의 정복 요약 기사다.

3. 땅 분배(13-17장)

땅 분배는 먼저 지파의 수에 따라, 그리고 제비를 통하여 분배했다.

요단 동편(13장, 르우벤, 갓, 므낫세 반 지파), 갈렙(14장, 특히 6-12절), 유다(15장), 요셉의 아들들(16-17장).

4. 계속되는 땅 분배(18-21장)

실로에 모여서 분배함(18:1, 2, 8-10; 19:51)

베냐민(18장), 여섯 지파(19장), 도피성(20장), 레위(21장, 참고. 수 13:14).

도피성들 :

요단 서편 : 갈릴리-게데스(북), 에브라임 산지-세겜(중), 유다-기럇아르바(헤브론; 남).

요단 동편 : 므낫세-바산 골란(북), 갓-길르앗 라못(중), 르우벤-베셀(남).

5. 권면(22-24장)

1) 요단 동편 지파들의 귀환과 행동(22장)

전쟁이 종식되자 요단 동편 지파들이 본 땅으로 귀환했다. 이

지파들은 훗날을 걱정하여 큰 제단을 세웠는데, 요단 서편의 지파들은 그들이 다른 제단을 세웠다는 이유로 전쟁 준비를 하고 나선다. 그런데 그들이 먼저 사실 확인을 위하여 대제사장과 두령들을 보내 알아본 결과 자기의 정체를 증명하기 위해 증거물로 세운 것이었음이 드러난다.

2) 지도자를 향한 고별 설교(23장)

여호수아는 지도자들에게 "하나님을 사랑하라"고 권면한다.

3) 세겜에서의 언약 갱신(24장)

일반 백성들에게는 "너희는 섬길 자를 택하라"고 도전한다.

후기 : 여호수아의 죽음(24:29-33)

※ 여호수아서는 아브라함 언약이 실현되었다는 사실을 기록하고 있는 것으로서 아브라함 언약의 절정에 해당한다. 이때부터 그 땅에서의 삶, 그리고 실패의 역사로 이어진다. 가나안 땅 점령이 문제가 아니다. 그 땅을 지속적으로 점령하고 그곳에서 안락한 삶을 누리는 것 또한 그에 못지않게 중요하다. 구원은 이러한 성격을 가졌다! 말씀에 순종하지 못하면 언제라도 실패할 수밖에 없다. 이어지는 세대는 실패한다. 그러나 다윗 왕국에서 그 왕국의 영광이 절정에 오른다.

오늘날 가나안 정복 기사의 의미 : 오늘날의 신자들이 열방을 정복하고 땅을 기업으로 받는 것은 물리적인 방법을 통해서가 아니다. 예수를 본받아 종의 사명을 받아서 온유하게 이웃을 섬기며 하나님을 사랑할 때 땅을 얻는 것이다(마 5:5).

여호수아서에서의 그리스도

모세와 마찬가지로, 여호수아는 그리스도의 예표다. 그의 이름 예슈아('야웨는 구원이시다')는 히브리어 이름 예수스와 동등하다. 백성들을 그들의 소유지로 힘있게 인도하는 여호수아의 역할 가운데 "많은 아들을 이끌어 영광에 들어가게"(히 2:10) 하신 자가 드러난다. "항상 우리를 그리스도 안에서 이기게 하시는 하나님께 감사하노라"(고후 2:14; 롬 8:37을 보라). 여호수아는 모세를 계승했으며, 모세의 손이 닿지 않은 승리를 얻었다. 그리스도는 모세의 율법을 계승했으며 율법이 이룰 수 없었던 승리를 얻었다(요 1:17; 롬 8:2-4; 갈 3:23-25; 히 7:18-19).

여호수아가 만났던 그 '여호와의 군대장관'(5:13-16)은 분명히 성육신 이전의 그리스도이셨다(5:15을 출 3:2과 비교해 보라).

라합의 붉은 줄은 그리스도의 보혈로 말미암은 완전한 속죄와 구원을 예표한다(히 9:19-22). 그녀는 이방 기생이었음에도 불구하고 믿음으로 인하여(히 11:31) 하나님 백성의 공동체 가운데로, 더 나아가서 그리스도의 계보에까지 들어오게 된다(마 1:5).

사사기

애굽 땅에서 그들을 인도하여 내신 그 열조의 하나님 여호와를 버리고 다른 신 곧 그 사방에 있는 백성의 신들을 좇아 그들에게 절하여 여호와를 진노하시게 하였으되(2:12).

그 때에 이스라엘에 왕이 없으므로 사람이 각각 그 소견에 옳은 대로 행하였더라(21:25).

초점	타락 1 2	구원 3			16	부패 17 21
구분	과도기와 서론 1 2	다섯 사사들 (주기 1、2、3) 3 5	기드온—주저하는 영웅 (주기 4) 6 8	아비멜렉과 여섯 사사들 (주기 5、6) 9 12	삼손—정욕적인 투사 (주기 7) 13 16	사사 시대 동안의 우상 숭배와 부도덕 17 21
화제	그 주기들의 원인	그 주기들의 과정				그 주기들 동안의 상태
	설명	명시				예증
	머리말	해설				끝맺음 말
지역	가나안과 요단 동편					
기간	약 335년					

개관

사사기는 여호수아서와 대조를 이룬다. 여호수아서에서는 순종하는 백성들이 하나님의 인격과 능력을 의지함으로써 그 땅을 정복했다. 그러나 사사기에서는 불순종하고 우상 숭배하는 백성들이 하나님의 인격과 능력을 배척함으로써 반복하여 실패했다. 여호수아가 죽은 뒤 이스라엘은 350년 간 영적 암흑기에 빠졌다. 여호수아와 가나안을 정복한 세대가 다 죽고 난 후에 "일어난 다른 세대는 여호와를 알지 못하며 여호와께서 이스라엘을 위하여 행하신 일도 알지 못하였다"(2:10; 2:7-10과 수 24:31을 보라). 그 결과 백성들은 하나님을 떠나서 이방인들이 섬기던 신을 섬겼다. 사사기는 이스라엘의 타락에 대한 묘사로 시작되며, 압제와 구원이라는 일곱 주기가 열거된 다음, 이스라엘의 부패를 예증해 주는 두 가지 사건으로 끝난다.

본서에는 13명의 사사가 언급되어 있으나, 사무엘상에서는 4명이 더 발견된다(엘리, 사무엘, 요엘 그리고 아비야).

주기	압제자	압제 기간	구원자	평화 기간
1(3:7-11)	메소포타미아인들	8	웃니엘	40
2(3:12-30)	모압인들	18	에훗	80
삽입구(3:31)	블레셋인들	-	삼갈	-
3(4:1-5:31)	가나안인들	20	드보라/바락	40
4(6:1-8:32)	미디안인들	7	기드온	40
5(8:33-10:5)	아비멜렉	3	돌라/야일	45
6(10:6-12:15)	암몬인들	18	입다/입산/엘론/압돈	6, 7, 10, 8
7(13:1-16:31)	블레셋인들	40	삼손	20

표제

히브리어 표제는 지도자들을 가리키는 **쇼페팀**('재판장들, 통치자들, 구원자들, 구세주들')이다. **쇼페트**라는 단어는 공의 보존과 분규 해결의 개념을 지니고 있을 뿐만 아니라 해방과 구원에 대해서도 사용된다. 먼저 사사들은 백성들을 구원한 다음 그들을 다스리고 공의를 집행했다. 칠십인역은 이 단어에 해당하는 헬라어 **크리타이**('사사들')를 사용했다. 라틴어 벌게이트역은 그것을 리베르 유디쿰(*Liber Judicum*), 곧 '사사들의 책'이라 불렀다. 이 책은 실패의 책(The Book of Failure)이라는 표제를 달았어도 적합했을 것이다.

저자

사사기의 저자는 미상이지만 사무엘이나 그의 선지 생도들 중 하나가 썼을 것이다. 유대 전승(탈무드)은 사사기를 사무엘의 것으로 돌리고 있는데, 사무엘은 사사 시대와 왕정 시대 사이에서 결정적인 연결고리 역할을 했다.

본서는 궤가 실로에서 옮겨진 후에 기록되었다는 사실(삼상 4:3-11)이 18:31과 20:27에 명백히 나타난다. 반복되는 구절 "그 때에 이스라엘에 왕이 없으므로"(17:56; 18:1; 19:1; 21:25)는 사사기가 사울의 왕으로서의 취임 후에 기록되었고, 왕국이 분열되기 이전에 기록되었다는 사실도 알려 준다. 여부스 사람이 "오늘날까지"(1:21) 예루살렘에 거했다는 사실은 이 책이 다윗이 여부스 사람들을 쫓아낸(삼하 5:5-9) 주전 1004년 이전에 기록되었음을 암시한다. 따라서 이 책은 사무엘 시대에 쓰여졌으며, 사무엘이 구전 및 기록된 자료들을 통해 이 책을 만들었음을 알 수 있다. 그의 선지자적 사역은 사사기의 도덕적 논평에 매우 잘 부합되며, 사사기의 일관된 문체 및 질서정연한 구성은 편집자가 한 사람이었음을 암시해 준다.

사사기 18:30은 이 초기의 저술 연대에 문제를 제기하는 구절을 담고 있다. "…이 백성이 사로잡히는 날까지 이르렀더라." 만일 이것이 주전 722년 이스라엘이 앗수르의 포로가 된 것을 가리킨다면, 그것은 후에 한 편집자에 의해 삽입되었을 것이다. 그러나 그것은 사사 시대 동안 그 땅이 블레셋의 포로가 된 것을 가리키는 것일 가능성이 더 크다. 이 사건은 시편 78:61에서 '포로'로 묘사되어 있다.

연대와 배경

사사기가 사무엘에 의해 기록되지 않았다면, 그것은 적어도 주전 1043년(사울의 통치 시작)과 주전 1004년(다윗의 예루살렘 합작) 사이에 사무엘의 한 동시대 사람에 의해 쓰여졌을 것이다.

여호수아의 7년 간의 전쟁을 통한 정복은 대체로 전반적인 정복이었으며, 그 땅의 많은 부분이 앞으로 실제로 소유되어야 할 것이었다(수 13:1). 각 지파들이 취해야 할 가나안 사람들의 중요한 요새들이 아직도 남아 있었다. 그 민족들 중 일부는 '이스라엘을 시험하게'(3:1, 4) 하기 위하여 남겨져 있었다. 이 기간 동안 애굽 사람들은 해상로를 강하게 통제했으나, 이스라엘이 주로 터를 잡고 있었던 산간 지방에는 관심을 갖지 않았다.

사사기에서 다루어진 사건들은 주전 1380-1045년경까지 약 335년 사이에 있었던 일이다. 그러나 사사 시대는 사무엘의 생애를 포함하기 때문에 30년 더 연장된다(삼상 1:1-25:1). 일부 사사들의 통치는 중복되기도 한다. 왜냐하면 그들 가운데 모두가 그 땅 전체를 다스린 것이 아니었기 때문이다. 사사기는 남부 지역(3:7-31), 북부 지역(4:1-5:31), 중부 지역(6:1-10:5), 동부 지역(10:6-12:15) 그리고 서부 지역(13:1-16:31)에서의 배교와 압제 및 구원의 주기들을 묘사하고 있다. 배교는 나라 전체에 퍼져 있었다.

주제와 목적

사사기의 역사적 목적은 여호수아의 죽음으로부터 사무엘 시대와 통일 왕국이 시작되기까지의 이스라엘의 이야기를 전하려는 것이다. 그것은 사울의 통치 기간 동안(주전 1043-1011년) 아니면 다윗의 통치의 처음 7년 동안(주전 1011-1004년) 기록되었을 것이며, 이스라엘 왕정을 설명하고 옹호하고 있다(17:6; 18:1; 19:1; 21:25). 그 민족은 의로운 한 왕 밑에서 단합될 필요가 있었다.

성경의 다른 역사서들과 마찬가지로, 사사기는 매우 선택적이고 주제를 중심으로 역사적 사실을 제시한다. 예를 들면, 17-21장은 사실상 3-16장의 대부분의 사건보다 선행하나, 이 장들은 그 기간 동안 만연되고 있었던 도덕적 상태를 예증하기 위해 그 책의 끝부분에 자리 잡고 있다. 사사기는 배교 행위가 퍼져 나간 것을 예증하기 위해 그것을 지리적으로 개관해 놓았으며, 그것의 강도가 점차로

커져 간다는 것을 예증하기 위해 연대적으로 개관해 놓고 있다. 이 책은 요약 내용으로 적합한 그 마지막 절과 함께 17-21장에서 절정을 이룬다.

신학적으로 사사기는 이스라엘의 우상 숭배, 부도덕 그리고 강포함을 야웨의 언약적 성실성 및 그 백성을 구원하는 은혜로우심과 명백하게 대조시키고 있다. 하나님은 길이 참으시는 사랑으로 그 백성들이 회개할 때마다 언제나 용서하셨다. 이스라엘은 흔히 우둔함과 감사할 줄 모르는 마음, 완고함 그리고 반역 가운데 행했으며, 이것은 그들을 패배로 이끌었다. 죄는 언제나 고난으로 인도하며, 회개는 반드시 구원으로 인도한다.

성경에서 사사기의 위치

사사기는 믿음과 순종의 결핍으로 인한 신정(神政)의 실패를 기록하고 있다. 그들은 자신들의 거룩하신 왕께 불충성했으며, 세상 왕을 따르는 것이 더 쉽다는 것을 나중에 발견했을 것이다. 사사기는 여호수아서와 완전히 반대의 위치에 서 있다.

여호수아	사사기
자유	속박
진보	퇴보
믿음을 통한 정복	불신앙으로 인한 패배
"여호와를 버리고 다른 신들을 섬기는 일을 우리가 결단코 하지 아니하오리니"(24:16)	"이스라엘 자손이 여호와 목전에 악을 행하여 잊어버리고 바알들과 아세라들을 섬긴지라"(3:7)
이스라엘이 하나님을 섬김(24:31)	이스라엘이 자신을 섬김(21:25)

여호수아	사사기
이스라엘이 하나님의 인격과 하나님의 능력을 앎(24:16-18, 31)	이스라엘이 하나님의 인격이나 하나님의 능력을 알지 못함(2:10)
객관적 윤리	주관적 윤리
이스라엘이 앞으로 나아감	이스라엘이 아래로 내려감
죄를 비판함	죄를 묵인함
믿음과 순종	믿음과 순종의 결여

내용

1. 서론(1:1-3:6)

서론에서 저자는 여호수아의 죽음 후에 그 땅에 남아 있는 가나안 백성들에 대하여 이스라엘 백성들이 어떠한 조치를 취했는지를 기록하고 있다(1:19, 21, 27-36; 참고. 신 7:2-6).

위의 구절들처럼 이스라엘은 이방인들을 쫓아내지 않았다. 그러므로 여호와의 사자는 보김이란 곳에 나타나 책망하면서 하나님의 말씀을 전달해 주었다(2:1-5). 그들은 여호와의 사자의 말씀을 듣고서야 비로소 자기들의 잘못을 깨닫고 슬피 울었다.

이스라엘 백성들이 이방 족속을 쫓아내지 못한 결과, 그들은

(1) 범죄하게 되었고

(2) 하나님은 그들을 징계하셨으며

(3) 징계를 받은 백성은 회개했고

(4) 하나님은 사사를 보내사 구원해 주셨다.

이상이 사사 시대의 순환적 역사인데, 서론의 둘째 부분에서

이것을 개괄적으로 보여주고 있다(2:6-3:6).

그렇다면 왜 이러한 영적 혼란 속에 들어갔을까?

1) 이방인을 그들 가운데서 쫓아내지 않았기 때문이다.

그래서 하나님께서도 그들을 쫓아내지 않으셨는데, 그 이유는 이스라엘 백성이 하나님의 명령을 준행하는지 그렇지 않은지를 알기 위해서였다. 이스라엘이 만일 하나님을 의지하고, 하나님의 말씀에 순종하려는 뜻에서 가나안 족속을 쫓아내려고 결심하고 힘써 저들을 쫓아냈다면 그들을 쫓아낼 수 있었을 것이다. 그러나 그들은 모세를 통하여 주신 하나님의 말씀에 순종치 않았다(신 7:16-26).

그들을 쫓아내지 않은 이스라엘은 그들과 함께 거주하면서 그들을 본받아 우상 숭배에 빠졌고, 그 필연적인 결과로 하나님을 등지고 떠났던 것이다.

2) 그들이 여호와를 알지 못했기 때문이다(2:10).

이 책임은 그들의 선조들, 또는 부모들에게 있었다(신 6:7). 선조들이 자녀들에게 하나님의 말씀과 하나님 섬기는 법을 가르치기를 소홀히 하여 후손들이 범죄에 빠지게 된 것이다.

2. 사사들의 역사(3:7-16:31)

여기에는 주로 여섯 개의 큰 사건들이 기록되어 있다.

1) 메소보다미아 왕 구산 리사다임의 압제와 옷니엘의 구원(3:7-11)

이스라엘 백성들이 바알들과 아스다롯을 섬길 때 하나님은 그들에게 메소보다미아 왕 구산 리사다임을 보내 압제하게 하셨다. 이스라엘 자손이 하나님에게 부르짖자, 옷니엘이 구 바벨론을 쳐서 승리했다. 옷니엘은 일찍이 기럇세벨을 쳐 함락시켜서 갈렙의 딸 악사를 아내로 맞이한 사람이었다.

2) 모압 왕 엘곤의 압제와 에훗의 구원(3:12-30), 블레셋의 압제와 삼갈의 구원(3:31)

"이스라엘 자손이 또 여호와의 목전에 악을 행하니라"는 언급은 과거에 압제받던 시절의 쓰라림을 잊었다는 사실을 암시한다. 하나님은 거룩하신 분이므로 악에 대해서는 징계를 하신다.

3) 가나안 왕 야빈의 압제와 드보라(바락)의 구원(4-5장)

'또'라는 언급을 유의하라. 하나님은 왼손잡이 에훗을 사용하여 소 모는 막대기로 군대를 무찌르게 하시더니 여기서 다시 여성의 손을 통하여 가나안 왕 야빈을 무찌르고 이스라엘을 구원하게 하신다. 드보라의 노래가 특이하다. 다른 지파들은 나라를 구하기 위하여 생명을 걸고 전쟁에 참여했으나, 르우벤 지파, 갓 지파, 므낫세 반지파 그리고 단 지파는 전쟁에 불참했다. 집단 이기주의에 빠진 것이다. 그러나 하나님은 여인의 손을 통하여 이스라엘을 구원하기를 기뻐하셨다.

4) 미디안의 압제와 기드온의 구원(6-8장), 그 아들 아비멜렉(9장), 돌라, 야일(10:1-5)

기드온은 지극히 평범하고 심약한 사람이었다. 여기서도 역시 하나님은 약한 자를 들어 강한 자를 물리치신다. 큰 용사는 하나님이 함께 하실 때 큰 용사이지 육신적, 정신적으로 용맹을 떨치는 사람이 아니다.

5) 암몬과 블레셋의 압제와 입다의 구원(10:6-12:7), 입산, 엘론, 압돈(12:8-15)

여기서는 기생의 아들인 입다를 통하여 나라를 구원하신 것을 보게 된다. 그는 자기 집안에서도 쫓겨난 사람이었다. 그런데 그는 성경에 정통하고 이스라엘의 조상들의 역사에도 정통한 사람이었다.

지금까지의 모든 사사들은 모두가 인간적인 면에서 약점을 가진 사람들이었다. 그런데 하나님은 이들을 들어서 나라를 구원하도록 하셨다. 이는 하나님이 영광을 받으시기 위해서였다.

6) 블레셋의 압제와 삼손(13:-16:)

삼손은 날 때부터 하나님에게 구별된 나실인이었다. 주님의 사자가 마노아와 그의 아내에게 나타나 평생 동안 그를 나실인으로서 기를 것을 명하셨다. 나실인의 금기 사항은 ① 머리를 자르지 말고 ② 시체를 접촉하지 말아야 하는 것이었다. 이는 그가 살아 계신 하나님과 생명적 관계를 가지고 있기 때문이었다. 또 ③ 포도주와 독주를 금해야 했다. 그러나 삼손은 이러한 조항들을 지키지 못하고 이스라엘을 구원하기는 하지만, 죽음으로써 이스라엘을 구원하기 시작할 뿐이었다(13:5).

실질적으로 블레셋 사람들로부터 이스라엘을 온전히 구원한 사람은 다윗이었다. 삼손의 문제는 하나님을 가장 사랑해야 하는 인간이 이방 여인, 특히 기생을 사랑했다는 것이다. 그러므로 그는 비극적인 죽음을 통하여 블레셋 사람들에게 치명상을 입혔을 뿐이다.

3. 부록(17-21장)

1) 에브라임의 미가와 단 사람들의 변질된 여호와 숭배(17-18장)

2) 기브아인들의 비행과 베냐민 족속에 대한 징계(19-21장)

이러한 두 개의 비극적인 기사는 이스라엘 백성들이 얼마나 타락했는지를 예증해 준다. 그들은 하나님의 뜻과는 완전히 다른 방향으로 나아갔다. 사사기는 왕이 필요하다는 사실을 언급하는 저자의 기록으로 마친다(삿 21:25).

*** 사사기가 가르치는 내용**

1. 사사 시대는 2:1-3, 11-22의 사상에 근거하여 기록되었고, 이 사상이 사사기 전체에 퍼져 있다. 이스라엘은 반복하여 하나님께 불성실하고 자주 배반했으나, 하나님은 언제나 변함없이 자신의 언약을 이행하셨다.

2. 본서에서 배울 또 하나의 사실은 하나님이 이스라엘의 왕이시라는 것이다. 사사 시대는 하나님의 직접적인 통치 기간이다. 하나

님은 직접 다스리시고 필요할 때마다 자기 대신 사사들을 보내 주셨다. 사사들은 통치자가 아니었다. 글자 그대로 재판관들(judges)이었다. 그들은 하나님을 대신하여 하나님의 보내심을 받고 이스라엘을 적들로부터 구원하고 바른 길과 율법을 가르쳐 백성들을 지도했다. 그들은 때때로 검으로 원수들을 무찌르고 구원했지만 대부분 말씀 교육으로 지도했다. 엘리도 하나의 사사라고 할 수 있다.

3. 또 하나의 진리는 이스라엘 백성들이 주님에 대한 사랑과 믿음이 식어질 때 그 백성들 사이의 단일성도 깨어졌다는 것이다. 그리하여 그들 각자가 하고 싶은 대로 행동했다. 각 지파들 간에 전쟁을 하기도 했다. 외부의 침략을 받기도 했다.

4. 21:25을 보라! 물리적 지도자가 이끌어 주어야 할 연약한 인간들이었으므로 저들에게는 보이는 왕이 필요했다.

사사기에서의 그리스도

사사기는 시대마다 하나님이 세우신 사사들의 활동을 기록하고 있다. 진정한 사사는 하나님 자신이시다. 주님은 자기 백성들을 다스리시지만, 자신이 세우신 사사들에게 자신의 영을 부어 그들로 하여금 자기 백성을 다스리게 하신다. 여호와 하나님의 영은 그리스도의 영이시다. 그래서 그들의 활동 가운데 그리스도의 모습이 드러난다.

사사기에 나타난 악행을 저지른 사람들의 모습 가운데서도 그리스도의 모습을 보여주는데, 그들의 반대 모습이 곧 그리스도의 모습으로 드러난다.

사사기는 왕의 필요성을 결론 부분에 기록하고 있다. 메시아 왕이 없으므로 그 나라에 혼란이 왔다. 그 혼란은 메시아 왕이 오시면 사라질 것이다. 구약 시대에는 그 왕이 다윗으로서, 그는 메시아 왕을 예표하는 인물이었다.

룻기

룻이 가로되 나로 어머니를 떠나며 어머니를 따르지 말고 돌아가라 강권하지 마옵소서 어머니께서 가시는 곳에 나도 가고 어머니께서 유숙하시는 곳에서 나도 유숙하겠나이다 어머니의 백성이 나의 백성이 되고 어머니의 하나님이 나의 하나님이 되시리니 어머니께서 죽으시는 곳에서 나도 죽어 거기 장사될 것이라 만일 내가 죽는 일 외에 어머니와 떠나면 여호와께서 내게 벌을 내리시고 더 내리시기를 원하나이다(1:16-17).

초점	룻의 사랑이 실증됨 (1–2)		룻의 사랑이 보상 받음 (3–4)	
구분	룻의 결단 1	룻의 헌신 2	룻의 구속자 3	룻의 상급 4
화제	룻과 나오미		룻과 보아스	
	낙심	발견	결단	진전
	선택	노동	요구	상급
지역	모압 (1:1–1:18)	유다 베들레헴 (1:19–4)		
기간	약 30년			

개관

룻기는 자신의 시대의 규범을 초월하여 살았던 한 여인의 이야기다. 그것은 다윗 시대에 기록되었으나, 그 사건들은 사사 시대에 일어났다. 이때는 전반적으로 이스라엘 역사상 배역과 부도덕으로 부패한 시대였으나, 룻의 이야기는 고결함과 의의 오아시스로서 그것과 대조를 이룬다.

룻은 시어머니 나오미와 가까운 친척 보아스에게 충성된 사랑을 보여준 '현숙한 여자'(3:11)였다. 두 사람의 관계에서 선함과 사랑이 명백하게 보인다. 그녀의 사랑은 1-2장에서 실증되고, 3-4장에서 보상받는다.

표제

'**룻**'은 이 책의 히브리어 표제다. 이 이름은 히브리 단어 **레이우트**, 곧 '우정, 교제'에 대한 모압어의 변형일 수도 있다. 칠십인역은 이 책의 표제를 히브리어 이름과 대등한 헬라어인 '룻'이라고 했다.

저자

룻기는 저자 미상이나, 탈무드 전승은 그것을 사무엘에게 돌린다. 그러나 그가 다윗의 즉위 이전에 죽었기(삼상 25:1) 때문에 이것은 합당치 않으며, 아마도 룻기는 다윗의 통치 기간에 쓰여졌을 것이다. 이 책이 저자 미상이라고 해서 그것의 영적 가치나 문학적 아름다움이 손상되는 것은 아니다.

연대와 배경

룻기 4:18-22은 베레스로부터 보아스, 그리고 다윗에게 이르는 계보를 밝혀 주고 있다. 만일 이것이 다윗의 즉위 이후에 기록되었다면 아마도 솔로몬까지 포함시켰을 것이다. 다윗은 주전 1011-971년에 통치했으며, 아마도 룻기는 주전 1,000년경에 쓰여졌을 것이다(사무엘은 주전 1105년경부터 1015년경까지 살았다).

이 책을 끝맺고 있는 계보와는 달리, 룻기는 주전 1150년경부터 1120년경까지 일어났던 사건을 다루고 있다. 이것은 이 책의 저술 연대가 취급된 내용의 연대보다 약 120년 후인 것을 의미하는데, 이는 이스라엘에서 더 이상 행해지지 않는 어떤 관습을 설명할 필요가 있을 만큼의 오랜 시간 후이다(4:7-8).

룻기 1:1의 무대는 다음과 같다: "사사들의 치리하던 때…." 이것은 배교, 폭정, 쇠퇴, 난폭함, 도덕적 부패 그리고 무정부 상태가 전반적으로 팽배해 있던 시기였다. 이 시기는 정치적, 도덕적 그리고 사회적으로 혼란의 시기였다. 지파들 간엔 알력과 갈등이 있었고, 이방 국가들이 이스라엘 백성들을 압제하고 있었다. 룻기는 이러한 배경 속에서 일어났던 아름다운 이야기다. 이 혼란스러운 시대에 백성들 전부가 부패한 것은 아니었다. 이러한 어려운 시기임에도 불구하고 상당수의 사람들이 경건한 삶을 살고 있었다.

모압은 사해 동북부에 위치한 곳으로 롯의 후손들이 살고 있었다. 모압 사람들은 그모스 신을 숭배했는데, 성경은 그들이 이스라엘에게 대적하여 싸운 시기를 두 번 기록하고 있다(삿 3:12-30과 삼상 14:47). 룻기의 사건은 그 첫 번째 전쟁이 난 지 약 2세기 후에, 그리고 두 번째 전쟁이 나기 약 80년 전에 일어났다.

이 책은 간략한 내용으로 되어 있어서 이스라엘의 칠칠절(오순절) 동안 읽혀지기에 적합하다. 또한 추수가 시작되는 이 절기에 룻 기사가 읽혀짐으로써 가난한 자들과 나그네의 이삭 줍기를 긍정적으로 묘사하고 있다.

주제와 목적

사사기 17-21장은 이 책의 부록으로서 사사 시대 동안 일어났던 불의한 두 가지 사건을 제공하고 있다. 룻기는 이 시대의 사회에서 일어난 세 번째 사건을 제공하고 있으나, 하나의 경건한 사건이다. 그것은 축복으로 인도하는(4:13, 17) 참 믿음과 순종에 관한 하나의 긍정적인 그림이다(1:16-17; 3:10). 룻기는 또한 이방인들도 참 하나님을 믿을 수 있었다는 사실을 가르친다(마 1장에서 그리스도의 계보에 언급된 네 여인 가운데 세 명－다말, 라합 그리고 룻－이 이방인들이었다). 룻기는 어떻게 이방 여인이 다윗 왕조 가운데 한 사람이 될 수 있었는지를 설명해 주며, 다윗 왕조의 신성한 혈통을 보여준다(4:18-22).

본서는 "가서 너도 이와 같이 하라"(눅 10:37)는 교훈을 암시해 주기 위해서 기록했다(F. W. Bush). 헤쎄드(은혜, 분에 넘치는 사랑)의 모범은 1) 룻, 2) 나오미, 3) 보아스에게서 나타난다. "이들처럼 이웃에게 헤쎄드를 보여주어라. 네가 하나님의 은혜를 받았음을 행동으로 보여주어라"는 것이다. 이들은 각기 자기와 연관된 사람들에게 헤쎄드를 베풀었다. 그 헤쎄드란 일반적인 자비의 행동 그 이상의 것이었다.

또한 본서는 하나님이 모든 세상사를 지배하고 자기 뜻대로 운영하신다(섭리)는 사실을 암시해 주려고 기록했다.

그리고 본서는 다윗의 가계를 보이려고 기록했다. 다윗의 가계는 예수 그리스도(메시아)로 연결된다. 다윗은 메시아를 예표하는 사람이다.

룻기의 주제는 구속이며, 그것이 친족 중 기업 무를 자와 관련되고 있기 때문에 특히 그러하다. 그것은 또한 신실성에 대한 하나님의 섭리적 보상을 강조하고 있다. 이 암흑의 시기에 모든 사람이 타락한 것은 아니었다. 하나님 보시기에 의로운 일을 행하는 신실한 남은 자들이 언제나 있었다.

성경에서 룻기의 위치

(1) 문학적 – 룻기는 단순하면서도 심오한 책이다. 그것은 자녀로서의 사랑과 경건함을 보여준 가장 훌륭한 문학 작품들 가운데 하나다. (2) 역사적 – 룻기는 사사 시대와 왕국 시대 사이의 교량 역할을 한다(이 책의 마지막 단어는 '다윗'이다). 그것은 성실과 불의에 대한 하나의 예증을 제공해 준다. (3) 교리적 – 룻기는 이방인들이 구속의 테두리 너머에 있지 않다는 사실을 가르치고 있다. (4) 도덕적 – 룻기는 인간관계와 결혼에 있어서 헤쎄드라는 고귀한 개념을 전해 주고 있다.

룻은 여인의 이름을 딴 두 권의 성경책 가운데 하나다.

룻기	에스더
이방 여인	유대 여인
유대인들 가운데 살았음	이방인들 가운데 살았음
다윗 왕족 혈통의 유대인 남자와 결혼함	한 제국을 통치한 이방인 남자와 결혼함
믿음과 축복의 이야기	믿음과 축복의 이야기

또한 룻기는 여러 면에서 사사기와 대조를 이룬다.

룻 기	사사기
성실, 의, 순결	부도덕
참되신 하나님을 따름	우상 숭배
헌신	쇠퇴, 타락, 불충성
사랑	정욕
평화	전쟁
친절	잔인
순종적 믿음은 축복으로 인도함	불순종은 슬픔으로 인도함
영적 빛	영적 흑암

내용

1. 1장 - 모압에서 - 룻의 선택

나오미는 흉년을 피하여 남편 엘리멜렉, 아들들인 말론과 기룐과 함께 모압 땅으로 갔다가 그곳에 간 지 10년 즈음에 남편과 아들들이 모두 죽고 자부들인 룻과 오르바와 함께 남게 된다. 그녀는 예루살렘에 다시 풍년이 들었다는 소식을 듣고 본국으로 오다가 두 자부를 본국으로 보내려 하지만, 룻은 시어머니 나오미를 떠나

가지 않았다. 나오미를 따르기로 한 룻의 선택은 ① 민족을 뛰어넘은 선택, ② 가족과 국가를 뛰어넘은 선택, ③ 신앙을 초월한 선택, ④ 성의 장벽을 뛰어넘은 선택이었다. 즉 룻은 남성을 선택해야 하는 마당에 같은 여성을 택했다. 그리고 젊은 사람을 버리고 늙은 사람을 선택했다. 나오미가 자부인 룻과 함께 베들레헴으로 돌아왔을 때, 베들레헴 여인들은 나오미를 보고 반색했으나 나오미는 자기 이름을 '마라'(괴로움)로 불러 달라고 요청한다.

2. 2장 - 예루살렘에서 - 룻의 수고

베들레헴 이국 땅에서 모압 여인 룻은 먼저 주도권을 쥐고 활동성 있게 추수하는 밭으로 이삭을 주우러 나간다. 그녀는 하나님의 인도를 따라 보아스의 밭에서 융숭한 대접을 받고 집으로 돌아온다. 나오미는 보아스가 자기의 기업 무를 사람 중에 한 사람임을 말한다.

3. 3장 - 보아스의 타작마당에서 - 룻의 기다림

나오미는 룻의 남편을 맺어 주기 위하여 룻으로 하여금 밤에 타작마당에 누워 있을 보아스의 발치에 이불/옷을 들치고 누우라고 한다. 룻은 이에 순종하고, 보아스는 다시 곡식을 되어 줌으로써 자기가 반드시 고엘의 의무를 다할 것을 약속한다.

4. 4장 - 성문에서 - 룻이 받은 보상

보아스는 자기가 약속한 사실을 이행하기 위해 자기보다 더 가까운 근족을 불러 재판석에 앉힌다. 그리고 엘리멜렉의 재산을 물러서 나오미에게 돌릴 것을 요구하고, 그 근족은 선뜻 그렇게 하겠노라고 응답한다. 그러나 룻을 아내로 맞아서 손을 낳게 해주어야 한다는 말을 듣고 고엘의 임무를 이행할 것을 거부하고 신을 벗는다. 보아스는 약속대로 엘리멜렉의 땅을 물러서 나오미에게 돌려주는 한편, 룻을 취하여 아내를 삼고 아들을 낳아 오벳이라고 이름을 짓는다.

룻기는 잃음으로부터 시작하여 얻음으로 마친다. 이 과정에서 보아스는 나오미와 룻에게 가장 중요한 역할을 한다. 그리고 이 모든 인간의 선택 과정에서 하나님의 은혜가 역사했다. 인간의 선택은 사실상 하나님의 선택이었다. 룻기 저자는 이방 여인 오르바라는 이름을 기록하고 있으나, 이스라엘 백성이요 나오미의 가장 가까운 기업 무를 자를 '아무개'라고 이름을 밝히지 않음으로써 하나의 심판을 하고 있다. '아무개 씨'는 이스라엘 백성이고 나오미의 가장 가까운 근족(고엘)임에도 불구하고 하나님의 뜻을 이루기보다는 그러한 기회를 자기의 재산을 불리는 기회로 삼으려고 했다. 만일 룻이 아들을 낳아 상속자가 생겨나서 그 재산이 모두 상속자에게로 돌아간다면, '아무개' 씨는 상당한 재산을 잃게 된다. 그러므로 그는 신을 벗어 주었던 것이다. 따라서 룻기 저자가 보기에 그는 이름을 밝힐 필요조차 없는 무가치한 사람이었다. 그렇다면 인간의 선택은 하나님의 선택이고, 인간이 스스로 저버리고 떠나간 것은 하나님이 그를 떠나가게 한 것이다!

5. 4:18-22 - 후기

사사기의 후기와 함께 룻기의 후기는 구속 역사상 아주 중요한 언급을 하고 있다. 사실상 이 두 권의 후기가 두 권의 중심 사상이라고 해도 과언이 아니다. 사사기는 메시아 왕의 필요성을 보여주면서 마치고 있고, 룻기는 메시아 왕의 계보를 밝히면서 마치고 있다.

다윗 가문, 즉 예수 그리스도의 가문은 이방인의 구원을 간접적으로 보여주고 있다. 이방 땅에도 하나님의 선민이 있었다.

2:12, "여호와께서 네 행한 일을 보응하시기를 원하며 이스라엘의 하나님 여호와께서 그 날개 아래 보호를 받으러 온 네게 온전한 상 주시기를 원하노라."

이러한 보아스의 축복처럼 룻은 "온전한 상"을 받았다. 룻은 다른 사람이 아닌 보아스 자신을 통하여 아들을 낳았는데 그는 오벳이었다. 4:15을 보면 오벳은 나오미의 생명의 회복자요 노년의 봉양자다. 한편, 룻은 나오미를 사랑한 자요, 나오미에게 일곱 아들보다 나은 자부였다!

룻기에서의 그리스도

친족 중 기업 무를 자 또는 **고엘**(3:9, '가까운 친척')에 대한 개념은 그리스도의 사역에 대한 중요한 묘사다. **고엘**은 (1) 그가 구해 내려는 자들과 혈연관계가 있어야 한다(신 25:5, 7-10; 요 1:14; 롬 1:3;

빌 2:5-8; 히 2:14-15). (2) 속전을 치를 수 있어야 한다(2:1; 벧전 1:18-19). (3) 속(贖)할 의향이 있어야 한다(3:11; 마 20:28; 요 10:15; 18; 히 10:7). (4) 그 자신이 자유로워야 한다(그리스도는 죄의 저주로부터 자유로웠다). **고엘**이라는 단어는 이 짧은 책에서 13번 사용되고 있으며, 그것은 그리스도의 중보 사역에 대한 선명한 그림이다.

사무엘상

사무엘이 가로되 여호와께서 번제와 다른 제사를 그 목소리 순종하는 것을 좋아하심같이 좋아하시겠나이까 순종이 제사보다 낫고 듣는 것이 숫양의 기름보다 나으니 이는 거역하는 것은 사술의 죄와 같고 완고한 것은 사신 우상에게 절하는 죄와 같음이라 왕이 여호와의 말씀을 버렸으므로 여호와께서도 왕을 버려 왕이 되지 못하게 하셨나이다(15:22-23; 또한 삼상 8:5-9, 12-22을 보라).

초점	사무엘 1 8		사울 9 15		사울과 다윗 16 31			
구분	사무엘의 유년기와 부르심 1 3	패배, 부흥 그리고 경고 4 8	사울의 선택 9 12	사울의 불순종과 버려짐 13 15	사울의 궁정에서의 다윗 16 19	다윗이 사울로부터 피하여 도망함 20 23	다윗이 황무지에서 사울을 만남 24 26	사울의 최종적인 몰락과 죽음 27 31
화제	마지막 사사		첫 번째 왕		선택된 왕			
	사사 시대와 왕정 시대를 잇는 고리		사울의 출세		사울의 쇠퇴와 다윗의 출세			
지역	가나안 땅의 이스라엘							
기간	약 94년							

개관

사무엘상은 사사들 통치하의 신정 시대로부터 왕들이 다스리던 왕국 시대로 접어드는 매우 중대한 과도기를 기록하고 있다. 여기서 주요한 세 인물은 사무엘(1-8장), 사울(9-31장) 그리고 다윗(16-31장)이다. 사무엘서는 메시아 왕을 예시한다. 다윗은 기름부음을 받은 지상의 하나님의 대리자로서 신정국 이스라엘을 가장 영광스러운 위치로 끌어올렸다. 또한 사무엘서 전체의 주제는 '지도자론'이라고도 할 수 있는데, 두 명의 종교 지도자(엘리와 사무엘)와 두 명의 왕(사울과 다윗)을 보여주면서 지도자가 어떤 인물이 되어야 하는지를 예시하고 있다.

표제

사무엘상·하는 히브리 성경에서 본래 한 권으로 '사무엘의 책' 또는 간단히 '사무엘'로 알려졌다. 이 이름은 '하나님의 아들', '그 이름은 하나님이시다', '하나님의 들으심' 그리고 '하나님께 구함' 등 다양하게 번역되어 왔다.

비록 사무엘서가 하나의 연속적인 이야기이기는 하지만 칠십인역은 두 권으로 나누었다. 이 구분은 다윗의 역사를 의도적으로 분리해 놓고 있다. 헬라어(칠십인역) 표제는 **비블로이 바실레이온**, 곧 '왕국들의 책'(Book of Kingdoms)으로서 후의 이스라엘과 유다 왕국을 언급하고 있다. 사무엘상은 **바실레이온 알파**, 곧 '왕국기 I'(I Kingdoms)로 불려졌다. 사무엘하(바실레이온 베타)와 열왕기상(바셀레이온 감마)·하(델타)는 '왕국기 II, III 그리고 IV'로 불려졌다. 라틴어 벌게이트역은 본래 사무엘서와 열왕기서를 **리브리 레굼**(*Libri Regum*), 곧 '왕들의 책'(Book of King)이라 불렀으며, 그것들을 '열왕기 I, II, III 그리고 IV'로 기재했다. 후에 라틴어 성경은 이 책들의 첫 번째 것에 대해 히브리어와 헬라어 표제를 함께 놓아 **리베르 I 사무엘리스**(*Liber I Samuelis*), '사무엘의 첫 번째 책'(First Book of sabuel) 또는 단순히 '사무엘상'(I samuel)이라 불렀다.

저자

사무엘(상·하)서의 저자는 미상이지만 유대인의 탈무드 전승은 그것이 사무엘에 의해 기록되었다고 말한다. 사무엘이 이 책의 첫 번째 것을 썼을 수도 있으나, 사무엘상 25:1에 있는 그의 죽음에 대한 묘사를 볼 때 그가 사무엘상·하를 모두 쓰지는 않았다는 사실을 알 수 있다. 사무엘은 한 권의 책을 썼음에 틀림없으며(10:25), 그것을 기록으로 남기는 일도 가능했을 것이다. 선지자들의 무리의 우두머리로서(10:5; 19:20) 사무엘이 이 성경 저자의 가장 유력한 후보가 되는 것은 논리적으로 합당할 것이다. 유대인들은 자기들의 지도자로서 사무엘을 모세 다음으로 존중했다.

역대상 29:29은 다윗의 행적을 처음부터 끝까지 기록한 '선견자 사무엘의 글'과 '선견자 나단의 글'과 '선견자 갓의 글'을 언급하고 있다. 이 세 사람 모두가 본 사무엘상·하서를 기록하는 데 일익을 담당했음은 거의 틀림이 없다. 어쩌면 선지 학교의 한 생도였던 어떤 편집자가 이들의 글을 사용하여 사무엘서를 만들었을 가능성도 있다. 이러한 사실은 계획과 목적이 통일되어 있고 이야기의 단락들이 부드럽게 이어지고 있다는 사실 가운데 암시되어 있다.

연대와 배경

사무엘이 처음 24장 가운데 들어 있는 내용들을 썼다면, 그것은 그가 죽기 직전이었을 것이다(그는 약 주전 1067년과 주전 1015년 사이에 이스라엘의 사사와 선지자로서 사역했다). 사무엘서는 다윗의 말년에서 끝난다.

따라서 그것들은 주전 971년 이후에 편집되었음에 틀림없다. 사무엘상 27:6에서 유다가 이스라엘과 분리된 왕국이었음을 언급하고 있는 사실은 그 편집 연대가 솔로몬이 죽은 주전 931년 이후임을 가리킨다. 그러나 주전 722년에 이스라엘이 앗수르의 포로가 된 사건에 대한 언급은 없는데, 이것은 아마도 사무엘서가 이 중대한 사건 이전에 쓰여졌음을 의미하는 것일 수도 있다.

사무엘상은 사무엘의 출생부터 사울의 죽음까지 약 94년 간의 역사를 취급하고 있다(주전 1105-1011년). 블레셋 사람들은 원래 팔레스틴 남서쪽에 살았던 사람들과 주전 12-11세기에 에게 해로부터 팔레스틴 남서쪽 해안으로 올라온 사람들이 합쳐지면서 팔레스틴 내륙 지방에 위협을 가했다. 그들은 주전 1087년부터 주전 1047년의 에벤에셀 전투가 있기까지 이스라엘을 심하게 압제했다(7:10-14).

그러나 그 이후에도 그들은 군사적으로 그리고 경제적으로 이스라엘을 통치했다. 블레셋 사람들은 해안 평야에 살면서 이스라엘 땅을 공공연히 침입했으며, 팔레스틴의 산간 지역 때문에 이스라엘은 완전히 멸망당하지 않고 보존될 수 있었다. 이러한 위협에 직면하여 이스라엘은 영토의 확장 혹은 주어진 영토의 보존을 위해 중앙 집권 체제라는 왕정 하에서 결속될 필요가 있었다.

주제와 목적

사무엘서는 이스라엘의 초기 통일 왕국을 예언적 입장에서 다룬 하나의 역사서다. 이 책의 첫 권은 사사기 16:31에서 끝낸 이스라엘의 이야기를 다시 잇고 있다. 사무엘은 삼손의 뒤를 이었으며, 삼손은 블레셋인들에 대해 영구적인 승리를 취하지 못했기 때문에 사무엘 역시 블레셋 사람들과 대면해야 했다. 사무엘상은 이스라엘의 지도 체제가 사사들에게서 왕들에게로, 신정(神政)에서 왕정(王政)으로 옮겨가는 과도기를 추적해 나가고 있다. 왕정은 좀 더 큰 안정을 가져다주었다. 왜냐하면 백성들은 보이지 않는 하늘의 왕보다는 지상의 왕을 따르는 것이 더 쉬웠기 때문이다. 사무엘은 통일 왕국의 처음 두 통치자에게 기름을 부은 사람이었다. 사울은 왕이 된 후 얼마 안 가서 하나님께 불순종하고, 나아가서 절대 군주가 되려고 했다. 그 다음에 위에 오른 다윗은 진정한 신정국의 첫 번째 왕이었다. 다윗은 하나님이 자신을 통해 다스리시는 것을 원했기 때문이다.

사사 시대의 행적을 살펴보면, 백성들은 야웨께서 자기들의 왕이 되시는 것을 배척했다. 지상의 왕을 달라는 사무엘상에서의 아우성은 실제적으로 이러한 배척에서 비롯된 자연스러운 결과였다(8:7

을 보라). 하나님은 이스라엘을 위하여 왕을 세우려는 의도를 갖고 계셨으나(신 17:14-20), 백성들은 하나님이 세우시는 왕을 기다리기보다 자기들이 택하여 세운 왕을 원했다. 그럼에도 불구하고, 이 책은 왕을 세우기도 하며 폐하기도 하시는 야웨의 주권적 통치를 가르치고 있다.

사울은 "순종이 제사보다 낫다"(15:22)는 진리를 배우지 못했기 때문에 주께 불순종했고, 그 결과 버림받았다. 그는 정신적 불안정, 강한 질투심, 어리석음 그리고 부도덕이라는 결점을 가지고 있다. 다윗은 "하나님의 보는 것은 사람과 같지 아니하다"(16:7)는 원리를 실제로 보여준 사람이었다. 주님은 다윗이 하나님을 사랑하는 마음 때문에 다윗 왕조를 세우셨다.

사무엘서는 또한 왕들과 백성, 즉 이스라엘에게 권면을 해야 하는 권한을 하나님께로부터 위임받은 선지자들의 중대한 역할을 알려 주고 있다.

성경에서 사무엘상의 위치

역사적으로 사무엘상은 사사 시대와 왕정 시대를 잇는 중요한 연결고리다. 이 책은 왕국 시대로 넘어가서 훗날에 나타날 메시아 왕을 예시하는 역할을 한다. 그러므로 본서는 메시아('기름부음을 받은 자', 2:10)란 단어를 사용한 최초의 책이다. 이가봇('영광이 없음', 4:21)과 에벤에셀('도움의 돌', 7:12)이란 단어가 보여주듯이 하나님은 후에 바벨론 포로를 통하여 영광이 이스라엘에게서 떠나간 사실과 후에 고레스를 통한 회복도 미리 보여준다. 우리 주님은 적어도 두 번 이상 사무엘상을 언급하셨다: 마태복음 12:3, 4(21:6)과 누가복음 16:15(16:7).

내용

1. 사무엘(1-7장)

1) 사무엘을 낳게 된 것은 그의 어머니의 간절한 기도 때문이었다. 그리고 그 간절한 기도는 비극적 사건에서 비롯되었다. 인생에게 비극적 사건은 진정으로 심각한 문제가 아니다. 세상에는 언제나 문제가 꼬리에 꼬리를 물고 일어나기 때문이다. 문제가 꼬리에 꼬리를 물고 일어나지 않으면 그곳은 세상이 아니다. 가장 중요한 것은 그 문제 해결 방법이 놀라운 은총을 얻는 기회가 된다는 것이다.

2) 사무엘은 아직 어릴 때 하나님의 음성을 듣는다. 하나님의 음성을 들은 자가 있을 때 그 국가는 소망이 있다.

3) 종교 지도자가 하나님께 불순종하고 종교가 타락할 때 하나님의 계시의 말씀은 희귀해진다(3:1; 암 8:11, 12).

4) 사무엘은 장차 나타날 메시아의 예표다. 그는 직책에 있어서 왕, 제사장, 선지자다. 행위에 있어서도 그는 속이거나 압제하거나 취하지 않은 사람이었다(12:3-5). 게다가 그는 백성을 위하여 항상 기도한 사람(12:23)이었다.

5) 블레셋과의 전쟁(5장)

'이가봇'이란 '영광이 떠났다' 혹은 '영광이 없다'는 뜻이다. 범죄한 백성은 영광의 하나님과 함께 거할 수 없다. 전쟁에서 패배하고 법궤를 빼앗긴 원인은 지도자들의 부패로 인하여 그 부패가 백성들에게까지 영향을 미쳤고, 그리하여 온 백성이 부패해졌기 때문이다(3-4장).

2. 사울(8-15장)

사울은 처음에 겸비한 사람이었다(10:21, 22). 부모를 공경한 사람이었다(9:3, 4). 그러나 그의 지위가 올라갔을 때 그의 마음도 올라가 버렸다(13:8이하). 교만은 불순종을 낳았다(15:17-23). 그리고 교만하니 자기보다 훌륭한 사람이 나타났을 때 그(다윗)를 죽이려고 했다.

그 불순종으로 인하여 하나님은 그를 버리셨다(15:23). 그럼에도 불구하고 하나님은 그에게 회개할 기회를 주셨으나, 그는 하나님에게 돌아오기보다 그리고 하나님을 의지하기보다 점쟁이(귀신들린 자)를 찾았다(28:4-7). 지위는 위기의 장소다!

사울에 대한 평가 : 그는 지도자로서 일관성 없는 행동을 했다. 무모한 발언을 했다. 신앙관(성경관)이 없었다. 감정적이었다. 또한 하나님에 대한 순종보다 인간의 요구를 중시했다.

3. 다윗(16-31장)

1) 1부: 다윗의 기름 부음과 고난(16-31장)

다윗의 기름 부음은 하나님의 지시에 의하여 이루어진 것이었다.

그러나 그 기름 부음 후 곧 왕으로 등극하지 않고 기다려야 했다. 그리고 고난을 통하여 연단을 받아야 했다.

사무엘은 하나님의 지시로 베들레헴으로 가서 소년 다윗에게 기름을 붓는다. 그리고 다윗은 사울 왕에게 악신이 임할 때 음악을 연주하여 안식을 찾게 하는 일을 한다(16장). 어느 날 블레셋이 골리앗을 앞세우고 나와서 대대적인 공격을 가해 온다. 다윗은 부친의 심부름으로 전장에 왔다가 골리앗을 물리친다(17장). 여인들이 사울보다 다윗을 더 칭송하자 사울은 다윗을 죽이기로 결심하고 블레셋 사람들의 양피 100개를 요구했으나, 다윗은 블레셋 사람들 200명을 죽이고 그 양피를 사울에게 주어 미갈과 결혼한다(18장). 다윗은 사울이 다시 자신을 죽이려 하므로 도망하다가 요나단과 언약을 한다(19-20장). 또한 그는 놉 땅에 가서 성막에 보관된 골리앗의 칼을 가져가고 블레셋 용병으로 들어가려다가 위기를 당하여 그곳으로부터 간신히 빠져나온다(21장). 놉의 성막에서 아히멜렉 제사장이 골리앗의 칼을 다윗에게 내어준 것을 본 도엑은 이 일을 사울에게 알리고 사울의 명을 받아 놉 땅의 여호와의 제사장들을 칼로 살육한다(22장). 그 후 다윗은 그일라로, 엔게디 황무지로, 바란 광야 마온으로 가서 나발에게 수욕을 당하고 나발이 죽자 그 아내 아비가일과 혼인을 하며(23-25장), 그 사이에 사무엘이 죽는다. 다윗은 십 황무지에 있다가 블레셋 용병으로 들어가서 시글락을 주둔지로 하여 머문다(26-27장). 블레셋과 이스라엘이 다시 전쟁을 하고 다윗은 시글락에서 있는 사이에 사울과 요나단이 블레셋에게 죽임을 당한다(28-31장).

사울에게 쫓김을 받을 때 다윗은 원수까지 사랑하시는 예수 그리스도의 사랑을 미리 보여주었다. 다윗이 그렇게 행할 수 있었던 이유는 그의 속에 이미 성령(그리스도의 영)이 계셨기 때문이었다.

다윗과 요나단(삼상 20:41)의 관계, 그리고 다윗이 므비보셋에게 행한 일(삼하 9:3)을 볼 때, 성도를 사랑하신 예수 그리스도의 사랑을 엿보게 된다(요 13:1).

다윗의 고난은 무고한 고난이었다. 하나님은 이 고난을 통하여 그를 왕으로 세우되 완전한 왕으로 세우려 하셨다. 그는 그 고난 중에서 인내하고 연단을 받았다. 그러므로 다윗의 고난은 메시아의 고난의 예표였다. 동시에 그의 고난은 장차 성도들이 당할 고난의 예표였다. 다윗의 고난과 방황은 사울의 죽음과 함께 끝나고(삼상 31장) 그는 왕으로 즉위한다.

사무엘상에서의 그리스도

사무엘은 선지자요 제사장이요 사사였으므로 그리스도의 한 모형이었다. 그는 백성들에게 큰 존경을 받았으며 새로운 시대를 소개했다.

다윗은 그리스도의 모습을 비추어 주는 구약의 주요 인물들 가운데 하나다. 그는 베들레헴에서 태어났으며, 목자로서 일했고, 이스라엘의 왕으로서 다스렸다. 그는 그 메시아 왕의 선구자가 된 기름부음을 받은 왕이었다.

메시아에 관한 그의 전형적인 시들은 그가 배척을 당하고 위험한 상황에 놓여 있던 때에 쓰여진 것들이다(특히 시 22편을 보라).

하나님은 "그 마음에 맞는"(13:14) 다윗으로 하여금 이스라엘의 가장 위대한 왕이 되게 하셨다. 신약은 특별히 그리스도를 "육신으로는 다윗의 혈통에서 나셨고"(롬 1:3), "다윗의 뿌리요 자손"(계 22:26)이라 칭하고 있다.

역사서

사무엘하

여호와 하나님이여 이제 주의 종과 종의 집에 대하여 말씀하신 것을 영원히 확실케 하옵시며 말씀하신 대로 행하사 사람으로 영원히 주의 이름을 높여 이르기를 만군의 여호와는 이스라엘의 하나님이라 하게 하옵시며 주의 종 다윗의 집으로 주 앞에 견고하게 하옵소서(7:25-26; 또한 5:12을 보라).

<table>
<tr><td>초점</td><td colspan="3">다윗의 즉위
1 10</td><td colspan="3">다윗의 범죄와 징계 받음
11 20</td><td>21 24</td></tr>
<tr><td>구분</td><td>분열 왕국에서의 다윗의 통치
1 4</td><td>통일 왕국에서의 다윗의 통치
5 7</td><td>확장된 나라에서의 다윗의 통치
8 10</td><td>다윗의 죄와 하나님의 심판
11 14</td><td>다윗을 타도하려는 압살롬의 기도
15 18</td><td>끊임없는 소요와 폭행
19 20</td><td>다윗의 마지막 말과 행적
21 24</td></tr>
<tr><td rowspan="2">화제</td><td colspan="3">내란, 대관식, 정복</td><td colspan="3">범죄와 갈등</td><td>안정</td></tr>
<tr><td colspan="3">순종이 하나님의 축복을 가져옴</td><td colspan="4">불순종이 하나님의 심판을 가져옴</td></tr>
<tr><td>지역</td><td>헤브론에서의 다윗</td><td colspan="6">예루살렘에서의 다윗</td></tr>
<tr><td>기간</td><td>7과 1/2년</td><td colspan="6">33년</td></tr>
</table>

개관

사무엘하는 사무엘상에서 마친 그 부분에서 다윗의 생애 중 그 후에 일어난 이야기를 계속하고 있다. 사울이 죽은 직후에 다윗은 유다 지파의 왕으로 추대되었는데, 처음에는 유다 헤브론에서 7년 반을 다스리다가, 왕국이 통일되자 예루살렘으로 천도하여 온 이스라엘을 33년 간 다스렸다. 이 책은 아브라함과 그리스도의 중간 시점에 살았던 이스라엘의 가장 위대한 왕 다윗의 40년 간의 통치 기간에 일어난 주요 사건들을 고찰하고 있다. 본서는 세 부분, 즉 다윗의 승리(1-10장), 다윗의 범죄(11-14장) 그리고 다윗의 징계 받음(15-24장)으로 나누어질 수 있다.

표제

사무엘의 표제에 관한 세부적인 내용을 위해서는 사무엘상의 표제를 보라. 이 두 책(본래는 한 권임)에 대한 히브리어 표제는 **사무엘**이다. 사무엘하에 대한 헬라어 표제는 **바실레이온 베타**, 곧 '왕국기 II'이다.

저자

사무엘상·하가 한 권의 히브리 책이었기 때문에, 두 책의 저자는 사무엘상의 저자 부분에서 논의되었다. 사무엘하는 아마도 선지자 나단의 글과 선견자 갓의 글을 모아 놓은 한 사람에 의해 편집되었을 것이다(대상 29:29). 이 기록된 자료들 이외에, 편집자는 '야살의 책'(1:18)이라 불리는 또 다른 자료들을 사용했다.

연대와 배경

사무엘하의 연대와 배경에서 우리는 이 책들의 저술 연대가 솔로몬이 죽은 주전 900년경에 저술된 것임을 알 수 있다.

다윗의 생애는 사무엘상 16장에서 시작되며 열왕기상 2장에서 끝난다. 사무엘하는 다윗의 40년 통치 가운데 선별된 주요 사건들을 기록하고 있다. 헤브론에서의 그의 통치는 주전 1011년에 시작되며 주전 1004년에 끝났다(5:5). 통일된 유다와 이스라엘에 대한 그의 33년 간의 통치는 주전 1004년에서부터 주전 971년까지였다. 예루살렘이 수도가 되었을 때, 이스라엘의 세력과 왕권은 대단히 크게 신장되었다. 다윗은 블레셋의 압제로 말미암아 멸망 직전에 있던 한 왕국을 이어받아 거대한 제국으로 만들었다. 그러나 그는 결코 평안한 길을 걷지 못했다. 그의 말년까지 끊임없이 위협적인 일들이 그와 그의 가정 그리고 그의 왕국 내에서 일어났기 때문이다.

주제와 목적

사무엘상 31:13과 사무엘하 1:1 사이에는 사실상 서술상의 단절이 없다. 사무엘의 두 책은 사울 하에서 연합 왕국이 세워지고 다윗 하에서 그것이 확장된 사실에 대해 선지자적 안목에서 기록된 것으로서 본래 한 권의 책이었다. 이 책들은 북왕국의 열 지파와 남왕국의 두 지파 사이의 적대감과 그것을 통일시키는 데 따르는 어려움을 계속해서 보여주고 있다. 주전 931년 솔로몬의 죽음 후에 발생한 이스라엘과 유다의 분열은 사무엘상·하에 비추어 볼 때 놀라운 사건이 아니다.

사무엘하는 다윗의 40년 간의 통치에서 장점과 약점들을 매우 솔직하게 묘사해 놓고 있다. 하나님은 사람을 차별하시는 분이 아니며, 따라서 다윗과 같은 성경의 영웅은 자신의 죄를 철저하게 회개하고, 이어서 자신의 범죄에 대해 혹독한 징치를 당하고, 그 결과 영광스러운 위치에 서게 된다. 결국 다윗은 이스라엘을 역사상 가장 영광스러운 위치로 올려준다.

여러 가지 영적 진리가 다윗의 생애 가운데서 예시된다. 이 중 가장 명백한 것은 창세기 다음의 모든 책들 속에서 강조된 인과관계 원리다. 즉 순종(1-7장)은 하나님의 축복을 가져오며(8-10장), 불순종(11장)은 하나님의 심판으로 인도한다(12-24장). 죄의 결과는 피할 수 없다. "죄가 장성한즉 사망을 낳느니라"(약 1:15).

성경에서 사무엘서의 위치

사무엘상은 어떻게 왕국이 세워졌는지를 알려 주며, 사무엘하는 어떻게 그것이 통합되었는지를 보여 준다. 이 책은 그 나라가 어떻게 연합되었으며, 어떻게 왕국의 수도인 예루살렘을 점령했는지, 그 왕국이 어떻게 대적들을 진압하고 그 영토를 확장했는지 그리고 어떻게 경제적 부를 획득했는지를 우리에게 말해 준다. 이러한 내용들은 다윗이라는 한 위대한 왕의 활약을 통하여 일어난다.

내용

2) 2부: 다윗의 즉위, 통일, 천도(삼하 1-10장)

사울과 요나단이 죽자 다윗은 이들의 죽음을 심히 마음 아파하면서 시를 읊어 애도한다(1장). 그 후 다윗이 유다 왕으로 즉위하는 한편, 사울의 아들 이스보셋이 이스라엘 열 지파의 왕으로 즉위한다(2장). 그 결과 이스라엘 내에서 내란이 일어나고(3장), 결국 바아나와 레갑이 이스보셋을 암살함으로써 내란이 그친다(4장). 그리하여 온 이스라엘의 왕이 된 다윗은 자국 내에 있으나 아직도 물리치지 못한 가나안의 일곱 족속 중 하나인 여부스 족속의 요새 예루살렘으로 올라가서 그곳을 정복하고 천도한다. 이어서 블레셋을 물리치고 안정을 찾자 법궤를 예루살렘으로 모셔 온다(6장).

다윗은 자신의 처소가 영구 건물이고 법궤를 모신 곳이 천막임을 송구하게 생각하고 여호와의 법궤를 위한 성전을 지으려고 나단과 협의한다. 이러한 다윗의 계획에 대해 하나님은 거부 의사를 밝히시고, 그 대신 구약 역사상 가장 중요한 언약 중 하나인 다윗 언약이 주어진다. 7:8-16을 보라. 다윗은 이러한 하나님의 약속을 찬양과 기도를 통하여 응답한다. 그 후 그는 블레셋을 위시한 주변의 열국들을 쳐서 정복한다(8:-10:). 다윗은 요나단과의 약속을 기억하고 그의 아들 므비보셋을 데려다가 왕실에서 거하도록 배려한다(9장). 이어서 암몬을 징치한다(10장).

3) 3부: 다윗의 간음과 이어지는 고난(11-20장)

다윗은 이제 평안해졌다. 그러나 편해졌기 때문에 큰 죄를 저질렀는데 간음죄와 살인죄를 지은 것이다(11장). 그리고 긴장이 사라지고 너무 많이 소유했기 때문에 범죄했다(12:7, 8). 그러므로 높은 지위는 위기의 장소다! 나단 선지자는 하나님의 말씀을 대언하여 다윗이 하나님의 말씀을 업신여겼다고 비난을 한다. 범죄란 하나님의 말씀을 업신여기는 행위다(삼하 12:9). 하나님의 말씀을 업신여기는 행위는 여호와 자신을 업신여기는 행위다. 업신여긴다는 것은 가볍게 여긴다, 능멸한다, 무시한다, 멸시한다는 의미다.

다윗은 나단의 비유인 부자 영감의 못된 행실을 듣고 레위기법에 의하여 네 배나 갚아야 한다고 말한다(12:1-6). 그는 자신의 선고대로 네 배나 갚아야 하는 처지에 놓이게 되었다: 갓 태어난 어린아이의 사망, 암논의 비참한 죽음, 압살롬의 비참한 최후, 아도니야의 죽음. 그 외에도 다윗의 후궁들이 아들(압살롬)에 의해서 폭행을 당하는 수모, 압살롬에게 쫓기는 수모 등을 당해야 했다. 범죄하고 회개하면 하나님은 용서해 주신다. 그러나 징계는 철저히 받아야 한다. 그에게서 죄를 뿌리째 뽑도록 하기 위해서다.

가장 먼저 왕자 암논과 다말 간의 부끄러운 일이 일어나고, 이에 앙심을 품은 압살롬이 암논을 죽이고 여기서 한발 더 나아가 다윗을 죽이고 왕위를 찬탈하려는 반역을 일으킨다(13-19장). 다윗이 고난을 당할 때 충신과 간신이 나타난다. 충신들은 후새, 바실래, 잇대 등이었다. 간신들은 아히도벨, 시므이, 후에 아비아달, 요압 등이었다.

다윗에게 충성했다는 것은 하나님에게 충성했다는 증거다. 왜냐하면 다윗은 지상의 하나님 백성들을 다스림에 있어서 하나님의 대리자였기 때문이다.

다윗은 회개했다(12:13). 사울도 회개(변명)했다(15:15, 24, 25). 그러나 사울은 진정한 회개가 아닌 말로만 하는 회개 혹은 변명을 했다. 게다가 두 사람의 죄를 비교해 보면 사울의 죄가 더욱 악한 것임을 알 수 있다: 다윗은 인간의 마음속에서 일어나는 정욕을 주체하지 못했고, 그로 인한 결과를 은폐하려고 살인을 저질렀다. 사울은 하나님의 명령에 불순종하고 그 죄를 백성들에게 떠넘기고 회개하지 않았다.

4) 4부: 다윗의 만년(21-24장)

어찌된 일인지 기근이 매년 계속되었다(21장). 그 원인은 사울이 가나안 정착 초기에 언약을 맺었던 기브온 사람들을 죽인 일로 인한 것이었다. 이 사건은 기브온 사람의 후손들 마음속에 응어리져 있었다. 하나님은 그것을 보고 그 땅을 축복하실 수가 없었다. 모든 문제를 해결하고 다윗은 주님이 주신 은혜에 대하여 찬양한다(22장). 그러나 다윗의 마지막 예언이 있고 나서 다윗의 용사들이 열거되고(23장) 또다시 인구 조사를 한다. 이는 지극히 인간적인 생각에서 나온 것이었다. 이러한 잘못이 오히려 주의 성전터를 결정하는 계기가 된다(24장).

사무엘하에서의 그리스도

사무엘상에서 살펴보았듯이 다윗은 구약에서 그리스도의 가장 중요한 모형 가운데 하나다. 그의 죄에도 불구하고, 그는 야웨에 대한 민감하고 충성된 태도로 인해 하나님의 마음에 합한 사람으로 남아 있었다. 때로 그는 사생활에서 실패하기도 했으나 주님과의 관계는 결코 소홀히 하지 않았다. 성공한 모든 다른 왕들과는 달리, 우상 숭배는 그의 통치 기간 동안 전혀 문제가 되지 않았다. 그는 야웨의 참된 종이었으며, 그분의 율법에 순종하는 이상적인 왕이었다. 그의 통치는 일반적으로 공의, 지혜, 견실, 용기 그리고 자비로 특징지어진다. 그는 예루살렘을 정복했고, '의의 왕'(창 14:18) 멜기세덱의 위에 앉았다. 다윗은 그 후대의 모든 왕들을 가늠하는 하나의 표준이 되었다.

물론 1-10장에 나타난 다윗의 생활은 11-24장에 나타난 그의 삶보다 미래의 메시아의 모습을 훨씬 더 잘 나타내 주고 있다. 죄는 가능성을 방해한다. 그가 장차 오실 왕의 모습과 가장 가까운 모습으로 예시된 것은 하나님께서 7:4-17에서 그와 함께 하신 그 중요한 언약 속에서였다. 다윗이 야웨를 위해 집을 세우지 못하고 야웨께서 다윗을 위하여 집(가문)을 세우실 것이고, 그 가문 가운데서 한 인물(다윗의 자손)이 나타나서 야웨의 거하실 집(성도=교회 공동체)을 세울 것이다. 영원한 왕국, 보좌, 후손에 관한 세 가지의 똑같은 약속이 누가복음 1:32-33에서 그리스도에 대해서도 약속되었다. 이스라엘 북 왕국에는 아홉 개의 다른 왕소가 있었으나, 유나에는 오직 한 왕조밖에 없었다. 한 영원한 왕국에 대한 약속이

역사서

그리스도, 다윗의 위에 앉을(사 9:7; 눅 1:32) '다윗의 아들'(마 21:9; 22:45)에게서 성취된다.

사무엘하에 나오는 모든 충신과 반역자들의 모습도 예수 그리스도의 모습을 보여준다. 충신들은 하나님에게 충성스러운 예수의 모습을 보여주고, 반역자들은 충성스러운 예수의 반대 모습을 보여준다.

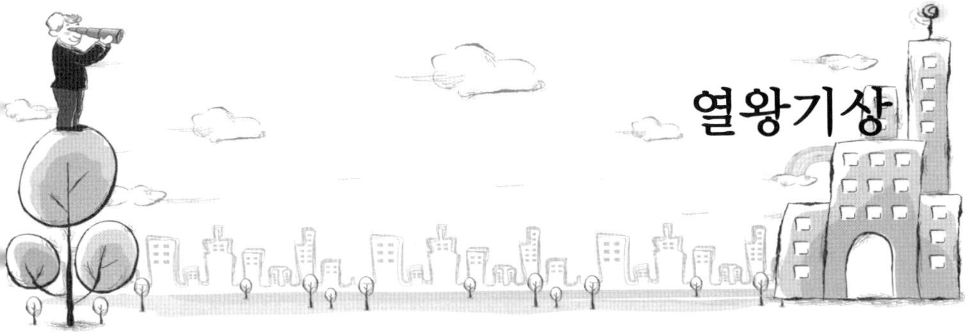

열왕기상

네가 만일 네 아비 다윗의 행함같이 마음을 온전히 하고 바르게 하여 내 앞에서 행하며 내가 네게 명한 대로 온갖 것을 순종하여 나의 법도와 율례를 지키면 내가 네 아비 다윗에게 허하여 이르기를 이스라엘 위에 오를 사람이 네게서 끊어지지 아니하리라 한 대로 너의 이스라엘의 왕위를 영원히 견고하게 하려니와(9:4-5).

여호와께서 솔로몬에게 말씀하시되 네게 이러한 일이 있었고 또 네가 나의 언약과 내가 네게 명한 법도를 지키지 아니하였으니 내가 결단코 이 나라를 네게서 빼앗아 네 신복에게 주리라(11:11).

초점	통일 왕국 1–11			분열 왕국 12–22		
구분	솔로몬의 집권 (1–4)	솔로몬의 성전 건축과 봉헌 (5–8)	솔로몬의 명성과 행운 그리고 실패 (9–11)	둘로 찢어진 나라 (12–16)	엘리야의 사역 (17–19)	아합 왕의 최후 (20–22)
화제	솔로몬			왕국 분리	엘리야와 아합	
	영토 확장과 영화			분열과 쇠퇴		
	한 왕			많은 왕들		
지역	통일 왕국의 수도 예루살렘			북부 10지파(이스라엘)의 수도 사마리아 남부 2지파(유다)의 수도 예루살렘		
기간	40년			78년		

개관

열왕기상의 전반부는 일찍이 살았던 가장 놀라운 인물들 가운데 한 사람의 생애를 집중적으로 다루고 있다. 전무후무(前無後無)하게도 그는 큰 부(富)를 모아 그것을 창의적으로 사용하는 법을 알고 있었다. 예수 그리스도를 제외하고서 솔로몬은 인류 역사상 가장 지혜로운 사람이었다. 그는 이스라엘을 그 규모와 영광에서 절정으로 이끌었으나, 그 왕국은 그의 죽음 후 곧 붕괴되었고 내란에 의해 둘로 쪼개어졌다. 이 책은 두 부분으로 나누어진다: 통일 왕국(1-11장)과 분열 왕국(12-22장).

표제

사무엘의 두 책과 마찬가지로, 두 권의 열왕기서도 본래 히브리 성경에서는 하나였다. 원 표제는 1:1의 첫 단어 **웨하멜렉**, "이제 왕이…"(Now King…)에서 따낸 **멜레킴**, 곧 '열왕기'(King)였다. 칠십인역은 열왕기서를 아하시야의 이야기 중간 부분에서 인위적으로 둘로 나누어 놓았다. 즉 사무엘서를 '왕국기 Ⅰ과 Ⅱ' 그리고 열왕기서를 '왕국기 Ⅲ과 Ⅳ'로 불렀다. 칠십인역은 사무엘서, 열왕기 그리고 역대기를 모두 각각 둘로 나누었는데, 헬라어가 히브리어보다 더 많은 양의 두루마리를 필요로 했기 때문이다. 이 책들에 대한 라틴어 표제는 **리베르 레굼 테르티우스 에트 쿠와르투수**, 곧 '왕들의 책'이다.

저자

열왕기상·하의 저자는 알려져 있지 않으나, 열왕기가 선지자 예레미야에 의해 쓰여졌다는 탈무드의 전승을 지지해 주는 증거가 있다. 그 저자는 배교 행위를 예언자적인 측면에서 폭로하고 있으므로 분명히 선지자적인 역사가였다. 열왕기상·하에는 우상 숭배와 부도덕에 대한 하나님의 의로운 심판이 강조되어 있다. 이 책들의 문체는 예레미야서에서 발견되는 것과 유사하다. 8:8과 12:19에서 '오늘까지'라는 구절은 바벨론 유수(주전 586년) 이전에 이 책이 저술되었음을 가리킨다. 그러나 열왕기하의 마지막 두 장은 포로기 이후에 쓰여졌는데, 아마도 바벨론에 포로로 잡혀 간 한 유대인에 의해 쓰여졌을 것이다.

분명히 열왕기상·하는 여러 가지 역사적 문서들을 잘 알고 있었던 한 편집자에 의해 주전 586년 이전에 쓰여졌다. 이들 중 일부가 언급되어 있다: "솔로몬의 행장"(11:41), "이스라엘 왕 역대지략"(14:29; 15:7). 이 책들은 공식적인 궁중 기록들의 일부였을 것이다(왕하 18:18을 보라). 그 밖에도 아사야 36-39장이 하나의 출처로서 사용되었을 것이다(왕하 18-20장과 비교해 보라).

연대와 배경

열왕기서는 통일 왕국 시대와 분열 왕국 그리고 이스라엘이 앗수르에게 포로로 끌려간 이후 유다 백성들이 멸망하기까지의 이스라엘 역사 전체를 기록한 글이다. 이 책의 대부분은 예레미야 자신이 직접 쓴 것은 아니라 할지라도, 예레미야 당대의 사람들에 의해 편집되었음에 틀림없다(약 주전 646-570년). 이것은 이스라엘이 앗수르의 포로가 되고(주전 722년) 유다가 바벨론의 포로가 된(주전 586년) 그 사건을 설명해 주는 불순종과 우상 숭배와 불경건에 관한 기록이다. 열왕기상은 주전 971년 솔로몬의 즉위부터 주전 853년 아하시야의 통치의 시작까지 118년 간을 다루고 있다. 핵심 연대는 왕국이 분열된 해인 주전 931년이다.

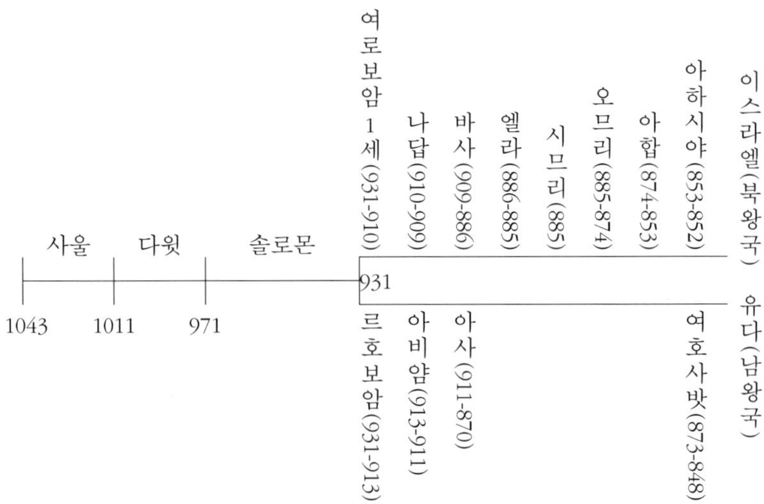

주제와 목적

열왕기서의 주제는 지상의 하나님의 나라가 어떻게 타락하여 멸망했는가를 보여주는 것이다. 열왕기상·하는 전체적으로 솔로몬 아래서 있었던 가장 위대한 번영을 출발점으로 하여 앗수르와 바벨론 포로 가운데서의 파멸과 멸망에 이르기까지의 왕정을 기록하고 있다. 열왕기상은 역사적으로 솔로몬에서부터 여호사밧(유다)과 아하시야(이스라엘)까지의 왕들의 통치를 설명하고 있다.

신학적으로 살펴보면, 열왕기상은 두 왕국에서 정치적·경제적으로 영향을 미친 영적 및 도덕적 원인들을 예언적 측면에서 평가한다. 그 소재들은 너무도 선별된 것들이어서 왕들의 전기로 간주되기가 어렵다. 예를 들면, 오므리는 정치적 관점에서 볼 때 이스라엘의 가장 중요한 통치자들 가운데 하나였으나, 그의 도덕적 타락 때문에 그의 업적은 여덟 절로 끝나 버렸다. 이를 살펴볼 때, 열왕기서는 선지자적 관점에서 기록된 것이다.

본서의 기록의 특징들을 살펴보면 다음과 같다.

1) 이스라엘 국가가 신정 정치 국가(theocracy)라는 것은 주지의 사실이다. 하나님은 율법을 주시고 그 율법대로 살아가도록 명령하셨다. 그 나라를 다스리는 왕은 반드시 율법을 등사하여 왕좌의 옆에 두고 그 율법대로 통치해 나가야만 했다(신 17:18-20).

만일 그들이 율법에 어긋나는 행동을 할 때는 하나님은 자신의 선지자를 왕 앞에 보내어 그들을 바로잡고 훈계하셨다. 다윗에게는 나단과 갓, 솔로몬에게는 나단과 아히야 선지자를 보내셨으며, 그 이후의 왕들에게도 역시 선지자들을 보내셨다. 그리고 각 시대의 백성들에게도 선지자들을 보내시되 부지런히 보내셨다(참고. 대하 36:15; 렘 11:7; 25:3, 4; 26:5; 29:19; 35:14, 15; 44:4).

선지자들은 왕들로 하여금 여호와의 지시하신 길로 나아가도록 지도해 주었다: 나단(왕상 1:22), 아히야(왕상 11:29; 14:1-16), 무명의 선지자(왕상 13:1 이하), 예후(왕상 16:5), 엘리야(왕상 17장 이하), 엘리사(왕하 1장 이하), 훌다(왕하 22:14) 등.

그래서 본서에 가장 자주 나오는 문구들 중 하나가 '여호와의 말씀'이다(왕상 12:22; 13:1, 2, 5, 9, 17, 18, 20, 21, 26, 32; 14:7; 17:2, 8, 14; 18:1 등). 그들이 목청을 높인 것은 여호와의 말씀이 그들에게 주어졌기 때문이었고, 따라서 그들이 전한 말은 모두 여호와의 말씀이었다. 이와 같이 열왕기서에는 선지자들의 활동이 두드러지게 나타난다. 열왕기서는 이스라엘 역사가 하나님의 선지자들의 경고대로 실현된 역사임을 보여준다.

열왕기서를 나누는 표준은 아합의 죽음과 아하시야의 등극일 수도 있지만, 특히 엘리야의 승천과 엘리사의 등장이다.

2) 본서는 남쪽 유다 왕국과 북쪽 이스라엘의 열왕들의 활동 및 업적들을 묘사하고 있다. 그러나 북 이스라엘 왕국에 더 관심을 보이고 있다. 그래서 어떤 이는 본서의 저자가 북왕국의 한 선지자라고 주장하기도 한다. 그러나 이는 잘못된 주장인데, 그 이유는 이스라엘 멸망 이후 유다 왕국에 관해서도 자세히 설명하고 있기 때문이다.

북 이스라엘과 남 유다 사이에는 현저한 차이가 있었다. 북 이스라엘은 혁명을 일으켜 세운 왕국이므로 혁명으로 일관된 역사였다. 남 유다는 다윗 왕가의 계승이 끝까지 연결되었다. 북왕국은 변질된 여호와 숭배를 했다. 이것은 여로보암이 벧엘과 단에 금송아지를 세워 거기서 우상에게 제사하고 여호와께 제사하는 법대로 제사하기도 했기 때문이다. 여로보암이 이렇게 한 것은 정치적인 안정을 이룩하기 위해서였다. 남 유다도 우상 숭배에 빠졌다. 그것은 북으로부터 온 것이었다. 북왕국의 왕들은 악했고 선한 왕이 없었다. 남왕국의 왕들 중에는 성군이 많았고 타락했다가 나중에 회개한 사람들도 많았다.

3) 열왕기서를 기록한 저자는 중요한 사건이 있을 때는 그 연대를 조심스럽게 기록했다(왕상 6:1, 37, 38; 7:1; 9:10; 11:42; 14:20, 21, 25; 15:1, 2, 9, 10 등).

4) 저자는 왕들의 행위를 평가할 때 인간적인 안목으로 평가하지 않고 율법의 표준대로 하나님의 입장에서 평가했다(왕상 2:3; 3:14; 왕하 10:31; 11:12; 14:6; 17:37; 18:6; 21:8; 22:8; 23:3, 21 등). 사람이 선하냐 악하냐는 것은 사람이 보기에 선하냐 악하냐가 아니고 하나님이 보시기에 선하냐 악하냐에 의해서 좌우된다. 비록 사람이 보기에는 무능한 것 같아도 하나님이 보시기에 옳으면, 그리고 하나님의 말씀대로 살면 그는 옳은 사람이 되는 것이다. 그러므로 본문 가운데 나타나는 공통적인 문구는 "**여호와의 보시기에…**"이다.

5) 열왕기서 저자는 거의 언제나 왕들의 통치의 시작, 성격, 통치의 종말, 죽음, 장사지낸 일 등을 같은 형태를 따라서 기록했다(왕상 11:43; 14:20, 31; 15:8, 24; 22:51 등). 유다 왕들의 성격(왕상 15:3, 11; 22:43; 왕하 12:3; 14:3; 15:3 등)에 대해서는 다윗을 표준으로 하여 평가하며(예: 왕상 15:3, 11), 간혹 그 부친이 표준이 되기도 한다(예: 22:43).

이스라엘 왕들의 성격(왕상 14:8; 15:26, 34; 16:19, 26, 30; 22:53; 왕하 3:23; 10:29, 31; 13:2, 11 등)에 대해서는 여로보암을 그 표준으로 한다. 그들은 모두 여로보암의 길로 행했다. 여로보암의 길은 자기의 정치 권력을 유지하기 위해 종교(하나님)를 이용한 것이었는데 이것은 혼합주의다.

성경에서 열왕기상의 위치

사무엘상에서 왕국이 건설되었고, 사무엘하에서 그것이 견고하게 되었다. 열왕기상은 그 왕국을 영광의 절정으로부터 분열과 쇠망이라는 급한 심연으로 이끌어 내린다. 이 책은 열왕기하에서 이어지는 각각의 왕들의 모습 속에 하나의 일정한 틀을 제시하고 있다. 그 기사는 두 왕정의 동시대를 다루는 방법으로서 이스라엘과 유다의 왕들 사이를 왔다갔다한다. 각각의 왕들의 즉위 연대는 다른 왕국의 통치자와 겹쳐서 기술된다. 서론 및 결론에 어떤 일정한 형식을 사용하고 있으며, 각각의 왕들의 통치에 대한 신학적 판정이 내려지고 있다. 다윗의 생애와 통치는 유다 왕들을 판단하는 기준이다.

열왕기상은 또한 예언 사역이 통일 왕국 말엽에, 그리고 분열 왕국 전체를 통해서 어떻게 성숙에 이르렀는지를 보여준다. 이 책은 하나님의 여러 선지자들의 사역을 서술하고 있다.

내용

1. 통일 왕국(왕상 1-11장)

솔로몬이 잘한 일은 겸손히 하나님께 지혜를 구한 일이다. 지혜는 우리 생활에 반드시 필요한 것이다. 그럼에도 불구하고 이 가장 필요한 지혜가 우리 인간에게는 없다. 이러한 사실을 안 솔로몬은 소원을 가지고 일천번제를 주님께 드린다.

또 하나 그가 잘한 일은 성전 건축을 한 것이다. 성전 건축은 이스라엘이 애굽에서 나온 지 480년, 즉 솔로몬이 즉위한 지 4년 2월에 시작되었다(왕상 6:1). 이때는 주전 약 966년경이다. 그러므로 출애굽은 주전 약 1446년에 일어났다고 할 수 있다. 이 성전은 7년 간 건축되었다(왕상 6:37, 38).

그러나 그가 잘못한 일은 왕궁 건축인데, 그는 이것을 13년 간에 걸쳐서 했다. 결국 성전과 왕궁 공사에만 20년이 걸린 셈이다. 그 외에도 그는 수많은 공사를 했는데(왕상 9:17-22; 대하 8:3-10) 거기에는 엄청난 자원과 수고가 들어 갔다. 그가 잘못한 또 하나의 일은 과도한 사치였다(왕상 10:1 이하). 또한 그는 잘못된 평화 정책(정략 결혼)을 썼다(왕상 11:1 이하). 게다가 그는 아내를 많이 두었다. 지나친 쾌락 생활을 했다는 뜻이다(왕상 11:1-8). 그 결과 필연적으로 우상 숭배에 빠졌다(왕상 11:4 이하). 그리하여 솔로몬 때 백성들의 마음은 이미 다윗 왕가로부터 떠났다. 뿐만 아니라 하나님은 이미 다윗 왕국을 나눌 것을 예고하셨다(왕상 11:9-13을 보라).

2. 분열 왕국(왕상 12-22장)

1) 르호보암

무능하면서도 교만하고 매우 어리석은 왕이었다. 그는 어리석었으면서도 자신의 새끼손가락이 부친의 허리보다 굵다고 공언했다. 아버지 솔로몬은 그를 지혜롭게 하려고 잠언을 지어 "내 아들아"라고 부르면서 간곡하게 가르쳤지만, 그는 어리석음으로부터 탈피하지 못했다. 그리하여 하나님 나라가 두동강이 났다.

2) 여로보암

그는 교활한 자로서 자기의 육신적인 이익을 위해서는 종교까지도 이용한 사람이다(왕상 12:25-33). 그리하여 혼합 종교가 공식적으로 출현했다. 그는 자기만 범죄할 뿐 아니라 온 이스라엘 백성으로 하여금 역사 대대로 범죄케 한 악인이었다.

3) 엘리야와 아합 그리고 유다의 여호사밧

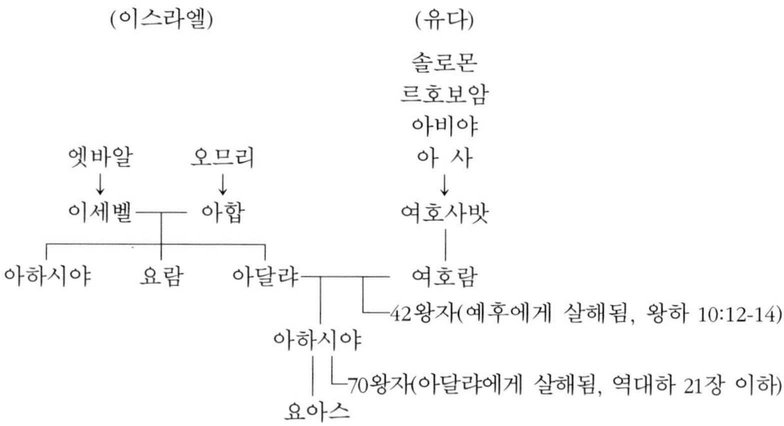

북 이스라엘의 오므리 왕조가 극단적으로 타락하게 된 원인은 결혼에 있었다. 즉 오므리가 자기 아들 아합을 위하여 시돈의 엣바알의 딸 이세벨을 며느리로 맞아들였기 때문이다. 또다시 유다 왕 여호사밧은 성군으로 평가되는 인물이지만, 그는 자기 아들 여호람의 아내를 맞이하기 위하여 북 이스라엘의 아합과 이세벨 사이에서 태어난 딸 아달랴를 며느리로 데려왔다. 아달랴는 유다 왕족의 씨를 말리려 한 사단의 딸이었다.

4) 엘리야의 활약(왕상 17-22장)

북 이스라엘에서는 바알 숭배가 유행하게 되었다. 바알 신은 가나안 신화에 의하면 못(Mot) 신에게 죽었다가 아낫 여신 덕분에 살아난 엘 신의 아들로서 풍요의 신이었다. 가나안 사람들은 바알이 검은 구름을 타고 번개창을 들고 입에서는 뇌성을 발하면서 죽음의 신 못을 이기고 가나안 땅으로 행진해 들어와 그 땅에 비를 내려서 풍성한 소출을 가져다 준다고 믿었다. 바알 신화는 비행기가 없는 당시에는 부인할 수 없는 시나리오였다. 그래서 이스라엘 백성들은 바알 신화에 빠졌고, 그것은 이세벨을 통하여 더욱 유행하게 되었다.

엘리야는 성경의 역사에 갑자기 등장하지만, 사실상 하나님은 그를 꾸준히 준비시켜 오셨다. 그가 하나님의 선지자로 활동한 것은 하나님의 말씀이 그에게 임했기 때문이다. 엘리야는 자기의 말이 없으면 우로(비와 이슬; 밤에 내리는 이슬은 지중해성 기후에서는 대단히 중요한 요소였다)가 있지 않을 것이라고 선포하고 숨었다. “너희가 비를 내려 준다는 풍요의 신 바알을 섬기느냐? 그러면 여호와 하나님께서 너희에게 비와 이슬을 내려 주지 않으심으로써 그 바알의 무능력을 증거해 줄 것이고 너희는 그로 인하여 극한 고통을 받을 것이다”라는 의도였다.

그릿 시내에서 물을 마시면서 까마귀가 가져다 주는 떡을 먹고 살다가 그릿 시냇물도 말라 버리자 엘리야는 사르밧(시돈의 한 지방)으로 가 한 과부의 집에 머물면서 살도록 명령을 받는다. 그 사이 이스라엘은 온 나라가 죽을 지경에 처했다. 3년이 끝나고 이스라엘을 긍휼히 여기신 하나님은 엘리야로 하여금 아합 앞에 나타나도록 지시하셨다. 그 후 바알 선지자들과 엘리야 사이에 대결이 이루어지고 여호와 하나님이 참 하나님이심이 입증되자, 엘리야는 바알 선지자들을 모두 죽이도록 한다. 비를 내려 주어서 가나안 땅을 풍요롭게 한다던 바알 신의 선지자들이 다 죽었을 때, 하나님은 비로소 비를 내려 주셨다.

18장에서 대대적인 개혁을 했던 엘리야는 이세벨이 그를 죽이려고 찾자 유다의 브엘세바까지 도망했다(왕상 19장). 그는 낙심하여 스스로 죽기를 구했다. 그가 낙심하게 된 원인은 (1) '나만 홀로 남아 있다', (2) '나는 열심이 특심하나 이루어진 것은 없고 오히려 하나님의 선지자인 나를 죽이려 한다'는 생각 때문이었다. 이에 대하여 하나님은 이렇게 응답하신다. (1) "너만 남았다고 낙심치 말라. 내가 너 외에도 7,000명을 남겨놓았다." (2) "다메섹(아람)의 하사엘에게, 예후(이스라엘)에게 그리고 엘리사에게 기름을 부어라." 그리하여 엘리사가 부름을 받아 엘리야의 제자가 된다.

어리석은 아합은 하나님의 명령에 순종하지 못했는데, 그 이유는 인간애 때문이었다(20장). 아합은 사울처럼 자신이 하나님보다 더 사랑이 넘치는 존재임을 나타내려 했다. 인간애가 하나님 말씀에 불순종하게 했다. 게다가 아합은 욕심이 많은 사람이었다. 아합은 나봇의 포도원으로 인하여 병이 들었다. 이세벨이 나봇에게 누명을 씌워 죽이고 아합은 그 포도원을 취한다. 그로 인해 그는 엘리야에게 저주를 받고 전쟁터에서 죽는다(22장).

열왕기상에서의 그리스도

모든 인간은 바르게든 거꾸로든 그리스도를 보여준다. 솔로몬은 많은 면에서 그리스도를 예표한다. 그가 줄거리를 만든 지혜는 "하나님께로서 나와서 우리에게 지혜가 되신"(고전 1:30) 예수 그리스도를 앞서 지적했다. 그의 명성, 영광, 부 그리고 영예는 그리스도를 예시한다. 솔로몬의 통치는 지식, 평화 그리고 예배를 가져왔다. 그러나 솔로몬의 모든 영광을 언급하면서 인자께서는 그분의 강림에 관해 "솔로몬보다 더 큰 이가 여기 있느니라"(마 12:42)고 말씀하셨다.

선지자 엘리야는 그리스도보다는 세례 요한의 예표가 되었으나, 그의 예언적 사역과 이적들은 그리스도의 생애의 단면들을 예증해 준다.

열왕기하

이스라엘 자손이 여로보암의 행한 모든 죄를 따라 행하여 떠나지 아니하므로 여호와께서 그 종 모든 선지자로 하신 말씀대로 심지어 이스라엘을 그 앞에서 제하신지라 이스라엘이 고향에서 앗수르에 사로잡혀 가서 오늘까지 미쳤더라(17:22-23).

여호와께서 가라사대 내가 이스라엘을 물리친 것같이 유다도 내 앞에서 물리치며 내가 뺀 이 성 예루살렘과 내 이름을 거기 두리라 한 이 전을 버리리라 하셨더라(23:27).

초점	분열 왕국 1–17				남은 유다 왕국 18–25	
구분	엘리사가 엘리야의 후임이 됨 (1–3)	엘리사의 이적(사역) (4–8)	아합의 멸망과 요아스의 보존 (9–12)	북 왕국의 최후 (13–17)	히스기야의 의로운 통치 (18–20)	남 왕국의 최후 (21–25)
화제	이스라엘의 타락과 포로				유다의 타락과 포로	
	엘리사		이스라엘과 유다의 왕들		유다의 왕들	
지역	이스라엘과 유다				유다	
기간	131년(주전 853-722년)				155년(주전 715-560년)	

개관

열왕기하는 열왕기상에서 끝낸 이야기를 중단 없이 계속하고 있다. 이스라엘과 유다 왕국은 한때 통일 왕국으로서 누렸던 영광이 점차 사라져 가면서 이에 따라 서로 충돌한다. 분열은 쇠퇴를 이끌었고, 이제 이중적인 국외 추방으로 끝나게 되는데, 이스라엘은 앗수르에, 그리고 유다는 바벨론에 사로잡혀 간다. 이 책은 1-17장에서 분열 왕국의 역사를, 그리고 18-25장에서 남은 유다 왕국의 역사를 기록하고 있다.

표제

히브리어 성경(MT)에서 열왕기상·하서는 본래 한 권이었다(열왕기상의 표제를 보라). 히브리어 표제 **멜레킴**, 곧 '열왕기'(Kings)는 사무엘서와 열왕기서를 '왕국기 I, II, III, IV'로 분류해 놓은 칠십인역을 통하여 왕국기 III, IV로 바뀌었다. 열왕기서에 대한 원 라틴어 표제는 열왕기 III과 IV가 열왕기 I과 II로 바뀌었고, 결국 영어 표제인 열왕기상, 열왕기하로 되었다.

저자

열왕기서의 저자는 열왕기상 저자 편에서 논의되었다. 만일 이제 이 나누어신 책이 예레미야에 의해 서술되지 않았다면, 아마도 그 당시의 어떤 무명의 선지자에 의해 쓰여졌을 것이다. 열왕기하는 바벨론 포로 이전에 기록되었음에 거의 틀림없다(17:34, 41의 '오늘까지'라는 구절을 보라).

열왕기하의 문체는 예레미야서와 유사하며, 또한 만일 열왕기서 전체가 예레미야 자신에 의해 쓰여지지 않았다면 요시야 왕과 그의 후계자들에 대한 기사 속에 예레미야의 사역이 언급되지 않은 것은 큰 실책이라고 주장되어 왔다. 그러나 마지막 두 장은 분명히 바벨론 포로 후에, 예레미야 이외의 어떤 사람에 의해 덧붙여졌을 것이다. 선지자 예레미야는 망명객들에 의하여 애굽으로 끌려갔고(렘 43:1-8) 바벨론으로 추방되지 않았다. 열왕기하 24:18-25:30이 예레미야 52장과 거의 똑같다는 것은 흥미 있는 일이다. 이 두 구절은 아마도 좀 더 오래된 하나의 원 자료에서 나왔을 것이다.

연대와 배경

열왕기하에서 마지막으로 기록된 사건은 주전 560년경에 일어난 여호야긴의 석방이다(25:27-30). 열왕기상·하의 대부분은 주전 586년 이전에 기록되었을 것이나, 24-25장은 여호야긴의 석방 이후인 아마도 주전 550년경에 기록되었을 것이다.

1-17장은 주전 853년(이스라엘 왕 아하시야)부터 주전 722년(이스라엘이 앗수르의 포로가 됨)까지를 다루고 있다. 18-25장은 주전 715년의 히스기야 통치의 시작으로부터 주전 560년 바벨론에서 여호야긴의 석방이 있은 155년까지를 다룬다. 통일 왕국은 112년 간(주전 1043-931년) 지속되었으나, 이스라엘 북 왕국은 209년 간(주전 931-722년) 더 존속했고, 남 왕국은 북 왕국의 멸망 이후에도

136년 간(주전 722-586년) 더 계속되었다. 이 457년 간의 왕국 존속 기간 동안 세계 권력은 크게 바뀌었다. 즉 애굽과 앗수르는 흔들리는 블레셋을 지배하고 있었고, 앗수르는 잠시 중동의 패권을 쥐고 있다가 기울어져서 결국 신흥 바벨론에게 정복당했다.

열왕기서는 우상 숭배, 부도덕 그리고 남북 간의 갈등 때문에 이스라엘과 유다 왕국에 심판이 임했음을 보여준다. 유다는 20명의 왕 가운데 비교적 선한 왕 8명으로 인해 이스라엘보다 136년을 더 존속했다. 이스라엘은 여로보암의 금송아지 숭배에서 돌아설 줄을 몰랐으나, 적어도 유다에서는 야웨 신앙에 대한 부흥 운동이 간헐적으로 일어났다. 이러한 부흥 운동은 하나님께서 자기 선지자들을 보내신 그 기간 동안에 있었다. 북 왕국에는 엘리야, 엘리사, 아모스, 호세아 등이 있었고, 남 왕국에는 오바댜, 요엘, 이사야, 미가, 나훔, 스바냐, 예레미야 그리고 하박국이 있었다.

주제와 목적

두 권의 열왕기서는 이스라엘의 엘리야와 엘리사의 사역(아하시야의 통치 중) 사이에서 둘로 나누어졌다. 두 책이 원래 하나였으므로, 그것들은 같은 주제와 목적을 가지고 있다(열왕기상을 보라). 이 두 권의 책들은 이스라엘과 유다 왕들의 통치 가운데서 가장 주요한 사건들을 기록하고, 하나님에 대한 불순종과 반역이 어떻게 그 왕국을 멸망으로 이끌어 갔는지를 보여준다. 그 백성의 영적 상태가 그 나라의 정치적, 경제적 상태를 결정했다.

야웨의 선지자들은 왕들에게 하나님 나라의 정치가로서 언약적 책임을 지고 있음을 상기시키기 위해 하나님께서 사용하신 사람들이었다. 그들은 하나님의 말씀을 받아 왕들과 백성들에게 전달했으므로 그들의 말에 얼마나 충실했는가 혹은 그들의 전한 말을 듣고 얼마나 행실을 고쳤는가에 따라서 그들의 운명이 결정되었다. 왕이 그들의 말을 듣고 언약을 지켰을 때, 그와 그 민족은 풍성한 축복을 받았다. 그러나 하나님의 율법을 순종하기를 거절한 자들에게는 끊임없이 하나님의 심판이 임했다. 하나님은 열왕기서에서 자기 백성들에 대한 자신의 계획과 목적을 계시하면서 역사 속에서 역사하시는 역사의 주관자로서의 모습을 드러내신다. 그러나 남북 이스라엘 백성들은 끊임없이 하나님의 뜻을 거역하고 자기들의 생각대로 행동함으로써 결국에는 비극적인 종말을 맞이하게 된다.

성경에서 열왕기하의 위치

열왕기하는 이스라엘과 유다 민족의 역사를 열왕기상에 이어 기술하면서 그것을 마무리하고 있다. 그 왕국은 사무엘상에서 세워졌으며 사무엘하에서 통합되었다. 열왕기상은 그것의 분열과 쇠퇴를, 열왕기하는 그것의 타락과 멸망을 기록하고 있다.

열왕기상	열왕기하
이스라엘 왕 다윗의 이야기로 시작됨	바벨론 왕 느부갓네살의 이야기로 끝남
솔로몬의 영광	여호야긴의 수치
성전 건축과 성별	성전이 더럽혀지고 파괴됨
순종에 대한 축복으로 시작됨	불순종에 대한 심판으로 끝남
배교의 증가	배교의 결과
통일 왕국이 분열됨	두 왕국이 멸망당함

신학적으로 열왕기서는 하나님께서 이스라엘과 열국들의 역사

를 주관하는 주권자이심을 강조한다. 그분은 역사를 예시하고 주관하시며, 이스라엘이 언약을 지키지 못할 때 이에 대한 심판의 도구로서 열국을 사용하신다. 왕은 그 나라를 하나님과 교제하도록 의로운 길로 인도하는 하나님의 종으로서 행해야 했으나, 대부분의 왕들은 도덕적 및 영적 부패로 말미암아 자기들이 부여받은 책임을 이행하지 못했다.

내용

2. 분열 왕국(계속)(왕하 1-17장)

5) 엘리사의 활약(왕하 1-8장)

아하시야는 엘리야가 아직 사역을 하고 있을 때 이스라엘을 다스리고 있었는데, 그는 자기 아버지(아합)와 같은 인물이었다. 난간에서 떨어진 그는 자기의 병의 결과가 어떻게 될 것인지를 블레셋이 섬기는 신 바알세붑에게 물으러 신하를 보냈다. 그로 인하여 그는 엘리야의 저주를 받아 죽고 여호람이 이스라엘 왕이 된다.

엘리사는 엘리야의 부름을 받고 수제자가 되어 따른다. 그는 선배(스승)를 가까이서 따를 뿐만 아니라 선배의 영감을 갑절이나 받기를 원했던 꿈의 사람이었다. 그의 소원대로 그는 죽이기보다는 살리는 사역을 많이 했다. 나라를 어려움 가운데서 구출할 뿐만 아니라 자기를 접대한 수넴 여인에게 분에 넘치는 복을 빌어준다(4장). 엘리사를 찾아와서 나음을 얻고 야웨 신앙을 가진 나아만 기사는 구원받은 이방인의 모델이다(참고. 눅 4:27). 그는 나무를 하다가 빌려온 도끼를 물 속에서 떠올라오게 하기도 했고, 아람 군대가 자기를 잡으러 왔을 때 사마리아 성읍으로 이끌어 생포했으나 그대로 돌려보내 주기도 했다. 그로 인하여 그는 나중에 곤란한 일을 당하지만, 하나님의 능력으로 모든 것이 회복된다. 후에 엘리사는 벤하닷의 군대장관 하사엘에게 기름을 부어 왕이 되게 한다.

한편, 유다에서는 여호람과 아하시야가 이어서 유다 왕이 되고, 엘리사는 예후에게 기름을 부어 북 이스라엘에 대한 철저한 개혁을 단행하도록 지시한다.

6) 예후 왕조의 탄생(9-10장)

예후는 북 이스라엘에서 여호람(요람)을 반역하여 왕위에 오른 후 바알 제사장들을 완전히 소탕한다. 그러나 여로보암의 길에서는 돌이키지 못했는데, 그 이유는 벧엘과 단에 세워진 금송아지를 제거할 경우 그의 왕좌가 위태롭게 되기 때문이었다.

7) 아달랴와 여호야다의 유다 개혁(11-12장)

아달랴는 자기 아들 아하시야가 예후의 반역 당시에 북 이스라엘의 요람을 방문하러 갔을 때 죽임을 당하자 왕실의 자손을 모두 죽이고 스스로 유다 왕이 되어 유다에 바알 숭배를 유행시켰다. 7년이 지난 후 유다의 유일한 혈족이었던 요아스를 보호하고 있던 대제사장 여호야다는 아달랴 정권을 전복시키고 요아스를 왕으로 세우면서 섭정함과 동시에 그 땅에서 바알들을 멸절시켰다.

8) 엘리사의 죽음, 이스라엘의 멸망과 앗수르의 정책(13-17장)

이스라엘의 여호아스(요아스) 당시에 엘리사가 죽음으로써 이스라엘의 진정한 수호자는 사라졌다(13장). 이스라엘을 긍휼히 여기신 하나님은 여로보암 2세 당시에 이스라엘을 크게 융성하게 하셨으나, 그것은 이스라엘을 더욱 파멸로 빠져들어가게 할 뿐이었다. 여로보암 2세가 죽자 북 이스라엘은 반역을 거듭하다가 심히 약해지고, 마침 강력해진 앗수르 제국(살만에셀)에 의하여 멸망당한다(참고. 왕하 17:1-6, 21-33). 열왕기 저자는 그 멸망 원인을 정확하게 규명한다(왕하 17:7-18, 34-41을 보라). 그것은 우상 숭배와 여호와의 명하신 규례와 법도를 행치 않은 것 때문이었다.

3. 유다 왕국(18-25장)

이제 북 이스라엘의 멸망으로 인하여 유다 왕국은 동북부의 강대국과의 완충 지대가 없어지고 그 세력과 직접 맞부딪치게 되었다.

1) 히스기야의 경건

히스기야는 부왕 아하스와 같이 연약한 사람이 아니었다. 그는 외세(앗수르)를 의지하지 않고 또한 나라 안에서 우상을 제거했다. 앗수르 왕 산헤립(히스기야를 모욕한 랍사게는 산헤립의 한 장수였다)은 이스라엘의 국경을 넘어 유다까지 진격해 왔다. 히스기야는 하나님을 의지했으며(믿음) 하나님의 은혜로 앗수르가 물러갔다. 또한 그는 죽을 병에 걸렸으나 역시 하나님의 은혜로 고침을 받았다. 그러나 자기의 내탕고를 이방인(바벨론 사신들)에게까지 자랑삼아 내보임으로써 장차 바벨론에 멸망당할 기초를 놓아 주었다.

2) 요시야

히스기야의 아들 므낫세와 그 아들 아몬은 악한 왕들이었다. 우상을 숭배할 뿐만 아니라 무능했다. 이때 국운은 급속히 기울고 나라는 거의 회생할 수 없게 되었다. 요시야가 왕이 되자 그는 남은 유다를 가지고 통일된 하나님 나라의 영광을 다시 구현하려고 노력했다. 그는 대대적인 개혁을 단행했다. 남쪽 지방을 개혁하는 한편(23:4-), 북쪽 지방까지 개혁해 들어갔다(23:15-). 그러나 요시야가 므깃도에서 앗수르를 돕기 위하여 지나가는 바로의 군대를 저지하다가 죽자, 나라는 회생 불가능하게 되었다.

3) 유다의 멸망

요시야 이후의 왕들은 너무나 무능하고, 하나님께 신실하지 못하며, 인간 상호간에 맺은 언약에도 신실하지 못했다. 나라는 분열되고 혼란에 빠져 결국에는 바벨론의 느부갓네살이 예루살렘을 함락시켰다(참고. 왕하 24:1-4; 그 원인에 대해서는 23:26-27을 보라).

바벨론의 포로 정책은 앗수르에 비하여 부드러웠다. 그들은 피정복국 백성들 가운데서 지혜로운 사람을 등용했으며 포로민 공동체에게 어느 정도 자유를 허용했다. 그래서 유다 왕들에게도 자비를 베풀었는데, 이것은 하나님의 은혜였다(왕하 25:27-30을 보라). 더 나아가서 이스라엘/유다의 멸망은 외방에 하나님 나라의 복음이 전파되는 기회가 되었다. 열왕기서는 메시아 국가 건설의 소망을 보여준다.

열왕기하에서의 그리스도

모든 인간은 거꾸로든 바르게든 예수 그리스도의 형상을 가지고 있으며, 따라서 그 모든 인간이 그리스도를 보여주고 있음을 유념하자. 북 왕국의 아홉 개의 다른 왕조들과는 달리, 유다의 왕들은 연속적인 단일 왕조로서 그 나라를 다스렸다. 다윗의 집을 멸하려는 아달랴의 시도에도 불구하고, 하나님은 다윗의 혈통을 보존함으로써 다윗과의 언약(삼하 7장)을 성실하게 지켜 주셨다. 메시아 예수는 다윗의 직계 후손이시다(마 1장과 눅 3장에 있는 족보를 보라).

엘리야가 세례 요한의 모형인 반면(마 11:14; 17:10-12; 눅 1:17), 엘리사는 그리스도의 모형이었다. 엘리야는 대체로 백성들과 따로 떨어져 살면서 율법, 심판 그리고 회개를 말과 행동을 통해서 강조했다. 이에 대해 엘리사는 백성들 가운데 살았고, 은혜, 생명 그리고 구원을 강조했으며 죽어서도 사람을 살리고 구원했다.

역대상

여호와여 광대하심과 권능과 영광과 이김과 위엄이 다 주께 속하였사오니 천지에 있는 것이 다 주의 것이로소이다 여호와여 주권도 주께 속하였사오니 주는 높으사 만유의 머리심이니이다 부와 귀가 주께로 말미암고 또 주는 만유의 주재가 되사 손에 권세와 능력이 있사오니 모든 자를 크게 하심과 강하게 하심이 주의 손에 있나이다(29:11-12).

초점	다윗까지의 족보 (1–9)	다윗의 통치 (10–29)			
구분	아담부터 다윗까지의 족보 (1–9)	기름부음 받은 다윗과 하나님의 궤 (10–16)	다윗의 언약과 확장된 왕국 (17–21)	성전과 예배를 위한 다윗의 준비 (22–27)	다윗의 마지막 훈계 (28–29)
화제	가문	활동	기대		조언
화제	계보들	역사			
화제	다윗의 통치에 대한 사제적 견해				
지역	유다				
기간	수천 년	40년			

개관

역대상·하는 사무엘하부터 열왕기하까지 서술된 것과 같은 기간의 유대 역사를 다루고 있다. 그러나 역대기의 관점은 사무엘서와 열왕기서의 그것과 아주 다르며, 반복이나 보충의 차원을 넘어선다. 사무엘하와 열왕기서가 이스라엘과 유다의 정치적 역사를 다루고 있는 반면, 역대서는 다윗 왕조(유다)의 종교적 역사를 다루고 있다. 앞의 책들은 예언적인 그리고 도덕적인 기원에서 기록되었으나, 역대기는 제의적이고도 영적인 차원에서 기록되었다. 역대상의 내용은 사무엘하와 병행을 이루며, 역대하의 내용은 열왕기상·하와 병행된다.

서두 부분의 족보를 통하여 귀환하는 남은 자들에게 그들의 과거 역사의 진행 과정에 대한 신적 전망을 제시해 주기 위해 이스라엘 역사의 전체 이야기를 포로 귀환 사건까지 재추적하고 있다. 역대상 전체는 사무엘하처럼 다윗의 생애에 할애되고 있다. 그것은 다윗의 왕족 혈통(1-9장)으로 시작한 후에 다윗의 통치 가운데 주요 사건들(10-29장)을 개관한다.

표제

역대상·하는 본래 히브리 본문에서 한 권으로 이어진 작품이었다. 히브리어 표제는 **디브레 하야밈**으로서 '그 날의 말씀들'(이야기들, 사건들)을 의미한다. 오늘날 그것과 대등한 의미는 '그 때의 사건들'이 될 것이다. 역대기는 주전 3세기에 히브리 성경의 헬라어 역본(칠십인역)에서 두 부분으로 나누어졌다. 그 당시 거기에는 **파랄레이포메논**, 곧 '생략된 것들'이라는 이름이 주어졌는데, 그것은 사무엘서와 열왕기서에서 생략된 것들을 가리켰다. 어떤 사본들은 **바실레온 유다**, 곧 '유다 왕들에 관하여'라는 구절을 붙였다. 역대상은 **파라레이포메논 프리무스**, 곧 '생략된 것들에 관한 첫 번째 책'이라 불려졌다. '역대기'(Chronicles)라는 이름은 제롬의 라틴어 벌게이트 성경(주후 385-405년)의 **크로니코룸 리베르**(*Chronicorum Liber*)에서 따온 것이다. 그의 표제는 '신성한 역사 전체의 연대기'를 의미했다.

저자

비록 이 본문은 그 저자의 신원을 밝히고 있지 않지만, 제사장 에스라가 그 저자였다는 유대인의 탈무드 전승을 지지해 주는 것으로 보이는 여러 가지 사실이 있다. 그 내용은 성전, 제사장직 그리고 남 왕국 유다에서의 다윗의 혈통을 강조하고 있기 때문에 그 저자가 제사장임을 가리키고 있다. 그 내용은 또한 역대기가 적어도 에스라와 동시대의 인물에 의해 기록되었음을 암시해 준다. 문체 면에서 역대기는 에스라서와 매우 비슷하며, 이 두 책은 제사장적 관점, 즉 족보, 성전 예배, 제사장직의 사역 그리고 하나님의 율법에 대한 순종을 담고 있다. 더욱이 역대하의 결론적인 구절들(36:22-23)은 에스라서의 서두에 나오는 구절들(1:1-3a) 가운데서 약간 변형되어 나타난다. 따라서 역대기와 에스라서는 누가복음과 사도행전처럼 하나의 연결된 역사 기록이었을 것이다.

에스라는 율법에 익숙한 학사였으며(스 7:6), 마카비하 2:13-15에 의하면 느헤미야는 에스라가 역대기를 편집하는 데 사용할 수 있었을 광범위한 장서를 마련해 두었었다고 말하고 있다. 이 문헌과 출처들 가운데 많은 것들이 이 책에 열거되어 있다(역대하의 저자 편을 보라). 이스라엘의 학자들은 역사적 자료들을 모아 비교했으며, 역대기의 저자는 사실상 성령의 인도를 받아 많은 자료들을 사용하여 편집한 사람이었다.

연대와 배경

1-9장의 족보들은 아담에서 다윗까지를 다루고, 10-29장은 이스라엘과 유다의 통일 왕국에서의 33년에 걸친 다윗의 통치(주전 1004-971년)에 초점을 맞추고 있다. 그러나 그 족보는 주전 약 500년 경의 것까지 기록하고 있다. 왜냐하면 그것은 주전 538년 망명 생활에서 유대인들의 첫 번째 귀환을 인도한 여고냐 왕의 손자 스룹바벨과 또한 그의 두 손자 블라다와 여사야(3:21)를 언급하고 있기 때문이다. 에스라는 아마도 주전 450년과 430년 사이에 역대기를 완성하고 그것을 귀환한 남은 자들에게 보냈을 것이다. 에스라는 포로민들 가운데 일부를 주전 457년에 예루살렘으로 이끌고 돌아와 영적 지도자로서 그 백성들을 돌보았다. 에스라 시대에 느헤미야는 정치적 지도자였고, 말라기는 도덕적·영적 지도자였다.

이 책은 이스라엘의 '제2 신정국가' 백성들에게 그들이 하나님의 언약 백성으로 남아 있다는 사실을 상기시키고 격려하기 위해 기록되었다. 역대기는 다윗과 솔로몬의 통치에 비교적 많은 시간을 할애하고 있다. 그들이 그 왕국을 절정으로 이끌었기 때문이다. 이것은 유대인들에게 그들이 직면하고 있었던 그 어려운 시기 동안 그들의 영적 유산과 신분을 상기시켜 주고 정체성을 잃지 않게 만들어 주었을 것이다.

주제와 목적

역대기는 다윗 시대부터 주전 538년의 고레스 칙령에 이르기까지 역사적 사건들에 대한 영적 전망을 제공하기 위해 기록되었다. 이것은 하나님의 백성에 대한 그분의 성실하심과 계속되는 목적을 계시하기 위해 인간 종족의 여명에까지 이스라엘의 혈통을 추적해 올라가며 바벨론 포로 사건 끝까지 추적해 내려간다. 이것은 귀환하는 남은 자들을 위하여 기록되었으므로, 역대기는 사무엘서나 열왕기서보다 더 직접적이고도 적극적인 영향력을 가지고 있다. 이 책은 실패를 부인하지 않으나 메시아의 혈통, 성전 그리고 영적 개혁에 집중하고 있다. 본서를 읽는 당시 혹은 그 이후의 독자들은 자기들의 정체성을 재정립함에 있어서 격려가 필요했다. 역대기는 야웨께서 여전히 그들과 함께 하신다는 것, 즉 그분이 그들을 이끌어 오셨으며 그들이 성전을 재건할 수 있게 해주셨다는 사실을 말하고 있다. 모든 것이 잃어버려진 것은 아니었다. 비록 영광이 떠나고 그들이 이방인의 권세 아래 있기는 하지만, 하나님은 그들을 위한 계획을 아직도 갖고 계신다. 다윗의 위는 폐하여졌으나, 다윗의 혈통은 여전히 이어져 내려오고 있었다.

역대기는 율법의 역할과 제사장직 그리고 성전을 강조한다. 솔로몬의 성전이 없어지기는 했으나, 두 번째 성전은 남은 자에게 첫 번째 것에 대한 연결로 간주될 수 있었다. 이 책은 또한 과거가 현재를 위한 교훈들을 낳았다는 것을 가르쳐 주었다. 배교, 우상 숭배, 이방인들과의 통혼 그리고 백성들 간의 알력과 갈등이 그들의 과거의 파멸의 원인이었다. 혹독한 징계를 받은 포로 시절 이후, 본국으로 돌아온 백성들이 이방 신들을 다시는 경배하지 않았다는 사실은 의미심장한 일이다.

성경에서 역대상의 위치

신명기와 나머지 모세오경의 관계는 요한복음과 공관복음의 관계와 같으며, 역대기와 사무엘과 열왕기의 이스라엘 역사에 대한 관계와도 같다. 역대기와 열왕기 앞부분이 겹쳐지기는 하지만, 다음의 도표는 그 차이점들의 일부를 정리한 것이다.

사무엘서와 열왕기	역대기
통일 왕국부터 두 포로 사건에 이르기까지 이스라엘 역사의 연속	남 왕국과 다윗의 혈통에 초점을 맞춤
정치적 역사	종교적 역사
저자가 선지자임: 선지자적 사역과 도덕적 중요성을 강조함	저자가 제사장임: 제사장적 사역과 영적 중요성을 강조함
그 사건들 직후 저자들에 의해 쓰여짐	그 사건이 지난 여러 해 후에 에스라에 의해 쓰여짐
좀 더 부정적인 내용을 담음－반역과 비극	좀 더 긍정적인 내용을 담음－배교, 그러나 비극 속에서 피어나는 소망
심판의 메시지	소망의 메시지
인간의 실수	하나님의 신실하심
왕과 선지자들을 강조함	성전과 제사장들을 강조함

영어 성경은 역대기를 열왕기 다음에 배열함으로써 칠십인역의

순서를 따르고 있다. 그러나 히브리 성경에서는 역대기가 구약성경의 맨 끝에 위치해 있다.

따라서 마태복음 23:35과 누가복음 11:51의 "아벨로부터 사가랴까지"는 "창세기로부터 역대기까지"라고 말하는 것과도 같으며, 우리식의 표현으로는 "창세기로부터 말라기까지"와 대등하다.

※ 역대기 기록의 특징

1. 열왕기를 기록한 사람이 선지자가 거의 틀림없다는 사실은 이미 언급한 바 있다. 그러므로 열왕기는 선지자들의 활동을 보여주고 있다. 그러나 역대기는 에스라가 썼을 가능성이 아주 크다. 왜냐하면 다음에 나오는 역대기의 특징이 제사장이 그 저자라는 사실을 드러내 주고 있기 때문이다. 에스라는 대제사장 아론의 후손이다. 동시에 그는 성경(율법) 학자다(스 7:5, 6). 그러므로 그가 글을 기록할 때 제사장, 제사 제도, 성전을 중심으로 하여 기록할 수밖에 없는 것이다. 따라서 열왕기는 선지자적 역사서이고, 역대기는 제사장적 역사서이다.

2. 역대기자는 아론의 후손으로서 이스라엘의 정통 제사장 계열이 어느 계열인지를 분명히 밝히고 있다. 역대상 6장을 읽어 보라. 에스라는 정통주의자다. 그래서 그는 남 유다라는 정통 왕국에 대해서만 묘사하고 있다. 그가 볼 때 소망은 오직 유다 왕국(다윗 왕조의 메시아적 인물)에만 있었다.

3. 역대기는 법궤의 행방에 대해서 자세히 묘사하고 있다(대상 13, 15, 16장). 성전 준비(대상 22, 28, 29장), 레위인들의 성전 봉사(대상 23-26장), 솔로몬의 성전 건축에 대한 자세한 묘사(대하 2-7

장)를 보라. 역대기의 내용 중 절반 이상이 성전과 그곳에서 봉사하는 직분에 관해서 묘사하고 있다. 제사장이 아니고는 이렇게 할 수가 없다.

4. 열왕기는 남북 왕국에 대한 역사를 함께 기록하면서 하나님의 선지자들의 활동을 묘사하고 있다. 그러나 역대기는 남 유다에 대한 역사만을 기록하면서 정통 왕국과 정통 제사장에 대해 묘사하고 있다.

5. 열왕기는 다윗부터 바벨론에 멸망하기까지의 역사를 기록하고 있고, 역대기는 아담부터 고레스 칙령까지의 족보를 위주로 기록하고 있다.

6. 역대기자는 기도를 강조한다.

역대상 4:9-10에는 야베스의 기도가 나타나고, 5:18-22에는 르우벤, 갓, 므낫세 반지파의 기도가 나타나며, 10:13, 14에는 사울의 멸망 원인이 하나님께 묻지 않았기 때문이라고 밝히고 있다.

7. 역대기자는 즉각적 보응의 신학 사상을 가지고 기록한다.[1)]

8. 또 바벨론 포로가 강조되어 있다. 그러나 동시에 다윗 계열에서 나타날 메시아적 소망이 있음을 말한다(5:22, 25-26; 6:15; 9:1,2).

내용

1. 아담부터 다윗까지의 족보(대상 1-9장)

역대기 기자는 왜 족보에 관심을 기울이고 있을까? 그 이유는

1) 레이몬드 B. 딜라드, 역대하 주석(WBC, 솔로몬 간), 141쪽 이하를 보라.

온 이스라엘이 앗수르와 바벨론에게 멸망하여 사방으로 흩어져 버렸기 때문이다. 게다가 본국으로 돌아온 백성들은 본국에 남아 있던 백성들이 앗수르가 그곳에 심어 놓은 이방인들과 결혼하여 그 피가 흐려졌음을 알게 되었다. 그래서 그들 중에서 순수한 하나님의 백성들을 찾기 위해서는 족보를 밝힐 필요가 있었다. 왜냐하면 그들의 혈통 가운데서 약속된 메시아 왕이 오실 것이기 때문이다.

또 족보는 하나님(성전)을 섬기는 제사장 계열을 밝히는 데 중요했다. 그래서 저자는 족보를 반드시 밝혀야만 했던 것이다.

족보의 특징은 다음과 같다:

1) 이 족보는 단계별로 이어진다.

제1단계는 1:1-27로서 아담으로 시작되는 온 인류의 족보다. 이 족보에는 나라의 설립자들, 인종의 조상들이 기록되어 있다.

제2단계는 1:28-54로서 아브라함으로 시작되는 족장들의 족보다.

제3단계는 2:1 이하로서 야곱을 그 민족의 출발점으로 하는 족보다.

2) 유다 족보의 핵심 인물은 다윗이다. 3:1-24을 보라.

3) 역대상 4:9, 10에 나타난 야베스의 기도 내용은 독특하게도 계속되는 족보 기록 사이에 삽입되어 있어서 우주의 주인 되시고 주관자이신 하나님의 도움을 구하는 일이 가장 소중한 일임을 암시하고 있다.

4) 야곱(이스라엘)의 가문(나라)에서 장자는 요셉이다. 그는 다른 형제들에 비하여 두 배의 땅을 차지한다. 5장을 보라.

5) 레위의 족보는 의도적으로 나중에 기록하고 있다. 그 이유는

중요한 족보는 나중에 기록하는 것이 히브리인들의 특징이기 때문이다(창세기의 족보 기록들과 비교해 보라). 그리고 레위 족보 중에서도 강조된 것은 그핫에서 사무엘, 헤만, 아삽으로 이어지는 족보다(6:22-43).

정통 제사장 계열은 사독 계열의 제사장이다. 사독의 궁중 제사장으로의 임명에 대해서는 열왕기상 1-2장을 보라. 엘리의 후손인 아비아달이 폐지되고 사독 계열 제사장이 영원히 하나님을 섬길 것이 이미 오래 전에 예언되어 있었다(삼상 2:27-36). 실로와 아나돗의 상관관계 때문에 엘리 가문이 중앙 성소의 제사장이 되었었다(수 18:1; 21:1-2, 18).

본 족보에서는 제사장(사독 계열)의 족보와 그 중에서도 사무엘의 족보가 독특한 위치를 차지하고 있다. 그 이유는 다른 제사장의 지위가 폐지되고 사무엘이 이스라엘의 지도자가 되었고 또한 사독이 끝까지 충성했기 때문이다.

6) 포로에서 귀환한 사람들의 족보와 이름이 기록되어 있다(대상 9장).

7) 마지막으로 사울의 족보가 다시 기록된다(대상 9:35-44). 그 이유는 초대 왕 사울이 죽고 이상 왕 다윗이 즉위한 사실을 기록하기 위한 준비 때문이다.

2. 다윗의 통치(10-29장)

1) 사울의 죽음(10장)

역대기자는 자신의 신학적 관점에 따라 사울이 죽은 이유를 그의 악행에 대한 하나님의 즉각적 보응의 결과로 밝히고 있다(10:13-14).

2) 다윗의 용사들(11-12장)

다윗의 용사들은 스스로 다윗에게 모여든다. 그리고 스스로 충성을 맹세한다. 12:38-40을 보라. 이들이 다윗에게 모여든 것은 하나님의 감동에 의한 것이었다.

3) 법궤를 예루살렘으로 옮기는 일의 실패(13장)

레위인들이 직접 매지 않고 이방 백성(블레셋)이 했던 방법에 따라 법궤를 수레에 실어 짐승들로 하여금 끌고 가게 했기 때문에 하나님이 진노하신 것이었다(참고. 민 3:27-32).

4) 블레셋 정복(14장)

이 부분에서 하나님에게 묻는 다윗을 강조하고 있다.

5) 성전의 직제와 법궤의 옮김(15장)

법궤가 예루살렘에 들어오자 다윗은 춤을 추었는데, 아내 미갈이 이를 비난했다(참고. 삼하 6장).

6) 다윗의 하나님 찬양(16장)

7) 다윗 언약(17장)

(1) 성전을 세우려는 다윗의 계획(1, 2절)

(2) 나단에게 임한 하나님의 언약의 말씀(3-15절)

(3) 다윗의 감사 기도(16-27절)

위의 하나님의 언약의 말씀이 무엇을 의미하는지 다윗은 분명히 깨달았다. 그래서 그는 감사의 기도를 드린 것이다.

8) 주변 국가들의 정복(18-20장)

"다윗이 어디로 가든지 여호와께서 이기게 하시니라"(대상 18:6, 13)와 "다윗 왕이 그것도 여호와께 드리되…드리니라"(대상 18:11) 같은 구절은 다윗의 정복 전쟁의 특징을 말하고 있다. 다윗의 전쟁에서의 승리는 여호와 하나님의 승리였고, 이방인들의 굴복은 이방인들의 여호와께 대한 굴복이었다. 그가 정복한 국가들은 블레셋(18:1-2), 소바 왕 하닷에셀, 다메섹(18:3-8), 하맛, 에돔(18:9-13), 암몬-아람 연합군(19:1-15), 아람(19:16-19) 등이었다.

9) 인구 조사와 성전터(21-22장)

"사단이 일어나 이스라엘을 대적하고 다윗을 격동하여" 이스라엘 백성의 숫자를 계수하게 했다(참고. 삼하 24:1을 보라). 인구 조사는 인간의 힘을 의지하는 것이었다. 그러나 그 결과가 좋은 것이 되었으니 그 사건으로 인하여 성전의 위치를 결정할 수 있었다. 22:1을 보라. 그리고 성전 건축을 위해 본격적으로 준비했다. 성막이 애굽인(이방인)으로부터 얻은 예물로 만들어지듯, 솔로몬 성전도 이방인으로부터 다윗이 탈취하거나 조공으로 받은 재물로 만들어진다. 이는 이방인이 장차 이루어질 새로운 성전의 구성원이 될 것임을 시사한다.

10) 레위 반차, 왕국의 직제(23-27장)

이 반차에서 독특한 지위를 가진 자들은 아삽과 헤만과 여두둔(25:1-7)이었다. 이들은 주의 영을 받아 예언하는(즉 신령한 노래를 부르는) 하나님의 선지자들이다.

11) 다윗의 유언(28-29장)

"내 아들 솔로몬아 너는 네 아비의 하나님을 알고 온전한 마음과 기쁜 뜻으로 섬길지어다 여호와께서는 뭇 마음을 감찰하사 모든 사상을 아시나니 네가 저를 찾으면 만날 것이요 버리면 저가 너를 영원히 버리시리라 그런즉 너는 삼갈지어다 여호와께서 너를 택하여 성소의 전을 건축하게 하셨으니 힘써 행할지니라"(28:9-10).

"너는 강하고 담대하게 이 일을 행하고 두려워 말며 놀라지 말라 네가 여호와의 전 역사의 모든 일을 마칠 동안에 여호와 하나님 나의 하나님이 너와 함께 하사 네게서 떠나지 아니하시고 너를 버리지 아니하시리라"(28:20).

이 구절은 예수님의 지상명령과 평행을 이룬다. 성전 건축은 오늘날 전도하여 백성들을 구원하는 일에 해당한다.

"우리 하나님 여호와여 우리가 주의 거룩한 이름을 위하여 전을 건축하려고 미리 저축한 이 모든 물건이 다 주의 손에서 왔사오니 다 주의 것이니이다"(대상 29:16).

역대상에서의 그리스도

다윗을 그리스도의 예표적 인물로 묘사한 사무엘상·하에서의 그리스도 부분을 보라. 사무엘하 7장에서의 다윗의 언약이 역대상 17:11-14에서 다시 나타난다. 솔로몬이 성전을 건축한 일, 그의 지혜, 그의 영광 그리고 그가 누린 평화는 모두 그리스도의 모습을 보여주고, 다윗의 인격과 사역 그리고 다윗 언약에서 그 위의 영원성에 대한 약속은 메시아 왕 예수 그리스도의 영원한 다스림을 보여주고 있다.

왕권과 성전과 메시아가 유다 지파에서 나올 것이기(창 49:10) 때문에 역대상의 족보에서 유다 지파의 다윗이 가장 우월한 위치를 차지한다. 역대기가 히브리 성경에서 마지막 책이므로, 1-9장의 족보들은 사실상 신약의 제일 첫 번째 책에서 그리스도의 족보로 이어진다.

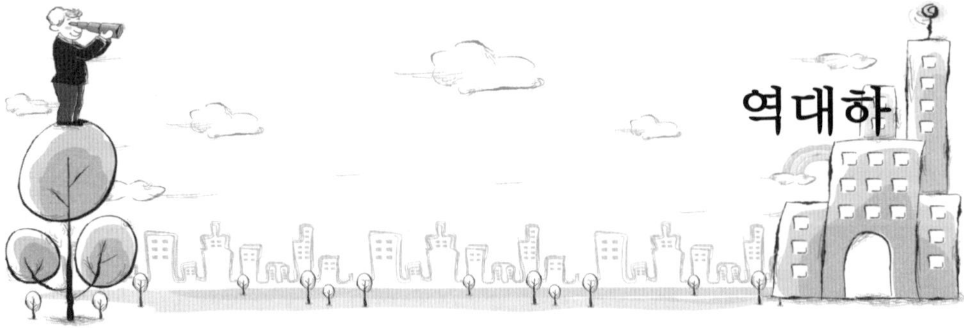

역대하

여호와의 눈은 온 땅을 두루 감찰하사 전심으로 자기에게 향하는 자를 위하여 능력을 베푸시나니 이 일은 왕이 망령되이 행하였은즉 이후부터는 왕에게 전쟁이 있으리이다 하매(16:9).

제사일에 무리가 브라가 골짜기에 모여서 거기서 여호와를 송축한지라 그러므로 오늘날까지 그 곳을 브라가 골짜기라 일컫더라(20:26, 또한 7:13-14을 보라).

초점	솔로몬의 통치 1 9		유다 열왕들의 통치 10 36						
구분	솔로몬의 장엄한 성전 1 5	솔로몬의 예배와 행적 6 9	르호보암에 대한 반역 10 12	아비야와 아사의 통치 13 16	여호사밧 하의 개혁 17 20	여호람에서 아마샤까지의 통치 21 25	웃시야에서 아하스까지의 통치 26 28	히스기야 하의 개혁 29 32	유다의 마지막 왕들의 통치 33 36
화제	성전 건축과 성별		성전이 더럽혀지고 파괴됨						
	솔로몬의 통치(찬란함)		유다의 파멸(타락과 재난)						
	유다 역사에 대한 제사장적 관점								
지역	유다								바벨론
기간	40년		393년						

개관

역대하는 역대상에서 시작된 이스라엘 왕국 시대에 관한 역사 기록을 계속해 나가고 있다. 본서는 열왕기상·하와 내용상의 평행을 이루고 있으나, 북 왕국이 혼합 종교에 빠지고 예루살렘 성전을 인정하지 않았기에 역대기는 이스라엘 왕국을 무시하고 있다. 그래서 역대기는 남 왕국 유다의 역사에 초점을 맞추고 있으며, 특히 여호와의 보시기에 옳게 행한 왕들을 강조하고 있다. 본서는 아사(14-15장), 여호사밧(17-20장), 요아스(23:16-24:16), 히스기야(29-32장) 그리고 요시아 (34-35장)의 통치 아래서 있었던 종교 개혁에 상당한 분량을 할애하고 있다. 이 책은 하나님께서 그분의 백성이 하나님을 버릴 때마다 축복을 거두어 가시지만, 여호와를 의지하고 순종하면 유다에게 승리와 영광이 온다는 것을 반복해서 가르치고 있다. 역대기에 기록된 모든 내용들이 성전과 관련되어 있고, 또한 본서가 성전을 재건하라는 고레스 칙령으로 끝나는 것도 우연한 일이 아니다. 솔로몬의 영광은 1-9장에 나타나며, 유다의 쇠망과 부패는 10-36장에서 볼 수 있다.

표제

좀 더 상세한 내용을 위해서는 역대상의 표제를 보라. 히브리 표제는 디브레 **하야밈**, 곧 '그 날의 사건들', 헬라어 표제는 **파랄레이 포메논 세쿤두스**, 곧 '생략된 것들에 관한 두 번째 책', 라틴어 표제는 **크로니코룸 리베르**(*Chronicorum Liber*), 곧 '역대기'다.

저자

역대상·하의 원 자료들의 목록을 살펴보기로 하자(역대상의 저자를 보라). 원 자료들에는 다음과 같은 공문서와 예언 기록들이 포함된다. (1)이스라엘과 유다(또는 유다와 이스라엘)의 열왕기(대상 9:1; 대하 16:11; 20:34; 25:26; 27:7; 28:26; 32:32; 35:27; 36:8), (2)열왕기 주석(대하 24:27), (3) 선견자 사무엘의 글(대상 29:29), (6) 실로 사람 아히야의 예언(대하 9:29), (7) 선견자 잇도의 묵시(대하 9:29; 12:25; 13:22), (8) 선지자 스마야의 글(대하 12:15), (9) 선견자 잇도의 족보 책(대하 12:15), (10) 선지자 잇도의 주석 책(대하 13:22), (11) 하나니의 아들 예후의 글(대하 20:34), (12) 선지자 이사야가 기록한 웃시야의 행적(대하 26:22), (13) 선지자 이사야의 묵시 책(대하 32:32), (14) 호새의 사기(대하 33:19), (15) 다윗 왕의 역대지략(대상 27:24), (16) 다윗과 그의 아들 솔로몬의 글(대하 35:4). 이 밖에도 저자 혹은 편집자는 산헤립의 메시지와 편지들과 함께(대하 32:10-17) 족보상의 목록과 문헌들을 가지고 본서를 기록한 것으로 보인다.

연대와 배경

역대상·하의 배경을 위해서는 역대상의 연대와 배경을 보라. 1-9장은 주전 971-931년까지 40년 간의 일을 취급하고 있으며, 10-36장은 주전 931-538년까지 393년 간의 일을 취급하고 있다. 70년 간의 바벨론 포로에 관한 예레미야의 예언(36:21; 렘 29:10)은 두 가지 면에서 성취되었다: (1) 예루살렘이 주전 405년에서 536년까지 당했던 정치적 포로 생활, 그리고 (2) 주전 586년의 성전 파괴와 주전 516, 515년의 새 성전 재건을 포함한 종교적 포로 생활.

주제와 목적

역대하는 통일 왕국(솔로몬) 말기와 유다 왕국의 개괄적인 이야기를 제공해 준다. 역대기는 역사적 연대표 그 이상의 것이다. 즉 그것은 다윗 왕조의 영적 특성에 관한 신본주의적 편집이다. 그것이 북 왕국보다는 남 왕국에 더 초점을 맞추는 것은 이러한 이유 때문이다. 대부분의 왕들은 유다가 다른 민족들을 야웨께로 이끌도록 부름받은 언약 민족으로서의 참된 사명 이외에는 어떠한 소명이나 하나님의 뜻 그리고 스스로 위대한 나라가 될 수 있는 그 어떤 소명도 지니고 있지 않다는 사실을 깨닫지 못했다. 오직 하나님의 뜻에 따라 행하는 것만이 영속적인 가치를 지닐 수가 있었다. 역대기는 하나님을 경외하고 그분의 말씀과 그분이 임재하시는 성전에 충성을 다한 왕들에게 집중하고 있다. 그러나 이들의 충성스러운 일들이 다가오는 유다를 멸망에서 지켜 줄 수는 없었다.

예루살렘 성전은 역대상·하의 통일된 주제다. 사무엘하에서 열왕기하까지에서 발견되는 자료들 가운데 많은 것들이 역대기에서는 생략되었다. 그 대신 성전이 가장 중요한 주제로 부각되어 있다. 역대상 11-29장에서 중심 메시지는 성전 건축과 봉사를 위한 다윗의 준비다. 역대하 1-9장의 대부분은 성전 건축과 봉헌에 할애되고 있다. 10-36장은 북 왕조 이스라엘의 왕들을 생략하고 있는데, 그것은 그들이 예루살렘 성전으로부터 떨어져 나가서 벧엘과 단에서 제사를 드렸기 때문이다. 유다의 성전을 수리하거나 성전에서의 의식을 회복시킨 왕들(아사, 여호사밧, 요아스, 히스기야 그리고 요시야)에게 두드러지게 많은 지면이 할애되고 있다. 성전은 하나님께서 자기 백성들 가운데 임재하신다는 사실과 그에 따른 백성들의 본래의 소명을 상징적으로 나타내 주었다. 그것은 그들의 과거와 미래 사이를 이어 주는 영적 연결고리였다. 따라서 에스라는 그 백성들이 옛 성전 터에 세워진 새 성전(스룹바벨 성전)을 받아들이도록 격려하기 위해, 그리고 그들이 침체된 상황에 처해 있음에도 불구하고 그들의 진정한 소명과 하나님의 신실하심을 상기시키기 위해 이 책을 썼다. 다윗의 혈통, 성전 그리고 제사장직은 여전히 그들의 것이었다.

성경에서 역대하의 위치

역대기는 아담으로부터 시작하여 고레스 칙령(주전 538년)으로 끝난다. 이러한 면에서 역대기는 구약의 다른 어떤 책들보다 더 광범위한 역사를 취급하고 있다. 그것은 다윗으로부터 유다의 포로까지의 기간에 초점을 맞추며, 21명의 왕과 한 여왕의 통치를 살펴보고 있다. 이 책이 쓰여졌을 당시 그것은 과거로부터의 교훈을 가르쳤고, 현재의 하나님의 신실하심(포로 귀환과 새 성전)을 예증하며, 미래의 하나님의 약속의 성취(메시아의 혈통)를 내다보았다.

성전의 역사를 기록하고 있는 본서는 성전의 건축 계획(다윗), 성전 건축과 봉헌(솔로몬), 성전을 더럽힘과 정결케 함(유다의 왕들) 그리고 성전 파괴(느부갓네살)를 대체로 자세히 기록하고 있다.

내용

3. 솔로몬의 통치(대하 1-9장)

1) 지혜를 구함(1장)

솔로몬은 하나님의 거룩한 백성들을 다스리기에는 자신이 너무나 부족하다는 사실을 인식하고 기브온으로 가서 천 번의 제사를 드린다. 그리고 하나님은 그에게 지혜 이외에도 많은 부귀와 영광까지 부여하신다.

2) 성전 건축(2-7장)

성전의 터는 예루살렘 모리아 산(오르난 즉 아라우나의 타작마당)이었다. 모리아 산은 아브라함이 자기 아들 이삭을 제물로 바치려 했던 곳이다. 하나님께서 아브라함에게 지적하셨던 그곳은 사실상 하나님께서 아브라함 이전에 온 인류의 구속 역사를 이루실 장소로 정해놓은 곳이었다. 그렇다면 예루살렘은 진실로 하나님이 거하시는 거룩한 하나님의 처소였던가?

솔로몬은 이곳을 "하나님이 참으로 사람과 함께 땅에 거하시리이까 하늘과 하늘들의 하늘이라도 주를 용납지 못하겠거든 하물며 내가 건축한 이 전이오리이까?"(대하 6:18)라고 고백했다. 따라서 이 세상의 어떤 곳도 주 여호와를 모실 수가 없었다. 다만 그곳은 야웨의 이름을 두실 곳이었다(왕상 5:3, 5; 8:16 이하 등등).

3) 솔로몬의 사치와 죽음(9장)

솔로몬은 여러 가지 오류를 범한 사람이었다. 그러나 역대기자는 열왕기 기자와는 달리 솔로몬을 전혀 비난하지 않고 오히려 그를 이상화하고 있다.

4. 유다 열왕들의 통치(10-36장)

1) 르호보암(10-12장)

그는 자신이 어리석은 사람인 줄을 몰랐다. 노인들의 가르침은 지혜로운 가르침이었으나, 그는 젊은 친구들의 의견을 따라 백성들에게 포악하게 말했다. 결국 교만으로 나라가 깨어지자 르호보암은 군대를 통하여 무력으로 통일시키려고 했다. 그러나 스마야 선지자는 "너희 형제들과 싸우지 말고…"(11:4)라고 권면한다. 르호보암은 겸손히 그 지시를 받아들인다.

한편 북 이스라엘의 여로보암의 변질된 여호와 숭배로 인하여 수많은 레위인들이 유다로 넘어온다(11:13-17). 그 결과 유다 왕국은 강력해졌다.

2) 아비야(13장)

아비야의 유창한 설교를 보라!(4-12절) 그는 하나님께서 변질된 여호와 숭배를 하고 있는 이스라엘과 함께 하시지 않고 정통 왕국인 유다와 함께 하심을 말한다.

3) 아사(14-16장)

초기의 열정은 모친 마아가(압살롬의 딸, 참고. 왕상 15:2, 10;

왕상 15:1에서 마아가는 압살롬〈아비살롬〉의 딸로서 아비얌의 모친이었다. 그런데 왕상 15:10에도 아비얌의 아들인 아사의 모친도 압살롬의 딸 마아가라고 기록되어 있다. 이는 딸이라는 히브리 개념이 현대의 개념과 달리 할머니도 모친으로 생각하기 때문이다. 또한 마아가가 상당히 건강하여 오래 살면서 태후의 지위를 가지고 있으면서 정치에 상당한 영향력을 행사한 것 같다.)[2]가 우상(아세라 목상)을 만들어 가지고 있으면서 섬겼으므로 태후의 위까지 폐할 정도였다. 그리고 전쟁에서도 전적으로 하나님을 의존했다. 그러나 아사는 북 이스라엘 바아사가 라마를 건축하여 북 이스라엘 백성들을 남쪽으로 왕래하지 못하게 하자 북방에 있는 아람 왕 벤하닷에게 돈을 주어 북 이스라엘을 치게 했다. 이는 이방 군대와 물질 혹은 인간의 꾀를 의지한 행동이었다. 게다가 선지자 하나니가 이를 책망하자 그를 옥에 가두기까지 했다. 후에 그는 발에 병이 생겼으나, 하나님께 구하지 않고 의원에게 구했다.

4) 여호사밧(17-20장)

"여호와께서 여호사밧과 함께 하셨으니 이는 저가 그 조상 다윗의 처음 길로 행하여 바알들에게 구하지 아니하고 ① 오직 그 부친의 하나님께 구하며 ② 그 계명을 행하고 ③ 이스라엘의 행위를 좇지 아니하였음이라"(대하 17:3, 4). 그 결과 부귀와 영광이 극에 달했다(17:5; 18:1).

그러나 18:1을 보라: "아합으로 더불어 연혼하였더라." 평화를 사랑하는 자에게 있어서 가장 큰 약점은 하나님의 미움을 받는

2) Dillard, II Chronicles(WBC), p. 106.

사람들과도 평화한다는 것이다(예: 솔로몬).

18:4-27에는 고독한 참 선지자 미가야(비교: 예레미야)에 관한 기사가 기록되어 있다.

참 선지자는 누구인가?(참고. 신 18:15-22) ① 계시가 신적인 기원인가? ② 계시 내용이 과거에 주어진 계시(오경)와 일관된 것인가? (메시지의 일관성, 증험, 여론 문제) ③ 메시지를 전하는 선지자가 신적 인격을 가진 자(도덕적)인가?

다시 여호사밧을 향한 선견자 예후의 책망이 나타나 있다: "왕이 악한 자를 돕고 여호와를 미워하는 자를 사랑하는 것이 가하니이까?"

그러나 여호사밧에게는 다른 옳은 행실도 있었는데, 재판이 바르게 시행되도록 했고, 하나님의 말씀대로 이루어지도록 한 것이다(19:4-7).

여호사밧 당시에 유다는 견고하고 평화를 누렸다. 이는 하나님이 그것들을 주셨기 때문이다(17:3, 5, 10; 20:22, 27, 30).

5) 악한 여호람(21장)

여호람은 왕권을 이용하여 다른 왕자들을 다 죽이고 그 재산을 혼자 차지했다. 그가 이렇게 악했던 이유는 그의 아내가 이세벨의 딸이었기 때문이다. 한 지도자의 아내가 그를 세우기도 하고 무너뜨리기도 한다는 사실을 암시한다. 여호람의 악행에 대해서는 북이스라엘에서 활약하던 엘리야까지 여호람에게 편지를 보내 경고를 했다(21:11-15). 결국 그는 헤롯처럼 창자가 썩어 빠져나와 죽었고, 열조의 묘실에 장사되지 못했다(21:18-20).

6) **아하시야와 아달랴**(22장)

아하시야가 악했던 이유는 모친 아달랴가 꾀어 악을 행케 했기 때문이다. 악한 며느리 한 사람으로 인하여 가문 전체가 망하고 메시아의 후손이 끊길 뻔했다. 아하시야가 요람을 위문하러 북 이스라엘 왕국(외가)에 갔다가 예후에게 살해당하자, 아달랴는 유다의 모든 손자들을 다 죽이고 스스로 왕위에 올랐다.

7) **배은망덕한 요아스**(23-24장)

여호야다 제사장의 봉기(혁명)로 인하여 요아스가 7세에 왕위에 오른다. 그리고 여호야다가 섭정을 한다. 여호야다가 섭정을 하던 시기에는 요아스가 의로운 통치를 했다. 그러나 여호야다가 죽자 요아스는 우상을 섬기고 선지자들의 경고도 듣지 않았을 뿐만 아니라 여호야다의 아들 스가랴까지 죽였다. 그로 인하여 그는 비참한 최후를 맞이한다(24:24-25).

역사의 아이러니: 여호야다는 자기 아들을 죽일 요아스를 왕으로 즉위시켰던 것이다.

8) **어리석은 아마샤**(25장)

초창기의 아마샤 역시 좋은 왕이었다. 그러나 그는 에돔을 정복한 후에 오히려 에돔(세일)의 우상을 가지고 돌아와서 섬겼다.

9) **교만했던 웃시야**(26장)

웃시야 역시 초창기에는 훌륭한 왕이었으나 나중에 교만해져서 문둥병자가 되어 비참한 종말을 맞이했다.

10) **정도를 행한 요담**(27장)

11) 완악한 아하스(28장)

아하스는 하나님을 의지하지 않고 인간과 물리적 힘을 의지하고 우상 숭배에 빠진 인물이었으며, 곤고한 일을 당할 때 더욱 패역한 행위를 하여 이방의 우상을 섬기고 성전 문을 닫은 인물이었다.

12) 개혁자 히스기야(29-32장)

히스기야는 여호와의 전 문을 열고, 수리하고, 제사 제도를 회복하고, 유월절을 지키고, 우상을 타파하고, 하나님의 말씀에 열심을 다하도록 한 개혁자였다. 그는 앗수르로부터 독립을 선언하여 앗수르의 공격을 받기도 했으나 하나님의 도우심으로 물리친다. 그런데 중병이 들었다가 나았을 때 교만하게 된다. 바벨론 사신들에게 내탕고를 다 보여줌으로써 장차 유다가 바벨론의 포로가 될 것을 예고받았다.

13) 므낫세와 아몬(33장)

이들은 둘 다 다시 우상 숭배에 빠진다. 특히 므낫세는 심히 악행을 한 왕으로서 하나님의 전 바로 옆에 우상을 세워 숭배했다. 그리하여 돌이킬 수 없는 파멸을 초래했다.

14) 최후의 종교개혁자 요시야(34-35장)

그러나 어찌할 수 없는 하나님의 계획에 의하여 지상의 하나님의 나라는 나라로서 지속될 수 없게 되었으니, 요시야는 나라의 독립을 위하여 북으로 올라가는 애굽 왕 느고의 군대를 가로막고 느고와의 전쟁에서 치명상을 입게 된다. 그리고 나라는 멸망길로 치닫는다.

15) 여호아하스, 여호야김(엘리야김), 여호야긴, 시드기야(36장)

이 모든 왕들의 생애에는 하나님의 즉각적 보응이 나타나 있다. 유다는 강대국 사이에서 우왕좌왕하다가 멸망했다. 그러나 역대기자는 고레스 칙령을 기록함으로써 미래의 소망을 암시한다(대하 36:22-23을 보라). 고레스라는 인물은 비록 그가 하나님을 알고 그분을 믿거나 섬기지는 않았을지라도 메시아적 인물이었다(참고. 사 44:28; 45:1).

역대기자는 그달랴를 임명한 사실을 삭제하고 시드기야를 마지막 통치자로 언급한다. 원래 맛다냐였던 그의 이름은 바벨론 왕에 의하여 시드기야로 고쳐진다. 시드기야란 이름은 "(심판자로서) 여호와는 의로우시다"란 뜻이다. 시드기야는 장차 오실 "(구원자로서) 여호와는 우리의 의이시다"를 의미하는 메시아를 간접적으로 가리킨다(참고. 렘 23:6; 33:16).

결론(대하 36:22-23)을 보라. 백성들이 본국으로 돌아온다!

역대하에서의 그리스도

다윗의 위는 폐지되었으나, 다윗의 혈통은 견고히 남아 있었다. 살인, 반역, 전쟁 그리고 포로 사건 모두가 메시아 혈통을 위협했으나, 그것은 아담으로부터 스룹바벨까지 끊어지지 않고 선명하게 남아 있었다. 그리스도 안에서의 이 성취는 마태복음 1장과 누가복음 3장의 계보에서 찾아볼 수 있다.

성전은 또한 그리스도를 예시했다. 그분이 오셨을 때, 그분은 "성전보다 더 큰 이가 여기 있느니라"(마 12:6)고 말씀하셨다. 그분은 또한 자신의 몸을 성전에 비유하셨다. "너희가 이 성전을 헐라 내가 사흘 동안 일으키리라"(요 2:19). 요한계시록 21:22에서 그분은 그 성전과 대체되신다. "성 안에 성전을 내가 보지 못했으니, 이는 주 하나님 곧 전능하신 이와 및 어린 양이 그 성전이심이라."

에스라

이스라엘의 하나님은 참 신이시라 너희 중에 무릇 그 백성 된 자는 다 유다 예루살렘으로 올라가서 거기 있는 여호와의 전을 건축하라 너희 하나님이 함께 하시기를 원하노라(1:3).

에스라가 여호와의 율법을 연구하여 준행하며 율례와 규례를 이스라엘에게 가르치기로 결심하였었더라(7:10).

<table>
<tr><td>초점</td><td colspan="2">성전 재건
1 6</td><td rowspan="6">(에스더) 58년의 간격</td><td colspan="2">백성 재건
7 10</td></tr>
<tr><td>구분</td><td>성전 건축자들을 임명함
1 2</td><td>성전 계획안을 완성함
3 6</td><td>영적 지도자들을 임명함
7 8</td><td>영적 개혁을 완료함
9 10</td></tr>
<tr><td rowspan="3">화제</td><td colspan="2">스룹바벨 하의 귀환</td><td colspan="2">에스라 하의 귀환</td></tr>
<tr><td>칙령과 여행</td><td>역사</td><td>칙령과 여행</td><td>역사</td></tr>
<tr><td colspan="2">회복</td><td colspan="2">개혁</td></tr>
<tr><td>지역</td><td colspan="2">바사에서 예루살렘</td><td colspan="2">바사에서 예루살렘</td></tr>
<tr><td>기간</td><td colspan="2">23년(주전 538-515년)
(에스라의 60%)</td><td></td><td colspan="2">1년(주전 457년)
(에스라의 40%)</td></tr>
</table>

개관

에스라는 바로 역대하 끝부분의 이야기를 계속 이어나가고 있다. 이 책은 하나님의 백성을 그들의 땅으로 이끌어 오시리라는 예레미야 29:10-14에 기록된 하나님의 약속이 어떻게 성취되었는지를 보여준다. 바벨론으로부터 돌아온 이스라엘의 제2출애굽(제1출애굽은 애굽으로부터, 제2출애굽은 바벨론으로부터의 귀환임)은 단지 남은 자들만 떠났으므로 첫 번째 것보다 덜 인상적이었다. 그러나 하나님은 이 백성과 함께 하셨고, 그들의 영광의 날이 끝난 것처럼 보였을지라도 그들의 영적 유산은 여전히 남아 있었으며, 저들을 위한 하나님의 풍성한 약속들은 앞으로 성취될 것이다.

에스라는 바벨론으로부터 돌아왔던 처음 두 귀환에 대한 기사를 언급하고 있는데, 첫 번째 귀한은 스룹바벨이, 두 번째는 수십 년 후에 에스라가 인도했다. 그것을 둘로 구분해 보면 성전 재건(1-6장)과 백성 재건(7-10장)이며, 그것들은 에스더서의 사건들이 일어난 기간인 58년이라는 기간을 가운데 두고 일어난다.

표제

에스라는 히브리어 **에제르**, 곧 '도움'(help)이란 단어의 아람어 형태인데, 그 의미는 '야웨께서 도우시다'일 것이다. 에스라와 느헤미야는 본래 한 권으로 묶여져 있었다. 역대기와 에스라-느헤미야가 하나의 연속적인 역사서로 간주되었기 때문이다. 칠십인역은 에스라-느헤미야를 **에스드라스 듀테론**, 곧 '제2의 에스드라스'(Second Esdras)라 불렀다. 제1에스드라스는 외경서 에스드라스의 이름이었다. 라틴어 표제는 **리베르 프리무스 에스드라이**(*Liber Primus Esdras*), 곧 '제1에스라'(First Book of Ezra)였다. 라틴어 성경에서 에스라는 제1에스라로 불렸으며, 느헤미야는 제2에스라로 불렸다.

저자

에스라가 특별히 저자로 언급되어 있지는 않을지라도, 그가 본서의 저자일 가능성이 가장 크다. 유대 전승(탈무드)은 이 책을 에스라에게 돌리고 있으며, 이 책의 일부분(7:28-9:15)이 에스라의 관점에서 제1인칭으로 기록되어 있다. 사건에 대한 자세한 내용과 세부적인 내용을 명확하게 설명하고 있는 점은 저자가 이 책의 후반부 사건들의 목격자였음을 암시해 준다. 역대기에서와 같은 강력한 제의상의 강조가 결여되어 있다.

에스라는 엘르아살, 비느하스 그리고 사독을 이은 제사장 아론의 직계 후손이다(7:1-5). 그는 교육 받은 학사(서기관)로서 여호와의 율법을 연구하고 실천하며 가르쳤다(7:10-12). 마카비하 2:13-15에 의하면, 그는 또한 느헤미야가 수집한 기록 문서들의 서고에 들어갈 수 있는 출입권을 얻었다고 한다. 틀림없이 에스라는 역대기를 썼을 때 이 자료를 사용했을 것이다. 혹자는 에스라가 느헤미야의 개인적 일기를 사용하면서 느헤미야서까지 기록했다고 생각하기도 한다.

에스라는 여호와에 대한 강한 신뢰와 도덕적 온전함, 그리고 죄에 대해 탄식할 정도로 경건한 사람이었다. 그는 주전 444년에 예루살렘에 도착했던 느헤미야와 동시대 사람이었다(느 8:1-9; 12:36). 전승은 에스라가 구약 정경을 정착시켜 준 대공회(Greet Synagogue)의 창시자였다고 주장한다. 그가 성경책들을 하나로 모았으며 회당에서 예배 형태를 시작했다는 전승도 있다.

에스라서와 느헤미야서가 헬라 시대에 기록되었다고 억지로 주장함으로써 그것의 정통성과 초기 연대를 반박하려는 몇 가지 논증이 제시되어 왔다. 몇몇 이름들에 대해서는 문제점이 있으나, 이러한 것들은 결코 결정적인 것이 못된다. 증거의 비중은 저술 연대가 주전 5세기임을 가리킨다.

연대와 배경

다음 도표는 에스라서와 느헤미야서 그리고 에스더서의 연대적 관계를 보여 준다.

538-515년	487-473년	457년	444-(약)425년
스룹바벨	에스더	에스라	느헤미야
에스라 1-6장	에스더서	에스라 7-10장	느헤미야서
첫 번째 귀환	-	두 번째 귀환	세 번째 귀환

이 책들은 아래의 바사 왕들의 배경에 잘 맞지 않는다.

고레스	캄비네스	스멜디스	다리오 I	크세르크세스	아닥사스다 I
559-530년	530-522년	522년	521-486년	486-464년	464-423년

고레스는 주전 539년 10월에 바벨론을 정복했고, 주전 538년에 유대인들의 귀환을 허용하는 칙령을 발표했다. 성전 재건은 주전

536년에 시작되었다. 포로 생활은 주전 586년 이후 단지 50년 간 계속된 것으로 보이지만, 예레미야가 예언한 70년 간 계속되는 포로 생활은 주전 586년 예루살렘 성전이 파괴되고 스룹바벨 성전이 왕성해진 해인 주전 515/6년까지의 기간으로 보는 것이 가장 옳다.

성전 재건 역사는 주전 534년에 중단되었다가 주전 520년에 재개되었으며, 주전 515/6년에 필했다. 그것은 고레스 밑에서 시작되어 다리오 I세가 통치하던 시기에 끝마쳤다. 그 중간에 끼여 있는 두 왕 캄비세스와 스멜디스는 이 책들 가운데 그 어디에서도 언급되지 않는다. 선지자 학개와 스가랴가 주전 약 520년과 그 후 스룹바벨 시대 동안 사역했다. 에스더 이야기는 크세르크세스의 통치에 완전히 부합하며, 에스라는 느헤미야처럼 아닥사스다 I세의 통치 기간에 사역했다. 바벨론 포로는 세 번에 걸친 포로(605, 597, 586년)가 있었고, 이에 따라 바벨론으로부터의 귀환도 세 번에 걸쳐서 일어났다: 538년(스룹바벨), 457년(에스라) 그리고 444년(느헤미야).

에스라는 주전 457년(7-10장의 사건들)과 주전 444년(느헤미야의 예루살렘 도착) 사이에 이 책을 썼을 것이다. 에스라서가 기록된 이 시기에는 석가(Gautama Buddha, 556-480년)가 인도에 있었으며, 공자(551-479년)가 중국에 그리고 소크라테스(470-399년)가 그리스에 있었다.

주제와 목적

에스라서의 기본 주제는 스룹바벨과 에스라의 지도하에 예루살렘에 돌아온 남은 자들의 영적, 도덕적 그리고 사회적 회복이다. 이스라엘의 예배가 소생되었으며 본국으로 귀환한 백성들이 성결케 되었다. 하나님의 신실성은 유다 백성들이 포로로 있는 동안 하나님께서 막강한 한 제국 전체에 걸쳐서 자기 백성을 주권적으로 보호해 주셨다는 사실 가운데서 발견된다.

그들은 포로 기간 동안 형통했으며, 하나님은 그들의 뜻에 동조하는 이방 왕들을 세워서 그들이 고국에 돌아가 재건할 수 있도록 용기를 북돋아 주셨다. 하나님은 또한 그 귀환과 재건을 지휘할 열심 있고 능력 있는 영적 지도자들을 마련해 주셨다. 주님은 예레미야 29:14에서 하신 자신의 약속을 지키셨다. "나 여호와가 말하노라 내가 너희에게서 만나지겠고 너희를 포로 된 중에서 다시 돌아오게 하되 내가 쫓아 보내었던 열방과 모든 곳에서 모아 사로잡혀 떠나게 하던 본 곳으로 돌아오게 하리라 여호와의 말이니라 하였느니라."

성경에서 에스라서의 위치

에스라서는 바벨론 포로 생활로부터 처음 두 번에 걸친 귀환에 관한 역사를 기록하고 있으며, 느헤미야서는 세 번째 귀환을 취급하고 있다. 이 책은 하나님의 말씀의 능력과 또한 모든 삶 가운데서 그 말씀에 순종해야 하는 절대적인 필요성을 힘주어 강조하고 있다(1:1; 3:2; 6:14, 18; 7:6, 10, 14; 9:4; 10:3, 5). 에스라서는 영어 성경에서 역대하의 뒤에 나타나 있는데, 그 이유는 에스라서가 역대기가 끝나는 그 시점으로부터의 사건을 기록하고 있기 때문이다. 그러나 히브리 성경에서 그것은 마지막 책인 역대기 바로 앞에 있는 느헤미야서와 함께 한 권의 책으로 배열되어 있다.

내용

1. 성전을 재건함(1-6장)

바사의 고레스 왕은 주전 539년 바벨론을 정복하고 주전 538년 유대인의 귀국을 허용하는 칙령을 발표했다. 이사야는 성전이 재건되리라는 사실을 약 2세기 전에 예언했으며, 그 일을 이룰 자로서 고레스를 지명한 바 있다(44:28-45:4). 고레스가 그 구절을 읽고 응답했을지도 모른다. 아마도 2, 3백만 명에 이르렀을 유대인의 전체 인구 중에 단 49,897명(유다 백성, 노비, 노래하는 자 포함)만이 이 명령을 따라 본국으로 귀환했다. 가장 헌신적인 사람들만이 비교적 안정을 누렸던 바벨론에서의 생활을 기꺼이 청산하고 900마일을 견디면서 여행하여 돌아와 파괴된 성전과 성읍을 재건하는 어려운 일을 떠맡았다.

"여호와의 전"에 대한 반복적인 언급을 보라(스 1:2, 3, 4, 5, 6; 2:68). 이 성전은 스룹바벨의 지도 아래 재건된 제2성전을 가리킨다. 이 성전에서 우리 주님은 온 인류를 위하여 영원히 단번에 희생제사를 드리실 것이다. 이를 위한 준비를 하도록 하나님은 자기 백성(남은 자)을 해방시켜서 본국으로 귀환하게 하셨던 것이나.

유다의 '왕족'인 스룹바벨(그는 다윗 왕의 직계 후손이었다)이 그 신실한 남은 자들을 예루살렘으로 인도했다. 돌아온 자들은 유다, 베냐민 그리고 레위 지파였으나, 다른 열 지파의 대표들도 돌아온 것이 분명하다. 그 열 개의 '잃어버린 지파'들이 하나님으로부터 완전히 잃어버려진 것은 아니었다. 스룹바벨은 일들의 우선순위를 옳게 정했다. 즉 그는 성전 자체를 건축하기에 앞서 제일 먼저 제단과 종교적 절기들을 회복시켰다. 성전 지대가 주전 536년에 놓여졌으나, 반대가 일어나 주전 534-520년에 그 역사가 중단되었다. 에스라 4:1-5, 24은 스룹바벨에게 집중하고 있는 반면에, 4:6-23은 주전 464년에서 444년 사이의 그 어느 때에 일어났던 예루살렘 성벽을 쌓는 일에 대한 방해 공작에 집중하고 있다. 이 절들은 아마도 재건 역사에 대한 적개심을 예증하기 위하여 여기에 기록해 두었을 것이다.

대적들이 방해를 하게 된 동기는 다음과 같다. 유다 백성이 사역을 하고 있을 때 대적들(본국에 거주하던 백성들의 대표자들)이 그 성전 재건에 동참하려고 참여시켜 줄 것을 요청했다(4:1-2). 그러나 스룹바벨과 예수아 등 지도자들이 거부했는데(3절), 그 이유는 다음과 같았다: 즉 "너희는 우리와 상관이 없느니라"는 것이었다. 이를 직역하면, "너희와 우리가 하나님을 위한 집을 건축하지 않는다(못한다)"이다. 이렇게 거절한 이유는 그들이 혼합된 여호와 숭배를 했기 때문이다(왕하 17:24-33). 북 이스라엘은 혼합된 여호와 숭배를 했기 때문에 하나님은 강제로 앗수르를 통하여 민족을 혼합시키고, 종교도 혼합주의가 되게 하여 하나님의 나라에서 분깃을 얻지 못하게 하셨던 것이다. 그리하여 대적들은 "바사 왕 고레스의 시대부터 바사 왕 다리오가 즉위할 때까지 의사들에게 뇌물을 주어

(hired counselers-NIV) 그 경영을 저희하였다"(스 4:5). 본문의 '의사들(counsellers)'은 아마도 왕에게 거짓된 보고를 하기 위하여 뇌물을 받은 수리아 총독과 관련된 페르시아 관원이나 아니면 대행자(agents)일 것이다.

에스라 4:6-23은 주전 464-444년 사이의 예루살렘 중건 방해 공작에 집중하고 있다. 성전 건축이 약 16년 간 중지되고 있을 때, 선지자 학개와 스가랴는 백성들에게 성전 건축을 재개하도록 권면했으며(5:1-2), 그 일은 스룹바벨과 대제사장 여호수아의 지도 아래 시작되었다. 바사 총독 닷드네는 성전 건축에 대해 다리오 I세에게 항의했으며, 건축을 계속하는 그들이 당국에 도전하고 있다고 참소했다. 다리오 왕은 이러한 사실을 확인하기 위해 궁중 역사 기록을 살펴보는 중 고레스의 칙령을 발견하고서 성전 건축을 다시 승인해 주었으며, 심지어는 그 역사를 마치는 데 필요한 것은 무엇이든지 제공해 주도록 닷드네에게 명령했다. 결국 성전은 주전 515/6년에 완성되었다.

2. 백성들을 다시 세움(7-10장)

에스라 지도하에서의 소규모의 귀환이 스룹바벨 지도하에서의 첫 번째 귀환이 있은 지 81년이 지난 후인 주전 457년에 있었다. 제사장 에스라는 예루살렘 성전을 위해 백성들과 물자들을 가져가도록 아닥사스다 I세에 의해 권한을 부여받았다. 하나님은 2천 명(남자들)이 못되는 이 무리들을 보호하셨으며, 그들은 바사로부터 귀중한 선물들을 갖고 예루살렘에 안전하게 도착했다. 레위인들이 극소수 포함되어 있었던 많은 제사장들이 스룹바벨과 에스라와 함께 귀환했다(2:36-42; 8:15-19).

하나님은 에스라를 사용해서 그 백성들을 영적으로 그리고 도덕적으로 다시 세우셨다. 에스라는 백성들과 제사장들이 이방 여인들과 결혼한 것을 발견했을 때, 자신도 그 백성들과 함께 죄를 범한 것으로 여기고 그들 편에 서서 위대한 중보기도를 드렸다. 에스라 6장과 7장 사이의 58년의 간격 동안 백성들은 혼돈된 영적 상태에 빠졌으며, 에스라는 경악을 금치 못했다. 그들은 자신들의 이방인 아내들을 버리고 하나님의 율법에 합당한 삶을 살겠다는 언약을 함으로써 에스라의 자백과 눈물에 신속히 반응했다. 하나님의 말씀에 대한 이 반응과 자백은 큰 부흥과 변화된 생활 방식을 가져다주었다.

7:1-10은 특별히 에스라라는 인물을 소개하고 있다. 그는 ㉠ 사독 계열 제사장의 후손이었고, ㉡ 모세 율법에 익숙한 학사였고, ㉢ 하나님의 도움을 입은 사람이었으며, ㉣ 말씀을 가르치기로 결심한 사람이었다.

특히 7:10은 에스라가 결심한 내용을 밝히고 있다: "에스라가 ㉮ 여호와의 율법을 연구하여 ㉯ 준행하며 ㉰ 율례와 규례를 이스라엘에게 가르치기로 결심하였었더라."

아닥사스다 왕이 에스라에게 내린 조서(7:11-28)를 살펴보면 에스라가 얼마나 하나님의 도우심을 입었는지를 알 수 있다.

㉠ 제사, 예물, 재물 등을 자유로 쓰도록 허락해 주었다(7:11-20).

㉡ 요단 서편 국고지기에게 명하여 에스라의 모든 필요를 채워 줄 것을 명했다(7:21-26). 은 100달란트, 밀 100고르, 포도주 100밧,

기름 100밧, 소금 무한정이었다.

㉢ 에스라에게는 말씀 교육권과 사법권까지 부여해 주었다(25, 26). 에스라는 본국으로 올라온 사람들(8장) 가운데 혼합 백성을 발견하게 되었다(9장). 그는 자신이 그 부정한 일에 책임이 있음을 통감하고 대중들과 함께 애절한 회개 기도를 드린다. 그리고 결국 자기 백성들 가운데 이방인들과 결혼한 사람들이 있다면 그 이방 여인들을 돌려보내자고 결의했다(10장). 그러나 이러한 일을 시행하는 날짜에서 의견 차이가 있었다. 기일을 연기하자(10:12 이하)는 의견과 당장 시행하자(10:15)는 의견으로 나뉘었다. 결국 당장 시행키로(10:16) 결정하고 그 명단을 공개한다(10:18-44).

에스라에서의 그리스도

에스라는 하나님께서 다윗과 맺은 약속, 즉 그의 후손들이 계속 살아 있게 하시리라는 약속의 계속적인 이행을 밝혀 놓고 있다. 스룹바벨 자신도 여고냐(여호야긴, 대상 3:17-19)의 손자로서 메시아 혈통의 일원이었다. 마태복음 1:12-13을 보라. 느헤미야서에는 남은 자들에게 긍정적인 희망의 어조가 깃들어 있다. 메시아에 관한 약속들이 성취되는 것은 이 땅에서였다. 왜냐하면 그것들은 베들레헴, 예루살렘, 즉 시온과 같은 장소들과 관련되어 있기 때문이다. 그리스도는 바벨론이 아닌 베들레헴에서 태어나실 것이었다(미 5:2).

에스라서는 전체적으로 그리스도의 사역과 회복의 역사를 예표하기도 한다. 그리스도는 이 성전을 자기 몸과 동일시하셨다

(요 2:13-22). 그분은 본국으로 돌아온 남은 자들이 다시 세워놓은 이 성전에서 영원히 단번에 자기 몸으로 희생제사를 드리실 것이다.

느헤미야

후에 저희에게 이르기를 우리의 당한 곤경은 너희도 목도하는 바라 예루살렘이 황무하고 성문이 소화되었으니 자 예루살렘 성을 중건하여 다시 수치를 받지 말자 하고(2:17).

이에 우리가 성을 건축하여 전부가 연락되고 고가 절반에 미쳤으니 이는 백성이 마음 들여 역사하였음이니라(4:6).

<table>
<tr><th>초점</th><th colspan="3">재건
1 — 1</th><th>부흥
8 — 10</th><th>개혁
11 — 13</th></tr>
<tr><td>구분</td><td>성벽에 대한 계획
1 — 2</td><td>성벽 재건
3 — 4</td><td>성벽의 완성
5 — 7</td><td>백성들의 회개와 부흥
8 — 10</td><td>백성들의 인구 조정과 개혁
11 — 13</td></tr>
<tr><td rowspan="3">화제</td><td colspan="3">새롭게 된 성벽</td><td>새롭게 된 언약</td><td>새롭게 된 민족</td></tr>
<tr><td colspan="3">시민 개혁</td><td>종교적 개혁</td><td>정치적 개혁</td></tr>
<tr><td colspan="3">성읍을 건축함</td><td colspan="2">백성들을 가르침</td></tr>
<tr><td>지역</td><td colspan="5">예루살렘</td></tr>
<tr><td>기간</td><td colspan="5">약 19년</td></tr>
</table>

개관

느헤미야는 그와 동시대 인물인 에스라의 사역과 밀접한 관련이 있었다. 에스라는 영적 부흥을 이끈 제사장이었으며, 느헤미야는 실제적이고 정치적인 개혁을 주도한 총독으로서 백성들이 도덕적 개혁을 할 수 있도록 인도했다. 그들은 포로 후의 남은 자들을 포괄적으로 굳게 세우는 데 서로 합동하여 효과적인 팀을 만들었다. 구약 시대의 마지막 선지자 말라기도 이 시기에 사역했는데, 그는 도덕적, 영적 방향 제시를 보충해 주었다. 느헤미야서는 구약성경에서 역사 기록의 마지막 부분으로, 즉 약속된 메시아가 탄생하기 약 400년 전으로 우리를 인도한다. 그것은 세 부분으로 구성되어 있다: 재건(1-7장), 부흥(8-10장) 그리고 개혁(11-13장).

표제

느헤미야의 히브리어는 **네헤미야**, 곧 '야웨의 위로'(comfort of Yahweh)다. 이 책은 물론 첫 구절에 나타난 인물의 이름을 따라 이름지어졌다. 에스라-느헤미야가 함께 묶여진 이 책에는 칠십인역에서 **에스드라스 듀테론**, 곧 '제2의 에스드라스'라는 헬라어 표제가 붙여졌다(에스라의 표제를 보라). 느헤미야의 라틴어 표제는 **리베르 세쿤두스 에스드라이**(*Liber secundus Esdrae*), 곧 '제2의 에스라서'(에스라서가 첫 번째 것이었다)였다. 이때 그것은 에스라와 분리된 책으로 간주되었으며, 후에는 **리베르 네헤미아이**(*Liber Nehemiae*), 곧 '느헤미야서'로 불려졌다.

저자

이 책의 많은 부분이 느헤미야의 개인적인 체험에 대한 회상에서 나온 것임이 분명하다. 그 보도 내용은 놀랄 만큼 공정하며 선명하다. 분명히 1:1-7:5; 12:27-43; 13:4-31은 “느헤미야의 말”(1:1)이다. 혹자는 느헤미야가 그 부분을 썼고 나머지 부분은 편집했다고 생각한다. 또 혹자는 에스라가 7:6-12:26 및 12:44-13:3을 썼고 나머지 부분을 편집하면서 느헤미야의 일기를 사용했다고 생각한다. 그 어느 누구도 그것을 쓰지 않았다는 세 번째 견해는 나타나 있는 증거와는 거리가 먼 것으로 보인다. 느헤미야 7:5-73은 에스라 2:1-70과 거의 같으며, 이 두 책의 명단은 같은 문서에서 뽑아낸 것으로 보인다.

느헤미야서의 저작 연대가 에스라나 느헤미야의 시대 이후였음에 틀림없다는 논증이 제사장들과 레위인들의 명단 안에 얏두아라는 이름(12:11, 22)이 나타난 사실에서 이끌어져 나왔다. 얏두아는 알렉산더 대왕 시대인 주전 351-331년에 대제사장이었다. 그러나 이 이름은 후에 덧붙여졌거나, 아니면 느헤미야가 오래 살아서 그 어린 얏두아를 보았는지도 모른다.

아닥사스다 I세의 술관원으로서 느헤미야는 중책의 지위에 있었다. 왕이 독살당하지 않도록 왕의 포도주를 먼저 맛보는 그의 역할은 그를 왕의 고문들 가운데 한 사람으로서 비밀을 맡는 신뢰의 자리에 올려놓았다. 주전 444-432년에 아닥사스다가 임명한 예루살렘 총독(5:14; 8:9; 10:1; 13:6)으로서 느헤미야는 용기와 압제당하는 자들에 대한 동정, 온전함, 경건함, 이타적인 태도를 보여주었다.

그는 자신의 백성들을 돕기 위해 기꺼이 궁중의 사치스러움과 안이함을 포기했다. 그는 일의 우선순위를 바로 알고 하나님 사업에 관심을 쏟았던 헌신된 평신도로서 백성들을 적절하게 격려하고 책망할 줄 알았고, 기도에 강했으며, 모든 영광과 영예를 하나님께 돌렸다.

연대와 배경

에스라서의 연대와 배경을 보라. 두 책이 같은 역사적 배경을 함께 가지고 있기 때문이다. 느헤미야서는 바사 왕의 아닥사스다 I세의 통치(주전 464-423년)와 부합한다. 에스더는 아닥사스다 왕의 계모였으므로, 느헤미야가 그 왕의 술관원으로 임명되는 데는 에스더가 도구로 쓰였을 가능성이 있다. 느헤미야는 아닥사스다 왕 20년(주전 444년, 2:1)에 바사를 떠났으며, 다시 아닥사스다 왕 32년(주전 432/3, 13:6)에 바사로 갔다가 그곳에서 약 1년 간을 지나 아마도 주전 425년에 예루살렘으로 다시 왔을 것이다. 이 책은 그의 제2차 예루살렘 방문 후에야 비로소 완성될 수 있었다.

이 책의 역사적 신빙성은 엘레판틴 파피루스군(Elephantine Papyri)에 의해 뒷받침되었다. 이 문서들은 산발랏(2:19)과 여호하난(6:18; 12:23)을 언급하고 있으며, 비그왜가 주전 410년에 느헤미야 다음으로 유다 총독이 되었음을 지적하고 있다.

말라기는 느헤미야 시대 동안 살아서 사역했으며, 그 책들을 비교해 보면 느헤미야가 보았던 예루살렘 성전에서 자행된 많은 죄악들이 말라기에서 고발되고 있다는 사실을 발견하게 된다. 두 책에서 서술된 하나님에 대한 냉담한 무관심은 그리스도 이전의 400년 간의 침묵 기간 동안 이스라엘에 문제점으로 남아 있었다.

주제와 목적

에스라가 유다의 종교적 회복을 주로 다루고 있는 반면, 느헤미야는 유다의 정치적 그리고 지리적 회복에 초점을 맞추고 있다. 처음 일곱 장은 예루살렘 성벽의 재건에 할애되고 있다. 예루살렘이 유다의 영적 및 정치적 중심지였기 때문이다. 성벽이 없는 예루살렘은 도저히 하나의 성읍으로 간주될 수 없었다. 총독으로서 느헤미야는 그 성읍을 재건하여 확고한 성읍으로서 기능을 하도록 만들어 놓았다. 에스라와 느헤미야는 백성들을 영적으로 그리고 도덕적으로 바로 세워 주어 그 재건의 역사가 완료되도록 협력했다. 따라서 느헤미야서는 에스라서의 자연스러운 후편으로서의 구실을 하고 있으며, 그래서 두 책이 수 세기 동안 한 단위로 간주되었다는 것은 놀라운 일이 아니다.

느헤미야서는 또한 하나님께서 포로생활 후 수 년 동안 그분의 백성들을 자신들의 본국에 자리잡게 해주시는 사건을 통해 하나님의 분명한 손길을 보여주기 위해 기록되었다. 느헤미야의 지도 아래 그들은 스룹바벨 아래서의 첫 번째 귀환 이래로 94년 간 내버려 둔 상태에 있었던 일을 단지 52일 만에 완료했다. 순종적 믿음을 통해 그들은 극복할 수 없을 것 같았던 방해를 이겨낼 수 있었다.

역사서

성경에서 느헤미야서의 위치

느헤미야서는 달리는 잘 알 수 없었을 한 시기를 우리로 하여금 밝히 이해할 수 있게 해준다. 에스라서와 함께 이 책은 포로 후의 세 선지자(학개, 스가랴 그리고 말라기)를 소개해 준다.

에스라 1-6장	에스더	에스라 7-10장		느헤미야
스룹바벨 하의 회복	58년의 간격	에스라 하의 개혁	13년의 간격	느헤미야 하의 재건
538-515년		457년		444-약 425년
성전		백성들		성벽들
학개, 스가랴		—		말라기
첫 번째 귀환 (약 5만 명)		두 번째 귀환 (약 2천 명)		세 번째 귀환

느헤미야의 생애에서 기도의 역할은 놀랄 만하다. 이 책에 나타난 일련의 문제와 반응, 그리고 느헤미야의 기도를 연구하는 것은 매우 유익할 것이다(1:5-11; 2:1-4, 19-20; 4:1-6, 7-10, 11-14; 6:9, 14; 13:28-31을 보라).

내용

1. 성벽 재건(1-7장)

에스라가 영적 부흥을 이끈 제사장이었다면, 느헤미야는 실제적인 개혁 즉 정치적인 개혁을 이끈 총독이었다. 1:4-5에는 느헤미야가 기도의 사람이었다는 사실이 암시되어 있다. 또한 본서에는 느헤미야가 기도한 내용이 자주 기록되어 있다. 그의 성공적인 사역은 기도의 응답이었음을 보여준다. 그는 또한 청렴결백한 지도자였다. 뿐만 아니라 그는 외부의 압력이나 동요에 흔들리지 않는 이성적인 사람이었다.

느헤미야는 본국으로 돌아오자마자 성벽 재건을 명했다. 그러나 4장에 가면 산발랏, 도비야, 아라비아인, 아스돗인들이 방해하기 시작한다. 그들의 방해 술책은 이중적이었다: ① 조롱하며 일꾼들의 손을 약화시키고, ② 실제로 달려들어 싸우고 성벽을 무너뜨리려고 했다. 느헤미야는 이에 대한 대책을 세워서 시행했는데,

(1) 백성들로 하여금 무장을 한 채 공사를 계속하게 했다. 절반은 무장하고 적의 내습에 방어를 하고, 절반은 작업을 했다. 그리고 한 손으로는 일을 하며 한 손으로는 병기를 잡았는데, 이는 오늘날의 향토 예비군과 민방위대의 기원이 되었다. 그들은 언제나 출동 태세를 갖추고 일을 했다.

(2) 민심이 흉흉해져서 백성들이 나누어짐을 막고 하나로 묶어 주었다.

공사를 하는 동안 부유한 유대인들은 가난한 자들의 재산을 착취하고 학대했다. 이 일에 대해 느헤미야는 부자들에게 명령하여 재산을 돌려보내도록 했다. 느헤미야는 비상 시기였으므로 월급을 받지 않고 그 돈을 성벽 공사에 투자했으며, 총독의 일을 돕는 관리들까지 노역에 참석케 했다. 그 결과 52일 만에 성벽이 재건되었다! 이와 같은 5장은 하나님의 사역이 손해받지 않도록 내적인 문제를 중요시해야 함을 보여주고 있다.

특히 6장은 교훈적이다. 이 장은 하나님을 위한 사역을 시작할 때, 신자들이 공격을 받는 경우 어떻게 처신해야 하는가에 대해

교훈을 준다. 대적들은 정도를 벗어나 함정을 파놓고 하나님의 지도자를 파멸시키는 방법에 의존했다. 대적들은 "네가 바사 왕을 모반하려 한다는 소문이 들려왔는데, 이에 대한 조치를 취하지 않으면 너는 역적으로 몰린다. 그러므로 우리가 서로 만나자"(6:2, 7, 10)라는 미혹을 해왔다. 느헤미야가 이에 응했더라면 그는 압살당했을 것이다. 게다가 그들은 성벽을 쌓고 있는 백성들을 두렵게 하고자(6:9, 13, 14, 19) 했다.

6장을 보면 대적자들의 술책이 열거되어 있는데, 그것은 다음 네 가지다.

㉠ 해치려는 목적으로 초청하는 기만 술책(6:1-4)

㉡ 모함 전략(5-9절)

㉢ 종교적 타협을 시도(10-14절)

㉣ 어리석은 친구들의 압력(15-19절)

이에 대해서 느헤미야는 다음과 같이 대처한다.

㉮ "내가 이제 큰 역사를 하니 내려가지 못하겠노라"(느 6:3)고 말하면서 단호하게 대처한다.

㉯ "너의 말한 바 이런 일은 없는 일이요 네 마음에서 지어낸 것이라"(8절)고 말하여 저들의 속을 들추어냈다.

㉰ "이제 내 손을 힘있게 하옵소서"(느 6:8, 9)라고 하나님께 간구한다.

㉱ "깨달은즉 저는 하나님의 보내신 바가 아니라"(느 6:12), "이는 이 역사를 우리 하나님이 이루신 것을 앎이니라"(느 6:16)는 구절이 보여주는 바와 같이 하나님이 주시는 지혜로 사태를 정확하게 판단했다.

2. 부흥(8-10장)

성벽은 재건되었으나 더 중요하게 그 안에 살고 있던 유다 거민의 마음은 삭막했다. 그래서 백성들은 7월(정월)이 되자 일제히 수문 앞 광장에 모였다. 그리고 학사 겸 제사장 에스라에게 율법책을 가지고 와서 말씀을 읽어 주도록 요구했다. 그리하여 에스라는 고대 히브리어로 된 율법책을 아람어(바벨론어)로 읽어 주었다. 그 결과 말씀을 깨달은 백성들은 감격하고 죄를 자복하고 울었다. 정월의 성일은 울지 않고 즐거워해야 할 축제일이므로 마땅히 즐거워하라고 하는 지도자들의 권고를 들은 백성들은 은혜를 받은 결과 크게 기뻐했다.

레위인들과 제사장들은 백성들에게 베푸신 은혜를 찬양했다. 그러고 나서 백성들은 이방인과 통혼한 것을 회개하고 이혼한 뒤 하나님의 율법대로 살기로 맹세했다(언약의 갱신).

3. 개혁(11-13장)

바벨론으로부터 돌아온 백성들은 예루살렘에 누가 남을 것이며 누가 자기들의 본 성으로 돌아갈 것인지를 결정하는 제비를 뽑았다. 10분의 1이 예루살렘에 남기로 했고 다른 지역에는 백성들과 레위인들이 정착하게 되었다. 그 후 성벽 완공을 기념하는 찬양의 제사를 드리고 번제 등을 드리고 나서 성전의 기능들을 되살렸다(성전 봉헌식).

그러나 느헤미야가 바사(페르샤)로 돌아간(주전 432년, 참고. 13:

6) 후에 곧 이러한 열정은 식어 버렸다. 제사장이 아닌 도비야를 위하여 성전의 방을 내어 준 것을 보고 바사에서 돌아온 느헤미야는 성전을 정결케 하는 등 다시 개혁을 단행했다. 그리하여 성전의 제사 제도가 다시 활발히 운영되도록 하고 안식일을 준수하도록 하며 이방인과 결혼한 사람들은 이방인 아내들을 버리도록 했다.

느헤미야의 위대한 점은 그의 강력한 지도력과 기도에 있다. 그는 복이 하나님으로부터 오는 줄을 믿고 모든 사건을 해결한 뒤에 자기에게 복을 주시도록 기도한다(느 5:19; 13:14, 22, 29-31).

느헤미야서가 주는 각 장의 교훈들은 다음과 같다:

1) 삶의 모든 과제를 수행할 때, 기도가 우선순위에서 가장 앞서야 함(느 1장)

2) 목표를 정하는 것이 중요함(2장)

3) 성공적인 지도력의 원리(3장)

4) 하나님의 일을 방해하는 자들을 대하는 방법(4-6장)

5) 영적인 부흥을 고무시키는 방법(8장)

6) 역사로부터 배우는 일이 중요함(9장)

7) 하나님의 일에서 얻은 이익을 보존하는 것이 필요함(10-13장)

느헤미야서에서의 그리스도

에스라와 마찬가지로 느헤미야는 그리스도의 회복의 사역을 그리고 있다. 느헤미야서는 자기 백성들의 곤경을 돌아보기 위해 높은 지위를 포기하신 그리스도를 예증해 준다. 그분은 특별한 임무를 띠고 와서 그것을 성취하셨다. 그리고 그분의 생애는 기도로써 하나님을 의지한 것이 그 특징이었다.

이 책에서는 왕을 제외한 모든 것이 회복되었다. 성전이 다시 지어졌으며, 예루살렘이 중건되었고, 언약이 갱신되었으며, 백성들이 개혁되었다. 메시아의 혈통은 완전히 보존되었으나, 그 왕께서는 아직 오시지 않았다. 아닥사스다 왕이 위에 있은 지 20년째 되는 해(주전 444년, 2:2)에 발표한 칙령은 다니엘의 70주 예언의 시작을 명시했다(단 9:25-27을 보라). "그러므로 너는 깨달아 알지니라 예루살렘을 중건하라는 영이 날 때부터 기름부음을 받은 자 곧 왕이 일어나기까지 일곱 이레와 육십 이레가 지날 것이요 그때 곤란한 동안에 성이 중건되어 거리와 해자가 이룰 것이며"(단 9:25). 메시아는 69이레 말에 오실 것이었고, 이것은 주후 33년에 정확히 성취되었다(다니엘서에서의 그리스도를 보라).

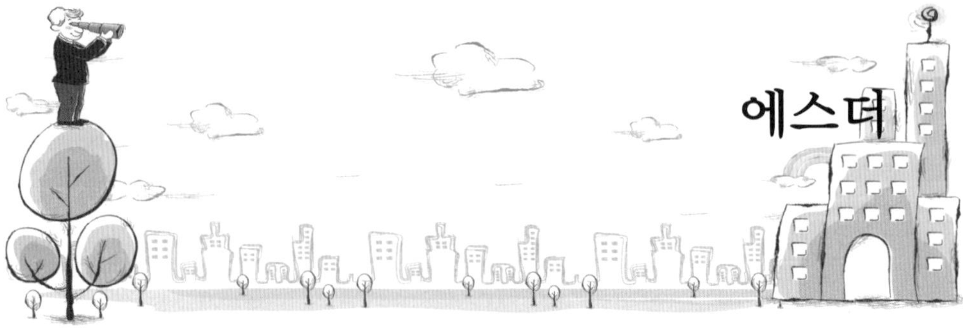

에스더

이 때에 네가 만일 잠잠하여 말이 없으면 유다인은 다른 데로 말미암아 놓임과 구원을 얻으려니와 너와 네 아비 집은 멸망하리라 네가 왕후의 위를 얻은 것이 이 때를 위함이 아닌지 누가 아느냐 (4:14).

초점	심각한 위기 1–4		위대한 구원 5–10	
구분	에스더가 와스디 대신 왕후가 됨 1–2	유대인들을 멸하려는 하만의 계교 3–4	하만의 증오, 굴욕 그리고 교수형 5–7	유대인들의 승리와 기념 축하 8–10
화제	멸절의 음모		멸절의 방지	
	충돌	교환	용기	승리
	승귀	박해	보호	기념 축하
	아하수에로의 잔치	모르드개의 금식	에스더의 잔치	부림절
지역	바사			
기간	10년			

개관

에스더의 이야기는 에스라 6장과 7장 사이에, 즉 스룹바벨이 인도한 첫 번째 귀환과 에스라가 인도한 두 번째 귀환 사이에 있었던 일이다. 본서는 팔레스틴으로 돌아오지 않고 바사에 남아 있었던 대부분의 유대인들이 당했던 위기와 구원을 서술하고 있는 책이다. 하나님의 이름이 한 번도 나타나지 않았을지라도, 그분께서 자기 백성들을 인도하고 보호하시는 손길이 이 책 전체에서 분명히 느껴진다. 명확하게 드러나 있는 메시지는 하나님께서 평범한 사람들을 사용하여 그분의 은혜로우신 목적을 성취하도록 불가능한 환경을 극복하게 하신다는 것이다. 1-4장은 유대인들에게 닥친 심각한 위기를, 5-10장은 하나님에 의한 그들의 위대한 구원을 서술하고 있다.

표제

에스더의 히브리 이름은 **하닷사**, 곧 '도금양(유럽산 향나무의 일종인 상록수)'(2:7)이었으나, 그녀의 바사 이름인 **에스테르**는 바사(페르시아) 단어 '별'(star)에서 파생되었다. 이 책의 헬라어 표제는 **에스테르**이며, 라틴어 표제는 **헤스테르**(*Hester*)이다.

저자

본문에는 저자가 나타나 있지 않으나, 바사의 예절과 관습, 수산

궁 그리고 아하수에로 왕의 통치 때 일어난 사건들을 자세히 살펴보면 저자가 이 기간 동안 바사에 살았음을 알려 준다. 명백한 유대인의 민족주의와 유대 관습들에 대한 지식은 저자가 유대인임을 지적해 준다. 만일 이 바사의 유대인이 목격자가 아니었다면, 아마도 그는 목격자였던 이들을 알고 있었던 사람이었을 것이다. 이 책은 아하수에로 왕이 죽은(주전 464년) 후 얼마 안 가서 기록되었음에 틀림없다. 왜냐하면 10:2-3은 그의 통치를 과거 시제로 말하고 있기 때문이다. 일부 작자들은 모르드개 자신이 그 책을 썼다고 주장하지만, 이는 신빙성이 없어 보인다. 어쩌면 저자가 모르드개의 기록을 사용했고, 메대와 바사 열왕의 일기(2:23; 10:2)를 보았을 수도 있다. 에스라와 느헤미야가 저자로 주장되기도 했으나, 에스더서의 어휘와 문체가 에스라서와 느헤미야서 가운데서 발견된 그것과는 다르다.

모르드개와 동시대 인물이었던 한 젊은이가 그 책을 저술했을 가능성이 가장 높다.

연대와 배경

아하수에로는 히브리 이름이었고, 크세르크세스는 주전 486-464년에 살았던 바사 왕 크샤야르샤(Khshayarsha)의 헬라 이름이었다. 1:3에 의하면, 크세르크세스의 잔치는 그의 즉위 제3년에 또는 주전 483년에 베풀어졌다. 역사가 헤로도투스는 이 잔치가 그리스를 치기 위한 크세르크세스의 군사 원정 계획에 맞추어서 베풀어진 것으로 언급했다. 그러나 주전 479년에 그는 살라미스에서 그리스에게 패배했는데, 헤로도투스는 그가 자신의 후궁들 중에서 위안을 찾았다고 우리에게 전해 주고 있다. 이것은 그가 '대회'를 열고 에스더에게 바사 여왕의 관을 씌워 준(2:16-17) 때와 일치한다. 이 책의 나머지 사건들이 일어난 것(3:7-12)은 주전 473년이었으므로 연대적 폭은 10년이다(주전 483-473년). 가능한 저작 시기는 주전 464년(크세르크세스의 통치 말기, 10:2-3을 보라)과 약 주전 435년(수사궁은 그때 즈음에 불로 소실되었으며, 그러한 사건이 아마도 언급되었을 것이다) 사이였다. 에스더서의 역사적 상황 및 언어적 특징은 주전 400년 이후의 연대를 지지하지 않는다. 여기에는 헬라의 영향을 받은 흔적이 없기 때문이다.

크세르크세스는 흔히 이상하고도 모순된 행동을 취한, 극단적인 감정을 소유한 전제 군주였다. 이 사실은 유대인을 멸절하라는 조서에 인을 치고서 두 달 후에 유대인들에게 그들의 대적을 도륙하도록 허락해 주는 두 번째 조서에 인을 친 사건에 대한 가능성에 빛을 던져 준다.

에스더서는 본국으로 돌아오지 않은 많은 유대인들을 격려하기 위하여 기록된 것이다. 경건한 사람들 모두가 귀환한 것은 아니었다. 일부는 법적인 이유로 인해 돌아오지 못했다. 그러나 대부분의 유대인들이 본국으로 돌아오지 않고 바사 지방 곳곳에 흩어져 살면서 하나님을 섬기고 있었다. 본국으로 돌아오지 않았음에도 불구하고 주님은 그들을 보호하고 돌보셨다.

주제와 목적

에스더서는 유대 백성들이 멸종의 위협으로부터 하나님의 은혜로우신 손에 의해 어떻게 보호받고 보존되었는지를 보여주기 위해 기록되었다. 비록 하나님은 그의 언약 백성을 징계하실지라도 그들을 결코 버리지 않으셨다. 이스라엘의 하나님은 역사의 최고 주관자이실 뿐만 아니라 자기 백성들을 섭리적으로 돌보시는 분이심이 이 책 전체에서 발견된다. 그분의 섭리적 돌보심은 다음과 같이 약술될 수 있다.

이방 땅에서 살고 있던 유대인들이 믿었던 여호와 하나님은 무명의 한 유대인 처녀를 택해서 세상의 가장 막강한 제국의 여왕이 되게 하셨다. 모르드개의 충성된 행위가 궁중 일기에 기록되었다. 에스더가 왕의 어전에 허락 없이 들어가는 일은 바사 왕실법에 의하면 사형에 해당됨에도 불구하고, 주님은 그녀로 하여금 아하수에로 왕에게 은총을 입게 하셨다. 그분께서는 에스더가 베푼 두 번의 잔치의 시기를 적절하게 맞추어지도록 역사하셨다. 그분은 아하수에로 왕의 불면증에 개입하시고 또한 그 불면증을 해소하기 위한 수단을 이용하셨다. 하나님은 하만이 만든 교수대가 하만 자신이 달리도록 하는 수단으로 사용하셨다. 그분은 에스더로 하여금 왕의 눈에 크게 돋보이게 하셨다. 그리고 그분은 새로운 조서를 발표케 해서 유대인들에게 궁극적인 승리를 안겨 주셨다. 본서에는 아무런 이적도 내포되어 있지 않지만, 그 사건들은 하나의 목적을 이루도록 하기 위하여 함께 맞물려 있었다. 즉 자그마한 변화가 전체적인 결과에 영향을 미치게 되었던 것이다. 바사에서도 창세기

12:3의 말씀은 사실로 입증되었다. "너를 축복하는 자에게는 내가 복을 내리고 너를 저주하는 자에게는 내가 저주하리니."

에스더서는 또한 부림절의 역사적 근거와 배경을 제공하기 위해서 기록되었다. 오늘날까지 이 책은 하나님께서 자기 백성을 파멸에서 구원하신다는 사실을 영구히 기억하게 해준다.

성경에서 에스더서의 위치

에스라서는 포로 이후의 유대 백성들의 회복을 주로 다루며, 느헤미야서는 그들의 영육 간의 재건을 다루고, 에스더서는 그들의 보존을 취급하고 있다. 에스더서는 예기치 않은 그리고 아이러니한 방식으로 꼬여 있는 플롯(plot)으로 인해 그 어느 성경보다 더 드라마틱한 분위기를 연출해 낸다. 에스더서는 그 특징으로 인해 정경에서 때에 따라 혹은 역본에 따라 배치의 위치가 달라지게 된다. 칠십인역은 이 책을 두 권의 위경, 시락과 유딧의 지혜서(the Wisdom of Sirach and Judith) 사이에 끼워 놓았다. 히브리 성경의 '성문서' 부문에서는 다섯 개의 두루마리(오축=메길롯) 중 하나로서 편집되어 있는데, 나머지 네 개의 두루마리는 아가, 룻기, 애가 그리고 전도서다. 이 책들은 유대인의 공휴일에 읽혀지며, 에스더서는 아직도 부림절에 읽혀진다.

에스더서를 하나님의 영감을 통하여 기록된 것으로 받아들이는 데는 반대가 있어 왔는데, 그것은 특히 하나님의 이름이 어떠한 형태로도 사용되지 않고 오히려 바사 왕만이 186번 언급되기 때문이었다. 뿐만 아니라 율법이나 제사나 제물, 기도 또는 어떤 초자연적인 은혜나 계시가 전혀 언급되고 있지 않다. 또한 본서가 다른 구약성경을 전혀 인용하고 있지 않기 때문에, 그리고 에스더서가 후에 기독교 진리와 연관되어 있지 않은 유대인의 민족적 절기에 대한 역사적 배경을 알려 주고 있기 때문에, 일찍이 기독교 공동체에서는 본서의 정경성에 대한 반대가 있었다. 정경성은 또한 제 9장의 잔인한 보복 장면 때문에 도전 받고 있다. 유대인들은 하나님에 대한 언급으로 가득 차 있는 「에스더 부록」(*Additions to Ester*)이라 불리는 위경을 만들어 냄으로써 이러한 난점을 극복하려고 시도했다. 하나님의 이름을 생략하고 있는 점을 설명해 주는 몇 가지 이유가 있다.

(1) 이 책은 바사에서 쓰여져 검열되었거나, 아니면 이교도의 신의 이름으로 대치됨으로써 모독당했을 것이다. (2) 유대인들이 본국에서 재건하는 수고를 하기보다는 바사에서 편하게 사는 편을 택한 전반적인 불순종이 또 다른 요인이었을 것이다. (3) 그 침묵은 하나님의 숨겨진, 그러나 섭리적인 배려를 예증하려는 의도를 지니고 있었다. 이것은 모든 사건 뒤에 있는 하나님의 손길을 보여 주는 계시의 정교한 형태다. (4) 야웨의 이름(YHWH)은 본서에서 히브리 본문에서 첫 자를 딴 두문자 형태로 네 번 나타나고 있다 (1:20; 5:4, 13; 7:7). 게다가 '유대인들'이라는 단어가 복수로 43번, 단수로 8번 나타난다. 이 호칭은 '유다'에서 파생되었는데, 이는 포로 후기에 유다 지파가 귀환자 또는 생존자의 대다수를 형성하고 있었기 때문이다. 그 용어는 후에 야곱의 모든 자손들에게 적용되었다.

내용

1. 심각한 위기(1-4장)

이야기는 수사에 있는 아하수에로 왕의 겨울궁에서 시작된다. 왕은 수사 백성들을 위해 호화스러운 잔치를 베풀고 왕실의 영광을 과시했으며, 교만하게도 와스디 왕후의 아름다움을 그 프로그램의 일부로 만들고자 했다. 그녀가 그것을 거절하자, 만일 와스디를 처벌하지 않는다면 다른 여자들도 무례해질 우려가 있다는 의견이 일어났다. 와스디를 폐위시킨 후 얼마의 기간이 지나자 왕은 왕후를 생각하게 되고, 신하들은 다른 왕후를 구하도록 권한다. 이로 인해 아하수에로의 왕후를 간택하는 일이 정해지고 전국의 처녀들이 왕후의 후보자로 등록하게 된다. 그 중에 나라의 사무를 보는 기관에서 근무하는 모르드개의 조카 에스더 역시 왕궁으로 들어가서 생활하던 중 왕의 사랑을 독차지하고 왕후로 결정된다. 그녀는 삼촌 모르드개의 지시대로 자신이 유대인임을 밝히지 않는다. 그녀를 통해서 모르드개는 왕에게 암살 음모를 알릴 수 있었으며, 모르드개의 공적이 궁중 일기에 기록된다.

한편, 아각 사람 하만은 대신들의 우두머리가 되었으나, 모르드개는 그에게 절하기를 거절한다. 모르드개가 유대인임을 알았을 때, 하만은 분노와 증오가 커져서 모든 유대인들을 전멸시키기 위해 일 년 간이나 음모를 꾸민다. 그는 이러한 음모를 시행할 날짜를 정하기 위해 제비(Purim)를 뽑는다. 뇌물과 거짓말로 그는 아하수에로 왕에게 그 제국에 있는 모든 유대인들을 그 때부터 열한 달 후 단 하루 동안에 모두 죽이도록 하는 조서를 발표하도록 설득한다. 하만은 시기와 복수심에 불타 음모를 꾸몄고, 사악한 계략으로 그것을 집행하려고 한 것이다. 그 조서는 백성들 가운데 커다란 동요를 일으켰고, 모르드개는 유대인의 생명을 지켜 주도록 왕에게 탄원할 것을 에스더에게 부탁했다. 그러면서 모르드개는 그녀가 이 목적을 위해 높은 지위에 올려진 것임을 깨닫도록 자극한다. 에스더는 만 3일을 금식한 후 생명의 위험을 무릅쓰고 왕에게 나아가서 그 계획을 취소하도록 설득하려는 필사적인 시도를 하고자 각오한다.

2. 위대한 구원(5-10장)

금식한 후 에스더는 허락이 없음에도 불구하고 왕 앞에 과감하게 나아가서 하만과 함께 자기가 준비한 잔치에 참석해 줄 것을 요청한다. 잔치에서 그녀는 그들이 다시 두 번째 잔치에 참석해 줄 것을 요청했는데, 자기 소청을 말하지 않고 다음날로 미룬 것은 금식에 이어 하나님이 주신 지혜였을 것이다. 이제 주도권은 왕에게서 에스더에게로 옮겨간다. 아하수에로는 당연히 에스더 왕후의 신상에 어떤 심상치 않은 일이 일어났음을 직감했을 것이고, 에스더의 소청을 반드시 들어주어야 할 것이라고 생각하게 되었을 것이다. 그러나 하만은 포악한 마음과 교만으로 인하여 그러한 낌새를 전혀 눈치채지 못하고, 돌아가는 길에 모르드개를 보자 격분하게 된다. 그는 그 모르드개를 매달기 위해 큰 교수형 틀을 세우라는 자신의 아내의 제안을 받아들였다. 그날 밤 아하수에로 왕은 궁중 일기를 읽음으로써 자신의 불면증을 달래기로 작정했다. 그는 모르드개의 행위에 대해 읽고서 그를 영예롭게 해주기를 원했다. 모르드개를 자기가 세운 장대에 달기 위해 왕의 재가를 받으려고 온 하만은 왕이 자기를 높이려는 것으로 생각하고서 어떻게 해야 할지를 말했고, 하만 자신이 모르드개를 영화롭게 하는 일을 해야 하는 수모를 당한다.

에스더의 두 번째 잔치에서 아하수에로는 그녀에게 자신의 나라의 절반이라도 주겠다는 제안을 세 번이나 했다. 그때 그녀는 자신과 자신의 백성을 위해 청원했고 하만의 반역을 고소했다. 대노한 왕은 하만을 모르드개를 매달려고 만들었던 나무에 매달려 죽게 했다. 75피트의 장대는 모르드개의 죽음을 그 성읍 전체가 구경하도록 만들기 위해 고안된 것이었지만, 아이러니하게도 하만 자신이 그 장대에 달려서 치욕의 죽음을 당하게 되었다.

왕의 반지로 인쳐진 바사의 법(3:12)은 철회될 수 없었으므로, 왕은 에스더의 요청으로 유대인들이 대적들에 의해 공격당하게 된 그 날에 유대인들이 함께 모여 힘을 합하여 대적들을 대적할 수 있도록 각 도에 새로운 조서를 발표했다. 이 조서는 처음 의도된 그 결과를 바꾸어 놓았고, 큰 기쁨이 일어나게 했다. 또한 모르드개는 승진되고 하만의 집을 주관하는 권한을 왕으로부터 물려받았다. 두 조서가 시행되는 운명의 날이 왔을 때, 유대인들은 바사 전 지역의 성읍에서 자기들의 대적을 쳤으나 그들의 물건을 약탈하지는 않았다. 그 다음날은 축제일이 되었고, 부림절이라 불리는 유대인의 연중 휴일이 되었다. 부림이란 단어는 앗수르의 부르(puru)에서 파생된 것으로 '제비뽑기'를 의미하며, 유대인 멸절의 날을 결정하기 위해 하만에 의해 던져진 제비를 가리킨다.

이 이야기는 모르드개가 왕 다음의 지위로 승진한 일로써 끝을 맺는다. 에스더의 성숙, 믿음, 용기, 매력 그리고 분별은 기쁘게 끝나는 한 회고담에 한 몫을 차지했다.

에스더서에서의 그리스도

에스더는 그리스도와 같이 그녀의 백성을 위해 자신을 죽음의 자리에 내어주었으나 그 왕의 가납을 얻었다. 그녀는 또한 우리의 중보자가 되시는 그리스도의 사역을 역력하게 그리고 있다. 이 책은 유대 백성들을 따라서 메시아 혈통을 멸하려는 사단의 또 다른 위협을 밝혀 놓는다. 하나님은 반대와 위험에도 불구하고 그의 백성을 계속 보존하셨으며, 그 어느 것도 메시아의 오심을 막을 수 없었다.

시가서

시가서 개요

최근까지도 히브리 성경의 1/3이 시로 쓰여졌다는 것을 알고 있는 사람은 많지 않다. 어떤 영어 역본에서 시 부분을 산문 부분으로부터 분리시켰을 때 이 사실은 더욱 명백하게 드러났다. 사실상 시를 담고 있지 않은 것으로 나타난 구약성경은 단지 다섯 권밖에 없다: 레위기, 룻기, 에스라, 학개 그리고 말라기. 이제 시가서로서 알려져 있는 다음의 다섯 권의 책은 역사서의 과거와 선지서의 미래를 연결시켜 주는 다리 역할을 한다. 이 책들은 하나님이 만들고 다스리시는 현실 속에서의 체험을 통하여 진리를 발견해 내며 경건한 생활 태도를 강조한다. 모세오경이나 12권의 역사서와는 달리, 시가서는 이스라엘 민족의 이야기를 묘사하고 있지 않다. 대신에 그것들은 고통, 하나님, 지혜 그리고 사랑 등 – 모두 현재 시제로 표현됨 – 에 대한 중대한 문제들을 깊이 탐구한다.

욥기

욥은 의로운 사람으로서 갑자기 온갖 종류의 고난의 호된 시련에 휘말려들게 된다. 그는 그의 불행이 죄로 말미암았음에 틀림없다고 주장하는 친구들과 3회전에 걸친 논쟁을 치른다. 하나님께서 마침내 위엄과 능력 가운데 욥에게 나타나셨을 때, 실제적인 논쟁점은 욥의 고난이 아니라 하나님의 주권이었음이 명백해진다. 욥은 질문한 내용에 대해 전혀 만족할 만한 해답을 얻어내지 못했지만, 사실상 문제 해결이 완전히 이루어졌다. 그 이유는 하나님 자신의 나타나심 자체가 문제 해결이었기 때문이다. 그분 앞에서 모든 문제는 사라진다. 그리고 그분의 위엄 앞에서 인간은 자기의 문제를 개진할 자격이나 기회가 사라진다. 이는 하나님 앞에서 인간은 지극히 미약한 존재로 드러나기 때문이다.

시편

다섯 권의 시편 모음집은 모세로부터 포로 후의 시기까지 수십 세기에 걸쳐 기록된 것이며, 인간의 신학 사상 및 감정과 경험이라는 전체적인 범위를 다루고 있다. 시편의 폭넓은 다양성(탄식, 감사, 찬양, 즉위식, 순례의 찬양, 탄원 등)은 이스라엘 백성이 성전 찬송가로서 예배를 사용하기에 적합하다. 각 시편들은 박자와 멜로디가 붙여졌으며 예배에서 사용되도록 만들어졌다.

잠언

잠언은 독자로 하여금 실제적인 지혜, 통찰력, 훈련, 분별력을 얻게 하려는 의도를 지녔다. 이 교훈들은 사람이 하나님을 의지하며 행할 때 아름다움과 의로움이 어리석음과 사악함을 대치하도록 하기 위해 생활 모든 전반에서 수완을 개발할 것을 강조한다.

전도서

전도서 기자는 그의 훌륭한 정신과 상당한 지식을 해 아래서 사는 인생의 목적과 만족을 위한 탐구에다 적용했다. 그는 지혜와 재물, 일, 쾌락 그리고 권세가 모두 무익할 뿐만 아니라 바람을 잡으려는 행실이라는 사실을 발견했다. 본문의 문장들은 불의와 인생의 모호함 그리고 죽음의 표면적인 불합리 등이 혼합되어 있다. 궁극적인 의미와 성취를 가져다주는 유일한 근원은 하나님 자신이시다. 그러므로 사람은 하나님의 모든 길을 이해할 능력이 없음을 인정하고, 그분을 의지하고 순종하며, 그분의 선물을 즐거워해야 한다.

아가

이 아름다운 노래는 솔로몬과 그의 술람미 신부 사이의 사랑의 친밀한 관계를 그리고 있다. 본서는 결혼에 있어서의 육체적 및 정신적 사랑의 아름다움을 찬미하고 있다.

히브리 시

이 다섯 권의 시가서들은 세 종류의 시로 나누어진다. (1) 서정시(lyric poetry): 본래 수금에 맞춘 음악을 수반하는 이 시는 흔히 강한 정서적 요소들을 지니고 있다(시편의 대부분), (2) 교훈시(didactic poetry): 격언의 방식으로 인생에 관한 원리를 가리킨다

(잠언, 전도서, 일부 시편의 지혜시). (3) 극시(dramatic poetry): 시의 형태로 된 대화(욥기, 아가).

히브리 시는 유운(類韻, assonance rhyme)이나 운율(meter)에 기초하지 않는다. 그것은 음조의 강세에 의해 생기는 약간의 리듬을 가지고 있으나 그렇게 두드러져 있지는 않다. 이러한 종류의 시에서 중요한 열쇠는 평행되는 단어나 생각들을 주의 깊게 배열함으로써 사고의 '운을 맞추는(rhyming) 대귀법(Parallelism)'이다. 적어도 여섯 종류의 평행법이 히브리 시 가운데서 분류되어 왔다.

(1) **동의 대구법**(Synonmous Parallelism): 제2행을 비슷한 낱말과 개념들을 사용함으로써 첫 행의 생각을 강화시켜 준다(욥 38:7; 시 3:1; 25:4; 49:1; 잠 11:7, 25; 12:28을 보라). (2) **종합 대구법**(Synthetic Parallelism): 제2행은 제1행의 법칙을 보충하거나 마무리지어 준다(시 1:1-2; 23:1, 5; 95:3; 잠 4:23을 보라). (3) **반의 대구법**(Antithetic Parallelism): 제1행의 생각은 제2행과 대조를 이룬다(시 1:6; 18:27; 잠 10:1; 14:34; 15:1). (4) **상징 대구법**(Emblematic Parallelism): 제1행은 제2행에 의해 전달된 중요한 점을 설명하기 위해 비유적 표현을 사용한다(시 42:1; 잠 11:22; 25:25; 27:17). (5) **점층 대구법**(Formal Parallelism): 제2행은 마지막 단어를 제외하고는 제1행을 반복한다(시 29:1; 잠 31:4을 보라). (6) **형식 대구법**(Formal parallelism): 그 행들은 단지 운율적인 것만으로 구성된다(시 2:6을 보라). 대구법은 2행 연구(二行蓮句)에서뿐만 아니라 3행과 4행으로 되어 있는 것에서, 그리고 때로는 절 전체에서도 발견된다.

히브리 시는 또한 선명한 수사법을 그 특징으로 하고 있다. (1) **직유법**: 어느 면에서 서로 닮은 두 가지를 직접 비교하는 방법(시

1:3, 4; 5:12; 17:8; 131:2을 보라). (2) **은유법**: 어느 하나를 다른 것으로 나타내는 비교법(시 23:1; 84:11; 91:4을 보라). (3) **함축법**: 어느 하나의 이름이 다른 것 대신 사용되는 함축적인 비교법(시22:16; 렘 4:7을 보라). (4) **과장법**: 어떤 점을 강조하기 위해 과장을 사용함(시 6:6; 78:27; 107:26을 보라).

(5) **반어법**: 어떤 사실을 확인 또는 부인하기 위해 의문문을 사용함(시 35:10; 56:8; 94:6; 106:2를 보라). (6) **환유법**: 두 낱말 사이의 어떤 관계 때문에 한 낱말 대신 다른 낱말을 사용함(시 5:9; 18:2; 57:9; 73:9을 보라). (7) **신인동형론**(anthropomorphism): 하나님에 관한 어떤 진리를 전달하기 위해 인간의 몸의 적합한 부분을 하나님의 모습을 묘사하는 데 사용함(시 11:4; 18:15; 31:2; 32:8을 보라). (8) **신동물동형론**(zoomorphism): 하나님에 관한 어떤 진리를 표현하기 위해 동물의 한 적합한 부분을 하나님의 모습을 표현하는 데 사용함(시 17:8; 36:7; 63:7; 91:4을 보라).

(9) **의인법**: 인간의 특징들을 생명이 없는 물체를 표현하는 데 사용함(시 35:10; 77:16; 96:11; 104:19을 보라). (10) **돈호법**(Apostrophe): 무생물체에게 말을 걸음(시 114:5을 보라). (11) **제유법**: 일부로 전체를 또는 전체로 일부를 나타내는 법(시 91:5을 보라). 그 시인들은 매우 두드러지게도 시각 심상(心像)을 사용하고 있다.

히브리 시에서 또 다른 기법은 알파벳의 답관체(踏冠體, 혹은 두문법) 형식이다. 즉 첫 행에서의 첫 번째 글자는 알파벳의 첫 문자로 시작하며, 두 번째 행의 첫 글자는 두 번째 문자로, 세 번째 행의 첫 글자는 세 번째 문자로 그리고 계속 그러한 식으로 이어져 가는 방법이다. 이 기법은 여러 가지로 다양하다(시 119편과 예레미야애가의 각 장을 보라).

시가서 안에는 세 권의 지혜서가 들어 있는데, 이들은 욥기, 잠언 그리고 전도서다. 이 책들은 형태가 아니라 내용들로 구분된다. 이스라엘에는 지혜 학교가 있었던 것 같다(삼상 24:13; 왕상 4:29-34). 이 지혜로운 사람들은 인생을 실제적으로 잘 관찰하여 중대한 상황에서 올바른 대답을 주었던 자들이다.

욥기

그가 나를 죽이시리니 내가 소망이 없노라 그러나 그의 앞에서 내 행위를 변백하리라(13:15).

나의 가는 길을 오직 그가 아시나니 그가 나를 단련하신 후에는 내가 정금같이 나오리라(23:10).

<table>
<tr><th>초점</th><th colspan="2">재난
1 2</th><th colspan="10">논쟁
3 37</th><th colspan="2">판결
38 42</th></tr>
<tr><td>구분</td><td>욥의 재난
1 2</td><td>욥의 탄식
3</td><td>엘리바스 대 욥(1)
4 7</td><td>빌닷 대 욥(1)
8 10</td><td>소발 대 욥(1)
11</td><td>엘리바스 대 욥(2)
15 17</td><td>빌닷 대 욥(2)
18 19</td><td>소발 대 욥(2)
20 21</td><td>엘리바스 대 욥(3)
22 24</td><td>빌닷 대 욥(3)
25 26</td><td>욥의 끝맺음 독백
27 31</td><td>엘리후의 네 가지 담화
32 37</td><td>여호와의 두 가지 담화
38 42</td><td>욥의 무죄 방면
42</td></tr>
<tr><td rowspan="4">화제</td><td colspan="2">갈등</td><td colspan="3">1주기</td><td colspan="3">2주기</td><td colspan="4">3주기</td><td colspan="2">결론</td></tr>
<tr><td colspan="2">하나님의 일들</td><td colspan="10">사람들의 오해</td><td colspan="2">하나님의 말씀</td></tr>
<tr><td colspan="2">서술</td><td colspan="11">대화</td><td>결어</td></tr>
<tr><td colspan="2">산문</td><td colspan="11">시</td><td>산문</td></tr>
<tr><td>지역</td><td colspan="14">우스 땅(에놈 지역/북 아라비아)</td></tr>
<tr><td>시기</td><td colspan="14">족장 시대(아마도 주전 2,000년경)</td></tr>
</table>

개관

욥기는 아마도 지금으로부터 약 4천여 년 전에 살았던 한 위대한 인물의 생애를 바꾸어 놓은 고난에 관해 이야기하고 있다. 욥은 그로 하여금 "왜?"라는 질문과 씨름하지 않을 수 없게 만든 일련의 갑작스러운 대재앙으로 인해 그가 가진 모든 것—재물, 가족, 건강—을 잃어버렸다. 이 책은 하나님과 사단 사이의 심각한 논쟁으로 시작되며, 욥과 그의 친구들 사이의 지상 논쟁을 전개하며 하나님이 욥에게 던지신 일련의 질문들로 끝을 맺는다. 하나님에 대한 욥의 신뢰(1-2장)는 불평과 자기 의를 내세우는 것(3-31장; 32:1; 40:8을 보라)으로 바뀌었으나, 그의 회개(42:1-6)는 회복으로 인도했다(42:7-17). 시련은 중요한 변화를 가져왔다. 그 과정을 겪은 사람은 그 과정을 겪기 이전의 삶과 차원이 달라졌다. 욥기는 세 부분으로 나누어져 있다: 재난(1-3장), 논쟁(4-37장) 그리고 판결(38-42장).

표제

욥은 이 책의 히브리어 표제이며, 이 이름은 두 가지 가능한 의미를 가지고 있다. 만일 이것이 핍박에 대한 히브리어에서 파생되었다면, 이것은 '핍박당하는 자'를 의미한다. 이것은 '돌이키다' 또는 '회개하다'라는 아람어에서 왔을 가능성이 더 크다. 그렇다면 이것은 '회개하는 자'를 의미한다. 두 가지 의미 모두 그 책에 적용된다. 헬라어 표제는 **욥**이고, 라틴어 표제는 **욥**(*Iob*)이다.

저자

욥기는 저자 미상이며 본문에서도 그의 신원에 대한 암시가 없다. 그러나 주석가들은 저자를 다양하게 제시해 왔다. 즉 욥, 엘리후, 바룩 그리고 에스라가 모두 지명되거나 추천되었다. 이 책에 히브리적 문화 배경이 없는 것은 저자가 이방인임을 가리킬 수도 있다. 확고한 랍비적 전통이 나타나 있지 않으나, 하나의 탈무드 전통은 모세가 이 책을 썼다고 주장한다. 우스 땅(1:1)은 모세가 40년 간 살았던 미디안 북쪽에 있으며, 모세가 욥 자신이나 엘리후를 통하여 남겨진 대화의 기록을 얻었다고 상상할 수 있다. 이것은 어떻게 이스라엘 사람들이 비(非)이스라엘계의 이야기를 소유했으며 그것을 경전의 지위에 올려놓았는지에 대해서 약간의 실마리를 제공해 준다.

욥기는 일찍이 기록된 그 어떤 것보다도 가장 장엄한 극시로 많은 사람들에 의해 간주되고 있으나, 그 저작권에 관해서는 확고한 증거가 없다. 그러나 이것은 그 본문이 특정한 단정을 하고 있지 않기 때문에 중요한 문제가 아니다.

연대와 배경

예레미야애가 4:21은 우스를 사해 동남쪽, 에돔 지역에 자리잡고 있는 것으로 보고 있다. 이것은 또한 북부 아라비아 지역 안에 있으며, 욥의 친구들은 그 부근 지역에서 왔으리라고 생각된다.

욥기 내의 사건들이 일어난 연대는 기록 연대와 구분하는 것이

시가서

좋을 것이다. 그 사건들의 연대를 확실하게 잡는 것은 어렵다. 왜냐하면 그 당대의 역사적 사건들에 대한 언급이 전혀 없기 때문이다. 그러나 많은 사실들은 욥기의 연대가 족장 시대임을 가리키는데, 아마도 창세기 11장과 12장 사이이거나 아브라함 시대 이후에 그리 오래지 않은 때였을 것이다.

(1) 욥은 그 책의 사건들이 있은 지 140년 후까지 살았다(42:16). 그의 수명은 거의 200세에 이르렀음에 틀림없다. 이것은 족장 시대에 부합된다(아브라함은 175년을 살았다; 창 25:7). (2) 욥의 재물은 금이나 은보다는 가축들의 수로 헤아려졌다(1:3; 42:12). (3) 아브라함, 이삭, 야곱과 같이, 욥은 집안의 제사장으로 제물을 드렸다. (4) 이스라엘이나 출애굽, 모세법 또는 성막에 대한 언급이 없다. (5) 아브라함 시대에 맞는 것으로 욥기에서의 사회적 단위는 족장의 가족이었다. (6) 욥의 종들을 죽인 갈대아인들(1:17)은 유목민들로서 아직 도시에 정착하지 않았다. (7) 욥기는 하나님의 칭호에 대해 족장 시대의 특징적인 이름 샷다이, 곧 '전능자'를 31회나 사용하고 있다. 초기의 용어는 나머지 구약성경에서 단지 17번만 나온다. 야웨, 즉 'the LORD'를 드물게 사용한 것도 그 연대가 모세 이전 시대임을 암시해 준다. 에스겔 14:14, 20과 야고보서 5:11은 욥이 역사적 인물이었음을 보여준다.

저자 및 기록 연대에 대해서는 여러 가지 이론이 제시되어 왔다. (1) 그것은 그 사건들이 일어난 직후에 아마도 욥 자신이나 엘리후에 의해 기록되었을 것이다. 이렇게 주장하는 중요한 이유는 네 사람과 엘리후 그리고 하나님의 말씀의 내용들을 자세히 기록할 수 있는 사람이라면, 욥 자신이거나 엘리후일 수밖에 없기 때문이다. (2) 그것은 미디안에서 모세에 의해 기록되었을 것이다(주전 1485-1445년). 이렇게 생각한 이유는 모세가 근동의 다양한 서적들을 접촉했기 때문이라고 보았기 때문이다. (3) 그것은 솔로몬 시대에 기록되었을 것이다(약 주전 950년). 욥기 안에는 후세대에 기록되었다고 말할 수밖에 없는 고도로 문학적인 기교가 들어 있으며 이 시대의 다른 지혜 문학과 유사한 내용들이 있다는 것이다. 욥기 28장과 잠언 8장의 지혜에 대한 찬미를 비교해 보라. 이 주장 가운데 들어 있는 문제점은 약 1,000년에 이르는 큰 시차다. (4) 그것은 바벨론 포로 기간 동안 또는 그 이후에 기록되었다는 것이다.

주제와 목적

이 책의 기본적인 질문은 "하나님께서 사랑하시며 전능하시다면 왜 의인이 고난당하는가?"이다. 고난 자체는 그 중심 주제가 아니다. 그것은 욥이 그의 고난으로부터 **배운 것**—모든 창조에 대한 하나님의 주권—이다. 3-37장의 논쟁은 하나님께서 무고한 사람에게 이러한 일이 일어나도록 허용하실 것인가 하는 것이었다. 욥의 세 친구의 지나치게 단순한 해명은 불충분했다. 하나님께서 의인을 단련시키기 위해 고난을 사용하실 수 있다는 엘리후의 주장은 그 문제에 가장 가까운 해답을 제공한다. 폭풍 속에서 말씀하신 하나님의 말씀의 결론은 하나님은 **무엇을 행하시든 간에** 실질적으로 옳으시며 경배 받기에 합당하시다는 것이다. 욥은 외적 환경에도 불구하고 하나님에 대한 개념을 넓힘으로써 그분의 선하심과 능력을 의지하는 것을 배워야 했다. 이 '순전한' 사람(1:1)도 자기 의를

시가서

자랑하게 되었을 때는 회개할 필요가 있었다. 그는 자신의 지혜가 한계가 있으며, 자신을 낮추고 여호와의 위대하심과 위엄을 인정해야만 했다.

욥기는 하나님이 "하늘에서, 땅에서 그리고 땅 아래에서"(빌 2:10) 주님이심을 가르치고 있다. 그분은 전지전능하시며 선하시다. 그분의 길은 사람들이 때로 이해하기가 힘드나, 그분은 언제나 신뢰할 수 있는 분이시다. 1-2장과 38-42장에서의 신적 전망이 없다면 3-37장은 참으로 하나의 신비에 속한다. 욥은 1-2장에서 사단이 가했던 시련에도 불구하고 시험에 걸리지는 않았으나, 나타난 현실과는 반대로 그 결과가 나타났을 때까지도 하나님을 신뢰할 의무가 있었다. 고난이 항상 죄와 연결되어 있지는 않다.

욥기는 일반적으로 생각되어 온 바와 같이 의인의 고난만을 다루고 있지 않다. 욥기의 주제를 요약 정리하면 다음과 같다.

욥기는 의인도 고난을 당한다는 사실을 가르친다.

욥기는 하나님의 주권을 가르친다.

욥기는 인내를 가르친다.

욥기는 성도의 견인을 가르친다.

욥기는 지혜를 다루고 있다.

욥기는 인간들이 알 수 없는 감추어진 일들이 있음을 가르친다. 그럼에도 그 고난은 유익이 된다.

욥기는 심방의 방법(실천신학)을 가르친다.

욥기의 고난은 예수 그리스도의 고난을 엿보게 한다.

성경에서 욥기의 위치

욥기는 아름다움과 깊이, 그리고 강도에 있어서 비길 데 없는 극시로 된 책이다. 이 책은 동의대구법과 반의대구법 그리고 종합대구법을 풍부하게 사용하고 있다. 배경에 있어서 욥기는 족장 시대의 비(非)히브리적 문화를 어렴풋이 제시하고 있다. 이 책의 전반적인 분위기는 그것이 전개하는 보편적인 주제에 어울린다.

욥기는 신명기 8장에 나타나 있는 하나님께서 역경을 사용하시는 다섯 가지 방법을 계시하고 있다. (1) 우리를 낮추시기 위해(22:29; 신 8:2), (2) 우리를 시험하시기 위해(2:3; 신 8:2), (3) 우리 생활의 우선순위를 재배열하시기 위해(42:5, 6; 신 8:3), (4) 우리를 징계하시기 위해(5:17; 신 8:5) 그리고 (5) 미래의 축복을 위하여 우리를 준비시키시기 위해(42:10; 신 8:7).

38-42장은 성경에서 창조 세계를 집중적으로 개관해 놓고 있다. 그 가운데서 욥은 지구가 허공에 달려 있음을 가르치고(26:7), 지구가 하나의 구형임을 시사하고 있다(22:14).

내용

1. 재난(1-2장)

1) 욥이라는 인물(1:1-5)

욥의 성품이 "순전하고 정직하여 하나님을 경외하며 악에서 떠난 자"로 4중적으로 묘사되어 있다. 그는 완전한 자였다. 게다가 그의 의로운 성품이 가정에서 드러났다고 표현하고 있는데, 가정에서 인정받는 의인은 진실로 온전한 사람이다. 가정에서 인정받지 못하면 그는 진정한 의인이 아니다.

2) 욥에 대한 사단의 참소(1:6-12)

천상의 회의가 있었는데 사단이 감히 하늘 처소에 나타났다. 그러나 이곳은 히브리인들의 사고에 의하면 2층천일 것이다. 십자가 후에 그는 하늘에서 있을 곳을 잃었다. 사단은 하나님과 욥 사이의 신비로운 연합관계를 알지 못하므로 참소하고 있다.

3) 시련(1:13-2:10)

사단의 제안대로 욥은 극심한 시련을 받게 되지만 시련 중에서도 하나님을 찬양했다. 이것은 받음의 신앙인데, 하나님이 주시는 것은 무엇이나 "아멘"으로 받는 신앙이다. 즉 하나님은 주권자이시고 선하신 분임을 철저히 인정하는 신앙이다.

4) 세 친구의 방문(2:11-13)

욥의 세 친구는 욥의 고난에 대한 소식을 듣고 방문했으나, 욥이 모습을 알아볼 수 없을 정도가 되었으므로 말없이 칠일칠야를 그와 함께 보냈다. 그들은 고난자와 함께 묵묵히 있어 주는 친절을 베풀었다. 고난을 당한 자가 있을 때 말없이 곁에 있어 주기만 해도 그는 용기와 위로를 받는다.

2. 논쟁(3-37장)

7일이 지난 후 욥이 침묵을 깨뜨리면서 자기의 생일을 저주하자,

친구들은 그와 3회전의 논쟁을 벌이면서 그를 정죄했다. 욥 자신의 죄 때문에 고난당하고 있음이 틀림없다는 것이다. 이러한 그들의 정죄에 대해서 욥은 자신의 입장을 옹호한다. 그 논쟁은 다음과 같은 순서로 진행된다.

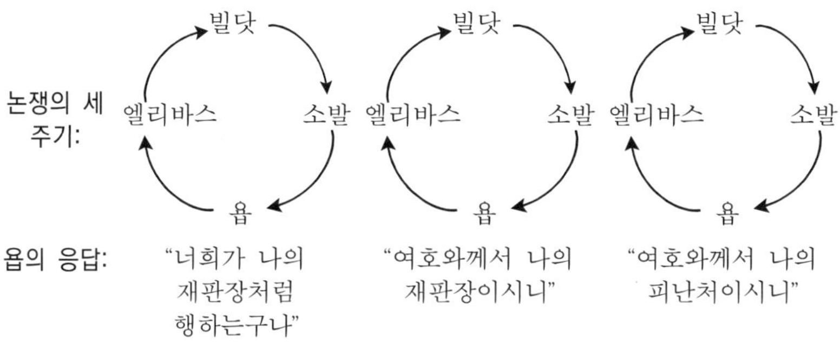

1) 욥의 친구들과의 논쟁(3–31:40)

(1) 첫 번째 논쟁(3-14장)

욥의 불평(3장). 그는 자기 생일을 저주한다. 그리고 자기에게 평안은 없고 고난만 임했다고 탄식한다.

① 엘리바스의 논리(4-5장). 엘리바스는 인과응보 사상으로 욥에게 죄가 있음을 지적한다.

욥의 답변(6-7장). 괴로운 욥은 자신을 대적하는 친구의 공격에 불만을 토로한다.

② 빌닷의 논리(8장). 하나님은 옳으신 분이다. 그러므로 인간의 죽음은 그분의 징계다.

욥의 답변(9-10장). 누구에게나 고통은 임한다고 반박한다.

③ 소발의 논리(11장). 죄인은 잠잠해야 한다고 논박한다.

④ 욥의 대답(12-14장). 너희만 지혜자냐? 나도 지혜가 있다. 13장에는 세 친구에 대한 책망과 하나님에 대한 간절한 기도가 나타나 있고, 14장의 전반부에는 욥의 인생관이 나타나 있는데 그것은 다음과 같다: ㉠ 고난의 인생이다(1절). ㉡ 짧고 덧없는 인생이다(1, 2절). ㉢ 죄인이다(4절). 시편 51:5을 보라. 사람은 날 때부터 죄인으로 태어났다. ㉣ 한 번뿐인 인생이다(7-12절).

(2) 두 번째 논쟁(15-21장)

① 엘리바스의 두 번째 발언(15장). 엘리바스는 경험론자이다. 그는 이전에도 자기가 경험한 것을 토대로 논증하면서 욥을 설득하려고 했었다.

ⅰ. 지혜 있는 사람은 헛된 지식으로 대답하지 않는다. 그러므로 쓸모 없는 말을 하는 너는 틀림없이 죄인이다.

ⅱ. 욥의 나이가 연소하다는 사실을 들어 그를 설득하려 한다.

ⅲ. 엘리바스는 계속해서 사람은 하나님 앞에 절대로 의롭지 못하다고 말한다.

욥의 답변(16-17장). 나에게 가장 필요한 것은 위로다. 어찌하여 위로를 해주지 않느냐? 나를 변론할 자는 하나님뿐이시다.

② 빌닷의 두 번째 논증(18장). 악인은 망한다.

욥의 답변(19장). ㉠ 친구들에 대한 답변(1-6절)을 하면서 "나를 공격해서 너희에게 어떤 이익이 있느냐?"고 반문한다. ㉡ 욥은 하나님을 향하여 호소한다(7절 이하).

③ 소발의 논리(20장). 본 장에는 소발의 악인론이 나와 있는데 악인의 행복은 잠시라는 것이다. 그들은 단 것을 먹으나 쓰고 먹으

나 배부르지 못하다. 저들의 자녀는 망한다.

욥의 답변(21장). 욥은 지금까지의 변론 태도를 변하여 본 장에서 "내가 또 말할 테니 내 말을 듣고 조롱하려면 해보라"고 반격한다. 이 세상에서 악인이 사실 더 잘살고 있지 않으냐?

※ 주의! 여기서 욥은 세상을 비판하거나 부정적인 시각으로 보고 있는 것이 아니다. 소발의 논리, 곧 '악인은 망한다'는 논증에 대해서 반론을 제기하려고 이러한 말을 한 것이다. 우리가 반드시 유념하고 있어야 할 사실은 이 세상은 공의로우신 하나님이 다스리시는 곳이므로 결코 악이 득세할 수 없다는 것이다.

욥은 다만 악인이 망하지 않는 경우도 있다는 것을 말하고 있는데, 이는 옳은 것이다. 저들의 자녀들 가운데는 구원받아 주의 은혜를 받을 자도 있음을 소발은 알지 못하고 있다! 따라서 하나님이 세상을 자신의 계획 가운데 다스려 나가고 있으므로 그분의 길을 인생이 알지 못한다. 하나님께서 인생들에게 모든 세상사를 알려주지 않으신 것은 야웨를 경외하도록 하기 위한 것이다(전 3:11-14).

(3) 세 번째 논쟁(22-31장)

① 엘리바스의 세 번째 변론(22장). 그렇다면 하나님이 네가 의로우니까 재앙을 주시는 것이냐? 회개하라!

욥의 탄식(아픔)(23장): 하나님만이 나의 변호자가 되실 것이다.

욥의 답답함: 하나님은 침묵하고 계시는구나!(24장). 인간의 논리로는 해결이 안 되므로…….

② 빌닷의 세 번째 논증(25장). 인간은 하나님에게 어떤 불평도 할 수 없다.

욥의 세 번째 답변(26장). 보다 구체적으로, 보다 생생하게 하나님의 광대하심을 말하고 있다. 아울러 27:1-12에는 욥의 결단이 나온다. 나는 나의 순전함을 결코 버리지 않을 것이다.

욥의 지혜 추구(28장). 지혜는 하나님을 경외하여 악을 떠나는 것이다.

욥의 진정한 고통(30장). 소외당한 욥의 모습을 보게 된다. 이것이 진정한 욥의 고통이었다. 하나님의 침묵이 참으로 욥을 두렵게 하고 고통스럽게 해 왔던 것이다.

욥의 양심 선언(31장). "욥은 내가 언제……?"라고 질문하면서 자기의 무죄를 강조한다.

세 친구와의 대화 가운데 욥은 친구들과 논쟁을 하는 중에 세 가지의 기본적인 불평을 한다. (1) 하나님은 나의 이야기를 듣고 계시지 않는다(13:3, 24; 19:7; 23:3-5; 30:20). (2) 하나님은 나를 벌하고 계신다(6:4; 7:20; 9:17). (3) 하나님은 악인이 형통하도록 허락하신다(21:7). 그의 변명은 친구들의 비난보다 더 길다. 그리고 자신의 무죄를 변호하는 과정에서 그는 자기 의를 내세울 뿐만 아니라 인간적인 논리를 하나님의 알 수 없는 계획에 적용하는 우를 범한다.

다섯 장에 이르는 욥의 끝맺음 독백(27-31장) 후에, 엘리후는 엘리바스, 빌닷 또는 소발이 제시한 것보다 더 지각 있고 정확한 견해를 제시함으로써 분위기를 새롭게 했다(32-37장). 그는 하나님 앞에서 스스로를 겸비케 하고 시련을 통해서 그의 삶을 깨끗하게 하시려는 하나님의 신비한 방법에 피조물인 욥이 말없이 순복할 필요가 있다고 말한다.

	엘리바스	빌닷	소발	엘리후
특성	신학자	역사가, 율법주의자	도덕주의자, 독선주의자	젊은 신학자, 지적임
의지하는 것	관찰, 경험	전통	추측	교육
인품	사려 깊음	논쟁적임	거칠고 퉁명스러움	지각력이 있음 약간의 자만심
표현	철학	역사	인습	논리
논증	"죄를 지으면, 고난당한다"	"죄를 짓고 있음에 틀림없다"	"너는 죄를 짓고 있다"	"하나님께서 단련하고 가르치신다"
욥에 대한 충고	악인만이 고난당한다	악인은 반드시 고난당한다	악인의 수명은 짧다	너 자신을 낮추고 하나님께 순복하라
요절	4:8; 5:17	8:8	20:5	37:23
하나님에 대한 관념	의로우심: 악인을 벌하고 선인을 복주심	재판장: 요지부동의 입법자	굽히지 않으심, 무자비함	엄격한 훈련자 교사
이름	"하나님은 금이시다" 또는 "하나님은 (심판을) 시행하신다"	"논쟁의 아들"	"거친" 또는 "떠들썩하게 하는 자"	"그는 나의 하나님이시라"

3. 판결(38-42장)

엘리후의 예비적 강화 후에 하나님께서 친히 폭풍 가운데서 욥에게 말씀하심으로 그 논쟁을 매듭지으셨다. 하나님은 그분의 첫 번째 말씀에서 자연계와 동물계의 창조주이시며 보존자로서 자신의 능력과 지혜를 계시하셨다. 욥은 자신의 무지와 무가치함을 인정한다. 즉 그는 반증을 제시할 수 없었다(40:3-5). 하나님은 두 번째 말씀에서 자신의 주권을 계시하셨고, 제어할 수 없는 것을 제어하시는 자신의 능력에 대한 두 가지 예증으로 욥에게 도전하셨다. 이때 욥은 회개하는 마음으로 자신의 오류를 인정한다(42:1-6). 욥은 자연의 영역에서 하나님의 계획과 세상을 다스리는 방법을 이해할 수 없었다. 따라서 어떻게 그가 영적인 영역에서 하나님의 계획과 그 궁극적인 목적을 이해할 수 있었겠는가? 하나님은 욥의 개인적인 고난을 언급하지 않았으며, 논쟁의 본 문제는 거의 다루지 않으셨다. 그러나 하나님이 욥 앞에 나타나심(임재)으로써 욥의 본질적인 문제는 해결되었고, 그는 하나님의 계획을 어렴풋이 파악할 수 있었으며, 그가 자신의 생애에 대한 하나님의 주권을 인정했을 때 모든 것이 갑절로 회복되었다. 욥은 자신에게 그처럼 깊은 상처를 준 그의 세 친구를 위해 기도했으나, 엘리후의 담화는 결코 책망당하지 않았다. "보라 인내하는 자를 우리가 복되다 하나니 너희가 욥의 인내를 들었고 주께서 주신 결말을 보았거니와 주는 가장 자비하시고 긍휼히 여기는 자시니라"(약 1:12; 5:11을 보라).

욥기에서의 그리스도

욥은 구속자를 인정하며(19:25-27을 보라), 중보자를 구하고 있다(9:33; 33:23). 이 책은 우리와 같은 고난을 당하신(4:15) 그리스도 안에서 완전한 해답을 얻은 문제들과 질문들을 제기한다. 그리스도는 신자의 생명이시며 구속자이시고 중보자와 대변자가 되신다. 이유 없이 당하는 고난 속에 그리스도의 고난의 신비가 암시되어 있다.

시편

나의 반석이시요 나의 구속자이신 여호와여 내 입의 말과 마음의 묵상이 주의 앞에 열납되기를 원하나이다(19:14).

내 입이 여호와의 영예를 말하며 모든 육체가 그의 성호를 영영히 송축할지로다(145:21).

책	제1권 (1-41)	제2권 (42-72)	제3권 (73-89)	제4권 (90-106)	제5권 (107-150)
주 저자	다윗	다윗/고라	아삽	미상	다윗/미상
시편의 수	41	31	17	17	44
기본 내용	예배의 노래	민족의 번영을 위한 찬송		찬미송	
모세오경과의 화제별 유사성	창세기: 인간과 창조	출애굽기: 구원과 구속	레위기: 예배와 성소	민수기: 광야와 방황	신명기: 성경과 찬양
끝맺음 송영	41:13	72:18, 19	89:52	106:48	150:1-6
가능한 편집자	다윗	히스기야/요시야		에스라/느헤미야	
가능한 편집 연대	약 주전 1020-970년	약 주전 970-610년		약 주전 430년까지	
편집 기간	약 1,000년(약 주전 1410-430년)				

개관

시편은 성경에서 가장 분량이 많으며 또한 가장 널리 사용된 책이다. 이 책은 매우 사적이고도 실제적인 방법으로 모든 영역의 인간의 경험을 탐구하고 있다. 150개의 다양한 시들의 배경은 창조로부터 시작해서 족장, 신정, 왕정, 포로 그리고 포로 후 시대에 이르기까지 다양하다. 시편의 광범위한 주제들은 환희, 전쟁, 평화, 예배, 심판, 메시아 예언 그리고 애가 등을 포함하고 있다. 시편은 현악기에 맞추도록, 그리고 성전 찬송가와 유대 백성들의 신앙 지도서로서 기여하도록 기록되었다.

시편은 사실상 다섯 권의 책으로 되어 있으며, 각 권은 송영으로 끝난다(도표를 보라). 마지막 시편은 제5권과 그 시편 전체에 대한 끝맺음 송영이다. 시편이 기록된 후 이 시들 가운데 116개의 시편에 편집, 표제 또는 지시들이 덧붙여졌다.

이 표제들은 역사적으로 정확하며, 히브리 본문에서는 첫 번째 절로 간주되기도 한다. 그것들은 57개의 시편을 **미즈모르**, 곧 '노래'(psalm)—현악에 맞춘 노래—로 명시했다. 또 다른 29개는 **쉬르** 곧 '노래'(song)로 불리며, 13개는 **마스길** 곧 '명상 시'(Contemplative Poem)로 불린다. 6개는 **믹담**이라 불리는데 아마도 그것은 '짧은 풍자시'(epigram) 또는 '시 비명'(碑銘)을 의미할 것이다. 다섯 개는 **테필라** 곧 '기도'라 칭해지며(합 3장을 보라), 단 하나만이 **테힐라** 곧 '찬양'이라 불린다(시 145편).

이 전문적인 용어 이외에, 시편들은 주제별로 분류될 수 있을 것이다: 창조(8, 19편), 출애굽(78편), 참회(6편), 순례의 시(120-134

편) 그리고 메시아에 관한 시(시편에서의 그리스도를 보라). 첫 번째 절이나 행이 히브리 알파벳 문자로 시작되며, 두 번째는 두 번째 문자로 그리고 계속해서 그러한 형식으로 이어지는 답관체 시편들도 아홉 개가 있다(9; 10; 25; 34; 37; 111; 112; 119; 145편).

역대상 16:4은 또 다른 분류 방법을 지지하고 있다: "…이스라엘 하나님 여호와를 칭송하며 감사하며 찬양하게 하였으니." 이것은 세 가지의 기본 유형으로 인도한다: 애가, 감사 그리고 찬미 시. 시편은 모두 다음과 같은 10가지 유형으로 나누어진다.

(1) **개인 애가**: 직접 하나님께 올리는 이 시편들은 한 개인을 구하시고 옹호해 주시도록 그분에게 탄원한다. 거기에는 이러한 요소가 들어 있다: (a)머리말(보통 하나님께 대한 부르짖음), (b) 비탄, (c) 하나님에 대한 신뢰를 고백함, (d) 탄원, (e) 찬양의 선포 또는 서원. 이러한 유형이 가장 많다(3-7; 12-13; 22; 25-28; 35; 38-40; 42-43; 51; 54-57; 59; 61; 63-64; 69-71; 86; 88; 102; 109; 120; 130; 140-143편을 보라).

(2) **공동체 애가**: 이 시편들에서는 한 개인보다는 그 민족에 의한 고백이 이루어진다(124; 129편을 보라).

(3) **보편적인 찬양의 시**: 이 시편들은 '찬양'이라는 단어를 사용하면서 광범위하게 하나님을 찬양하고 있으며, 감사의 시들보다 더 보편적이다. 시편 기자는 하나님의 이름을 높이며 그분의 위대하심을 자랑하고자 시도한다(8; 19; 29; 102-104; 139; 148; 150편을 보라). 기쁨에 넘치는 감탄사 '할렐루야' ('여호와를 찬양하라!')가 이 시편들 가운데 여러 곳에서 발견된다.

(6) **서술적인 찬양의 시**: 이 시편들은 하나님의 속성과 행위를

시가서

찬양한다(33; 36; 105; 111; 113; 117; 135-136; 146-147편을 보라).

(7) **여호와의 왕권에 관한 시** : 이 시편들은 만유에 대한 여호와의 주권적 통치를 묘사한다(47; 93; 96-99편을 보라). 혹자는 그리스도의 왕국 통치를 예상한다.

(8) **순례의 노래** : 이 시편들은 또한 시온의 노래로서 알려져 있는데, 해마다 세 번 맞이하는 종교적 절기, 즉 유월절, 오순절 그리고 초막절을 위해 예루살렘으로 여행하는 순례자들에 의해 불려졌다(43; 46; 48; 76; 84; 87; 120-134편을 보라).

(9) **제왕시** : 천국의 왕뿐만 아니라 지상의 통치가 이 시편들 대부분에서 묘사되고 있다. 여기에는 2; 18; 20-21; 45; 72; 89; 101; 110; 132; 144편이 포함된다.

(10) **교훈적 지혜를 담은 시** : 독자는 의의 길로 행하라는 권면과 지시를 받는다(1; 37; 119편을 보라).

소위 저주의('저주를 내리도록 기도하다') 시라 일컬어지는 것에는 문제가 있다. 이 시들은 대적에 대한 하나님의 심판을 호소한다(7; 35; 40; 55; 58-59; 69; 79; 109; 137; 139; 144편을 보라). 비록 그 중 일부는 부조리하게 가혹해 보일지라도 다음 몇 가지를 유념해야 한다. (1) 그것들은 인간적인 보복보다는 하나님의 공의를 구하고 있다. (2) 그것들은 하나님께서 악인을 벌하심으로써 그분의 의를 옹호하시기를 요청한다. (3) 그것들은 죄를 정죄한다(히브리인의 생각에는 죄인과 그의 죄가 뚜렷하게 구분되지 않았다). 그리고 (4) 예수께서도 여러 성읍에서 저주를 내리도록 기도하셨으며, 그의 제자들에게 복음을 받아들이지 않은 성읍들을 저주하도록 명하셨다(마 10:14-15).

특별한 음악적 용어들(일부는 불분명함)이 시편의 표제에 많이 사용되었다. '영장으로'라는 말이 55개의 시편에 나타나는데, 그것은 성전에서 노래 지휘자가 아마도 특별한 때에 사용한 시편들의 모음을 가리킨다. '셀라'는 시편에서 71번 사용되며, 하박국에 3번 나온다. 이것은 연성부호, 간주곡을 표시한 것일 수도 있다.

표제

시편은 수백 년 간 수집되었고, 본래는 이름이 붙여지지 않았는데, 그것은 아마도 자료의 넓은 다양성 때문일 것이다. 그것은 **세페르 테힐림**—'찬양의 책'(찬송가)—으로 알려지게 되었는데, 그 까닭은 거의 대부분의 시들이 어느 정도 하나님에 대한 찬양의 어조를 지니고 있기 때문이다. 칠십인역은 이 책의 표제로 헬라어 **프살모이**를 사용했는데, 그것은 악기에 맞추어 노래된 시들을 의미한다. 그것은 또한 시편을 **프살테리움**(노래들의 모음집)이라 불렀으며, 이 단어는 Psalter라는 용어의 근거가 되고 있다. 라틴어 표제는 **리베르 프살모룸**(*Liber Psalmorum*), 곧 '시가의 책'이다.

저자

비평가들이 저자의 이름들에 대한 역사적 정확성에 도전해 오고 있지만, 증거는 그것들을 강하게 지지한다. 시편 가운데 거의 절반에 해당하는 시가 다윗의 것으로 되어 있다(3-9; 11-32; 34-41; 51-65; 68-70; 86; 101; 103; 108-110; 122; 124; 131; 133; 138-145편). 목자,

음악인, 용사 그리고 왕으로서의 다윗의 폭넓은 경험들(주전 1011-971년까지)이 그의 시편들 가운데 반영되어 있다. 신약성경은 저자 미상의 시편 2편과 95편도 '야웨의 사랑받는 자'라는 의미의 이름을 지닌 이 왕을 통하여 기록되었음을 밝히고 있다(행 4:25; 히 4:7).

다윗이 쓴 73편의 시 이외에, 12편은 음악 예배를 주도한 제사장인 아삽 '수집자'에 의해 쓰여졌다(50; 78-83편; 스 2:41). 10편은 노래를 부르며 작곡하는 단체인 고라('벗어진')의 자손에 의한 것이다(42; 44-29; 84-85; 87편; 민 26:9-11). 두 편은 이스라엘의 가장 능력 있는 왕 솔로몬('평강')에 의한 것이었다(90편). 하나는 지혜로운 자 헤만('충성된')에 의해 기록되었고(88편; 왕상 4:31; 대상 15:19), 하나는 지혜로운 자 에단('인내함')의 것이었다(89편; 왕상 4:31; 대상 15:19). 나머지 50편의 시는 저자 미상이다(1-2; 10; 33; 43; 66-67; 71; 91-100; 102; 104-107; 111-121; 123; 125-126; 128-130; 132; 135-137; 146-150편). 저자 미상의 시들 가운데 일부는 전통적으로 에스라의 것으로 간주되고 있다.

연대와 배경

시편은 모세(약 주전 1410년)로부터 에스라와 느헤미야 아래서의 포로 후 공동체 시대(약 주전 430년)에 이르기까지 매우 폭넓은 시기를 다루고 있다. 연대와 주제의 범위가 넓기 때문에 시편은 여러 상황에 있는 다른 청중들에게 쓰여졌다. 그러므로 그것들은 무수한 감정을 반영해 주어 모든 독자들에게 밀접하게 연결된다.

그 다섯 권은 다른 여러 세기에 걸쳐 편집되었다. 개인적인 시들이 지어졌을 때, 일부는 이스라엘의 예배에 사용되었다. 순례의 노래들이나 다윗의 시 선집과 같은 작은 모음집들이 독립적으로 많이 만들어졌다(1-41; 51-71; 138-145편). 좀 더 작은 이 시 선집들은 점차 다섯 권의 책으로 모아졌다. 마지막 단계는 다섯 권의 책을 합하여 편집하는 것이었다. 제1권이 야웨라는 이름을 272번, 엘로힘은 단지 15번 사용하고 있는 것은 흥미로운 일이다. 다윗(대상 15:16), 히스기야(대하 29:30; 창 25:1) 그리고 에스라(느 8장)가 시들을 모으는 여러 단계에 개입되었다. 다윗은 자신의 시들이 한 부분을 이루었던 성전 예배 의식의 창시자였다. 13편의 시에 붙은 표제는 그의 생애에서 일어난 주요 사건들을 명기하고 있다: 사무엘상 19:11(시 59); 21:11(시 56); 21:13(시 34); 22:1(시 142); 22:9(시 52); 23:19(시 54); 24:3(시 57); 사무엘하 8:13(시 60); 12:13(시 51); 15:16(시 3); 15:23(시 63); 16:5(시 7); 22:2-51(시 18).

시들을 해석할 때 기억해야 할 네 가지 사항이 있다. (1) 그 표제가 역사적 사건을 알려 줄 때, 그 시는 그 빛 안에서 해석되어야 한다. 그것이 제시되어 있지 않을 때는 그 역사적 근거를 재구성할 수 있는 희망이 거의 없다. 그 실마리를 추측해 보는 일은 해석 과정을 돕기보다는 오히려 해치게 될 수도 있다. (2) 그 시들의 일부는 이스라엘 예배의 한정된 국면과 연관되어 있으며(5:7; 66:13; 68:24-25을 보라), 이것은 그 시들을 이해하는 데 도움이 될 수 있다. (3) 많은 시들이 명백한 구성과 주제를 사용하고 있다. (4) 많은 시들이 이스라엘의 메시아를 예견하며, 그리스도 안에서 성취된다. 그러니 그것들을 풍유적으로 받아들이지 않도록, 그리고 문법적·역사적 해석 방법을 잊지 않도록 주의해야 한다.

주제와 목적

다양한 시들은 각기 다른 느낌과 상황을 표현해 준다. 그러나 일반적인 주제는 경배다. 하나님은 그분의 존재와 행하신 것과 앞으로 행하실 것들로 인해서 모든 찬양을 받기에 합당하신 분이기 때문이다. 그분의 선하심은 영원토록 온 세대에 미친다. 그 시들은 하나님의 백성에 대한 그분의 계획을 반영해 주기 때문에 하나님의 인격과 역사에 대한 매우 개인적인 반응을 표현하고 있다. 거기에는 하나님의 계획이 성취되고 그분의 이름이 칭송받는 것을 보기를 원하는 강렬한 열망이 있다. 많은 시들이 하나님의 말씀과 그분의 속성, 특히 곤경에 처했을 때 깨달은 진리들을 개관해 놓고 있다. 그러므로 시편은 크게 볼 때 구약성도의 신학과 삶을 반영해 주고 있다.

그 시들은 거의 모두 성전에서 사용되었으며, 또한 그것들의 일부는 개인적인 그리고 공적인 예배의 지침서 구실을 하기도 했다.

성경에서 시편의 위치

시편은 구약성경의 중심부를 차지하고 있으며, 구약성경의 심장부에 해당한다. 또한 시편은 구약 성도들의 신앙의 고백이며, 주의 성령의 감동을 받은 사람들이 읊은 시들이다. 따라서 시편은 우리 주 예수님의 시 혹은 찬송이라고 말할 수 있다. 그 이유는 시를 읊은 작가들의 속에 그리스도의 영(성령)이 계시면서 저들을 감동시켜 시를 읊게 했기 때문이다. 그래서 시편은 신약성경에서 어느 책보다 더 많이 인용된다. 우리 주님은 지상 사역 기간 동안 시편을 자주 사용하셨다(산상설교, 무리를 가르치심, 유대 지도자들에게 대답하심, 성전을 깨끗하게 하심, 최후의 만찬석상에서 그리고 십자가상에서).

시편을 노래하는 것은 초대 교회에서 정규 예배의 한 부분이었다(참조. 고전 14:26; 엡 5:19; 골 3:16).

시편 이외에도 구약에는 적어도 11편의 다른 시들이 있다. (1) 홍해의 노래(출 15:1-18), (2) 모세의 노래(신 32:1-43), (3) 드보라의 노래(삿 5장), (4) 한나의 노래(삼상 2:1-10), (5) 다윗의 시(삼하 22:2-51), (6) 욥의 애가(욥 3; 7; 10장), (7) 이사야서에서의 송영(사 12:4-6), (8) 히스기야의 노래(사 38:9-20). (9) 예레미야의 애가(애 3:19-38, 5), (10) 요나의 기도(욘 2:1-9), (11) 하박국의 기도(합 3:2-19).

내용

1. 제1권 = 1-41편

시편 가운데서 가장 먼저 나오는 시가 1, 2편이다. 히브리인들의 수사기법에서 강조하고자 하는 내용을 가장 앞부분에 놓는 관습이 있다. 이런 논리로 본다면, 1편과 2편은 가장 중요한 시다.

이스라엘 백성들의 영적 생활에 가장 기본이 되는 요소는 율법과 예언이다. 율법은 기초요, 예언은 그 필수 불가결한 상부 구조다.

율법은 생활의 기초를 놓아주고, 예언은 그 놓인 기초 위에 건물을 쌓는 역할을 한다. 시편 1, 2편은 이러한 두 면을 다루고 있다. 제1편은 율법에 대한 올바른 자세를 제시해 주고, 제2편은 예언의 본질을 제시해 준다. 이러한 두 개의 사실을 바르게 깨닫는 사람은 시편 기자가 인도하는 길을 바르게 잘 따라가는 사람이다.

본 시편 1편이 시편의 서론으로 기록되었다고 생각할 필요는 없다. 왜냐하면 이 시편 1편은 삶의 가장 기본적인 방법을 제시하고 있는 시편의 기본 사상이기 때문이다. 율법에 대해 어떤 태도를 가지고 있느냐가 사람의 생을 좌우한다. 복은 인간들이 추구하는 가장 중요한 요소다. 그러므로 시편 1편은 그 복을 받은 자 혹은 받을 자에 대해서 말하고 있는 것이다. 복 있는 사람은 의인이요 악인이 아니다. 그는 여호와의 율법을 주야로 묵상하는 사람이다.

율법을 묵상하면 그 사람은 메시아에게 나올 수밖에 없다. 그래서 시편 2편은 메시아를 대적하지 말고 그분을 환영하고 친근히 하라고 권면한다.

1) 제1권의 시들은 대부분 다윗의 시다(1; 10; 33편은 제외). 사도행전 4:25에서는 제2편까지도 다윗의 시편이라고 말한다.

2) 이 시들은 대부분이 다윗이나 솔로몬에 의해 수집되었을 것이라고 추측된다.

3) 몇몇 히브리 맛소라 사본에서는 시편 2편을 1편의 한 부분으로 취급하고 있다(행 13:33을 보라).

4) 70인역과 벌게이트역에서는 9편과 10편을 묶어놓고 있는데, 이는 알파벳 두문법적 시로서 9편에서 시작된 시의 알파벳이 10편으로 이어져 있기 때문이다.

5) 1권에 나오는 하나님의 이름은 야웨(테트라그람마톤)다.

6) "아멘 아멘"으로 끝난다.

2. 제2권 = 42-72편

1) 42-49장은 고라의 자손들에 의해 쓰여진 것이다. 고라 자손은 사무엘의 손자 헤만일 가능성이 큰데, 그는 자신을 광야에서 반역하다가 산 채로 땅 속으로 빠져들어간 고라 자손으로 묘사하는 것 같다.

2) 50장은 아삽에 의해 쓰여졌는데, 그 역시 선견자요 3대 악장 중 한 사람이다.

3) 19개는 다윗에 의해, 1개는 솔로몬에 의해 쓰여졌고, 2개는 저자 미상이다.

4) 2권은 솔로몬이나 여호사밧에 의해 수집되었을 가능성이 크다.

5) 하나님의 이름은 주로 엘로힘이다.

6) "아멘 아멘"과 "다윗의 기도가 끝났다"로 끝난다.

3. 제3권 = 73-89편

1) 본 3권은 아삽(75-83편), 다윗(86편), 에단(89편; 왕상 4:31; 고전 15:19), 고라(84-88편) 등이다.

2) 이는 히스기야에 의해 수집되었거나(대하 29:30) 포로 기간 동안 수집되었을 가능성이 크다.

3) 하나님의 이름은 엘로힘(73-83편), 야웨(84-89편)로 분리되어

시가서

나타난다.

4) "아멘 아멘"으로 끝난다.

4. 제4권 = 90-106편

1) 저자 미상의 시들이 다수 나타나고 모세(90편), 다윗(100; 103편)의 시가 들어 있다.

2) 뒤늦게 수집되었거나 오랜 기간에 걸쳐 쓰여졌을 것으로 추측된다.

3) 하나님의 이름은 주로 야웨다.

4) "아멘 할렐루야"로 끝난다.

5. 제5권 = 107-150편

1) 잡다한 주제로 구성되어 있다. 공중예배에 적합한 흩어진 시편들을 모은 것으로 보인다.

2) 에스라가 당대에 유통된 시들을 수집한 것으로 추측된다.

3) 126편은 포로생활에서 돌아온 후 만들어진 것이다.

4) 108편은 57:9-11과 60:5-12을 결합해 놓은 것이다.

5) 147편은 70인역에서는 두 개의 시편으로 되어 있다(146; 147편).

6) 146편부터 150편까지는 "할렐루야, 너는 여호와를 찬양하라"는 송영으로 이루어져 있다.

7) 하나님의 이름은 주로 야웨다.

8) "아멘"으로 끝나지 않고 "할렐루야"로 끝난다.

〈성가대와 악장〉

성전에는 찬양대를 인도하는 세 사람의 악장(樂長)이 있었다. 이들은 역대상 25장에서 아삽, 여두둔, 헤만으로 나타난다.

찬양하는 자－아삽과 그 후손들(25:2)

수금을 잡고 찬양하는 자－여두둔과 그 후손들(25:3)

나팔을 부는 자－헤만과 그 후손들(25:4, 5) = 고라 자손

이들 세 사람 헤만(대상 25:5), 아삽(대하 29:30), 여두둔(대하 35:15. 참고. 9:14-16)은 '선견자'라고 기록되어 있다. 선견자라고 할 때는 성령의 감동을 받아 성전에서 작사, 작곡을 하여 영감 있는 찬양을 드리는 사람을 의미할 수 있다. 역대상 25장에는 히브리어로 '예언하다'란 세 개의 단어 중 두 개의 단어가 나온다. 그 하나가 '하자'(חזה)라는 단어이고, 또 다른 하나가 '나바'(נבא)이다. '하자'라는 단어는 성가대 지휘자가 왕의 선견자였다는 문장에서 사용되었고, '나바'라는 단어는 성가대가 "신령한 노래를 하며"라는 문구에서 사용되었다. 그러면 이 단어들이 가지는 의미가 무엇인가? '하자'이든, '나바'이든 이러한 단어가 나오면 그것은 하나님의 성령에 완전히 사로잡혀서 성령에 의해 말(찬양)을 한다는 의미가 된다(참고. 행 2:4). 구약에서 성령에 사로잡히지 않은 사람은 전혀 선지자가 아니었다. 오히려 성령에 사로잡히지도 않으면서 자기가 성령을 받아 하나님의 말씀을 예언하고 있다고 말한 사람이 있었다면, 그 사람은 거짓 선지자였고, 그 사람은 하나님의 저주를 받았다.

그러므로 성가대의 대장 및 지휘자가 왕의 선견자였다는 말은 이들이 성령을 받은 사람들이었다는 것을 의미한다. 다시 말해서 그들이 성가 대장으로서 시작(詩作)을 하고 성가대에 앞서 선창을

할 때 하나님의 성령에 사로잡혀서 했다는 것을 의미한다. 그러한 것은 일반 성가대원들도 마찬가지였다. 그들은 신령한 노래를 하는 사람들이었다. 다시 말해서 저들이 성가를 부를 때는 성령의 감동과 감화를 받아서, 선지자들이 예언할 때 했던 것처럼, 성령에 완전히 사로잡혀서 하나님을 찬양했다는 것이다.

〈고라 자손〉

다른 한편, 시편에서 우리의 눈길을 끄는 시 작가는 '고라 자손'이라는 익명의 저자다. 고라는 이스라엘이 광야에 있을 때 모세를 반역했던 자다. 그 당시 고라와 그에 속한 모든 사람(즉 고라의 종들)은 땅이 입을 벌려 삼켰다. 그러나 고라의 아들들은 죽지 않고 살아남았다(민 26:27; 31-33; 26:9-11 참고). 다윗 시대에 세 악장(영장) 중 한 사람인 헤만은 사무엘의 손자인 고라 자손이었다(대상 6:33-38; 참고. 대상 15:17, 19; 16:41, 42; 대하 5:12). 헤만의 아들들과 헤만의 형제들 역시 성가대원들이었다. 아마도 그는 다윗 시대의 성가대 세 악장 중 한 사람으로서 많은 시를 썼을 것이다. 그는 하나님의 말씀을 받드는 왕의 선견자이기도 했다(대상 25:5). 그의 아들들과 딸들도 모두 악기와 찬양에 능했다(대상 25:5, 6). 그리고 또 다른 고라 자손은 성전 문지기였다(대상 26:1, 19). 사무엘이 성전 문지기로 있었듯이, 고라 자손들 가운데 아마도 성전 문지기로 있다가 나중에 성가대원이 된 사람들이 있었던 것 같다(참고. 시 84편). 그리고 또 다른 고라 자손은 성전에서 수종드는 일을 했다(대상 9:17-19, 31). 그들이 명예롭지 못한 고라의 자손으로 불리기를 원했다는 사실에서 그들의 신앙과 겸손, 회개를 엿볼 수 있다. 따라서 '고라 자손'은 사무엘, 사무엘의 손자요 악장인 헤만, 혹은 다른 익명의 고라 자손의 성가대 그룹원들 중 몇몇 사람들일 것이다.

그렇다면 왜 고라 자손이 성전에서 독특한 위치를 차지하게 되었는가?

역대상 9:22은 다음과 같이 기록하고 있다: "택함을 입어 문지기 된 자가 모두 이백열둘이니 이는 그 향리에서 그 보계대로 계수된 자요 다윗과 선견자 사무엘이 전에 세워서 이 직분을 맡긴 자라." 성전에서 문지기의 직분을 처음으로 세운 사람은 다윗과 사무엘이었다. 따라서 사무엘이 성전의 직제 설립에 상당한 영향력을 행사했음을 알 수 있다. 그런데 사무엘 자신도 고라 자손이었다. 고라 자손인 사무엘은 어릴 때 한나의 손에 이끌려서 실로에 있는 성전으로 갔고, 거기서 성전에서 수종 드는 가운데 여러 가지 일과 함께 특히 문지기 역할을 한 것으로 보인다. "사무엘이 아침까지 누웠다가 여호와의 집 문을 열었으나"(삼상 3:15)라는 기록은 사무엘이 문지기 역할을 충실히 감당했음을 보여준다. 사무엘은 문지기로 있다가 이상을 보고, 하나님의 말씀을 듣고, 그 다음에 그것을 백성들에게 전하고, 백성들이 그를 선지자로 인정하고, 그리하여 결국에는 백성의 지도자가 되었다. 그래서 사무엘이 가지고 있던 성전 문지기 직분은 다른 사람에게로 돌아갔는데, 아마도 사무엘의 자녀들 혹은 손자들에게로 돌아갔을 것이다. 사무엘이 죽은 후 이러한 성전의 직분과 직위들은 다윗이 승인했을 것이다.

사무엘이 고라 자손이었으므로 그가 고라 자손들에게 성전에서 중요한 직위를 주었고, 그래서 고라 자손의 활약은 성전/성막이 세워져 있었던 실로, 놉, 기브온 그리고 예루살렘 성전에서 상당했을 것이 분명하다. 고라 자손들은 성전을 수직하는 일뿐만 아니라 노래하는 일도 맡았다(대상 9:19). 게다가 사무엘의 손자인 헤만은 찬송에 있어서 상당한 수준이 있는 사람이었다(대상 6:33). "직무를 행하는 자와 그 아들들이 이러하니 그핫의 자손 중에 헤만은 찬송하는 자라 저는 요엘의 아들이요 요엘은 사무엘의 아들이요"(대상 6:33). 헤만과 사무엘의 족보에 대해서는 대상 6:34 이하를 계속 읽어 보라. 고라 자손이 지은 시는 시편 42; 44-49; 84; 85; 87; 88편이다.

시편에서의 그리스도

많은 시들이 예수 그리스도, 곧 이스라엘의 약속된 메시아('기름 부음 받은 자')로서 수 세기 후에 오신 자의 생애와 사역을 뚜렷하게 예견했다. 시편은 사복음서와 마찬가지로 그리스도의 인격과 사역에 대해 여러 가지 전망을 제시한다. 그 이유는 시 작가들 속에 예수의 영이 계셔서 그 시들을 읊도록 했기 때문이다.

◆ 왕이신 예수 그리스도(마태복음에서 묘사됨)

2: 그리스도께서 그 민족에게 왕으로서 배척당하시다.
18: 그리스도는 보호자이시며 구원자이시다.
20: 그리스도께서 구원을 준비하시다.
21: 그리스도께서 하나님에 의해 영광을 얻으시다.
24: 그리스도는 영광의 왕이시다.

47: 그리스도께서 그의 왕국에서 다스리시다.
110: 그리스도는 왕이시며 제사장이시다.

◆ 종이신 예수 그리스도(마가복음에서 묘사됨)
17: 그리스도는 중보자이시다.
22: 그리스도는 죽으신 구세주이시다.
23: 그리스도는 목자이시다.
40: 그리스도께서 죽기까지 복종하시다.
41: 그리스도께서 친한 친구에 의해 배신당하시다.
61: 그리스도께서 이유 없이 미움을 받으시다.
109: 그리스도께서 자신을 배척한 자들을 사랑하시다.

◆ 인자이신 예수 그리스도(누가복음에서 묘사됨)
8: 그리스도께서 천사보다 조금 낮게 되시다.
16: 그리스도의 부활이 약속되다.
40: 그리스도의 부활이 실현되다.

◆ 하나님의 아들이신 예수 그리스도(요한복음에서 묘사됨)
19: 그리스도는 창조주이시다.
102: 그리스도는 영원하시다.
118: 그리스도는 모퉁이의 머릿돌이시다.

메시아에 관한 시에는 다음 다섯 가지의 다른 종류가 있다. (1) 그 시의 주어는 어느 면에서 그리스도의 한 예표다(34:20; 69:4, 9을 보라). (2) 시편 기사는 자신의 생애 저 멀리를 가리키고 있는 그리고 오직 그리스도 안에서만 역사적으로 성취되는 그의 현재의

시
가
서

경험을 서술하는 단어를 사용하고 있다(22편을 보라). (3) 저술 당시 그 시는 보편적으로 한 왕이나 다윗의 집을 언급했으나, 그리스도 안에서 최종적인 성취가 이루어진다(2; 45; 73편을 보라). (4) 다윗의 다른 아들을 가리키지 않고 오직 그리스도만을 가리킨다(110편을 보라). (5) 야웨의 강림과 그분의 나라의 완성을 예견한다. 즉 그것은 그리스도의 인격 안에서 성취될 것이다(96-99편을 보라).

시편에 있는 메시아에 관한 특정한 예언들을 부분적으로 살펴보기로 하자.

시편	예언	성취
2:7	하나님께서 그가 자신의 아들임을 선포하실 것이다	마태복음 3:17
8:6	만물이 그의 발 아래 복종할 것이다	히브리서 2:8
16:10	그가 죽은 자 가운데 살아나실 것이다	마가복음 16:6-7
22:1	하나님께서 필요한 때에 그를 버리실 것이다	마태복음 27:46
22:7-8	그가 비웃음과 조롱을 당하실 것이다	누가복음 23:35
22:16	그의 손과 발이 찔릴 것이다	요한복음 20:25, 27
22:18	다른 사람들이 그의 옷을 제비뽑을 것이다	마태복음 27:35-36
34:20	그의 뼈가 하나도 꺽이우지 않을 것이다	요한복음 19:32-33, 36
35:11	그가 거짓 증인들에 의해 고소당할 것이다	마가복음 14:57
35:19	그가 이유 없이 미움 받으실 것이다	요한복음 15:25
40:7-8	그가 하나님의 뜻을 행하러 오실 것이다	히브리서 10:7
41:9	그가 한 친구에 의해 배신당하실 것이다	누가복음 22:47
45:6	그의 위가 영원할 것이다	히브리서 1:8
68:18	그가 하나님 우편으로 승천하실 것이다	마가복음 16:19
69:9	하나님의 집을 위하는 열심이 그를 삼킬 것이다	요한복음 2:17
69:21	그에게 쓸개와 초를 마시울 것이다	마태복음 27:34
109:4	그가 그의 대적들을 위해 기도하실 것이다	누가복음 23:34
109:8	그의 배신자의 직분을 타인이 취하게 될 것이다	사도행전 1:20
110:1	그의 대적들이 그에게 복종하게 될 것이다	마태복음 22:44
110:4	그는 멜기세덱과도 같은 제사장일 것이다	히브리서 5:6
118:22	그는 모퉁이의 머릿돌이 되실 것이다	마태복음 21:42
118:26	그는 여호와의 이름으로 오실 것이다	마태복음 21:9

잠언

여호와를 경외하는 것이 지식의 근본이어늘 미련한 자는 지혜와 훈계를 멸시하느니라(1:7).

대저 명령은 등불이요 법은 빛이요 훈계의 책망은 곧 생명의 길이라(6:23; 또한 9:10; 15:33을 보라).

초점	젊은이를 위한 교훈 1–9		잠언들 10–29			여러 교훈들 30–31		
구분	목적과 주제 1:1-7	지혜에 관한 아버지의 권면 1:8–9	솔로몬의 첫 번째 책 10–22:16	지혜의 책 22:17–24	솔로몬의 두 번째 책 25–29	아굴의 말들 30	르무엘 왕의 말들 31:1-9	현숙한 여인의 초보 31:10-31
화제	머리말		격언들			끝맺음 말		
	의인화된 지혜		지혜의 원리			지혜의 실천		
	지혜에 대한 찬사		지혜의 권고			지혜의 비교		
	솔로몬			지혜 있는 자	솔로몬	아굴과 르무엘		
지역	유다					미상		
시기	약 주전 950-700년							

개관

잠언은 철저하게 실제적인 책이다. 왜냐하면 그것은 일상생활에서 빚어지는 무수한 상황에 능숙하게 대처하면서 살아가는 법을 가르쳐 주기 때문이다. 본서의 특정한 교훈들 속에는 지혜와 어리석음, 의인과 악인, 날카로운 혀와 온량한 혀, 교만과 겸손, 정의와 보복, 가정, 게으름과 노동, 빈곤과 부요, 친구와 이웃, 사랑과 욕망, 분노의 투쟁, 상전과 종, 생명과 죽음에 관한 가르침이 들어 있다. 잠언은 인간관계의 모든 면을 다루고 있으며, 그 원리는 시간과 문화의 영역을 초월한다.

잠언에 대한 히브리어(**마샬**)는 '비교, 유사, 평행'을 의미한다. 잠언은 깊고도 통찰력 있는 사상을 전하기 위해 비교나 수사법을 사용한다. 잠언은 삶의 기본적인 실재를 드러내는 간단한 예증으로 정의되어 왔다. 이 교훈들은 이론적이 아니고 실제적이다. 그것들은 쉽게 기억되며, 현실적인 경험에 근거하고 있고, 보편적인 생활에서 사용되도록 하기 위한 의도를 가지고 있다. 그 잠언들은 규정에 대한 예외는 허용하지만 묵과해 주지는 않는 영원한 진리를 일반적으로 진술하고 예증한다. 핵심 단어는 **호크마**, 곧 '지혜'다. 그것은 문자적으로 (삶의) '기술'을 뜻한다. 지혜는 영리함이나 지적인 것 이상이다. 대신에 그것은 실천적인 의로움과 도덕적인 순수성과 관련되어 있다.

잠언은 세 부분으로 나누어질 수 있다: 젊은이를 위한 교훈(1-9장), 잠언들(10-29장) 그리고 여러 교훈들(30-31장).

표제

이스라엘의 현자들의 최정상에 서 있는 솔로몬이 주된 기고가이기 때문에 이 책의 히브리 표제는 **미슬레 슐로모**, 곧 '솔로몬의 잠언'(1:1)이다. 헬라어 표제는 **파로이미아이 살로몬토스**, 곧 '솔로몬의 잠언'이다. 라틴어 표제 **리베르 프로베르비오룸**(*Liber Proverbiorum*), 곧 '잠언들의 책'은 잠언들이 여러 단어를 몇 마디로 응축시켜 놓은 방식을 묘사하기 위해 **프로**(*pro*, '…을 위한')와 **베르바**(*verba*, '말씀들')라는 단어를 결합해 놓고 있다. 랍비의 문서들은 잠언을 **세페르 호크마**, 곧 '지혜의 책'이라 불렀다.

저자

솔로몬의 이름은 그가 저술한 세 단락의 맨 앞에 나타나 있다. 즉 1-9장에 대해서는 1:1에, 10-22:16에 대해서는 10:1에, 25-29장에 대해서는 25:1에 나타나 있다. 열왕기상 4:32에 의하면 그는 잠언 3,000개를 말했고, 그 노래는 1,005개였다. 잠언 3,000개 가운데 800개 정도만이 이 책의 솔로몬의 두 모음집 안에 들어 있다. 주된 기고가로서 솔로몬보다 더 나은 자격을 갖춘 사람은 없다. 그가 하나님께 지혜를 구하자(왕상 3:5-9) 하나님께서 그것을 주셨으므로(왕상 4:29-31), 외국에 사는 사람들도 그의 말을 듣기 위해 올 정도였다(왕상 4:34; 10:1-13, 24). 그의 지식과 품성과 재능과 지각의 폭은 뛰어났다. 모든 면에서 솔로몬은 그의 말년까지 이스라엘에 번영과 영광을 가져다주었다(참조. 왕상 11:4).

솔로몬은 자신의 것 이외의 다른 잠언들도 모아서 편집한 것 같다. 전도서 12:9에 의하면, 그는 "묵상하고 연구하여 잠언을 많이 지었다." 25-29장에 있는 솔로몬의 두 번째 잠언 모음집은 히스기야 왕이 하나님의 말씀으로 그의 신하들을 영적으로 유익하게 하려는 관심 때문에 그의 서기관들을 통해 편집한 것이었다. 선지자 이사야와 미가가 히스기야 시대 동안 일했는데, 그들도 이 수집에 관여했을지 모른다는 추측이 있어 왔다.

잠언 22:17-24:34은 '지혜 있는 자의 말씀'으로 구성되어 있다(22:17; 24:23). 이 말씀 가운데 일부는 주전 1000년에서 주전 600년 사이에 살았던 것으로 보이는 한 애굽인의 공무원에 관한 교육문서 「아메네모페의 지혜」(*The wisdom of Amenemope*)에서 발견된 내용과 매우 유사하다. 이 기간의 현인들은 서로 들으러 다녔으며, 아메네모페가 히브리 문학에서 어떤 격언들을 빌려갔을 가능성이 있다. 만일 그 **하카밈**('현인들')이 솔로몬 시대 전에 살았다면, 그가 이 지혜로운 일련의 격언들의 수집가이며 편집자일 수도 있다.

아굴(30장)이나 르무엘(31장)에 대한 성경적 지식은 없다. 아굴 벤야게(30:1)는 단지 하나의 신탁으로 일컬어지고 있으며, 르무엘은 왕과 신탁으로 일컬어지고 있다(31:1). 이 두 사람은 솔로몬과 동일시되었으나, 이러한 암시에 대한 근거는 없다. 현숙한 여인에 대한 22절로 된 답관체 형식의 글은 당시에 기록되지 않았을 수도 있다.

연대와 배경

잠언은 역사적인 책이 아니라 주제별로 된 격언들의 모음집이다. 그것은 이스라엘의 지혜 학교의 산물이다. 예레미야 18:18과 에스겔 7:26에 의하면, 하나님 편에 서서 백성들에게 말씀을 전달한 그룹이 셋 있었다. 즉 제사장들은 율법을 전했고, 선지자들은 거룩한 말씀과 환상들을 알렸으며, 현인들이나 장로들은 백성들에게 조언을 주었다. 현인들은 거룩한 지혜를 특정한 문제와 결정에 실제적으로 적용해 주었다. 전도서의 '전도자'는 지혜 학교의 좋은 본보기다(전 1:1, 12; 7:27; 12:8-10). 코헬레트 혹은 '전도자'는 '한 집회에서 말하는 자'를 뜻한다. 그는 현인들의 '학교'를 관장했고, 백성에게 지식을 가르쳤다(전 12:9). 잠언과 전도서에서 '내 아들'은 분명히 생도를 가리킨다. 이것은 이스라엘의 선지 학교를 이끈 사무엘의 역할과 병행을 이루었다.

지혜 문학은 또한 고대의 다른 근동 지방에서 발견된다. 애굽에서는 문서들이 주전 2700년의 것(이푸웨르의 글들)까지 발견된다. 비록 문체가 이스라엘의 지혜 문학과 유사하기는 하지만, 이 지방의 잠언과 격언들은 이스라엘의 것과 그 내용이 다르다. 왜냐하면 그들은 야웨의 의의 기준에 대한 인식이 부족했기 때문이다.

솔로몬의 잠언은 주전 931년에 기록되었으며, 25-29장의 그의 잠언은 약 230년 후 히스기야에 의해 수집되었다(히스기야는 주전 715-686년에 통치했다). 솔로몬 하에서 이스라엘은 영적, 정치적 그리고 경제적 절정을 이루었다. 솔로몬은 아마도 그의 생애가 색욕과 물질주의와 우상 숭배로 빠지기 전인 중년에 이 잠언들을

시가서

썼을 것이다.

주제와 목적

잠언은 그 목적을 명백하게 서술해 놓은 극소수의 성경책들 가운데 하나다. 1:2-6에서의 목적 진술은 두 가지다. (1) 도덕적 분별력과 통찰력을 가르치기 위해(1:2a, 3-5) 그리고 (2) 지적인 명석함과 지각을 계발하기 위해(1:2b, 6). 1:2a의 '지혜와 훈계'라는 단어들은 상호 보완적이다. 지혜(**호크마**)는 수완(skill)을 의미하며, 훈계(**무사르**)는 훈련을 뜻하기 때문이다. 수완은 훈련 없이 완전하게 되지 못하며, 사람은 수완을 지니고 있을 때 아름다운 것을 창조해 낼 자유를 지닌다. 잠언은 무엇보다도 가장 기본적인 수완을, 생활의 모든 면에서 하나님 앞에서의 실천적인 의를 다루고 있다. 이것은 지식과 경험과 하나님을 경외하는 마음을 요한다(3:5-7을 보라). 1-9장은 지혜의 필요성을 느끼도록 하기 위한 의도를 지니고 있으며, 잠언 전체는 불경건한 생활 방식을 막고 바로잡으려는 의도를 지니고 있다. 이 책은 지혜와 지각, 이해, 분별력, 지식, 지도, 능력, 교정, 조언 그리고 진리의 유산을 세세토록 전하는 하나의 안내서 역할을 했다.

잠언의 주제는 1:7a에서 발견된다. "여호와를 경외하는 것이 지식의 근본이어늘." 경외란 사랑과 존경, 신뢰, 두려워함, 순종, 섬김 등의 복합적 의미를 가지고 있는 단어다. 하나님을 경외한다는 것은 의로우심, 위엄, 주권, 사랑, 섭리, 심판, 능력을 가지신 그분을 바르게 인식하고 의지하는 태도다. 1:7의 문장 가운데는 상호의존적인 관계가 있다. "여호와를 경외하는 것이 지혜의 근본"(9:10)이라는 말은 여호와를 경외하는 것이 지혜의 시작, 머리, 절정이라는 뜻이다. 하나님의 말씀을 받아 그 계명대로 살려고 힘쓰며 지혜와 지식을 얻으려고 힘쓰면 그 사람은 여호와 경외를 배우며 알게 된다(2:1-5).

성경에서 잠언서의 위치

잠언은 욥기나 전도서와 함께 구약의 지혜 문학이다. 이 책은 삶의 실제적인 성결과 삶의 수완을 위한 토대가 되는 야웨 경외심 위에 세워져 있다. 그것은 모든 사람에게 말하고 있기 때문에 보편적이고도 이해하기 쉬운 어조를 지니고 있다. 잠언은 각 사람의 경우가 다르다 할지라도 생활 속에서 진리가 되는 보편적 진술이다. 시편은 하나님 앞에서의 행함과 헌신된 삶을 강조하나, 잠언은 사람들 앞에서의 행함과 일상생활에 그 초점을 맞추고 있다. 잠언은 실제적이고 도덕적이며 간결하다. 그것은 단락을 조금씩 끊어 매우 천천히 읽어야 한다. 유머가 풍부한 잠언들도 있다(11:22; 19:24; 23:13, 35; 24: 33; 25:24; 26:13-16; 27:15-16; 30:15, 21-23을 보라). 신약성경에는 잠언을 인용 또는 언급한 곳이 적어도 14군데나 있다.

야고보서에는 잠언과 유사한 점이 많이 있다. 혀에 관하여 잠언과 야고보서를 비교해 보라. (a) 잠언 12:18-19과 야고보서 1:26, (b) 잠언 15:1-2과 야고보서 3:5, (c) 잠언 18:21; 21:6과 야고보서 3:6, (d) 잠언 21:23과 야고보서 1:19; 3:8, (e) 잠언 25:15과 야고보서

3:3, (f) 잠언 25:23과 야고보서 4:1.

야고보서에 있는 세상적인 지혜와 신적인 지혜의 비교는 잠언과 유사하다. 야보고서 3:15-16에서의 인간의 지혜는 (1) 세상적이고(잠 14:2), (2) 정욕적이며(잠 7:18), (3) 마귀적이고(잠 27:20), (4) 시기가 가득하다(잠 6:34). 그리고 (5) 이기적이며(잠 28:25), (6) 무질서하고(잠 11:29), (7) 악하다(잠 8:13). 3:17에 나타난 하나님의 지혜는 (1) 성결하고(잠 15:26), (2) 화평하고(잠 3:1-2), (3) 관용하고(잠 11:2), (4) 양순하며(잠 14:15), (5) 긍휼과 선한 열매가 가득하고(잠 11:17; 3:18), (6) 편벽이 없고(잠 21:6), (7) 거짓이 없다(잠 28:13).

내용

1. 본서의 명칭, 목적, 주제(1:1-7)

"여호와를 경외하는 것이 지식(다아트, 즉 앎)의 근본(레쉬트)이어늘"(1:7).

'근본'(레쉬트)이란 '머리, 절정, 시작, 우두머리' 등의 의미를 가지고 있다. 그러므로 "여호와를 경외하는 것이 앎의 출발점이다"라는 의미다. 혹은 "여호와를 경외하는 것이 앎의 절정이다"라는 의미다. 잠언의 목적은 "지혜롭게, 의롭게…" 하는 것이다.

2. 젊은이들을 위한 13개의 교훈(1:8-9:18)

이 부분은 특히 젊은이들을 위한 잠언이다. 본문에는 "내 아들아"

란 부름이 특히 밀도 있게 나타난다(1:8, 10, 15; 2:1; 3:1, 11, 21; 4:10, 20; 5:1, 20; 6:1, 3, 20; 7:1). 여기서 아들은 자신의 아들을 향한 호칭으로 이해할 수 있으나 선생이 학생을, 또는 나이 든 사람이 젊은이를 향하여 부르는 호칭이기도 하다. 젊은이들은 삶의 경험이 없으므로 속아서 범죄의 자리로 들어갈 수 있으며, 이러한 일이 반복될 때 그 젊은이는 인생 전체를 망친다. 그러므로 젊은이는 반복하여 교훈을 받고 지혜의 말을 들어야 한다.

1) 첫 번째 교훈(1:8-33)

① 악한 친구의 유혹(8-19절): 따라가지 말아라. 거절의 용기가 필요하다.

② 지혜의 호소(20-33절): 의인화된 지혜. 그는 여호와 경외와 지혜의 말씀을 듣도록 사람들을 부르고 있다.

2) 두 번째 교훈(2:1-22)

① 지혜 추구의 보상(2:1-9): 여호와를 경외하게 된다. 하나님을 알게 되고 여호와께서 지혜를 주신다.

② 지혜의 유익(10-22절): 마음의 즐거움을 얻고 악인과 음녀와 패망에서 구출된다.

3) 세 번째 교훈(3:1-10): 법을 지키면 장수, 평강, 하나님과 사람에게 귀중히 여김을 받는다. 범사에 그분을 인정하면 하나님이 지도하신다. 악을 떠나면 건강하게 되고, 첫 소산을 그분에게 드리면 물질적으로 부유해진다.

4) 네 번째 교훈(3:11-20): 여호와의 징계와 꾸지람을 순히 살 받으라. 그러면 세상에서 가장 큰 보화인 지혜를 얻는다. 그 결과

시가서

장수와 부귀를 얻는다.

5) 다섯 번째 교훈(3:21-35): 지혜를 잘 간수하면 생명, 평안, 하나님의 보호하심이 있을 것이다. 선행을 하고 악행하지 말라.

6) 여섯 번째 교훈(4:1-9): 지혜를 얻으려고 힘써라.

7) 일곱 번째 교훈(4:10-19): 악인을 멀리하라.

8) 여덟 번째 교훈(4:20-27): 마음을 지키라. 마음이 생명을 좌우한다. 입, 눈, 행위에서 악을 떠나게 하라.

9) 아홉 번째 교훈(5:1-23): 음녀를 주의하라. 음녀는 사람의 영혼을 죽인다. 늙으면 반드시 후회한다. 자기 아내만을 사랑하라.

10) 열 번째 교훈(6:1-19): 보증(5:22), 게으름(개미), 악한 자를 주의하라(참고. 6:12-19)

11) 열한 번째 교훈(6:20-35): 음녀 혹은 남의 아내와의 부정적 관계는 그 어느 것으로도 용서받을 수 없다.

'성'(性)-이것은 이중적인 면을 가지고 있다.

① 건설적인 면-신선한 샘물(5:1-18), 요리하고 물건을 만드는데 사용되는 불(6:27-29)과 같으며 건설적인 면으로 나가면 건실한 인간이 된다.

② 파괴적인 면-더러운 하수물(5:1-18; 혼외정사는 더러운 하수물을 먹는 것과 같음), 태우고 파괴시키는 불(6:27-29)과 같으며 파괴적인 면으로 나가면 멸망하고 짐승으로 전락된다.

12) 열두 번째 교훈(7:1-27): 여기서 저자는 음녀에게 유혹받아 넘어간 소년(젊은이)의 비참한 광경을 예시한다.

음녀가 부르는 때와 장소: 저물 때, 황혼 때, 깊은 밤, 흑암 중, "거리를 지나 음녀의 골목 모퉁이"(7:8)에서 유혹이 이루어진다.

13) 열세 번째 교훈(8:1-36)

지혜가 부르는 장소: 길가의 높은 곳, 사거리, 성문 곁, 문 어귀, 여러 출입하는 문에서 부른다.

① 인간들 사이에서의 지혜(8:1-21): 참 지혜는 진리를 아는 지혜다. 악을 행치 않고 정의를 행하게 한다.

② 하나님과 함께한 지혜(8:22-36): 그 지혜는 하나님이 창조할 때 사용하신 지혜다. 만물 가운데 하나님의 지혜가 들어 있어서 이 지혜를 따라 행하는 사람만이 세상에서 성공하고 참 복을 누린다.

14) 열세 개의 교훈의 요약(9:1-18): 세상에는 두 가지 부름이 있다(3, 14절): 지혜(여호와 경외)의 부름과 어리석음(어리석음을 '미련한 계집'으로 의인화함, 13절)의 부름. 교만한 사람은 지혜의 음성을 듣지 않고, 미련한 사람은 어리석은 말을 듣는다.

3. 솔로몬의 첫 번째 책(10:1-22:16)

1) 옳고 그른 삶의 결과(10:1-32): 이 단락부터는 반의대구법적 표현을 통하여 지혜로운 자와 어리석은 자의 사상 혹은 행실을 대조하면서 밝혀 주고 있다. 지혜로운 자는 겸손한 자, 의인, 성도, 자비를 베푸는 자 등으로 표현되어 있고, 어리석은 자는 악행하는 자, 불신자, 게으른 자, 교만한 자 등으로 표현되어 있다.

2) 악의 모습들(11:1-31). 속이는 저울, 교만, 사특한 자, 악인, 지혜 없는 자, 한담하는 자, 잔인한 자, 마음이 패려한 자 등.

3) 행실의 대조(12:1-28). 훈계를 좋아하는 자와 징계를 싫어하는 자, 선인과 악인, 어진 여인과 욕을 끼치는 여인 등.

4) 삶과 훈련(13:1-25): 지혜로운 아들은 아비의 훈계를 듣는다. 입을 지키는 자는 생명을 보전한다. 교만에서는 다툼만 일어난다. 말씀을 멸시하는 자는 망한다.

5) 여호와 경외의 삶(14:1-35): 역시 반의대구법으로 표현되어 있다. 여호와를 경외하는 자는 정직하게 행하는 자, 지혜로운 자, 명철한 자, 진실한 증인 등이다.

6) 따뜻한 마음(cheerful heart)을 가진 삶의 길(15:1-33): 유순한 대답, 지혜 있는 자의 혀, 미련한 자의 마음 등.

7) 야웨께서 인간의 삶을 보심(16:1-33): 여호와께서는 사람의 행동을 모두 살피고 그에 따라 보응하신다.

8) 가정, 친구, 어리석은 자(17:1-28): 다투지 말라 등.

9) 패망과 축복(18:1-24): 말과 마음이 중요하다.

10) 인격을 배움(19:1-29): 인격자가 되는 것은 너무나 중요하다.

11) 외관과 실체(20:1-30): "비록 아이라도 그 동작으로 자기의 품행의 청결하며 정직한 여부를 나타내느니라"(11절).

12) 행동하시는 하나님(21:1-31): 모든 것이 여호와의 손에 달려 있다.

13) 영적 영역에서 원인과 결과(22:1-16): 여호와를 경외하는 자는 반드시 그 보상을 받는다.

4. 지혜의 책(22:17-24:34)

1) 잠언 고유의 기능(22:17-21): 여호와를 의뢰하도록 하는 것이다.

2) 피해야 할 것들(22:22-23:11): 절제하고 조심하여 행동하라.

3) 추구해야 할 일(23:12-25): 젊은 친구를 조심하고, 부모와 나이 든 사람의 말을 듣고 순종하라.

4) 인생길에 있는 함정들(23:26-24:2): 음녀, 술, 악인

5) 지혜와 어리석음에 대한 대조 연구(24:3-22). 이 단락은 주로 권면과 경고 형태로 되어 있다. "악인의 형통을 부러워하지 말며 그와 함께 있기도 원하지 말아라"(1절).

6) 지혜자의 말(24:23-34)

이 단락은 또 다른 모음집으로서 재판할 때의 주의사항, 언어생활, 게으름의 결과를 말하고 있다.

5. 솔로몬의 두 번째 책(25:1-29:27)

이는 히스기야의 신하들이 편찬한 내용으로서 다음의 내용을 담고 있다.

1) 교훈을 위한 비유적 설명(25:2-28): 왕에 대한 태도(2-7절), 언어생활(8-20절), 대적에 대한 대접(21-28절)

2) 어리석은 자에 대한 책(26:1-12): 비유를 통하여 미련한 자를 표현함(1-2절), 미련한 자를 대하는 방법(3-12절).

3) 게으른 자에 대한 글(26:13-16).

4) 악당에 대한 글(26:17-28)

5) 인간관계에 대한 논평(27:1-27): 자랑하지 말라. 분노를 그치라. 친구를 가까이하고 의견을 주고받으라.

6) 순수한 경건(28:1-28): 율법을 지키라. 가난한 자를 불쌍히 여기라. 죄를 자복하고 버리라. 같은 인간을 사랑하라. 탐하지 말라.

7) 하나님과 사회(29:1-27): 분노, 다툼, 불의를 버리라. 주권자 여호와를 의지하라.

6. 아굴의 말(30:1-33)

1) 하나님에 대한 지식(30:1-4): 인간은 하나님을 아는 지식이 없다.

2) 하나님의 말씀(30:5, 6): 주의 말씀은 인간의 보호가 된다.

3) 기도(30:7-9): “허탄과 거짓을 내게서 멀리하게, 부하거나 가난하게 마시기를.”

4) 독립된 금언(30:10): 종과 상전 사이에서 이간질하지 말라.

5) 교만에 대한 네 개의 금언(30:11-14)

6) 족할 줄 모르는 것들(30:15, 16): 음부, (아이 베지 못한) 태, (물로 채우지 못한) 땅, 불.

7) 불온한 자식(30:17): 부모를 조롱하고 불순종하는 자

8) 네 개의 불가사의한 일(30:18-20): 독수리, 뱀, 남녀관계, 음녀의 자취

9) 네 개의 견딜 수 없는 일(30:21-23): 종이 임금 된 것, 미련한 자가 배부른 것, 꺼림 받은 계집이 시집간 것, 계집종이 주모가 되는 것

10) 작지만 지혜로운 네 피조물(30:24-28): 개미, 사반, 메뚜기,

도마뱀.

11) 당당한 네 존재(30:29-31): 사자, 사냥개, 숫염소, 왕.

12) 결론적 권면(30:32, 33).

7. 르무엘을 교훈한 말(31:1-9)

여자를 조심하고 포도주(독주)를 조심하며 공정한 재판을 하라.

8. 후기: 완전한 여인(현숙한 아내)(31:10-31)

본문은 알뜰하고 부지런하고 남편과 자식을 성공시키는 현모양처의 모습을 그리고 있다. 이 마지막 장은 22개의 절로 된 답관체 형식으로(히브리어의 알파벳 첫 문자에서부터 22번째 문자까지 사용) 현숙한 여인을 그려놓고 있다(31:10-31). 이 장은 고대 문학에서 유일하며, 그것은 여인들에 대한 높은 관점을 나타낸다. 이 절들 가운데 묘사된 그 사람은 (1) 훌륭한 여인이며(14, 15-16, 19, 25절), (2) 훌륭한 아내이고(11-12, 23-24절), (3) 훌륭한 어머니이며(14-15, 18, 21, 27절), (4) 훌륭한 이웃이다(20, 26절). 그녀의 행실, 관심, 말씨 그리고 미래의 위치는 7장의 음녀와 날카롭게 대조를 이룬다.

잠언에서의 그리스도

잠언 8장에서 지혜는 의인화되어 있으며 완전한 모습으로 보여지고 있다. 그것은 신성하며(8:22-31), 생물학적이고 영적인 생명의 근원이고(8:35-36; 3:18), 의로우며 도덕적이다(8:9-9). 그리고 그것은 그것을 영접하려는 모든 사람에게 주어질 수 있다(8:1-6, 32-35). 이 지혜는 "그 안에는 지혜와 지식의 모든 보화가 감추어져 있는"(골 2:3) 그리스도 안에서 성육화되었다. "너희는 하나님께로부터 나서 그리스도 예수 안에 있고 예수는 **하나님께로서 나와서 우리에게 지혜**와 의로움과 거룩함과 구속함이 되셨으니"(고전 1:30; 참조. 고전 1:22-24).

전도서

하나님의 모든 행사를 살펴보니 해 아래서 하시는 일을 사람이 능히 깨달을 수 없도다 사람이 아무리 애써 궁구할지라도 능히 깨닫지 못하나니 비록 지혜자가 아노라 할지라도 능히 깨닫지 못하리로다(8:17).

일의 결국을 다 들었으니 하나님을 경외하고 그 명령을 지킬지어다 이것이 사람의 본분이니라(12:13).

초점	문제 제기 1:1-11	인생의 문제 해결 노력과 만족 추구 1:12				12:8	결론 12:9-14
구분	주제와 예증 1:1-11	경험을 통해 의미를 탐구함 1:12 2:26	인생의 모든 것이 공허함 3 6	실제적인 지혜에 관한 교훈 7 9:12	지혜와 어리석음에 관한 관찰 9:13 11:6	인생을 선용하는 것에 대한 권면 11:7 12:8	결론 : 참된 의미의 근거 12:9-14
화제	선포	논증	전개	추론			결말
	주제	설교들					요약
	"해 아래에서의 공허함" 대 "여호와를 경외함"						
지역	온 우주(해 아래에서)						
기간	탐구에 몰두한 수십 년						

개관

전도서는 심오하고도 논의할 여지가 있는 책이다. 본서는 세상에서 인생의 의미와 만족 면에서, 특히 우리를 에워싸고 있는 모든 불공평한 표면적 부조리를 살펴보면서 철저하게 탐구해 놓은 기록이다. 본서는 해 아래서 하나님이 주신 지혜로 인생의 본질적 문제에 대해 연구하고 발견한 가장 완전한 답변을 제공해 준다. 만일 '전도자'가 솔로몬이 옳다면, 전도서는 인생을 논하기에 가장 적격인 저자가 기록한 책일 것이다. 그는 이 세상의 어느 누구보다도 완벽한 정신적, 물질적 그리고 정치적 배경 가운데 살고 그것들을 누리면서 이 책을 쓴 사람이다. 이 책 전체를 분석해 내기는 상당히 어려우며, 그래서 여러 가지 분석 방법들이 제공되어 왔다. 여기서 사용된 그 한 가지는 다음과 같다: 문제 제기(1:1-11), 인생의 문제 해결 노력과 만족 추구(1:12-12:8) 그리고 결론(12:9-14).

표제

히브리어 표제 **코헬레트**는 희귀한 용어로서 오직 전도서에서만 발견된다(1:1, 2, 12; 7:27; 12:8, 9, 10). 이 단어의 히브리어 기본형은 **카할**일 것인데, 이는 '회중에게 말하는 자, 설교자'를 뜻한다. 칠십인역의 이 책의 표제인 헬라어 에클레시아스테스는 **에클레시아**, 곧 '집회, 회중, 교회'라는 단어에서 파생된 말로서 '설교자'(preacher)를 의미한다. 라틴어 **에클레시아스테스**(*Ecclesiastes*)는 '회중 앞에서 말하는 자'를 뜻한다.

저자

오늘날은 소수의 학자들만이 전도서가 솔로몬의 것이라고 주장하고 있다. 그럼에도 불구하고 코헬레트(전도자)와 솔로몬이 같은 인물이라는 강력한 논증들이 있다.

외적 증거: 유대인의 탈무드 전승은 이 책을 솔로몬에게 돌리나 히스기야의 서기관들이 그 본문을 편집했을 수도 있다는 암시를 던진다(잠 25:1을 보라). 전도서에 대한 솔로몬의 저작권은 루터 시대 이전까지 그리스도인들에게 보편적으로 받아들여졌었다. 루터는 그것이 포로 이후에 어떤 익명의 저자가 솔로몬을 중심 인물로 내세워 쓴 것이라는 다소 의심스러운 주장을 했다. 어쨌든 전통적인 입장에 서 있는 사람들은 전도서의 저자가 솔로몬이라고 생각한다.

내적 증거: 저자는 1:1, 12에서 자신을 "다윗의 아들, 예루살렘의 왕"이라고 칭하고 있다. 따라서 솔로몬이 본서를 기록하기에 가장 적격인 인물이다. 그는 예루살렘에서 가르친 바 있는 사람들 가운데 가장 지혜로운 자였다(1:16과 왕상 4:29-30을 보라). 희락 탐구에 대한 코헬레트(전도자)에 대한 묘사(2:1-3), 장엄한 업적(2:4-6) 그리고 비할 데 없는 부요(2:7-10)는 솔로몬 왕만이 누린 것이었다. 이 책의 격언들은 잠언에서의 것들과 유사하다(전 7장과 10장을 보라). 12:19에 의하면 코헬레트가 많은 잠언들을 모으고 배열했는데, 아마도 그것은 잠언에서의 솔로몬의 두 개의 모음집을 가리키는 것일 것이다. 전도서의 저자는 한 사람일 것이다. 전도서의 저자가 한 사람이라는 것은 코헬레트에 대한 일곱 번의 언급을 통하여

입증된다.

연대와 배경

비평가들은 전도서의 문학적 형태가 포로 후임을 주장하나, 그 형태는 사실상 독특하며 그러한 연대에서는 사용될 수 없다. 1:16에서 "나보다 먼저 예루살렘에 있던 자"라는 구절은 솔로몬 시대 이후의 연대를 암시하는 데 사용되어 왔으나, 솔로몬 시대 이전에도 예루살렘에는 많은 왕들과 현인들이 있었다. 그러나 솔로몬은 예루살렘으로부터 이스라엘을 통치한 다윗의 유일한 아들이었다(1:12).

전도서는 아마도 솔로몬의 생애 말년인 주전 935년경에 기록되었을 것이다. 그렇다면 그 시기는 솔로몬이 통치 초기에 누린 그 큰 영광이 이미 시들기 시작하고, 이스라엘이 두 왕국으로 분열되는 일이 일어날 조짐이 있던 때였을 것이다. 유대 전승은 솔로몬이 그의 초년에 아가서를 썼고, 중년에는 잠언을, 말년에는 전도서를 썼다고 주장한다. 이 책은 그가 색욕과 우상 숭배를 범한 어리석음과 세월의 낭비를 후회하고 있음을 표현한 것일 수도 있다(참조. 왕상 11장).

코헬레트의 인생의 개인적인 형편들 이외에 역사적 사건들이 본서 가운데 언급된 곳은 없다. 이것은 보편적인 상황을 짐작하게 한다. 그 장소는 이스라엘의 통치와 권세의 보좌인 예루살렘이었다(1:1, 12, 16).

주제와 목적

전도서는 인생의 목적과 의미와 만족에 대한 심오한 탐구의 결과들을 기록해 놓고 있다. 전도자는 권력과 명성, 인기 그리고 하나님을 떠난 쾌락의 공허함과 헛됨을 예리하게 관찰하고 있다. **헛됨**(vanity)이라는 단어가 인생에 관하여 이해될 수 없는 많은 것들을 표현하기 위해 37번 나타나고 있다. 모든 세상적인 목표와 야망들은 그것을 추구할 때 결국 불만족과 좌절로 인도된다. "해 아래에서"(29번 사용됨)의 삶은 불공평과 불확실함, 행운의 변동 그리고 정의의 훼방으로 가득 찬 것처럼 보인다.

그러나 전도서는 무신론이나 회의주의로 결론을 내리지 않는다. 하나님이 전체에 골고루 언급되면서, 인생의 의미를 인간의 **최고선**(*summum bonum*)을 하나님 안에서 발견하는 것이라고 주장한다. 인생의 만족은 이 세상 저편을 바라볼 때만 발견될 수 있다. 전도서는 부정적인 주제들을 분석해 놓고 있으나, 또한 선하시고 공의로우시고 지고하신 하나님을 경외함으로써만 인생의 허무함을 극복할 수 있다는 긍정적인 주제를 전개시키고 있다(12:13-14). 지혜는 인간이 밖으로 드러나 있는 인생의 허무함을 깨닫고 목적이 없는 인생임을 발견한 가운데서도 하나님의 입장에서, 즉 영원의 입장에서 인생을 바라보고 하나님을 의지하는 것이다. 삶은 하나님께로부터 날마다 받은 선물이며, 그것은 가능한 한 마음껏 누려야 한다(2:24-26; 3:12-13, 22; 5:18-20; 8:15; 9:7-10; 11:8-9을 보라). 우리의 이해력은 사실상 한정되어 있으나, 우리가 이해할 수 있는 것들이 많이 있다.

코헬레트(전도자)는 하나님께서 모든 백성들을 궁극적으로 심판하시리라는 사실을 깨달았다. 그러므로 그는 이렇게 권고하고 있다. "하나님을 경외하고 그 명령을 지킬지어다"(12:13).

성경에서 전도서의 위치

전도서는 성경에서 가장 철학적인 책이며, 이 책의 관점은 신적인 것("여호와께서 말씀하시기를")이라기보다는 인간의 지혜에 속한 것이다(1:13, 16-17). 이러한 관점 때문에 이 책에는 본문 밖에서 사용될 때 성경의 일반적인 가르침과 위배되는 것처럼 보이는 몇 가지 진술이 들어 있다(1:15; 2:24; 3:19-20; 7:16-17; 8:15; 9:2, 5; 10:19; 11:9을 보라). 따라서 유대 학자들이 얌니아 종교 회의(주후 90년경)에서 이 책을 최종적으로 확정짓기 전에는 그것을 구약 정경의 한 부분으로 공식적으로 인정할 것인가에 대해 끊임없는 논란이 있어 왔다.

전도서의 영감성에 관해서는 다양한 견해들이 계속 주장되고 있다. (1) 혹자는 그것이 숙명론(3:15), 비관론(4:2), 쾌락주의(2:24; 8:5) 그리고 물질주의(3:19-21)를 반영하기 때문에 영감되지 않은 책이라고 믿는다. 하나님을 일부 언급해 놓은 것은 자연주의적인 사고에 기인한다고 생각한다. (2) 어떤 사람은 인간의 정신이 하나님을 떠나 작용할 수 있는 최고의 것으로서 이 책이 부분적으로 영감되었다고 믿는다. 하나님을 경외하라는 끝부분의 권면(12:13-14)이 이 책의 핵심이라는 것이다. (3) 다양한 입장이 있지만, 전도서는 저자의 뛰어난 관점 때문에 난해한 구절들을 지니고 있음에도 불구하고 그것은 영감된 것이다. 예를 들면, 3:19-20은 사람과 짐승의 죽음이 같아서 이들은 모두 흙으로 돌아간다고 말한다. 그러나 이것은 내세가 없다고 가르치는 것이 아니다. 이것은 바른 진술이다. 즉 인간과 짐승은 죽으면 썩어 없어진다. 전도서에 묘사된 피상적인 문제들은 저자의 목적과 점진적인 계시의 관점이 고려될 때 극복될 수 있다.

이 책은 특별 계시보다는 일반 계시에 더 의존하고 있다. 그럼에도 불구하고, 본서는 하나님과 사람에 관한 명백한 진리를 전개시킨다: 하나님의 존재(3:14; 5:2), 하나님의 주권과 능력(6:2; 7:13; 9:1), 하나님의 공의(5:8; 8:12-13), 인간의 죄악성(7:20; 9:3), 인간의 유한성(8:8, 17), 인간의 의무(9:7-10, 12-13), 인간의 부도덕(3:11, 12:7) 그리고 하나님의 형벌과 상급(2:26; 3:17; 8:12; 11:9; 12:14). 야웨('여호와')보다 엘로힘('하나님', 41번)을 일률적으로 사용한 것은 구속자와 구속 받은 사람의 관계보다는 창조주와 피조물의 관계가 고려되고 있음을 보여 준다. 전도자의 탐구 결과 경험주의(1-2장)와 합리주의(3-12장)가 지식의 세 번째 방법인 계시에 의하지 않고는 충분치 못함을 알려 준다.

그 전도자의 일련의 설교들은 해 아래서의 삶이 해를 만드신 자와의 관계가 없이는 공허한 것임을 예증하고 있다.

	해 아래서의 삶	하나님의 아들 아래서의 삶
1:3	"해 아래서 수고하는 것이 자기에게 무엇이 유익한고."	"너희 속에 착한 일을 시작하신 이가 그리스도 예수의 날까지 이루실 줄을 우리가 확신하노라"(빌 1:6).
1:9	"해 아래는 새 것이 없나니."	"누구든지 그리스도 안에 있으면 새로운 피조물이다…새 것이 되었도다"(고후 5:17).

시가서

	해 아래서의 삶	하나님의 아들 아래서의 삶
1:14	"해 아래서 행하는 모든 일이 다 헛되도다."	"견고하며 흔들리지 말라…이는 너희 수고가 주 안에서 헛되지 않은 줄을 앎이니라"(고전 15:58).
2:18	"내가 해 아래서 나의 수고한 모든 수고를 한하였노니."	"모든 선한 일에 열매를 맺게 하시며 하나님을 아는 것에 자라게 하시고"(골 1:10).
6:12	"사람은 해 아래서 죽는다."	"누구든지 저를 믿으면 멸망하지 않고 영생을 얻게 하려 하심이니라"(요 3:16).
8:15	"해 아래서의 희락은 일시적이다."	"너희 안에서 행하시는 이는 하나님이시니, 자기의 기쁘신 뜻을 위하여 너희로 소원을 두고 행하게 하시나니"(빌 2:13).
8:17	"하나님이 해 아래서 하시는 일을 사람이 능히 깨달을 수 없도다."	"이제는 내가 부분적으로 아나 그 때에는…온전히 알리라"(고전 13:12).
9:3	"모든 사람은 해 아래서 죽는다."	"하나님이 우리에게 영생을 주신 것과 이 생명이 그의 아들 아래 있는 그것이니라"(요일 5:11).
9:11	"해 아래서의 힘과 속력"	"하나님께서 세상의 약한 것들을 택하사 강한 것들을 부끄럽게 하려 하시며"(고전 1:27).
12:2	"해 아래서의 삶은 끝날 것이다."	"너희로 하여금 너희에게 영생이 있음을 알게 하려 함이라"(요일 5:13).

내용

1. 문제 제기(1:1-11)

전도자는 이 세상에서는 분명히 어떠한 만족도 찾을 수 없다고 말한다. 해 아래에서 모든 일이 오고 가고 돌아가지만, 그것들은 결코 만족을 주지 못한다(8, 9절).

2. 인생의 문제 해결 노력과 만족 추구(1:12-12:8)

1) 경험적으로 추구한 만족(1:12-2:26)

(1) 정신적으로－정신적으로는 만족을 얻기 위하여 지혜를 얻으려고 노력했다. 그러나 1:17, 18을 보라. 유머를 통하여 만족을 얻으려고 노력해 보았다. 그러나 2:2을 보라.

(2) 사업적으로－사업을 통하여 만족을 얻으려고 노력했다(2:3-6).

(3) 경제적으로－재물을 통하여 만족을 얻으려고 노력했다(2:7, 8; 5:10).

(4) 육체적으로－만족을 얻으려고 여자를 취해 본다(2:8; 왕상 11:3). 그리고 음악을 해본다(참고. 왕상 4:32). 나아가서 명성을 얻어 본다(2:9). 그 결과, 모든 일이 해 아래서 무익한 것이었다.

2) 철학적으로 추구한 만족(3:1-12:8)

(1) 인간 스스로 계획한 행복은 실패한다. 왜냐하면 하나님께서 종국에 있을 심판을 포함하여 만사의 때와 곳을 정하셨기 때문이다(3:).

3:1-14을 보라. 인간은 세상사를 알 수도 없고, 자신이 생각하기에 좋은 방향으로 바꿀 수도 없다. 왜 이렇게 진행되도록 하셨는가? 하나님을 경외하도록 하기 위해서다. 즉 인간들로 하여금 하나님을 찾고, 그분을 사랑하며, 그분을 두려워하며 섬기도록 하기 위해서다.

(2) 학대받는 자는 행복하지 못하다. 학대받는 자를 눈물에서

시가서

건져내 줄 자가 없기 때문이다(4:1-3).

(3) 경쟁도 게으름도 만족을 못 준다. 왜냐하면 경쟁자는 타인의 시기로 괴로움을 당하고, 게으른 자는 게으름으로 인생을 낭비하기 때문이다(4:4-6).

(4) 부유한 자가 되든 평판이 좋은 왕이 되든 만족을 얻을 수 없다. 부유한 자는 아무리 많이 소유해도 죽으면 타인이 그것을 취할 것이고, 후자는 후대의 평판을 받지 못하기 때문이다. 좋은 평판이 그가 죽은 다음에 무슨 소용이 있겠는가?(4:8-16). 부유한 자에게는 진정으로 사랑하는 이웃이 필요하다.

(5) 잘못된 신앙심으로 가득 찬 마음에도 많은 재산으로 가득 찬 집에도 기쁨은 없다. 왜냐하면 전자는 신의 심판을, 후자는 잠 못 이룸과 사망의 질병을 받기 때문이다(5:8-6:12).

(6) 만족은 지혜, 우매, 의로움, 사악함에서도 찾아지지 않는다. 후자는 자멸, 전자는 세상 사는 동안에 얻기 힘들기 때문이다.

(7) 순종자도 거역자도 행복하지 못하다. 왜냐하면 유순한 사람은 사람을 기쁘게만 하고, 거역하는 사람은 하나님을 기쁘시게 하지 않기 때문이다(8장).

(8) 의인과 악인은 행복하지 못하다. 왜냐하면 전자는 좋은 보상을 내세(하나님의 손)에 두며, 후자는 자기 악으로 죽음에 이르기 때문이다(9:1-6). 그러므로 기뻐하면서 즐겁게 살아라. 그것이 분복이다.

(9) 지혜와 우매는 다같이 행복을 보증해 주는 것이 아니다. 왜냐하면 지혜로운 자의 일을 우매자가 망치게 되며, 우매자는 자기의 일을 망치기 때문이다(9:11-10장).

(10) 권면(11장)

물욕을 버리고 나누어 주라(1-2절). 그러면 반드시 여러 날 후에 그것을 찾게 된다. 하나님의 역사하심에 네 자신을 맡기고 맡은 일을 성실히 하라(3-6절). 현재 빛을 보고 사는 것은 아름다운 일이다(7-8절). 그러므로 현세의 삶 속에서 즐거워하라(참고. 2:24, 25; 3:13, 14; 3:22; 5:18-20; 8:15; 9:7-9; 11:8-9). 즐거움은 하나님이 주신 것이므로 그 낙을 즐겨라.

(11) 청년의 때에 창조자를 기억하라(12:1-8)

3. 결론(12:9-14)

반드시 하나님이 심판하실 것을 기억하라(9-10절). 살아 있는 동안 창조자를 기억하고 하나님을 경외하라(13절).

전도서에서의 그리스도

전도서는 주님과의 관계가 없는 생활의 공허함과 혼란스러움을 확신 있게 묘사하고 있다. 각 사람은 영원을 사모하는 마음을 지녔으며(3:11), 오직 그리스도만이 궁극적인 만족과 기쁨과 지혜를 주실 수 있다. 사람의 가장 큰 선은 풍성한 삶을 제공하시는(요 10:9-10) '한 목자'(12:11) 안에서 발견된다.

아가

나의 사랑하는 자는 내게 속하였고 나는 그에게 속하였구나 그가 백합화 가운데서 양떼를 먹이는구나(2:16).

이 사랑은 많은 물이 꺼치지 못하겠고 홍수라도 엄몰하지 못하나니 사람이 그 온 가산을 다 주고 사랑과 바꾸려 할지라도 오히려 멸시를 받으리라(8:7).

초점	사랑의 시작 1 5:1		사랑이 깊어짐 5:2 8	
구분	사랑에 빠짐 1 3	사랑으로 연합됨 4 5:1	사랑의 갈등 5:2 6	사랑의 성숙 7 8
화제	구혼	결혼	문제	진보
	사랑의 양육	사랑의 성취	사랑의 좌절	사랑의 신실함
	구애와 결혼		결혼 안에서의 적응	
지역	시골과 궁전			
기간	아마도 1년			

개관

솔로몬은 1,005개의 노래를 썼으나(왕상 4:32), 이 아름다운 사랑의 찬가는 '노래들 중의 노래'(1:1)로서 그 모든 것 중에 가장 뛰어난 노래다. 이 노래의 문학적인 가치는 사랑의 순결과 아름다움과 만족스러움을 격찬하면서 은유법과 동양적 심상(心象)을 풍부하게 사용한 사실에서 찾아볼 수 있다. 그 표현이 전혀 거칠지 않으며, 두 연인 사이의 관계를 다방면으로 탐구하고 있으므로 친밀감을 느끼게 한다: 매력, 열망, 교제, 희락, 결합, 분리, 신실함 그리고 찬양. 전도서와 마찬가지로 이 작은 책은 그 줄거리를 쉽게 파악할 수 없으며, 그래서 다양한 분석이 제공될 수 있을 것이다. 이 책은 화자(話者)가 갑자기 바뀌는 경우가 많을 뿐만 아니라, 그 결과 그 화자가 누구인지도 밝혀내기가 어렵다. 사랑의 시작은 1:1-5:1에서 볼 수 있으며, 사랑의 강도가 깊어지는 내용이 5:2-8:14에 나타나 있다.

표제

히브리어 표제 **쉬르 하쉬림**이란 문구는 '노래 중의 노래'라는 뜻이다. 이 표현은 본문의 내용이 최상급의 노래라는 것이며, 솔로몬이 작시한 가장 아름다운 노래라는 뜻이다. 헬라어 표제 **아스마 아스마톤**과 라틴어 표제 **칸티쿰 칸티코룸**(*Canticum Canticorum*)도 '노래 중의 노래' 또는 '가장 훌륭한 노래'를 의미한다. 캔티클즈(Canticles, '노래들')라는 단어는 라틴어 표제에서 파생된 것이다.

솔로몬이 1:1에 언급되어 있기 때문에, 이 책은 솔로몬의 노래로 알려져 있다.

저자

솔로몬 저작권은 그것이 후에 수집된 것이라고 주장하는 비평가들에 의해 거부되고 있다. 많은 사람들은 1:1이 '솔로몬에 의한' 또는 '솔로몬에 관한'을 의미하는 것으로 본다. 그러나 이 책의 내적 증거는 솔로몬이 그 저자라는 전통적 입장을 강하게 지지한다. 솔로몬이 특별히 일곱 번이나 언급되어 있으며(1:1, 5; 3:7, 9, 11; 8:11, 12), 그는 본 노래 가운데서 신랑으로 묘사된다. 또한 왕궁의 화려함과 풍성한 수입 상품들에 대한 증거가 나타나 있다(3:6-10을 보라). 당시 그 왕은 또한 60명의 왕후와 80명의 비빈을 거느리고 있었다(6:8). 솔로몬의 궁에는 한창 때에 후비 700명과 빈장 300명이 있었다(왕상 11:3).

열왕기상 4:32-33은 솔로몬이 1,005개의 노래를 지었으며 식물과 동물 세계에 관한 깊은 지식을 지니고 있었다고 말한다. 그의 노래들 가운데 가장 훌륭한 작품인 이 노래는 21종의 식물과 15종의 동물을 인용하고 있다. 이것은 북쪽과 남쪽에 있는 지리적 장소를 열거하고 있는데, 이는 그것들이 아직 통일된 왕국 내에 소속되어 있었음을 암시해 준다. 예를 들면, 6:4은 디르사와 예루살렘, 즉 북부와 남부의 수도들(솔로몬 시대 이후 사마리아가 북부의 수도가 되었다)을 함께 언급하고 있다. 시상(時像) 때문에 솔로몬의 이 노래는 성경의 그 어느 곳에도 나타나지 않은 49개의 단어들을 사용하고 있다.

연대와 배경

이 노래는 주로 술람미 여인의 관점에서 기록되었지만, 저자는 솔로몬으로 되어 있는데, 아마도 그것은 그의 통치 초기인 약 주전 965년경에 기록된 것으로 보인다. 140명의 여자들을 가진 남자(6:8)가 어떻게 술람미 여인의 사랑만을 격찬하여 마치 그녀가 그의 유일한 신부인 듯이 여길 수 있는가라는 문제가 생긴다. 아마도 술람미 여인과 솔로몬의 관계는 그가 일찍이 체험해 보지 못한 유일하게 순수한 로맨스로 인한 것이었을 것이다. 그의 결혼 가운데 수많은 경우가 정략적인 것이었다. 술람미 여인이 큰 재산이 없는 한 포도원지기였다는 점이 중요하다. 이 책은 또한 그가 음란한 부도덕과 우상 숭배로 빠져들기 전에 기록된 것으로 생각된다: "솔로몬이 나이 늙을 때에 왕비들이 그 마음을 돌이켜 다른 신들을 좇게 하였으므로 왕의 마음이…그 하나님 여호와 앞에 온전치 못하였으니"(왕상 11:4).

술람미 여인은 왕을 '나의 사랑하는 자'라 부르며, 왕은 그의 신부를 '나의 사랑'이라 부른다. 예루살렘의 딸들은 아마도 술람미 여인의 시녀들이었을 것이다. '술람미'라는 용어는 단지 6:13에서만 나오는데, 이 단어는 잇사갈 지파의 땅인 갈릴리 바다 남서쪽에 있었던 '수넴' 마을에서 파생된 것으로 보인다. 이 노래는 북쪽 레바논에서부터 남쪽 애굽에 이르기까지 15개의 지리상의 장소를 언급하고 있다: 게달(1:5), 애굽(1:9), 엔게디(1:14), 샤론(2:1), 예루살렘(2:7),

레바논(3:9), 길르앗산(4:1), 아마나(4:8), 스닐(4:8), 헤르몬(4:8), 디르사(6:4), 헤스본(7:4), 다메섹(7:4), 갈멜(7:5) 그리고 바알하몬(8:11).

주제와 목적

이 책의 목적은 이 책의 내용을 어떠한 관점에서 바라보고 해석하느냐에 의존하고 있다. 그것은 가상적인 것인가, 비유적인 것인가, 아니면 역사적인 것인가?

(1) **가상적**인 것이다: 혹자는 이 노래가 솔로몬의 구혼과 가난하지만 아름다운 시골 처녀의 결혼을 그리고 있는 하나의 가상적인 드라마라고 주장한다. 그러나 이 책은 그 이야기가 실제로 일어났음을 곳곳에서 지적하고 있다. (2) **풍유적**인 것이다: 이 관점에 있어서 이 노래의 주요 목적은 그 사건이 가상적인 것이든 아니든 간에 하나님께서 자기 백성에게 베푸시는 사랑의 진리를 예증하는 것이었다. 일부 논평가들은 이 책이 실제로 역사적인 것이기는 하지만, 그것의 주 목적은 상징적인 것, 즉 야웨께서 그의 신부 이스라엘에게 베푸시는 사랑 또는 그리스도께서 그의 교회에 베푸시는 사랑을 묘사하기 위한 것이라고 주장한다. 그러나 이러한 해석은 주관적인 것이며 증거가 빈약하다. 남편과 아내의 관계가 상징적으로 사용되고 있는 다른 구절들이 성경에 있기는 하지만(참조. 겔 16:23; 호 1:3), 이것들은 항상 상징으로서만 언급된다. 이것이 이 책의 한 가지 적용 방법은 될 수 있지만, 그것이 주된 해석 방법이 되어서는 안 될 것이다. (3) **역사적**이다: 노래 중의 노래는

솔로몬이 술람미 여인과 나누었던 실제적인 로맨스의 기록이다. 이 책에서의 여러 가지 장면들은 구혼과 결혼 가운데서 얻는 사랑의 기쁨을 찬양하며, 육체의 아름다움과 결혼에 있어서의 성생활이 추하거나 육신적인 것이라고 경멸되어서는 안 된다는 것을 가르친다.

본서의 여러 육체에 관한 묘사들은 인간의 사랑에 대한 합당한 관점을 제시해 주면서 정욕과 금욕이라는 극단을 피하고 있다. 성행위를 악에 가까운 것으로 그릇된 면에서 보았을 때 이 책을 풍유적으로 해석하려는 시도가 이루어졌다. 그러나 성욕이나 성관계가 그 즐거움과 함께 하나님께서 창조하신 것들의 한 부분이며, 남편과 아내 사이의 깨끗한 성생활에 대한 규범을 하나님께서 우리에게 마련해 주셨으리라는 주장도 올바른 생각이다. 사실상 두 성의 결합은 본래 신성의 통일성을 예증하려는 의도를 지닌 것이었다(창 1:27; 2:24; 고전 6:15-20을 보라). 따라서 이 노래는 모든 육체적, 정서적 아름다움 가운데 결혼으로 인해 꽃 핀 사랑에 대한 하나님의 강력하고도 긍정적인 보증이다. 이러한 해석은 본서의 내용을 영적 진리에 적용해서는 안 된다는 사실을 의미하지 않는다. 남녀간의 아름다운 사랑의 관계는 분명히 하나님의 언약 백성인 이스라엘에 대한 하나님의 사랑을 예증하며, 동시에 그의 신부인 교회에 대한 그리스도의 사랑을 보여준다.

성경에서 아가서의 위치

이 노래는 노래들의 모음집이라기보다는 한 권의 노래다. 그 전체 내용은 두 인물(그리고 때때로 등장하는 합창) 사이의 대화를 바탕으로 한 극시다. 이 독특한 성경책 속에는 문체, 시상 그리고 표현의 연속성이 있다. 솔로몬은 전도서에서 지성(知性)을 강조했으나, 아가서에서는 감성이 지배적이다.

이 책은 **안틸레고메나**(기독교 초기 몇 세기 동안 정경 문제에서 논쟁이 되었던 책들) 가운데 하나다. 이 책을 성경의 정경으로 포함시키는 문제는 본서의 종교적 가치, 하나님의 이름을 단 한 번만 사용한 점(8:6), 남녀간의 사랑의 노래라는 특이한 소재 그리고 다른 성경 가운데서 이 노래를 거의 인용하지 않은 점들로 인하여 논란이 되었고, 그로 인하여 정경으로 가입되는 데 지연이 되었다. 이 노래는 전통적으로 유월절에 낭독되었다.

내용

1. 사랑의 시작(1:1-5:1)

솔로몬 왕은 술람미 지방에 포도원을 갖고 있었다(6:13; 8:11). 그 술람미 여자는 자신의 남자 형제들과 함께 그 포도원에서 일해야 했으며(1:6; 8:11-12), 솔로몬이 방문했을 때 그는 그녀의 마음을 사서 마침내 그녀를 신부로 취하여 예루살렘 궁으로 데리고 왔다. 그녀는 포도원에서 오랫동안 일하여 볕에 거무스름하게 탔으나 "여인 중에 어여쁜 자"(1:6, 8)였다.

이 노래는 주 화자(話者)가 세 사람－신부(술람미 여인), 왕(솔로몬) 그리고 합창(예루살렘의 딸들)－인 1막의 드라마 무대처럼 각

색되어 있다. 누가 말하고 있는지는 분명치 않으나, 가능한 배열은 다음과 같다:

신부 1:2-4a, 5-7, 12-14, 16-17; 2:1, 3-6, 8-17; 3:1-4; 4:16; 5:2-8, 10-16; 6:2-3, 11-12; 7:9b-13; 8:1-3, 6-7, 10-12, 14.

신랑 1:8-10, 15; 2:2, 7; 3:5; 4:1-15; 5:1; 6:4-10, 13; 7:1-9a; 8:4, 5b, 13.

합창 1:4b, 11; 3:6-11; 5:9; 6:1, 13; 8:5a, 8-9.

1-3장은 구애에 관한 일련의 회상을 담고 있다. (1) 신부가 결혼에 앞서 궁전에서 애정을 갈구함(1:2-8), (2) 연회장에서 서로 사랑을 표현함(1:9-2:7), (3) 왕이 봄에 시골에 있는 신부의 집을 방문함(2:8-17), (4) 술람미 여인이 그녀의 사랑하는 자와 헤어지는 꿈을 꿈(3:1-5), (5) 신부의 집에서부터 예루살렘까지 이어지는 화려한 결혼 행렬(3:6-11).

4:1-5:12에서 솔로몬은 화려한 직유법과 은유법으로 그의 신부를 머리부터 발끝까지 칭송하고 있다. 그녀의 순결은 '잠근 동산'(4:12)에 비교되며, 그 동산에는 결혼식이 끝날 때 들어가게 된다(4:16-5:1). 그 사랑하는 이에 대한 칭송은 5:16에서 절정에 이르고 있다.

2. 사랑이 깊어짐(5:2-8:14)

결혼을 한 지 얼마 안 되어서, 술람미 여인은 솔로몬이 출타 중일 때 뒤숭숭한 꿈을 꾸었다(5:2). 꿈 속에서 솔로몬이 문 앞에 왔으나, 그녀의 대답은 너무 늦었다. 그가 벌써 가 버린 것이다.

그녀는 당황해서 밤늦도록 예루살렘에서 그를 찾아 헤매었다. 솔로몬이 돌아왔을 때, 그는 그녀에게 자신의 사랑을 재확인시켜 주고 그녀의 아름다움을 칭찬한다(6:4-7:10). 술람미 여인은 자기의 고향집에 대해 생각하기 시작하며, 사랑하는 자에게 자신과 함께 그곳으로 돌아가기를 설득시키려고 노력한다(7:11-8:4). 그들의 관계가 계속 깊어지자, 8:5-7에서 그들은 밀월여행을 떠난다. 그들의 사랑은 질투나 환경으로 인해 꺾이지 않을 것이다. 집으로 오면서(8:8-14) 술람미 여인은 어렸을 때 남자 형제들이 자신을 보살핀 것을 회상한다(8:8-9). 그녀는 순결을 간직했고("나는 성벽이요", 8:10), 이제는 그 남자 형제들의 안녕을 돌볼 위치에 있었다(8:11-12). 이 노래는 사랑하는 자와 사랑받는 자의 이중 초청으로 끝난다(8:13-14).

* 술람미 여인의 아름다움의 출처

히브리인들에게 아름다움이란 사람을 끄는 매력을 가리킨다. 그것은 외적 아름다움이 아니다. 술람미 여인은 오히려 궁궐에 있는 다른 여자들보다 피부가 더 검고 거칠었다. 그러나 그녀에게는 다른 어느 누구와도 비교할 수 없는 아름다움이 있었는데, 그것은 그의 내적 품성으로 인한 것이었다. 본문은 그녀를 잠근 동산, 점령할 수 없는 망대, 무너지지 않는 성벽에 비유한다. 그것은 그녀의 정조를 말한다. 정조가 강할 때 그것은 가장 아름다운 요소가 된다. 그러나 아름다운 여인이 삼가지 않는 것은 돼지 코에 금고리와 같다(잠 11:22). 정조를 지키는 일은 남자에게도 똑같이 해당된다.

아가서에서의 그리스도

구약에서 이스라엘은 야웨의 신부로 간주되었다(사 54:5-6; 렘 2:2; 젤 16:8-14; 호 2:16-20을 보라). 신약에서 교회는 그리스도의 신부로 나타난다(고후 11:2; 엡 5:23-25; 계 19:7-9; 21:9을 보라). 아가서는 하나님께서 이스라엘과 사랑하는 관계에 있음을 보여주면서 동시에 예수 그리스도께서 자기 신부를 찾아 인간의 몸을 입고 사랑하는 자에게 자기의 모든 것을 주신 사실을 미리 보여주고 있다.

대선지서

대선지서 개요

선지서 입문

17권의 선지서들은 성경의 약 1/4을 차지하며, 신학적 및 역사적 관점에서 지극히 중요하다. 그러나 그것들의 메시지와 의미는 사람들에게 성경의 어느 부분보다도 더 소홀히 여겨지고 있는데, 그것은 주로 무관심 때문이다.

명칭 히브리서의 두 번째 부분은 선지서로 알려졌으며 전기 선지서들과 후기 선지서들로 이루어졌다. 전기 선지서들은 사실상 여호수아, 사사기, 사무엘상·하 그리고 열왕기상·하와 같은 역사서들이다. 이 책들은 신정국가에 대한 하나님의 역사하심을 여호수아 시대부터 바벨론 포로 시기까지 연대순으로 취급하고 있다. 따라서 소위 신명기적 역사서라고 불리기도 하는 이 전선지서들은 기록된 선지서들 혹은 후기 선지서들에 대한 배경을 제공해 준다. 후기 선지서들은 이사야, 예레미야, 에스겔 그리고 12권의 소선지서다. '후기'라는 용어는 그것이 연대적인 면보다는 정경에 배열된 순서를 뜻한다. 후기 선지자들은 자기들의 사역에 대한 기록을 남겨 놓았으나, 구술 선지자들(나단, 아히야, 잇도, 예후, 엘리야, 엘리사, 오뎃, 스마야, 아자랴, 하나니, 야하시엘 그리고 훌다를 보라)은 보존된 기록을 남기지 않았다. 기록된 선지서들은 오늘날 우리가 아는 바대로 후에 대선지서(히브리 성경에서 다니엘서는 성문서 중 역사서로 분류되어 있다)와 소선지서로 나누어졌다. 대선지서들은 그것들의 길이가 길기 때문에(예레미야애가는 예외) 그렇게 명칭이 붙여졌다.

특징 이 사람들은 선지자, 선견자, 파수꾼, 하나님의 사람, 사자 그리고 여호와의 종들로 일컬어졌다. 가장 자주 사용된 표제는 **나비**, 곧 '선지자'(성경에서 300회 이상 사용됨)로서 하나님 자신의 메시지를 선포하도록 부름을 받았거나 임명된 자를 가리킨다. **로에**, 곧 '선견자'라는 단어는 우리의 시각이나 청각이 감지할 수 있는 영역 안에 있지 않은 것들을 바라보거나 체험한 자를 가리킨다. 영어 단어 '선지자'(prophet)는 '대변하다'(speak for)라는 문자적 의미를 지닌 복합명사(프로〈'앞에'〉 + 페테스〈'말하다'〉가 합쳐진 복합명사) 헬라어에서 파송되었다. 선지자는 하나님의 메시지를 받아 청각이나 시각을 통해 또는 기록된 형태로 백성들에게 전달해 주는 사람들이다. 하나님은 꿈, 환상, 천사, 자연, 이적 그리고 들을 수 있는 음성을 포함한 다양한 방법을 통하여 선지자들과 교통하셨다.

아브라함은 첫 번째 선지자로 언급된 사람이며(창 20:7), 사무엘은 공식적으로 언급된 첫 번째 선지자였다(행 3:24; 13:20; 히 11:32). 그는 선지자 집단을 만든 최초의 사람이었으며, 라마에서 그것을 관장했다(삼상 19:20). 그러나 구약 시대 선지자의 대표는 엘리야다. 참 선지자들은 모두가 주의 영으로 충만하거나 주의 영에 사로잡혀 말한 사람들이다. 참 선지자들은 하나님의 소명을 받았으며, 게다가 특별한 능력을 부여받기도 했다. 율법에 기초한 그들의 도덕적이고도 영적인 메시지로 인해 그들의 삶은 그들의 말과 일치해야 했다. 신명기 18:18-20에서 참 선지자는 야웨의 이름으로 말하되 모세의 예언과 일관되게 말해야 하며, 그 말이 하나님을 섬기도록 격려하는 것이어야 하고, 그가 한 예언들이 역사상에서 완전히 이루어져야 한다고 규정되어 있다.

메시지 비록 선지자들이 장래의 사건들을 **예고하는**(foretelling) 사역을 한다 할지라도, 그들의 주된 역할은 공중 **앞에서 말하는**(forthtelling) 것이었다. 이러한 사역을 하기 위해서 그들은 하나님의 계시를 받아야 할 뿐만 아니라 말씀에 대한 바른 해석 능력 및 영적 통찰력을 필요로 했다. 왜냐하면 그들은 자기 시대의 특정한 태도와 행실에 대해서 지적하고 교정하며, 그랬을 때 나타나는 결과가 어떠할 것인지를 선포했으며, 그것이 그들의 운명을 좌우했기 때문이다. 그들은 이스라엘의 과거를 깊이 연구하여 그것을 현재를 위한 교훈과 훈계로 삼았다. 그리고 그들은 미래의 심판을 피하기 위해 현재 개혁해야 할 필요성에 대해 말했다. 그 예언적 메시지에는 중요한 네 가지 주제가 들어 있었다.

(1) 선지자들은 백성들의 죄악된 행실을 폭로했다. 그 백성들이 듣기 원하는 것을 들려주려는 유혹에 굴복하지 않고, 그들이 들어야 할 필요가 있는 것을 말해 주는 일에는 상당한 용기가 요구되었다. 하나님의 사자들은 백성들의 유일한 희망이 여호와께로 겸손히 돌아와 그들의 죄를 인정하는 것임을 알고, 일반인들이 보기에 사사로운 행위들이라고 할지라도 천지가 뒤집힐 일로 보고 죄를 철저하게 지적했다. 그들이 이렇게 한 이유는 그들이 하나님 자신의 영을 받아 하나님의 관점에서 사회상을 바라보았기 때문이다. 그들은 위험이 다가오는 것을 백성들에게 알려 준 파수꾼들과 같이, 그 메시지가 매우 실제적인 것이었다.

(2) 선지자들은 백성들이 모세를 통하여 전달받았던 도덕법, 시민법 그리고 의식법으로 돌이키도록 요청했다. 또한 그들은 하나님의 성품을 백성들에게 상기시켰으며, 그들로 하여금 전심으로 하나님을 의지하도록 촉구했다. 하나님은 그들에 대한 풍성한 계획을 지니고 계시며, 그들은 그러한 계획이 자신들에게 이루어지도록 하나님을 믿고 순종해야만 했다.

(3) 그들은 백성들에게 임할 심판을 경고했다. 하나님은 그 나라의 방백들과 제사장들과 백성들이 계속해서 오만하게 하나님의 도덕적 그리고 영적 규례들을 배척한다면 그들을 정죄하셔야만 한다. 그들은 하나님과의 언약관계를 깨뜨리면 이에 대한 책임을 져야 한다. 야웨는 온 세계 역사를 주관하는 주이시므로, 이방 민족들까지도 그분의 주권에 반역하고 그분의 뜻을 거스르면 또한 심판을 받을 것이다.

(4) 선지자들은 장차 오실 메시아를 예고했다. 역사는 직선적인

것이지 원형적인 것이 아니다. 그것은 일정한 목표를 지니고 있으며, 하나님은 모든 일들이 메시아 시대의 완성을 향해 움직이도록 주권적으로 역사하실 것이다. 따라서 구약의 역사는 철저히 구속사적(신학적)이다. 성경의 예언은 그것의 정확성과 특별한 성취 때문에 독특하다. 300개 이상의 구약의 예언들이 메시아의 첫 번째 강림에 의해 정확하게 성취되었으며, 400개 이상의 예언들이 그가 다시 오실 때 예언되기 위해 남아 있다. "저에 대하여 모든 선지자도 증거하되"(행 10:43).

간단히 말해서, 선지자들의 메시지는 이중적이다. 즉 인간의 죄로 인해 정죄가 선포되지만, 하나님의 은혜로 말미암은 위로와 소망이 그 메시지의 궁극적 내용이다.

해석 선지자들은 하나님의 뜻 혹은 말씀의 해석자요 하나님의 의사소통 기관이었다. 그들은 가끔은 제사장들처럼 인간들을 대신하여 백성들을 위해 대언 기도를 하는 사람들이기도 했다. 선지자들은 자기들 시대의 상황과 배경 가운데서 메시지를 선포했으므로 그들이 사역했던 당시의 역사적, 문화적 상황을 이해하는 것이 중요하다. 그들은 네 가지 사항의 연대적 시점, 곧 그들 자신의 시대, 포로와 귀환, 그리스도의 초림 그리고 메시아 왕국을 강조했다. 연대표는 그들 마음속의 사건들 자체만큼 중요하지 않았으며, 그들은 때로 이 네 시기 사이의 구분을 지워 버렸다. 미래의 역사를 선이라고 할 때, 그들은 그 역사의 선을 옆에서 보는 것이 아니라 정면으로 바라보고 예언한다. 선을 정면에서 볼 때 그 선은 점으로 보인다. 예를 들면, 모세까지도 그러한 방식으로 미래를 예고한다

(참고. 신 18:15, 18의 "나와 같은 선지자 하나"). 따라서 하나의 예언이 단회적으로 성취될 것을 말하지만, 그것이 성취되는 것은 여러 차례에 걸쳐서 일어날 수 있다. 결국 선지자들의 이러한 예언은 반복적으로 성취되면서 신령한 방향으로 확대되는 방식을 취하기도 한다. 그러나 가장 자주 선지자들의 메시지는 그 메시지가 주어진 다음 즉시 실제로 이루어진다. 또한 선지자들이 미래를 예고할 때, 그들은 자기 시대의 경험을 기초로 하여 미래를 예언하므로 그것을 문자 그대로 해석하면 기괴한 해석이 나올 수 있다. 그러므로 자주 미래에 관한 예언은 구속사적 입장에서 해석되어야 한다.

17권의 선지서 가운데 11권은 포로 전의 것이었으며, 세 권(예레미야〈포로 전부터 포로 중까지〉, 에스겔, 다니엘)은 포로 시대의 것이었고, 세 권(학개, 스가랴, 말라기)은 포로 후의 것이었다.

대선지서

이사야

선지서들 가운데서 가장 뛰어난 이 예언서는 정죄(1-39장)와 위로(40-66장)라는 이중적인 메시지를 지니고 있다. 이사야는 유다의 죄를 분석하며 그 민족 위에 임할 하나님의 심판을 선언한다. 그는 그의 시계를 넓혀서 주변 나라들에게 임할 심판을 포함하고 있으며, 또한 우주적인 심판이 뒤따라오는 것을 내다보고 있다. 히스기야 왕에 관한 역사적 삽입 내용(36-39장) 뒤에 이사야는 미래의 구원과 회복에 관한 메시지로 그 백성들을 위로한다. 야웨는 자기 백성을 구원할 지극히 높으신 구원자이시다.

예레미야

바벨론에 포로로 잡혀가기 바로 전, 유다는 도덕적으로 그리고 영적으로 깊은 부패에 빠졌고, 그래서 예레미야는 그 민족에게 임할 하나님의 분명한 심판을 선포해야 하는 마음 아픈 그리고 백성들이 달가워하지 않는 예언 사역을 위해 부르심을 받았다. 예레미야는 배척과 핍박에도 불구하고 충성되게 사역했고, 그의 생애 중에 예고했던 바로 그 멸망의 날이 오고야 말았다. 하나님의 거룩하심에 대한 유다의 냉담한 반응 혹은 도전은 그들을 몰락으로 이끌어 갔다. 그럼에도 불구하고 은혜로우신 하나님은 자기 백성과 새 언약을 세우실 것을 약속하셨다.

예레미야애가

아름답게 배열된 이 다섯 개의 애가는 몰락한 예루살렘 성에 대해서 예레미야가 쓴 장송곡이다. 40년 간의 경고가 주어진 후 예레미야의 두려운 말씀들은 실현되었다. 그의 슬픔이 예루살렘의 패배, 멸망 그리고 황폐에 대한 그의 선명한 묘사에서 여실히 보여진다.

에스겔

에스겔 선지자는 예루살렘 함락을 전후로 해서 바벨론에 있는 유대인 포로들을 위해 사역했다. 예레미야처럼 그는 그 성이 하나님의 저주를 받았다는 사실과, 그 포로 기간이 짧지 않으리라는 것을 백성에게 깨우쳐야 했다. 에스겔은 또한 유다가 의지했던 주변의 열국들의 운명을 예고하면서 동시에 유다를 대적하는 민족들의 운명을 묘사했으며, 유다의 영광스러운 미래에 대한 묵시적 환상으로 끝을 맺었다.

다니엘

다니엘의 예언과 묵시는 미래에 관한 구체적인 예언들과 묵시 내용으로 가득해 있다. 본서는 이방 민족들에 대한 하나님의 주권적 계획을 약술하고 있으며(2-7장), 더 나아가 이방 나라들이 지배하는 기간 동안의 이스라엘의 모습을 묘사하고 있다(8-12장). 유대인들에게 소망이 거의 없었을 그 때에 다니엘은 그들의 미래에 대한 하나님의 계획과 능력을 계시함으로써 격려했다.

이사야

여호와께서 말씀하시되 오라 우리가 서로 변론하자 너희 죄가 주홍 같을지라도 눈과 같이 희어질 것이요 진홍같이 붉을지라도 양털같이 되리라 너희가 즐겨 순종하면 땅의 아름다운 소산을 먹을 것이요 너희가 거절하여 배반하면 칼에 삼키우리라 여호와의 입의 말씀이니라(1:18-20).

우리는 다 양 같아서 그릇 행하며 각기 제 길로 갔거늘 여호와께서는 우리 무리의 죄악을 그에게 담당시키셨도다(53:6; 또한 6:3; 41:10; 57:15을 보라).

<table>
<tr><td>초점</td><td colspan="3">징벌
1 35</td><td>역사적 사건
36 39</td><td colspan="3">구원
40 66</td></tr>
<tr><td>구분</td><td>유다에 대한 징벌
1 12</td><td>주변 나라들의 징벌
13 23</td><td>전세계에 임할 야웨의 날
24 35</td><td>역사적 사건들
36 39</td><td>야웨의 구원
40 48</td><td>구원자
49 57</td><td>구원받은 백성
58 66</td></tr>
<tr><td rowspan="4">화제</td><td colspan="3">심판</td><td>과도기</td><td colspan="3">희망</td></tr>
<tr><td colspan="4">신음: 하나님의 민족</td><td colspan="3">영광: 민족의 하나님</td></tr>
<tr><td colspan="4">타락(1:4)</td><td colspan="3">안위(40:1)</td></tr>
<tr><td colspan="4">구원의 필요성: 유다, 죄악된 종</td><td colspan="3">구원의 길: 메시아, 고난당하는 종</td></tr>
<tr><td>지역</td><td>유다</td><td>주변 국가들</td><td>모든 국가들</td><td>예루살렘</td><td colspan="3">이스라엘과 모든 국가들</td></tr>
<tr><td>기간</td><td colspan="4">약 41년의 역사(주전 722-681년)</td><td colspan="3">주전 536부터 그리스도의 초림과 재림까지</td></tr>
</table>

개관

‘히브리 예언의 에베레스트 산’인 이사야서는 한 권의 축소판 성경과도 같다. 본서의 처음 39장은 하나님의 의와 거룩 그리고 공의를 강조하며, 구약성경 39권에 그 성격이 일치된다. 그 책의 이 부분은 유다로부터 시작해서 유다 주변 국가들, 그리고 최종적으로 온 세계에 이르기까지 부도덕하고 우상 숭배에 빠진 백성들에 대한 심판을 선포하고 있다. 심판은 다가오고 있으며, 죄는 궁극적으로 멸망으로 이끌어 간다. 아사야서의 후반부 27장은 야웨의 영광, 긍휼 그리고 은혜를 묘사하고 있으며, 그 성격이 신약성경 27권과 일치된다. 메시아가 구세주로 와서 십자가를 지실 것이며, 주권자로서 면류관을 쓰실 것이다. 그분이 친히 죄에 대한 하나님의 심판을 짊어지고 유대인들과 이방인들에게 소망을 주실 것이다. 이사야의 이름 자체가 이사야서 전체의 메시지를 요약하고 있고, 그의 두 아들의 이름이 이 위대한 책의 두 부분을 요약해 놓고 있다는 것은 흥미로운 일이다: 이사야는 ‘여호와는 구원이시다’를 의미하며, 작은아들 마헬살랄하스바스는 ‘노략이 신속하며 약탈이 빠르다’(1-39장)를 의미하고, 큰아들의 이름 스알야숩은 ‘남은 자가 돌아온다’(40-66장)를 의미한다.

‘선지자들의 세익스피어’인 이사야는 메시아에 관한 그의 놀랄 만큼 명백하고도 세부적인 예언들 때문에 일반적으로 ‘복음적 선지자’로 불려 왔고, 이사야서는 ‘구약의 로마서’로 불려 왔다. 그 ‘이사야에 의한 복음서’는 세 개의 주요 부분으로 나누어진다: 징벌(12-35장), 역사적 사건(36-39장) 그리고 구원(40-66장).

표제

예샤야후와 그것의 단축형 **예샤야**는 '야웨의 구원' 혹은 '야웨는 구원이시다'를 의미한다. 그의 이름은 그의 책 내용에 대한 훌륭한 요약이다. 칠십인역의 헬라어 형태는 **헤사야스**이며, 라틴어 형태는 **에사야스** 또는 **이사야스**(*Isaias*)이다.

저자

'구약의 사도 바울'인 이사야는 분명히 특별한 유대 가문 출신이었다. 그의 인상적인 어휘와 문체에서 그의 교육 수준이 명확하게 드러난다. 그의 작품은 그 의도를 잘 이해할 수 있게 해주며 아름답게 전달되고 있다. 이사야는 왕실과 친밀한 접촉을 유지했으나, 외국 세력과의 동맹을 반대하는 그의 권면이 항상 잘 받아들여진 것은 아니었다. 이 위대한 시인이자 선지자였던 이사야는 타협할 줄을 몰랐고 신실했으며 동정심이 넘쳤다. 그의 아내는 여선지자였고, 그는 적어도 두 아들을 키웠다(7:3; 8:3). 그는 대부분의 시간을 예루살렘에서 보냈는데, 탈무드 전승은 그가 므낫세 통치 동안 두 번 톱질을 당했다고 말한다(참조. 히 11:37).

이 책의 단일성은 '제2의 이사야'가 바벨론 포로 이후에 40-66장을 썼다고 주장하는 비평가들에 의해 도전받아 왔다. 비평가들은 1-39장이 앗수르를 배경으로 하고 있는 반면, 40-66장은 바벨론을 배경으로 하고 있다고 주장한다. 그러나 바벨론은 40-66장에서보다 1-39장에서 두 배 이상 자주 언급된다. 비평가들은 또한 두 부분의 언어와 문체와 신학이 급격하게 다르다고 주장한다. 그러나 사실상 1-39장과 40-66장은 그 차이점보다 유사성의 빈도가 더 많고 강력하다. 이것은 사상과 심상, 수사학적 묘사, 특징적인 표현 그리고 저자의 지리적 위치에 있어서의 유사점을 내포하고 있다. 첫 번째 부분이 간결하고 합리적인 반면, 두 번째 부분은 유연하고 정서적이지만, 그 대부분은 정죄 대 위로라는 주제의 상이성에서 비롯된 것이다. 비평가들은 내용과 시간과 상황이 어떤 저자의 문체에 전적으로 영향을 미친다는 사실을 잊어버리는 경향이 있다. 더욱이 1-39장에서는 왕으로서의 메시아를 강조하고 있고, 40-66장에서는 고난당하는 종을 강조하고 있으며, 그래서 신학적으로 서로 모순된 것이 아니다. 또한 비평가들은 이사야가 바벨론 포로 사건과 고레스(44-45장에서 이름이 언급됨)의 칙령에 의한 본국으로의 귀환을 150년이나 앞서서 미리 예고할 수 없다는 주장을 한다. 이러한 주장은 인격자이신 하나님을 부정하거나 하나님이 인간의 역사에 개입하시는 것이 불가능하고 하나님이 인간들에게 자신의 계획을 알려 주실 수 없다고 하여 하나님의 계시를 부정하는 이른바 폐쇄된 우주 체계(closed system)를 믿는 우매한 견해다(42-49장을 보라). 이러한 폐쇄된 우주 체계를 믿고 하나님께서 인간들에게 미래를 알려 주실 수 없다고 생각하는 사람은 이미 신학자가 아니다.

이러한 입장으로는 그리스도의 생애에서 문자적으로 성취된 이사야의 놀라운 메시아 예언을 설명할 수 없다(이사야서에서의 그리스도를 참조하라).

이사야의 단일성은 집회서(Ecclesiasticus)와 칠십인역과 탈무드에 의해 뒷받침된다. 신약성경도 이사야가 이 두 부분을 썼다고 주장한다. 요한복음 12:37-41은 이사야 6:9-10과 53:1을 인용하며, 그것을 모두 이사야의 것으로 돌린다. 로마서 9:27과 10:16-21에서 바울은 이사야 10, 53과 65장을 인용하며, 그 내용을 이사야의 것으로 돌린다. 마태복음 3:3, 12:17-21과 누가복음 3:4-6과 사도행전 8:28에서도 마찬가지다.

40-66장이 그 사건이 일어난 후에 다른 선지자에 의해 기록되었다면, 그것은 오류 투성이의 속임수 작품이다. 더욱이 그것은 이스라엘의 가장 위대한 선지자가 구약성경을 기록하기만 한 어떤 무명의 선지자일 뿐이라는 이상한 결론으로 인도하게 될 것이다.

연대와 배경

이사야의 긴 사역은 주전 약 740년에서 680년에 걸쳐 있었다(1:1). 그는 웃시야 왕의 통치(790-739년) 말엽 즈음에 그의 사역을 시작했으며, 그것은 요담(739-731년), 아하스(731-715년) 그리고 히스기야(715-686년)의 통치 때까지 계속되었다. 앗수르는 동부를 정복한 후 서부를 향해 진군한 디글랏 빌레셀 3세의 통치 시대에 그 세력이 급신장되었다. 디글랏 빌레셀 3세는 이스라엘과 유다의 많은 부분을 포함해서 지중해 연안에 산재해 있었던 작은 나라들을 정복해 들어갔다. 이사야는 유다에 이러한 군사적 위협이 있었던 시기 동안 살면서 그 왕들에게 야웨의 능력을 의지하고 다른 나라들과 동맹하는 것을 의지하지 말도록 경고했다. 호세아와 미가와 동시대 인물로서 그는 북 왕국 말기 동안 예언했으나, 그 자매 이스라엘의 죄악을 뒤따랐던 남 왕국 유다를 위해 사역했다. 주전

대선지서

722년 이스라엘의 멸망 이후, 그는 바벨론이 아직 패권을 쥐고 있지 않은 시기임에도 불구하고 바벨론에 의해서 유다에게 심판이 임할 것을 경고했다.

이사야는 앗수르의 디글랏 빌레셀(주전 745-727년) 때부터 산헤립(주전 705-681년) 때까지 사역했다. 37:38이 주전 681년에 있었던 산헤립의 죽음을 기록하고 있기 때문에 이사야는 히스기야보다 몇 년 뒤까지 살았던 것으로 보인다. 히스기야 다음에는 야웨 숭배를 거절하고 이사야의 사역을 대적했을 히스기야의 아들 므낫세가 왕위를 계승했다.

주제와 목적

이 책의 기본 주제는 이사야의 이름에서 발견된다: 즉 구원은 여호와께 있다는 것이다. 구원이라는 단어가 이사야서에는 26번 나타나는 반면, 다른 선지서에서는 모두 합해서 단 7번 나타난다. 1-39장은 인간에게 있어서 구원의 큰 필요성을 그리며, 40-66장은 구원을 위한 하나님의 위대하신 준비를 계시하고 있다. 구원은 하나님께 속하며 인간에게 속하지 않는다. 그분은 최고의 통치자, 역사의 주권을 가지신 여호와 그리고 유일하신 구원자로서 나타나고 있다. 이사야는 유다에 도덕적 부패, 정치적 타락, 사회적 부정 그리고 특히 영적 우상 숭배로 인해 심판이 다가오는 것을 엄숙히 경고했다. 그 민족이 그 죄악된 행실에서 돌이키려 하지 않았기 때문에, 이사야는 유다의 궁극적인 멸망을 선포했다. 그럼에도 불구하고 하나님은 경건한 남은 자를 보존하심으로써 그리고 장차 오실 메시아를 통한 구원과 해방을 약속하심으로써 그분의 언약을 신실하게 이행하실 것이었다. 구세주께서 유다로부터 와서 심판과 구속 및 회복이라는 이중 사역을 완성하실 것이다. 결국에는 이방인들이 그의 빛으로 나아오고, 우주적인 축복이 온 인류에게 주어질 것이다.

성경에서 이사야서의 위치

이사야서는 신약성경에서 그 어느 선지서보다도 훨씬 더 많이 인용되고 있다. 그의 이름이 21회 언급되고 있으며, 53장은 신약성경에서 적어도 85번이나 인용 또는 언급되고 있다. 이사야서는 체계적인 묘사, 눈부신 비유적 표현, 폭넓은 내용, 선명함, 아름다움 그리고 생동력을 그 특징으로 하고 있다.

이 예언들의 일부는 성취되었으나, 많은 부분들이 그 성취를 기다리고 있다. 예를 들어, 우리 주님은 누가복음 4:8-20에서 이사야 61:1-2을 인용하셨으나 그 문장 중간 부분을 끊으셨다. "…주의 은혜의 해…를 전파하게 하려 하심이라." 이사야서의 중간 구절은 "우리 하나님의 신원의 날"이다. 첫 부분은 사실상 그리스도에 의해 성취되었으나, 두 번째 부분은 그가 다시 오실 때, 고난당하는 종으로서가 아니라 다스리시는 왕으로서 다시 오실 때 성취될 것이다.

내용

Ⅰ. 징벌(1-35장)(주제: 마헬살랄하스바스)

1. 유다에 대한 징벌(1-12장)

1-12장의 구조는 다음과 같다: 1-5장 (6장) 7-12장

따라서 1-12장은 6장을 축으로 하여 1-5장과 7-12장이 (봉투처럼 감싸는) 인클루시오 역할을 하고 있다. 그러므로 이사야서에 열쇠가 되는 장이 6장임을 알 수 있다. 이사야서의 전체 메시지는 이사야 자신의 소명 환상(6장)으로부터 나왔다.

1-12장은 '여호와께서 이스라엘의 거룩한 자이시다'라는 사실을 선언하고 있다. 거룩하신 하나님은 악을 차마 보지 못하시는 분인데, 택하시고 자기에게 가까이 나와서 그분과 교제하도록 하신 자기 백성들이 범죄를 일삼으니 이를 정화하기 위하여 징벌을 내리겠다고 하신다.

1) 언약 백성의 죄악상 고발과 하나님의 징계 예고(전체 메시지 요약)(1장)

(1) 맨 먼저 표제(1:1)가 나오는데 저자가 이사야임을 밝히고 있다. 그리고 이어서 (2) 유다의 죄 고발(1:2-15)이 뒤따라온다. 그러고 나서 (3) 회개의 권면(1:16-20)을 하고 있다. 진정으로 하나님이 요구하시는 것은 진정한 회개인데, 그것은 ① 죄로부터 손을 씻고 악행을 그치는 것(소극적), ② 의를 행하고 선을 행하는 것(적극적), 즉 선행을 배우며, 공의를 구하며, 학대받는 자를 도와주며…

등이며, 마지막으로 ③ 하나님 자신에게 은혜를 얻기 위하여 나아오는 것(궁극적)이다. 세 번째 사항이 회개의 가장 중요한 부분이다. 그리고 회개를 강권하기 위하여 이사야는 (4) 유다의 상태(21-23절)를 묘사하고 있다. 그것은 총체적인 부패였다. 그 성읍은 우상숭배로 창기와 같이 되었고, 공평과 의리가 사라지고 존재하는 것은 살인뿐이었고, 신앙에 불순물이 섞여 있었다. 정치가들은 도적과 한 패가 되었고, 뇌물과 사례물을 받기를 원했으며, 고아와 과부들 같은 가난한 자가 당한 억울한 일은 해결해 주지 않았다. (5) 그 결과 하나님은 어떠한 조치를 취하실 것인가(24-31절)? 징벌(포로)을 통하여 그 성읍 백성들을 정화시키실 것이다. 포로 사건을 통하여 남은 자가 나타날 것이고, 이들은 정화되고 난 후에 진정한 시온 백성(2장)이 될 것이다.

2) 시온의 다가올 영광(바벨론 포로 후)(2장). 여기서 시온은 하나님의 징계를 받아 정화된 이후 남은 자들이다. 이 시온은 가깝게는 포로에서 돌아온 시온을 가리키지만, 멀리는 교회 공동체를 가리킨다. 그리스도께서 대신 큰 징계를 받으셨기 때문에 시온이라는 정화된 공동체가 떠오른 것이다.

3) 하나님은 자기 백성들이 의지하는 것을 제거하실 것이다(3장). 그 후 주님은 정화된 남은 자들을 보호하고 시온 백성을 자기의 보호(임재)의 천막으로 덮으실 것이다(4장).

4) 포도원의 노래와 여섯 개의 화(5장). 옥토에 극상품 포도나무를 심었고 거름을 주었으나 유다 백성들은 먹을 수 없는 들포도를 맺었다. 그리므로 그들에게는 저주가 임할 것이다. 여기에 여섯 개의 저주가 나타난다: ① 부동산을 증가시키는 자, ② 술 취하는

대선지서

자, ③ 거짓된 자, ④ 선악의 표준이 흐려진 자, ⑤ 스스로 지혜롭다 하는 자, ⑥ 술(독주) 제조자.

5) 이사야의 소명(6장). 이사야의 소명은 이사야의 메시지의 핵심을 이룬다. 그의 소명 환상이 그의 메시지의 성격을 결정짓는다. 그러므로 1-2장은 6장을 축으로 하여 1-5장과 7-12장이 감싸고 있는 형식을 취하고 있는 것이다. 이사야의 소명은 바울의 회심에 비교된다(행 9:1 이하). 이사야는 성육하시기 이전의 그리스도를 보았다(참고. 요 12:39-41).

"웃시야 왕이 죽던 해에"는 중요한 의미를 지니고 있다. ① 인간 왕은 죽었으나 만왕의 왕이신 그리스도께서 영원히 다스리신다는 사실을 보여준다. ② 웃시야는 스스로의 의를 가지고 거룩하신 왕 앞에 나가다가 저주를 받아 문둥병자가 되어 쓸쓸히 죽어 갔으나 바로 그 해에 이사야는 은혜를 입었다. 그리고 6장의 나머지 부분에는 이사야 메시지의 핵심 주제들이 나타나 있다.

6) 아하스 왕 때 주어진 임마누엘 예언(7, 8장)

아람 왕 르신과 이스라엘 왕 베가가 연합군을 형성하고 유다 왕 아하스를 공격해 왔다. 그러나 주님은 이들이 연기 나는 두 부지깽이에 불과하다고 하시며 여호와를 신뢰하고 두려워 말라고 하면서 징조를 구하라고 하신다. 그러나 아하스 왕이 믿지 않고 하나님을 시험하지 않자 하나님께서 친히 징조를 주실 것인데 처녀가 잉태하여 아들을 낳을 것이라고 예고하신다.

7) 임마누엘의 통치(9-10장)

여기서는 범죄하고도 회개하지 않는 사람에게 끝없이 닥칠 재앙("그 노가 쉬지 않는다")을 말한다. 회개만이 살 길이다. 이는 주님이 다스리시기 때문이다. 이어서 "화 있을진저"(대상 10:2, 5; 참고. 20, 21절)라고 선포하면서 그들의 죄를 열거한다. 그러나 특히 주의 백성을 공격하는 앗수르를 멸할 것을 예고한다.

8) 이새의 뿌리에서 나올 한 싹(참고. 12, 15절, 남은 자가 돌아온다)이 나와 결실할 것이다. 그리고 그에게 여호와의 신이 임하고, 공의로 다스리고, 낙원을 이룰 것이며, 그가 만민의 기호로 설 것이고, 만민이 그에게로 올 것이다. 주께로 돌아온 그들은 시온 백성이 되어 찬송할 것이다(12장).

2. 주변 열국에 임할 야웨의 날(징벌)(13-23장)

1) 바벨론(13:1-14:23), 앗수르, 블레셋의 멸망에 대하여(13:1-14:32). 여호와의 날이 이른다. 바벨론의 멸망은 이스라엘에게는 회복을 가져다준다. 2) 모압에 관한 경고(15:1-16:14)를 하는 중 특히 다윗 가문의 왕위가 영원할 것을 선포한다(16:5). 모압의 죄는 교만이다. 더 나아가서 선지자는 3) 다메섹과 북 이스라엘에 대한 경고를 하고(17장), 4) 구스가 여호와께 굴복할 것임을 예고한다(18장). 이어지는 내용들은 다음과 같다. 5) 애굽에 관한 경고(19장): 이스라엘, 애굽, 앗수르가 세계 중에 복이 된다(특히 24-25절). 6) 수치를 당할 애굽과 구스의 모습(20장). 7) 해변 광야(바벨론)에 관한 경고(21:1-10). 8) 두마에 관한 경고(21:11-12). 9) 아라비아에 관한 경고(21:13-17). 10) 이상 골짜기(예루살렘)에 관한 경고(22장). 11) 두로에 관한 경고(23장).

3. 모든 국가에 임할 야웨의 날(묵시적)(24-35장)

A. 종말론적인 하나님의 통치(24-27장)

1) 인간들의 죄악에 대한 심판(24장)

2) 야웨께 대한 첫 번째 찬양(25장)—원수를 멸하심을 찬양

3) 야웨께 대한 두 번째 찬양(26장)—그의 백성들을 구원하심을 찬양

4) 야웨께 대한 세 번째 찬양(27장)—여호와의 심판과 구원을 찬양

B. 하나님의 진노와 구원(28-35장)

1) 화를 당할 본 백성에 대한 예고(28장)

2) 물리적 멸망과 영적 멸망을 예고함(29장)

3) 인간적인 방법으로 자기들을 구하려고 한 본 백성들을 책망함(30장)

4) 전쟁의 용사 여호와(31장)

5) 메시아의 통치(32장)

6) 구원의 기도와 응답(33장)

7) 만국에 대한 심판(34장)

8) 하나님의 도성의 영광스러운 미래(35장)

II. 역사적 삽입 기록(36-39장)

1. 앗수르 침략(36-37장)
2. 바벨론 침략 전망(38-39장)

이 역사적 부록 부분은 실제 역사와 순서가 뒤바뀐 것이다. 그런데 먼저 기록되어야 할 히스기야의 발병과 치유 사건을 뒤에 기록하고 있는 것은 바벨론 침입을 예고하기 위한 준비적 차원에서 그렇게 된 것이다.

Ⅲ. 구원(40-66장)(주제: 스알야숩)

1. 야웨의 구원(40-48장)

1) 자기 백성의 구원 예고(40장)

2) 우상과 하나님의 대조(41장)

3) 야웨께서 세우신 종(42장)

* 제1야웨의 종의 노래(42:1-9). 그 종 메시아는 공의와 긍휼, 진리의 말씀, 이방의 빛이신 분이다.

4) 소경 된 백성들을 위한 계획(43장). 주님은 이스라엘을 택하셨는데, 세상에 여호와의 구원을 나타내고 그분을 찬송하도록 하기 위해서다.

5) 유일하신 하나님(44장). 주님은 창조주요 모든 것의 모든 것이시다. 우상은 헛것이다. 그분께서 자기의 택하신 백성의 죄를 도말하고 예루살렘을 다시 세우실 것이다.

6) 구원자 소개와 구원으로의 초청(45장). 주님은 고레스를 통하여 이스라엘을 회복하실 것이다. 인간은 진흙이요 하나님은 토기장이시므로 주님만 바라보라.

7) 우상과 하나님(46장). 우상은 그것을 섬기는 자들이 떠매고

다니는 것이지만, 여호와는 자기 백성을 안으시는 분이시다. 모든 세상 일이 하나님의 계획대로 되어질 것이다. 주께서 계획하신 이스라엘을 구원하는 일을 반드시 이루실 것이다.

8) 바벨론의 멸망 예고(47장). 바벨론이 아무리 강해도 내가 바벨론을 부수면 구원할 자가 없고 구원할 사술도 없다.

9) 야곱에 대한 예고(48장). 여호와는 처음부터 계셨고 세상사를 미리 계획하고 예고하고 그 일을 성취해 오셨다. 그러한 신이 어디 있는가? 그분은 처음이요 나중이요 알파와 오메가다. 그분께서 자기 백성을 바벨론과 앗수르(세상 권세)로부터 구원하신다.

2. 구원자(49-57장)

1) 49장, 야웨의 종의 노래

* 제2야웨의 종의 노래(49:1-13). 여기서 종은 백성과 동일시되는 메시아(백성의 구원자)이시다.

2) 죄로 팔려간 백성(50장). 나는 너를 팔지 않았으나, 너는 너의 죄로 인하여 팔렸다(1-3절).

* 제3야웨의 종의 노래(50:4-11). 여기서는 종 메시아의 사역이 묘사되어 있다. 그분은 철저한 순종을 하실 것이며 그분의 사역을 거스를 자가 없다.

3) 51장, 의를 좇으며 여호와를 찾아 구하는 너희는 나(저자, 여호와)를 들으라. 주의 팔로 자기 백성을 구원하여 기쁘고 즐겁게 할 것이다. 그러므로 사람을 두려워 말라. 예루살렘이여, 깨어나라. 내가 다시는 너로 하여금 진노를 당하지 않게 할 것이다.

4) 구속된 새 이스라엘(52:1-12). 너는 아름다운 자가 될 것이고 돈 없이 팔렸으니 돈 없이 속량을 받을 것이다. 너는 복음의 좋은 소식을 전하는 자의 방문을 받아 복된 소식을 듣고 환희의 노래를 부를 것이다. 이제는 더러운 곳에 있지 말고 그곳에서 나오라.

5) 여호와의 종의 노래(구속자의 고난)(52:13-53:12)

* 제4야웨의 종의 노래. 이 단락은 종에 대한 묘사의 절정으로서 메시아의 고난(인류의 죄를 짊어지고 죽으시고 부활하심)이 비교적 세밀히 예고되어 있다. 그분은 우리를 낫게 하기 위하여 우리 대신 채찍에 맞고 우리의 즐거움을 위하여 죽임을 당하신다. 또한 그분은 자신의 수고의 열매를 보실 것이다.

6) 구원의 확신과 영원성(54장). 잉태치 못한 내 백성아 너희는 많은 자녀를 낳을 것이니 장막을 넓혀라. 너희 수치는 물러가고 네 하나님은 거룩하신 분, 온 세상의 하나님이라고 칭함을 받을 것이며, 너는 그 하나님의 사랑을 극진히 받을 것이다.

7) 구원의 초청(55장). 너희는 물로 나오라. 물은 하나님의 말씀으로서 물로 나온다는 것은 하나님 자신에게로 나와서 그분의 말씀에 귀를 기울이고 듣는 것을 의미한다. 그 사람은 포도주와 젖을 얻을 것이다. 말씀이 전파되면 반드시 주님의 뜻이 이루어지는 결과가 나타나고야 만다.

8) 초청에 응답하는 사람의 복(56장). 주의 구원이 곧 나타나므로 너희는 의를 행하라. 안식일을 지킨다는 것은 그리스도를 믿어 쉼을 얻는 것을 의미한다. 그 사람은 참 기쁨을 얻는다. 아울러 9-12절에서는 소경과 무지한 자가 된 벙어리 개와 같은 파수꾼들을 저주하신다. 들짐승에게 먹힌다는 것은 저들이 지옥 형벌을 당할

것임을 암시한다.

9) 언약 백성이면서도 멸망 받을 자들에 대한 책망(57:2-10). 무당의 자식, 음녀의 종자여, 너는 간음을 행한 자처럼 우상을 숭배하고 있다. 하나님은 높은 하늘에 계시지만 마음이 통회하고 겸손한 자와 함께 하신다.

3. 구원받은 백성(58-66장)

1) 참된 신앙 행위는 어떤 것인가(58장)? 금식인가? 아니다! 6-12절이다.

2) 모든 문제의 원인인 죄 문제(59장)

많이 기도해도 응답이 없는 이유는 너희 죄 때문이다. 그러나 그 죄 문제를 처리할 자가 없다! 그러므로 하나님 자신이 친히 구원하신다. 그러나 무조건적 구원임에도 불구하고 죄에서 떠난 자에게 한해서 하나님이 그에게 임하신다. "내가 그들과 세운 나의 언약이 이러하니 곧 네 위에 있는 나의 신과 네 입에 둔 나의 말이 이제부터 영영토록 네 입에서와 네 후손의 입에서와 네 후손의 후손의 입에서 떠나지 아니하리라"(21절).

3) 시온의 외적 영광(60장). 시온은 죄사함을 받고 구원받은 백성을 가리킨다. 그 시온으로 만방의 백성이 몰려온다!

4) 시온의 내적 영광(61장). 성령 부으심의 결과로 화관, 희락, 찬송이 시온 백성의 마음에 가득하다!

5) 영광스러운 시온 백성들에 대한 권면(62장). 시온은 아름다움 자체가 되고 하나님의 영광이 된다. 그러므로 쉬지 말라(7절). 언제

까지 쉬지 말 것인가? 하나님이 세상에서 찬송을 받으시기까지.

6) 시온 백성에게 베푸신 과거의 은혜와 현재의 상태(63장). 나는 너희를 구원하러 오는 분이다. 그런데 너희는 성신을 근심케 하였으므로 대적이 되었더니 백성들이 옛날 구원하시던 그 하나님이 지금은 안 계시는 것으로 생각했다. 선지자는 여기서 여호와께서 돌아오시도록 간구한다. 그리고 이어서 64장에서는 긍휼을 베푸실 것을 호소한다.

7) 이방인을 위한 구원의 계획(65장). 이방인은 하나님을 알지 못하고 우상 앞에 절하고 분향함으로써 여호와의 분노를 격발한 사람들이었으나, 주께서 찾으실 것이다. 그들은 즐거워할 것이다. 그리고 새 하늘과 새 땅을 창조할 것이다.

9) 이스라엘의 미래(66장). 과거의 성전과 제사는 장차 의미가 없어질 것이다. 다만 심령에 통회하는 자는 내가 권고할 것이다. 이제 온 인류에 대한 심판이 있을 것이다.

이사야서에서의 그리스도

이사야가 그리스도에 대해 말할 때, 그의 소리는 구약성경의 선지자의 것이라기보다는 오히려 신약성경 기자의 그것처럼 들린다. 메시아에 관한 그의 예언들은 구약성경의 어떤 것보다 더 명백하다. 그것들은 그리스도의 인격과 사역의 여러 양상을 그의 초림과 재림 속에서 서술하며, 자주 그 두 가지를 함께 섞어 놓고 있다. 신약성경에서 성취된 기독론적인 예언들 몇 가지가 여기에 있다: 7:14(마 1:22-23); 9:1-2(마 4:12-16); 9:6(눅 2:11; 엡 2:14-18); 11:1(눅

대선지서

3:23, 32; 행 13:22-23); 11:2(눅 3:22); 28:16(벧전 2:4-6), 40:3-5(마 3:1-3); 42:1-4(마 12:15-21); 42:6(눅 2:29-32); 50:6(마 26: 67; 27:26, 30); 52:14(빌 2:7-11); 53:3(눅 23:18; 요 1:11; 7:5); 53:4-5(롬 5:6, 8); 53:7(마 27:12-14; 요 1:29; 벧전 1:18-19); 53:9(마 27:57- 60); 53:12(막 15:28); 61:1-2a(눅 4:17-19, 21).

구약성경에는 그리스도의 초림에 관한 예언이 300개 이상이 있으며, 그 중에서 상당한 구절이 이사야서에 나타난다. 주님의 재림에서 성취될 메시아에 관한 이사야의 예언들은 다음과 같은 것들이 포함되어 있다: 4:2; 11:2-6, 10; 32:1-8; 49:7; 52:13, 15; 59:20-21; 60:1-3; 61:2b-3.

이사야 52:13-53:12은 위로 부분(40-66장)을 담은 중심 장이다. 다섯 개의 연으로 구성되어 있는 본문은 그리스도의 구원 사역에 대한 다섯 가지 다른 국면들을 예시하고 있다: (1) 52:13-15: 그가 전심으로 드린 희생(번제); (2) 53:1-3: 그의 완전한 품성(소제); (3) 53:4-6: 그는 하나님과의 화평에서 비롯된 속죄를 이루셨다(화목제); (4) 53:7-9: 그는 백성들의 값을 치르셨다(속죄제); (5) 53:10-12: 그는 죄의 결과에 대한 값을 치르셨다(속건제).

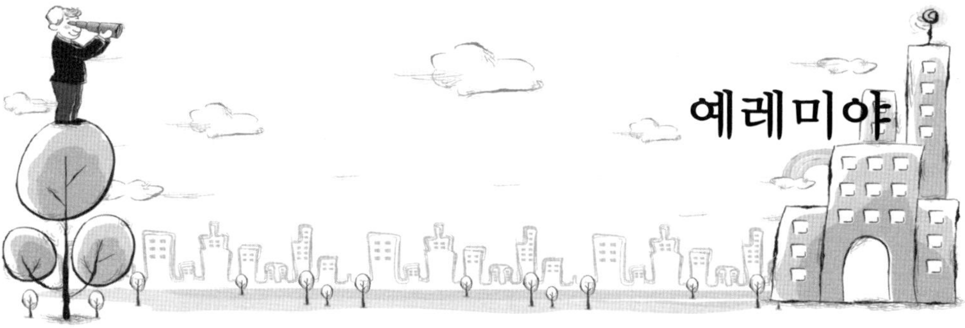

예레미야

그러므로 이제 너는 유다 사람들과 예루살렘 거민들에게 말하여 이르기를 여호와의 말씀에 보라 내가 너희에게 재앙을 내리며 계책을 베풀어 너희를 치려 하노니 너희는 각기 악한 길에서 돌이키며 너희 길과 행위를 선하게 하라 하셨다 하라 그러나 그들이 말하기를 이는 헛된 말이라 우리는 우리의 도모대로 행하며 우리는 각기 악한 마음의 강퍅한 대로 행하리라 하느니라(18:11-12; 또한 1:10; 3:14; 9:23-24; 17:5-10을 보라).

<table>
<tr><td>초점</td><td>예레미야의 소명
1</td><td colspan="4">유다에 관하여
2 45</td><td>민족들에 관하여
46 51</td><td>심판의 종결
52</td></tr>
<tr><td>구분</td><td>그 선지자의 소명
1</td><td>그 선지자의 정죄
2 25</td><td>그 선지자의 갈등
26 29</td><td>그 선지자의 위로
30 33</td><td>그 선지자의 상황
34 45</td><td>아홉 민족들에 대한 정죄
46 51</td><td>결론적인 보충
52</td></tr>
<tr><td rowspan="3">화제</td><td>사역</td><td>유다에 대한 메시지</td><td colspan="3">유다의 비참함</td><td>민족들에 대한 메시지</td><td>옹호된 메시지</td></tr>
<tr><td>그 선지자의 임명</td><td colspan="4">유다에 대한 선언</td><td>민족들에 대한 선언</td><td>예루살렘의 멸망에 관한 서술</td></tr>
<tr><td>서론</td><td colspan="5">예언적 선포(설교와 이적들)</td><td>결론</td></tr>
<tr><td>지역</td><td colspan="5">유다</td><td>주변 민족들</td><td>바벨론</td></tr>
<tr><td>기간</td><td colspan="7">약 47년(주전 627-580년)</td></tr>
</table>

개관

예레미야서는 유다의 가장 암울했던 시기에 가장 위대한 선지자들 가운데 한 사람이었던 예레미야의 생애와 사역을 서술하면서 그가 전한 메시지를 기록해 놓은 하나의 자서전적 예언서다. 그는 유다의 선한 왕들 가운데 마지막 선한 왕이었던 요시야의 통치 시기에 선지자로서 부르심을 받았다. 그러나 좋은 의도를 가진 요시야의 개혁도 배교의 풍조를 뿌리 뽑을 수는 없었다. 민족의 사향 길로 접어든 유다의 운명은 예레미야의 사역 기간 동안 통치했던 네 명의 악한 왕들이 멸망의 길로 더욱 박차를 가했다. 그 백성들은 배교와 우상 숭배에서 헤어나지 못했고, 포로 이전의 이스라엘보다 더 완고해져만 갔다(3:11). 그들은 참되신 하나님에 대한 예배를 왜곡시켰으며, 그들 스스로 영적 및 도덕적 부패로 빠져들어 갔다. 그들은 회개하거나 하나님의 선지자의 말을 듣는 것을 거절하는 것으로 끝나지 않고, 오히려 말씀을 전한 선지자를 죽였고 예레미야까지 죽이려 했다.

예레미야는 다가오는 심판을 선포했다. 바벨론이 하나님의 심판의 도구가 될 것이다. 본서는 바벨론을 164번이나 언급하고 있는데, 그것은 다른 성경에서 사용된 횟수를 모두 합친 것보다 더 많은 숫자다. 예레미야는 40년 동안 여호와를 반역한 유다에 대한 하나님의 정죄와 선고를 신실하게 선포했으며, 반대와 매 맞음, 소외 그리고 투옥을 그 대가로 받았다. 깊은 동정심과 민감성을 가진 그는 민족의 반역과 임박한 저주로 인하여 끊임없이 눈물을 쏟았다. 그는 자신의 메시지와 쓰라린 반응 때문에 자주 선지자 직임을 포기하려고 생각했으나 유다의 최후의 순간까지 백성들과 함께 그 고통을 당했다. 그는 눈물의 선지자로서(9:1; 13:17) 고독과 배척이라는 핍박을 아울러 당했다.

예레미야를 연대적으로 또는 주제별로 편집하는 것이 쉽지는 않지만, 그 근본적인 메시지는 명백하다: 하나님의 뜻에 항복하는 것이 재앙을 피할 수 있는 유일한 길이다. 심판은 피할 수 없는 운명이었지만, 회복의 약속 역시 본서 전체에 산재해 있다. 본서의 내용은 다음과 같이 분석할 수 있을 것이다: 예레미야의 소명(1장), 유다에 관하여(2-45장), 민족들에 관하여(46-51장) 그리고 심판의 종결(52장).

표제

이르메야후 또는 **이르메야**는 문자적으로 '여호와께서 던지시다'를 뜻하는데, 아마도 이것은 기초를 놓으신다는 의미를 담고 있을 것이다. 이 이름은 사실상 '야웨께서 세우시고 임명하시거나 보내신다'는 것을 의미할 수도 있다. 칠십인역에서 이 히브리 이름에 대한 헬라어 형태는 **히에레미야스**이며, 라틴어 형태는 **예레미야스**(*Jeremias*)이다.

저자

예레미야는 제사상 힐기야의 아들이었으며 예루살렘에서 북쪽으로 2마일 이상 떨어진 아나돗에 살았다. 유다에 대한 실물 교육을 위하여 그는 결혼하는 것이 금지되었다(16:2). 장차 바벨론이 침입해 옴으로써 하나님의 심판이 임하게 되리라는 그의 과격한 메시지 때문에 그는 자기 백성들과 끊임없이 갈등했다. 그는 자신의 고향 아나돗에서 위협을 당했고, 예루살렘의 제사장들과 거짓 선지자들로 인하여 죽을 위기에까지 몰렸으며, 투옥되었고, 여호야김 왕으로부터 도피해야 했고, 거짓 선지자들을 통하여 공개적으로 모욕당했으며, 구덩이에 감금당했다.

이 책에 대한 비판적 견해는, 본서에서 예레미야가 전하는 메시지가 여러 신명기적 전승을 포함하고 있다는 사실을 근거로 한다. 그것은 저자가 예레미야임을 입증해 주는 긍정적인 내적 및 외적 증거를 주관적인 입장에서 거부하는 것이다. 이 책은 예레미야가 그 저자임을 명백히 진술하고 있다(1:1). 예레미야는 그의 사역 초기부터 여호야김 제4년 때까지 모든 예언을 그의 서기 바룩에게 받아 적도록 했다. 그 두루마리가 그 왕에 의해 소실된 후, 예레미야는 바룩에게 구술(口述)하여 좀 더 완벽한 두루마리를 만들도록 했고(36-38장을 보라), 뒷부분에 나오는 내용 역시 그가 기록한 것들이다. 52장은 분명히 예레미야에 의해 기록되지 않았다. 이 보충적 내용은 열왕기하 24:18-25:30과 거의 동일하며, 그것은 바룩에 의해 덧붙여진 것일 수 있다. 편집본은 히브리 본문이 칠십인역 본문보다 약간 길고 다르게 편집되었기 때문이다. 아마도 바룩이 그의 주인의 설교들을 좀 더 이해하기 쉽게 만들고 자료들을 재편집했을 수도 있다.

다니엘은 70년 간의 포로생활에 관한 예레미야의 예언을 언급했으며(25:11-14; 29:10; 단 9:12), 예레미야의 저작권은 집회서, 요세

푸스 그리고 탈무드에 의해 확증되고 있다. 신약성경은 예레미야의 예언을 명백하게 그리고 함축성 있게 언급하고 있다: 마태복음 2:17-18(31:15); 21:13; 마가복음 11:17; 누가복음 19:46(7:11); 로마서 11:27(31:33); 히브리서 8:8-13(31:31-34).

연대와 배경

예레미야는 스바냐, 하박국, 다니엘 그리고 에스겔과 동시대 인물이었다. 그의 사역은 주전 627년에서 약 580년까지 걸쳐 있었다. 유다의 마지막 성군 요시야(640-609년)는 주전 622년 율법책이 발견되었을 때 영적 개혁을 단행했다. 예레미야는 요시야와 좋은 관계를 유지했으며, 그는 주전 609년에 요시야가 애굽의 바로 느고에게 부상당하여 죽었을 때 애가를 지어 슬퍼했다. 당시 바벨론은 앗수르의 수도인 니느웨를 이미 함락시켰다(주전 612년). 여호아하스는 요시야 다음에 유다 왕이 되었으나 단지 3개월만 통치했을 뿐 곧 느고에 의해 애굽으로 잡혀갔다. 그 후 즉위한 유다의 왕 여호야김(609-597년)은 바벨론의 봉신이 되었으나 주전 601년 예레미야의 경고를 무시하고 바벨론에 반역했다가 풀려나온 것으로 보인다. 여호야김이 죽고(598년) 여호야긴이 주전 597년에 유다의 다음 왕이 되었으나 석 달 후 느부갓네살이 예루살렘을 점령하고 여호야긴을 바벨론으로 추방함으로써 시드기야가 그 뒤를 이어 왕위에 올랐다. 그런데 시드기야가 애굽과 동맹을 꾀한 일은 마침내 느부갓네살로 하여금 주전 586년에 예루살렘을 점령하고 선복시키는 결과를 초래하게 되어, 시드기야로서 유다 왕국은 끝나고

대선지서

말았다.

따라서 예레미야의 사역은 세 단계로 나누어졌다. (1) 주전 627년에서 605년까지: 그는 유다가 앗수르와 애굽의 위협을 받고 있는 동안 예언했다. (2) 주전 605년에서 586년까지: 그는 유다가 바벨론에 의해 위협당하고 포위되었을 동안 하나님의 심판을 선언했다. (3) 주전 586년에서 약 580년까지: 그는 유다의 몰락 후 예루살렘과 애굽에서 사역했다.

주제와 목적

예레미야서에서 하나님은 인내하고 거룩하신 자로서 나타나신다. 즉 그분은 심판을 연기하면서 자기 백성들에게 너무 늦기 전에 회개하라고 권면하셨다. 토기장이 집에서 있었던 예증을 통하여 보여준 바와 같이, 토기가 젖어 있을 동안에는 다른 형체로 만들어질 수 있지만(18:1-4), 일단 굳어진 상태에서 잘못된 그릇은 깨뜨려져야 한다(19:10-11). 그러나 하나님은 멸망 직전까지도 회개하기를 기다리시는 분이다. 회개가 사람의 운명을 바꾼다.

또한 본서는 "누가 참 선지자냐?"라는 질문에 답하고 있다. 참 선지자는 절대다수의 지지를 받은 사람이라고 말할 수 없다. 참 선지자는 위로자도 아니요, 평강을 외치는 사람도 아니다. 백성들로 하여금 자기들의 죄악된 길에서 주께로 돌아오도록 회개를 외치는 선지자요, 그 메시지가 역사적으로 실증되어야 하며, 하나님으로부터 계시를 받은 사람이어야 한다.

그 다음으로 본서는 이스라엘 말기의 백성들 중 아무도 하나님의 말씀을 하나님 말씀으로 믿고 순종하지 않았다는 것을 강조하고 있다. 요하난과 여사냐(아사랴)가 이끄는 망명자들에게서 보듯이 (42-43장), 예루살렘이 함락된 후 본국에 남은 백성들은 예루살렘이 멸망한다는 예레미야의 예언이 성취되었음을 알고 있었음에도 불구하고 예레미야의 메시지에 순종하지 않는다. 유다 백성들은 총체적으로 순종할 줄을 모르는 백성들이었다. 이러한 영적 상태에 대하여 예레미야는 다가올 대 재앙의 원인이 되는 도덕적 그리고 영적 부패상들을 열거해 놓았으나, 또한 하나님의 자비로우신 소망과 회복의 약속을 선포했다. 남은 자는 항상 있을 것이며, 하나님은 이들과 새 언약을 세우실 것이다. 그리하여 구원을 인간의 행위에 맡기지 않고 하나님의 새로운 언약관계를 통하여 이루실 것이다.

성경에서 예레미야서의 위치

이사야서가 일반적으로 연대기적인 반면, 예레미야서는 그렇지 않다. 유다의 마지막 왕들의 순서에 따라, 그의 신탁은 다음과 같이 배열될 수 있을 것이다: 요시야(1-6장), 여호아하스(22:10-12), 여호야김(7:20; 25-26; 35-36; 45-46:12; 47-49장), 여호야긴(22-23장), 시드기야(21; 24; 27-34; 37-39장), 그달리야(느부갓네살 왕이 임명한 유다 총독, 40-44장).

예레미야는 야웨를 모든 백성과 나라들의 최고의 창조주이시며 주님으로서 소개하고 있다. 그분의 사랑은 거룩하며 그분의 자비는 의롭다. 유일하신 참 하나님으로서 그분은 우상 숭배와 그것이 만들어 내는 부도덕을 미워하신다. 야웨를 경외하지 않는 마음은 타락과 멸망으로 이끈다. 예레미야의 생애 동안 다음과 같은 변화들이 일어났다.

시작	끝
개혁	퇴보
앗수르의 지배	바벨론의 지배
유대인들이 본국에 있었음	유대인들이 바벨론으로 추방당함
예레미야가 예루살렘에 있었음	예레미야가 애굽에 있었음
예레미야가 다수의 사람들에게 이야기함	예레미야가 남은 자에게 이야기함
다윗의 위가 채워짐	다윗의 위가 비게 됨

그의 예언서는 과거의 지상적, 물리적 하나님의 나라가 끝나고 20년이 지난 후 그리스도의 오심을 준비할 미래를 예고한다.

내용

1. 예레미야의 소명과 두 개의 환상(1장)

1) 예레미야는 소명을 받았을 때 어린 선지자였는데, ① 지적, ② 영적, ③ 인격적, ④경험적인 면에서 미숙했다. 2) 게다가 그는 입이 둔한 선지자였다. 3) 그러나 하나님은 이러한 사실을 일축하고 선지자로서 해야 할 사명을 부여하신다(10절). 사명은 이중적이었다: "보라 내가 오늘날 너를 열방 만국 위에 세우고 ① 너로 뽑으며 파괴하며 파멸하며 넘어뜨리며 ② 건설하며 심게 하였느니라." 이어서 그분은 두 개의 환상을 보여주신다. 하나는 살구나무 환상으로서 반드시 속히 이루어진다는 메시지이며, 다음으로 끓는 가마 환상으로서 북으로부터 혹독한 심판의 군대가 침입해 들어온다는 것이다.

2. 유다와 예루살렘에 대한 심판(2-25장)

1) 유다 백성들은 하나님을 떠나서 다른 신을 섬겼다(2-3장). 그것은 마치 한 남자의 사랑을 받던 아내가 다른 남자를 따라간 것과 같은 행위였다. 그러나 하나님은 그들을 다시 자기에게로 돌아오게 하실 것이라고 예고하고 있으며, 선지자는 자기 백성들의 죄악됨을 고발하고 있다.

2) 죄악된 행실의 원인과 결과(4-6장). 백성들이 이렇게 행동하게 된 것은 저들이 진심으로 주님에게로 돌아오지 않았기 때문이다. 그러므로 저들의 행실을 따라 보수할 것이다. 그럼에도 저들은 알지 못하고 있으니 주님은 답답해하신다. 그러나 백성들은 여전히 한 사람도 예외 없이 죄악에 푹 젖어 있고 영적 지각이 전혀 없다. 이제 하나님은 북으로부터 오는 대적들을 일으켜서 저들을 말갛게 씻어 버리실 것이다.

3) 성전문 설교(7장)

예레미야는 성전 문에 서서 그곳으로 들어가는 사람들에게 설교를 한다: "성전으로 들어가는 사람은 예배를 정성껏 드려라"고 권면하고 있는가? 아니다. 행실을 고치라고 권면한다. 그리하면 하나님이 그 경배를 받으신다는 것이다. 행실을 고치지 않은 너희가 경배드리고 있는 "이 성전이 하나님의 집이라"는 거짓말을 믿지 말라. 그곳은 도적의 소굴이다. 도적의 소굴은 ① 도적이 숨는 곳, ② 도적이 힘을 얻는 곳, ③ 도적이 다시 도적질을 하기 위하여 계획하는 곳이다. 너희가 도적이요 성전을 도적의 소굴로 만들고 있다는 것이다.

4) 운명이 결정된 백성(8-10장). 모든 백성이 하나님의 말씀을 버렸다. 그리고 하나님을 알려고 하지 않고 있다. 백성들은 상해 있으나 저들을 고쳐야 할 자들이 고치지 못하고 있다. 그러므로 할례 받지 않은 백성들을 불러 자기 백성을 치게 하겠으니 울음꾼들을 불러서 울어라. 그리고 그 후에는 할례 받지 않은 자든 할례 받은 자든 모두 멸할 것이다.

5) 언약 파기와 저주 선언(11-12장)

명령을 행하지 않아서 언약이 깨어진 지금 "너(예레미야)는 이 성읍을 위하여 기도하지 말라, 기도가 소용 없다(11:14)."

6) 교만에 대한 경고(13장)

유브라데 강에 감춘 허리띠가 썩듯이 이 백성의 교만을 썩게 할 것이며, 서로 간에 치고 상하게 할 것이고, 포로로 잡혀가고 수치를 당하게 할 것이다.

7) 비극적 운명의 그늘(14-21장).

선지자는 백성의 비참한 상황을 말하고 자기 백성을 버리지 말아 달라고 호소하면서 거짓 선지자들로 말미암아 백성들이 돌이키지 못하고 있다고 아뢴다(14장). 백성들은 주께 구원을 호소하지만(14:19-22), 하나님은 냉담하게 반응하신다(15:1-9). 선지자는 울면서 간구한다(15:10-18). 주님은 선지자에게 재앙에 죽은 자기의 사랑하는 자들을 장사지내 줄 사람이 없을 것이므로 너는 결혼하지 말라고 지시하신다. 그러나 남은 자는 돌아오게 할 것이다(16장). 지금 백성들의 죄가 그들 마음에 금강석 철필로 되어 있다(17장). 저들은 마음이 하나님으로부터 떠나갔으므로 저주를 받을 것이다. 그러나 선지자는 주님이 고치시면 고칠 수 있다고 간구한다. 주님은 다시 안식일을 지키라고 명령하신다. 근본 문제는 저들이 안식일까지 범하면서 재물을 벌어들이므로 마음이 갈라져서 말씀이 마음으로 들어오지 않는 것이다.

예레미야는 토기장이 집으로 가라는 명령을 받고 그곳으로 갔을 때 그릇이 토기장이 손에서 파상한 모습을 보았고 여호와의 말씀이 임한다(18장). 그러나 이제라도 돌이키면 회복시켜 줄 것이다. 그러나 대적자들은 예레미야를 치자고 의논한다. 이러한 자들에 대해서 선지자는 저주를 퍼붓는다.

주님은 선지자에게 토기장이의 오지병을 사서 백성의 장로들을 데리고 힌놈의 골짜기로 가서 그들 앞에서 저주를 선포하고 그것을 깨뜨리라고 명령하신다(19장). 완전 멸망! 그 이유는 불순종이다.

여호와의 집 유사장 바스훌이 선지자를 착고에 채웠다가 다음날 놓아준다. 선지자는 그의 이름을 마골밋사빕('사방의 두려움')으로 개칭하고 그와 그의 친지들이 포로로 끌려갈 것을 예고한다. 그러고 나서 주님을 향하여 자신의 고통을 호소한다(20장).

8) 유다의 왕들과 선지자들(21-25장)

느부갓네살의 공격 때에 임한 말씀(21장). 시드기야는 신하들을 보내 선지자로 하여금 나라를 위하여 구하라고 요청하나, 성읍이 함락될 것을 예고하면서 바벨론에게 항복하라고 권한다.

(1) 살룸, 여호야김, 여호야긴에 대한 심판의 선언(22장). 선지자는 왕들에게 백성들을 학대하지 말도록 경고한다. 살룸(여호아하스)을 위하여 울지 말라. 포로지에서 죽을 것이다. 이어서 불의한 여호야김에 대하여 그가 나귀같이 죽임을 당하고 매장될 것이라고 말하고 그를 애도하는 사람이 없을 것이라고 예고한다. 여고냐(여

대선지서

호야긴) 역시 포로로 끌려가고 그의 대를 이을 자가 없을 것이라고 예고한다.

(2) 백성의 멸망의 원인인 거짓 목자를 응징하고 참 목자 다윗에게 한 의로운 가지를 일으키리라(23장).

(3) 두 무화과 광주리 환상(24장). 극히 좋은 무화과(현재 바벨론에 포로가 되어 있는 백성들)와 극히 악한 무화과(시드기야 및 지금 본국에 남아 있는 백성들).

(4) 바벨론에 의해 멸망당하고 70년 만에 회복될 것이며, 또한 모든 열국들도 나의 진노의 잔을 마실 것이다(25장).

3. 거짓 선지자들에 대한 쟁론(26-29장)

1) 성전문 설교와 그 결과(26장). 예레미야의 성전문 설교를 들은 제사장들과 선지자들이 예레미야를 죽이려 하자, 방백들과 백성들이 미가선지자의 실례를 들어 죽이지 못하게 한다. 한편, 같은 내용으로 예언하는 우리야 선지자는 애굽으로 피신했음에도 여호야김의 명령으로 그곳으로부터 잡혀와서 죽게 된다.

2) 바벨론 멍에(27-28장). 예레미야는 멍에를 목에 얽고 예언하기를 열국이 바벨론의 멍에를 멜 것이라고 말한다(27장). 그러나 거짓 선지자 하나냐는 포로 된 백성들이 2년도 안 되어 본국으로 돌아올 것을 예언하면서 예레미야가 목에 맨 멍에를 벗겨서 깨뜨려 버린다(28장). 하나님은 쇠 멍에를 매라고 예레미야에게 명하시고, 하나냐는 거짓 예언으로 인하여 그 해에 죽는다.

3) 예레미야가 2차 포로로 바벨론에 끌려간 사람들에게 편지를

보낸다(29장).

4. 위로(30-33장)

30-33장은 이스라엘의 회복에 관한 예언이다.

1) 30장에는 이스라엘 국토의 회복이 예고되어 있으며, 2) 31장에는 백성들의 회복이 예고되어 있다. 30장, 31장은 시 형식으로 되어 있다. 3) 32장에는 예루살렘의 재건이 예고되어 있고, 4) 33장에는 새로운 언약의 재확인이 예고되어 있다.

5. 개인적 사건들(여호야김, 시드기야 시대)(34-39장)

이 단락에서는 서로 대조되는 사건들을 통하여 유다 백성과 지도자의 죄(불순종)를 지적한다.

1) 시드기야에게 주신 메시지. 시드기야와 백성들은 나라가 위험에 처하자 언약 갱신(종 해방 언약)을 한다. 그러나 바벨론이 잠시 포위 공격을 풀고 삶이 평안해지자 스스로 맹세했던 언약을 파기한다. 그 결과 하나님은 온 백성에게 멸망을 선포하신다(34장).

2) 여호야김 때 임한 메시지(35장). 선지자는 여호와께로부터 레갑 족속을 데리고 성전으로 가서 포도주를 마시도록 권하라는 명령을 받는다. 레갑 족속 사람들은 이를 거절했는데, 그들의 선조 요나답이 포도주를 마시지 말라고 명했기 때문이다. 하나님은 레갑 족속은 선조의 말을 들었지만, 유다 백성은 하나님의 말씀을 듣지 않았다고 말씀하신다.

3) 여호야김 4년에 주어진 메시지(36장). 하나님께서 선지자에게 말씀하신 내용을 구술한 예레미야의 메시지를 바룩이 쓰고 그것을 여호야김에게 낭독하자, 왕이 삭도로 잘라서 화로에 집어넣고 예레미야를 잡으라고 명한다.

4) 한편, 시드기야 왕이 선지자에게 여호와로부터 온 메시지를 들려달라고 요청한다(37장). 그러나 저는 그 말씀에 불순종한다. 여호야김은 강하게 반응하고, 시드기야는 우유부단하게 반응한다. 여호야김과 시드기야 둘 다 불순종한 것은 같다. 후에 남은 유다인들도 이와 같은 반응을 한다.

5) 스바냐 일행이 바벨론에 항복하라는 예레미야의 예언을 듣고 왕에게 선지자를 죽이도록 요청한다(38장).

6) 시드기야 9년 10월에 느부갓네살이 성을 포위한다(39장).

6. 예루살렘 함락 후 예레미야가 당한 일들(40-45장)

1) 예레미야의 방면(40장). 예루살렘 함락 후 바벨론 사령관인 느부사라단은 예레미야에게 자유를 주어 원하는 곳에 거주하도록 배려하고, 선지자는 본국으로 돌아가 미스바에 있는 그다랴에게로 가서 함께 거주한다. 요하난이 이스마엘이란 자가 그다랴를 암살하려고 모의하고 있다고 알려 주지만 그다랴는 믿지 않는다.

2) 그다랴 암살과 애굽으로의 피난(41-43:7). 이스마엘과 열 명의 자객이 암몬의 사주를 받아 그다랴를 암살하고 바벨론 군사들도 죽인다. 남은 자들(요하난과 그 일행)이 예레미야에게 자기들이 어떻게 행해야 할 것인지를 물어보았으나, 하나님의 계시를 받고

전달해 준 예레미야의 지시에 순종하지 않는다(42장). 저들은 이전에 한 국가였으나 하나님의 말씀에 불순종하여 모두 죽고 포로로 끌려가며 이들 소수 집단만이 남았다(42:2)! 그러나 저들까지도 주님의 말씀에 불순종한다. 그리고 예레미야를 잡아 애굽의 다바네스로 간다.

3) 애굽에 거하는 백성들에 대한 예언(43:8-44장). 애굽에 거하는 유다 백성들 가운데는 남은 자가 없을 것이다.

4) 바룩을 향한 메시지(45장). 바룩은 구원을 받을 것이다.

7. 열국들에 대한 신탁들(46-51장)

모든 열국들이 심판을 받는 것은 그들이 하나님의 계획(바벨론을 세워 자신의 계획을 이루신다는 사실)에 순종하지 않았기 때문이다. 이 단락에는 다음과 같은 내용이 기록되어 있다: 1) 애굽에 대한 예언(46장), 2) 블레셋에 대하여(47장), 3) 모압에 대하여(48장), 4) 기타 주변국들에 대하여(49장), 5) 바벨론의 멸망(50-51장). 바벨론은 교만했고 또 주의 백성을 징벌함에 있어서 지나쳤으므로 망할 것이다.

후기: 예루살렘 함락에 관한 역사적 서술(52장)

예레미야서에서의 그리스도

여기서 메시아는 "왕이 되어 지혜롭게 행사하며, 세상에서 공평과 정의를 행할 것이며, 그의 날에 유다는 구원을 얻겠고, 이스라엘은 평안히 거할 것이며, 그 이름은 여호와 우리의 의라 일컬음을 받을"(23:5b-6) 그 장차 오실 목자로서 그리고 한 의로운 가지로서 23:1-8에 명백히 보여지고 있다. 그분은 하나님께서 아브라함과 하신 언약(창 12:1-3; 17:1-8), 모세와 그 백성에게 하신 언약(신 28-30) 그리고 다윗(삼하 7:1-17)과 하신 언약을 성취시킬 새 언약을 가지고 오실 것이다.

22:28-30에서 여호야긴(여고냐, 고니야)에게 내려진 저주는 그의 몸에서 난 어떤 후손도 그 위를 계승하지 못하리라는 것을 뜻했다. 마태복음 1:1-17은 솔로몬과 여고냐로부터 그의 법적인(육신적인 것이 아님) 아버지에 이르기까지 그리스도의 계보를 추적하고 있다. 그러나 요셉의 어느 아들도 다윗의 위에 앉을 수 없었다. 왜냐하면 그는 여호야긴의 저주하에 있을 것이기 때문이다. 누가복음 3:23-38은 마리아(그의 육적인 부모)로부터 다윗의 다른 아들 나단(3:31)에게 이르는 그리스도의 계보를 추적하고 있는데, 이것은 그 저주를 피한 혈통이었다. 의로운 가지가 참으로 다윗의 위에서 다스리게 될 것이다.

예레미야애가

슬프다 이 성이여 본래는 거민이 많더니 이제는 어찌 그리 적막히 앉았는고 본래는 열국 중에 크던 자가 이제는 과부 같고…(1:1).

무릇 지나가는 자여 너희에게는 관계가 없는가 내게 임한 근심 같은 근심이 있는가 볼지어다 여호와께서 진노하신 날에 나를 괴롭게 하신 것이로다(1:12; 또한 2:17; 3:22-23; 5:21을 보라).

초점	예루살렘이 버려짐 1	예루살렘이 치욕을 당함 2	예레미야의 고통 3	예루살렘이 파괴됨 4	예레미야의 호소 5
구분	예루살렘 함락의 고통 1	예루살렘 함락의 곤경 2	예루살렘 함락의 목적 3	예루살렘 함락에 대한 숙고 4	함락된 시온을 위한 호소 5
화제	애가 1	애가 2	애가 3	애가 4	애가 5
	하나님의 징계와 통제				하나님의 특성
	알파벳의 답관체 형식의 애가				비답관체 형식의 기도
지역	예루살렘의 남은 자들				
시기	예루살렘 함락 직후(주전 586년 또는 585년)				

개관

40년 동안 예레미야는 장차 임할 심판을 경고함으로 인해 배척과 모욕을 당했다. 느부갓네살이 마침내 주전 586년에 와서 예루살렘을 멸했을 때, 평범한 사람이라면 "그것 보시오! 내가 그렇게 말했지 않소!"라고 조롱했을지도 모른다. 그러나 예레미야는 예루살렘의 비극적인 멸망을 자신의 것으로 받아들이고, 한때 교만했던 그 성에 대한 장송곡으로 다섯 편의 아름답고도 서정적인 애도시를 지었다.

이 비가(悲歌)는 죄악되고 목이 곧은 백성들에게 혹독한 메시지를 전달해야 하는 사명을 하나님께로부터 받은 사람으로서의 안타까운 마음을 반영해 주고 있다. 그 성, 궁전 그리고 그 성벽들은 돌 부스러기가 되었고, 그 거민들은 멀리 바벨론으로 추방당했다. 예레미야의 다섯 편의 슬픈 시도 다음과 같은 표제가 붙여질 수 있다: 예루살렘이 버려짐(1장), 예루살렘이 치욕을 당함(2장), 예레미야의 고통(3장), 예루살렘이 파괴됨(4장) 그리고 예레미야의 호소(5장).

표제

이 책의 히브리어 표제는 1, 2, 4장의 첫 단어 **에카**, 곧 '슬프다'에서 왔다. 또 다른 히브리어 **퀴노르**, 곧 '비가들, 애가들' 역시 그 표제로 사용되고 있다. 왜냐하면 그것이 이 책의 내용을 더 잘 표현하고 있기 때문이다. 헬라어 표제 **트레노이**는 '비가들, 애가들'

을 의미하며, 라틴어 표제 **트레니**(*Threni*)('눈물들, 애통')는 이 단어에서 파생되었다. 제롬의 벌게이트역의 부제(副題)에는 이렇게 되어 있다. "이것은 선지자 예레미야의 애가들이다"(*ID est lamentations Jere- miae prophetae*). 그리고 이것은 영어 표제 '예레미야애가'(Lamentations)의 기초가 되어 주었다.

저자

예레미야애가의 저자는 이 책에서 그 이름이 발견되지 않으나, 내적 및 외적 증거는 한결같이 예레미야를 지지한다.

외적 증거 : 초기 유대 및 기독교 전승은 만장일치로 이 책을 예레미야에게 돌린다. 칠십인역에서 이 애가의 표제는 다음과 같이 되어 있다. "그리고 그 일이 이루어져서 이스라엘은 포로로 사로잡혀 가고 예루살렘이 황무케 되니 예레미야가 앉아 울며 예루살렘에 대해 이 애가를 지어 탄식하며 말하기를…." 이것은 또한 탈무드, 요나단의 아람어 탈굼 그리고 오리겐과 제롬 같은 초기 기독교 작가들의 입장이기도 하다. 그 밖에 역대하 35:25은 "예레미야는 요시야를 위하여 애가를 지었으며"라고 말한다. 이것은 보다 이른 시기에 있었던 일이나, 예레미야는 그 애가 형식을 잘 알고 있었다.

내적 증거 : 생생한 표현을 담은 이 책의 장면들은 예루살렘 공격이 일어난 직후 그것의 포위와 함락을 목격한 자에 의해 선명하게 그려졌다(참조. 1:13-15; 2:6; 9:4:1-12). 예레미야는 예루살렘의 함락을 목격했고 포로들이 사로잡혀 간 뒤에도 남아 있었다(렘 39장을 보라). 일부 비평가들은 예레미야애가의 문체가 예레미야서와

대선지서

다르다고 주장하기는 하지만, 그 유사점은 사실상 놀랄 정도이며 또 무수히 많고, 특히 예레미야서의 시적 단락에서 그러하다. 예레미야애가와 예레미야서의 다음 구절들을 비교해 보라: 1:2(렘 30:14); 1:5(렘 5:21); 1:16과 2:16과 2:11(렘 9:1, 18); 2:22(렘 6:25); 4:21(렘 49:12). 유다의 몰락에 대한 똑같은 연민, 동정, 슬픔이 두 책에 명백히 나타나고 있다.

연대와 배경

예레미야애가의 역사적 배경은 예레미야의 연대와 배경에서 찾아볼 수 있다. 이 책은 예루살렘 멸망 직후(렘 39; 52장) 추방이 시작되던 때에 기록되었을 것이다. 느부갓네살은 주전 588년 1월부터 주전 586년 7월까지 예루살렘을 포위했다. 성이 7월 19일에 함락되었으며, 그 성과 성전은 8월 15일에 불에 타 버렸다. 예레미야는 그것의 멸망이 있은 지 얼마 되지 않아서 그의 불순종적인 동포들에 의해 애굽으로 잡혀가기 전에 이 다섯 편의 애가를 썼을 것이다(렘 43:1-7).

주제와 목적

예레미야의 다섯 편의 애가 전체에 흐르고 있는 주제는 세 가지다. 가장 두드러진 것은 예루살렘의 대학살을 애도하는 것이다. 그 거룩한 성은 훼파되고 황무케 되었다. 하나님께서 약속하신 죄에 대한 심판이 실제로 닥쳤던 것이다. 슬픔 속에서 예레미야는 자기 자신과 포로 된 자들과 또한 가끔은 의인화된 그 성읍을 대변하여 슬픔을 표현하고 있다. 두 번째 주제는 죄의 자백과 유다에 임한 하나님의 의로우심과 거룩한 심판의 인정이다. 세 번째 주제는 가장 미약하나 매우 중요한 것으로서, 하나님께서 장차 그분의 백성을 회복시키시리라는 소망의 진술이다. 야웨는 자신의 진노를 쏟아 부으셨으나, 긍휼로써 그분의 언약을 신실하게 지키실 것이다. "여호와의 자비와 긍휼이 무궁하시므로 우리가 진멸되지 아니함이니이다 이것이 아침마다 새로우니 주의 성실이 크도소이다"(3:22-23).

성경에서 예레미야애가의 위치

히브리 본문에서 애가의 처음 넉 장은 알파벳의 답관체(踏冠體) 형식으로 되어 있다. 1, 2장 그리고 4장의 22절들은 각각 첫 글자가 22자의 히브리어 알파벳 순으로 시작되고 있다. 3장에는 66개의 절이 있다. 왜냐하면 석 절마다 히브리 문자가 하나씩 할당되기 때문이다. 5장에는 22절이 있으나, 그것은 답관체 형태의 시가 아니다. 그 밖에 1, 2장에서는 각 절이 3행으로 이루어져 있으며, 4장은 각 절이 2행으로 이루어져 있고 그리고 3, 5장은 각 절에 단지 1행이 들어 있다. 이 정교한 구성은 이 다섯 편의 애가에서 열정적이고도 극적으로 슬픔을 쏟아 놓은 것과 균형이 맞는 대조를 이룬다. 답관체 형식은 그들의 고통을 최대한(알렙에서 타우까지)으로 표현하기 위해 사용되었을 것이며, 그것은 또한 추도 및 집전(執典) 시에 사용하는 데 도움이 되었을 것이다.

예레미야는 또한 이 우울한 리듬이 장송곡으로 사용되었기 때문에 그의 시행(詩行)에 '흐트러진 운율법'(limping meter)을 사용하는 것을 택했다. 이러한 기법은 비탄의 구슬픈 분위기를 더 리얼하게 자아낸다. 유대인들은 주전 586년과 또 주후 70년에 있었던 예루살렘 멸망을 기념하기 위해 해마다 이 생생하고도 비극적인 책을 공중 앞에서 읽었다. 히브리 성경에서 그것은 솔로몬의 아가, 룻기, 에스더 그리고 전도서와 함께 **메길롯트**('다섯 개의 두루마리') 속에 들어 있었다. 그러나 이것은 영어 역본에서와 마찬가지로 칠십인역에서 예레미야서 다음에 배열되어 있다.

예레미야서가 주로 예루살렘의 멸망을 예기하고 있는 반면, 애가는 그것을 회고하고 있다.

예레미야서 (경고) 앞을 내다봄	→	예루살렘의 패배와 황폐함	←	예레미야애가 (애도) 뒤를 돌아봄

예루살렘 멸망에 대한 예레미야의 두 차례에 걸친 희미한 감지(感知)

내용

1. 예루살렘이 버려짐(1장)

이 시는 예레미야의 애가(1-11절)와 의인화된 예루살렘의 애가(12-22절)로 구성되어 있다. 그 성읍은 그 중한 죄들로 인해 황폐하게 버려지게 되었고, 대적들은 "그 황폐함을 비웃었다"(1:7). 예루살렘은 자신의 비참함을 돌보시고 자신의 적들에게 보복해 주실 것을 하나님께 탄원한다.

2. 예루살렘이 치욕을 당함(2장)

두 번째 비가에서 예레미야는 예루살렘의 황폐함에서 초점을 옮겨 그 멸망의 모습을 생생한 필치로 묘사한다. 바벨론이 그 성을 멸했으나, 그것은 오직 여호와의 심판의 도구로서였다. 예레미야는 예루살렘의 황무함이 얼마나 철저하고 혹독한가에 대한 목격담을 전하고 있다(1-10절). 바벨론을 통해 하나님은 모든 종교적 의식을 종결시키셨고, 제사장들, 선지자들 그리고 왕들을 제거하셨으며, 성전과 궁들을 없애셨다. 예레미야는 백성들이 하나님께 반역함으로써 스스로 재앙을 초래한 것을 슬퍼하고 있으며(11-19절), 예루살렘의 탄원이 그 애가를 마무리짓는다(20-22절).

3. 예레미야의 고통(3장)

본 장에서 예레미야는 여호와의 진노에 관해서 언급하고(1-18절), 절망 중에 소망이 있음을 피력한다(19-23절). 그 다음에 선지자는 하나님의 자비를 언급하고(24-33절), 이어서 하나님의 주권을 말하면서(34-39절) 이스라엘의 자비로우신 하나님의 신실됨과 고귀한 사랑을 깊이 상고한다. 이 진리는 그의 암담한 상황에도 불구하고 그로 하여금 위안과 소망을 발견할 수 있게 해준다. 그러한 사실에 비추어 회개하도록 권하고 있다(40-47절). 나아가서 예루살렘의 재난에 대한 자신의 깊은 슬픔을 표현하며(40-54절), 하나님께 구원과 보복을 탄원한다(55-66절).

4. 예루살렘이 파괴됨(4장)

예레미야는 예루살렘의 포위를 되풀이하여 말하며, 부자와 가난한 자의 고통과 굶주림을 회고한다(13-20절). 이 시는 에돔에 미래의 형벌을 경고하고, 예루살렘에 어렴풋한 희망을 제시해 주는 것으로 끝을 맺는다(21-22절).

5. 예레미야의 열망(5장)

예레미야의 마지막 애가는 그의 백성들의 비탄스러운 처지를 우울하게 묘사하고 있다. 그들의 형벌은 끝났다(19-22절).

예레미야애가에서의 그리스도

눈물의 선지자 예레미야는 6세기 후에 똑같은 성을 보면서 우신 선지자 그리스도의 예표다. "예루살렘아 예루살렘아 선지자들을 죽이고 네게 파송된 자들을 돌로 치는 자여 암탉이 그 새끼를 날개 아래 모음같이 내가 네 자녀를 모으려 한 일이 몇 번이냐 그러나 너희가 원치 아니하였도다 보라 너희 집이 황폐하여 버린 바 되리라"(마 23:37-38).

그리스도와 마찬가지로 예레미야는 예루살렘의 처지와 자기 자신을, 그리고 죄로 인한 인간의 고난과 그 자신을 동일시했다.

예레미야애가에는 또한 질고를 아는 눈물의 사람으로서 그리스도의 생애 및 사역을 예표하는 요소가 들어 있다. 그는 대적들에 의해 괴롭힘을 당했고(1:12; 3:19), 멸시와 조롱을 당했다(2:15-16; 3:14, 30).

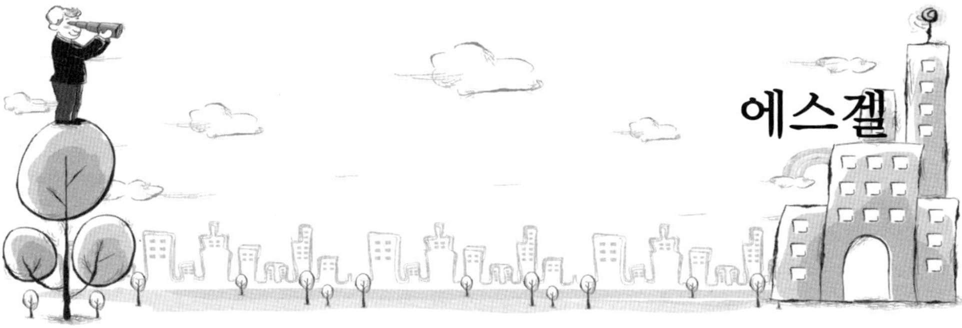

에스겔

이제는 네게 끝이 이르렀나니 내가 내 진노를 네게 발하여 네 행위를 국문하고 너의 모든 가증한 일을 보응하리라(7:3).

그들에게 이르기를 주 여호와의 말씀에 내가 이스라엘 자손을 그간 바 열국에서 취하며 그 사면에서 모아서 그 고토로 돌아가게 하고(37:21).

초점	유다 멸망 이전 메시지 1–24				유다 멸망 이후 메시지 25–48			
구분	에스겔의 준비와 소명 1–3	에스겔의 상징과 예언들 4–7	떠나 버린 영광의 환상 8–11	심판에 관한 표적과 설교와 비유들 12–24	주변 국가들에 대한 심판 25–28	애굽에 대한 심판 29–32	유다와 이스라엘의 회복 33–39	새 성전, 새 예배 그리고 새 땅 40–48
화제	유다의 정죄				열방들의 정죄		유다의 위로	
	유다의 종말				유다의 적들		유다의 대망	
	포위 공격 이전(592-587년)				포위 공격 동안 (586년)		포위 공격 이후 (585-570년)	
	심판						회복	
지역	바벨론에서의 에스겔							
기간	22년(주전 592-570년)							

개관

에스겔은 유다의 쇠망과 몰락의 마지막 시기 동안 바벨론에 있는 유대인 망명자들 가운데서 예언했다. 심판에 관한 그의 메시지는 예루살렘에 남아 있었던 그보다 나이 많은 당대의 인물 예레미야의 것과 비슷했다. 유다는 불충성으로 인해 심판 받을 것이나, 하나님은 그것의 미래의 회복과 축복을 약속하시고 있다. 이사야나 예레미야처럼 에스겔은 두려움과 희망, 심판과 위로의 메시지를 선포했다. 그러나 에스겔은 "그들이 나를 여호와인 줄 알리라"고 말씀하시는 이스라엘의 주권자 하나님을 특별히 강조한다. 에스겔은 유다의 멸망 이전 메시지(1-24장)와 유다 멸망 이후 메시지(25-48장)로 나누어 예언한다.

표제

히브리 이름 **예헤츠켈**은 '하나님께서 강하게 하신다' 또는 '하나님에 의해 강하게 된다'는 의미를 지니고 있다. 에스겔은 자신이 부름받은 예언적 사역을 위해서 실제로 하나님에 의해 강하게 되었다(3:8-9). 이 이름은 이 책에 두 번 나타나며, 구약성경의 다른 곳에서는 전혀 찾아볼 수 없다. 칠십인역의 헬라어 형태는 **예체키엘**이며, 벌게이트역의 라틴어 형태는 **에제키엘**(*Ezechiel*)이다.

저자

부시의 아들 에스겔(1:3)은 느부갓네살이 예루살렘을 마지막으로 포위하기 시작했을 때 유다의 멸망에 대한 상징으로서 아내가 죽임을 당했다(24:16-24). 예레미야와 마찬가지로 그는 주의 선지자로 부름받은 제사장이었다. 그의 예언 사역은 성전, 제사장직, 제물 그리고 쉐키나(하나님의 영광)와 관련된 메시지를 전달하는 것이었다. 에스겔은 하나님의 권능과 계획에 관한 수많은 환상들을 받는 특권을 누렸으며, 그것들을 기록으로 표현함에 있어서 섬세하고도 예술적인 솜씨를 발휘했다.

일부의 반대가 일기는 했으나, 에스겔의 저작권을 지지하는 강력한 증거를 부정할 만한 근거는 없다. 이 자서전적인 책은 단 한 사람의 작품으로서 처음부터 끝까지 일률적으로 1인칭을 사용하고 있다. 이 사람은 1:3과 24:24에서 에스겔로 그 신분이 밝혀져 있으며, 내적 증거는 에스겔의 예언 기록에 관한 단일성을 지지해 주고 있다. 문체, 언어 그리고 주제의 전개는 이 책 전체에서 일관성을 지니고 있으며, '그들이 나를 여호와인 줄 알리라', '인자', '여호와의 말씀이 내게 임하니라' 그리고 '여호와의 영광'과 같은 본서 전반에 걸쳐서 반복되는 에스겔의 독특한 문구가 여럿 있다.

연대와 배경

느부갓네살은 세 단계로 예루살렘을 멸망시켰다. 첫 번째로 주전 605년에 여호야김과 유다를 정복하고, 다니엘과 그의 친구들을 포함한 상류급 인질들을 잡아갔다. 두 번째로 주전 597년 여호야김과 여호야긴의 반역이 더 큰 혹독한 심판을 초래하여, 느부갓네살은 예루살렘을 두 번째로 공격했다. 그는 여호야긴과 에스겔을 포함한 1,000명의 인질을 잡아갔다. 세 번째로 주전 586년 느부갓네살은 그 성을 오랜 기간 포위한 뒤에 완전히 멸망시켰고, 유다는 더 이상 하나의 국가로 존속할 수 없게 되었다.

1:1에 있는 '제삼십년'이 에스겔의 나이를 의미한다면, 그는 바벨론으로 잡혀갔을 때 25살이었고, 그의 예언적 소명을 받았을 때 30살이었다(1:2-3). 이것은 다니엘이 주전 605년에 추방되었을 때 그의 나이가 약 17세였음을 의미한다. 따라서 에스겔과 다니엘은 나이가 거의 비슷했다. 이 두 사람은 예루살렘에서 사역한 예레미야보다 20세 가량 젊었다. 이 연대표에 의하면, 에스겔은 주전 622년에 태어나 597년에 바벨론으로 추방되었고, 592년에서 거의 570년까지 예언하고 약 560년에 죽었다. 따라서 그의 생애는 예레미야의 사역 말기와 겹쳐지며 다니엘의 사역 초기와도 겹쳐진다. 그가 바벨론에 도착했을 즈음에 다니엘은 이미 잘 알려진 인물이었고, 그는 에스겔의 예언에서 세 번이나 언급된다(14:14, 20; 28:3). 에스겔의 바벨론 거처는 느부갓네살이 세운 '대 운하'인 그발 강가의 유대인 망명자들이 살았던 주요 식민지 델아빕에 있었다(1:1; 3:15, 24).

주전 592년에서 586년까지 에스겔은 즉시 해방되리라는 희망을 버릴 수가 없었던 불신앙적인 유대인 포로민들을 올바르게 설득할 필요가 있음을 발견했다. 그러나 돌아가게 된다는 그들의 잘못된 희망이 부서진 것은 예루살렘이 멸망했다는 사실을 그들이 들었을 때인데, 이때 선지자는 포로민들에게 미래의 소망을 전하면서 백성들에게 야웨를 신뢰하도록 격려할 필요가 있었다.

에스겔이 에스겔서 가운데 기록된 사건들이 일어난 직후에 이 책을 썼다는 사실에 대해서는 의심할 여지가 없다. 그의 적극적인 사역은 적어도 22년 간 지속되었으며(1:2; 29:17), 그의 책은 아마도 주전 565년경에 완성되었을 것이다.

주제와 목적

대부분의 다른 선지서들처럼 에스겔서도 이중적인 주제를 가지고 있는데, 그것은 정죄(1-32장)와 위로(33-48장)다. 바벨론에 있는 초기 유대인 포로민을 위한 그의 사역은 예루살렘에서의 예레미야의 사역과 유사했다. 그는 유다 백성에게 하나님의 심판이 임하게 된 죄들을 열거해 놓았고, 그들이 고국으로 일찍 돌아오게 되리라는 희망이 어리석은 것임을 일깨워 주었다. 예루살렘과 그 성전에 대한 하나님의 심판이 분명히 덮쳐 올 것이며, 바벨론 포로생활은 결코 짧지 않을 것이었다. 그 성이 함락되었을 때, 에스겔은 미래의 축복과 완전한 회복에 대한 하나님의 언약적 약속을 그 백성들에게 확신시킴으로써 그들을 위로했다. 하나님의 위로에 대한 에스겔서의 묘사는 그의 동시대 인물 예레미야의 것보다 더 상세하고 광범위하다.

에스겔은 하나님의 주권과 영광과 성실하심을 강하게 강조하고 있다. 그는 성전의 부패, 파괴 그리고 회복에 초점을 맞추고 있다. 성전과 관련된 또 다른 주제는 에스겔이 환상 중에서 보았던 하나님의 거룩한 영광을 봄(1:28; 3:12, 23), 하나님의 영광이 떠나감(9:3;

10:4, 18-19; 11:22-23) 그리고 그 영광이 돌아옴과 성전에 임재함(43:1-5; 44:4)에 대한 독특한 묘사다. 심판과 축복 모두를 통한 하나님의 주권적 목적은 그분의 백성이 그분이 여호와이심을 알게 되는 것이다.

성경에서 에스겔서의 위치

에스겔서는 질서 정연한 문체와 세밀한 날짜 기록, 그리고 성실한 구성으로 이루어져 있는 책이다. 그러나 그 정밀한 구조 가운데는 비길 데 없이 깊은 신비롭고도 풍요롭게 울려 퍼지는 심상(imagery), 상징적 표현, 비유, 풍유 그리고 묵시적 이상이 담겨 있다. 하나님은 그에게 "내가 너를 세워 이스라엘 족속에게 징조가 되게 함이라"(12:6)고 말씀하셨다. 아홉 가지 징조가 4-24장에서, 그리고 열 번째 징조가 37장에서 발견된다: 4:1-3, 4-8, 9-17; 5:1-17; 12:1-7, 17-20; 21:1-17, 18-23; 22:17-31; 24:15-27; 37:15-17.

에스겔은 여섯 가지 환상(1:4-28; 2:9-3:13; 3:22-23, 8-11; 37:1-10, 40-28)과 여섯 가지 비유(15:1-8, 16:1-43; 17:1-21, 22-24, 23:1-49; 24:1-14)를 기록하고 있다. 묵시적 구절들이 이 책 전체에 산재해 있다(6:1-14; 7:5-12; 20:33-44; 28:25-26; 34:25-31; 36:8-15, 33-36, 38-39; 47:1-12).

그의 이미지와 환상들 가운데는 해석하기 어려운 것들이 일부 있으며, 특히 40-48장이 그러하다. 성경을 연구하는 학도들은 이 장들에 대한 영적 해석과 문자적 해석으로 그 견해가 나누어진다. 영적 견해를 지지하는 자들은 제사 제도가 그리스도 안에서 성취되고 폐지되었으며, 새 예루살렘에는 성전이 없고(계 21:22), 이 내용은 교회 내에서 영적으로 성취되고 있다고 주장한다. 문자적 견해를 지지하는 자들은 그 구체적인 치수와 길이에 대한 기록이 문자적으로 이해되지 않으면 의미가 없을 것이며, 이것은 요한계시록 21장의 새 예루살렘이 나타나기 전에 오직 천년왕국에서만 실현될 것이고, 이스라엘의 언약적 약속들은 교회에서 성취되지 않는다고 주장한다. 우리는 에스겔이 자기 시대에 자기가 체험하여 알고 있는 방식을 가지고 미래의 사건을 기록했다고 보아야 한다. 그렇다면 에스겔의 묘사는 하나님의 영광이 임하실 새 이스라엘 공동체, 곧 교회를 가리키는 묘사로 보아야 한다. 에스겔 36-48장과 요한계시록 20-22장은 평행적 내용이며 계시록에서 구속사적으로 발전된 모습으로 묘사되어 있음을 보게 된다. 또한 묵시문학은 구체성이 결여되어 있는 것이 그 특징이다. 따라서 문자적 해석은 배격되어야 한다.

내용

I. 성전 파괴 이전에 주어진 메시지(1-24장)

1. 에스겔의 환상, 소명 그리고 메시지(1-5장)

1) 서론(1:1-3). 여기서는 에스겔이 소명 환상을 보게 된 때와 장소 및 상황을 묘사한다. 그는 30년, 즉 그의 나이 30세에 소명 환상을 보게 된다. 에스겔은 본국에 있으면 제사장으로서 정식으로 백성을 위하여 제사의식을 집행하는 사역을 했을 나이지만, 그발 강가에서 포로민으로 있었다. 그러나 영광스럽게도 주님은 영광

중에 그에게 다가오셔서 그를 선지자로 부르신다.

2) 여호와의 병거 보좌 환상(1:4-28). 에스겔은 여호와의 영광을 보게 되는데, 특별히 병거 보좌에 좌정하고 오시는 모습으로 나타난다. 강대국의 왕들은 병거 보좌에 앉아서 침략해 들어가며 높은 보좌에 앉아서 나라를 다스린다. 그러나 주님은 하늘의 보좌에서 온 우주를 다스리신다.

3) 이스라엘 집에 대한 여호와의 대변자로서의 위임(2:1-3:27).

강퍅한 백성들에 대해서 ① 두려워 말라 ② 듣든지 아니 듣든지 주의 말씀을 전하라 ③ 두루마리를 먹어라(2:8-3:3) ④ 두루마리를 먹고 나서 그는 성신(성령)에 사로잡힌다(3:12-14). 그러나 선지자는 하나님의 강권적인 제압으로 벙어리가 되어 얼마간 행동으로 메시지를 전해야 했다(3:22-27).

4) 행동으로 보여준 네 개의 메시지(4:1-5:17)

① 예루살렘의 포위(4:1-3). 박석(납작한 돌판) 위에 성읍을 그리고 그 성읍을 에워싼 모습을 묘사하라.

② 이스라엘과 유다의 징벌의 날 수(4:4-8). 좌편으로 390일을 누워 이스라엘의 죄를 담당하고, 우편으로 40일을 누워 유다의 죄를 담당하라.

③ 예루살렘의 기근(4:9-17). 밀, 보리, 콩, 팥, 조, 귀리를 가루로 만들어 하루 20세겔씩 390일 동안 인분(쇠똥으로 대치)으로 구워 먹으라.

④ 예루살렘 거민의 삼중적 파멸(5:1-17). 네 머리털과 수염을 깎아 ⅓은 성읍에서 불사르고, ⅓은 성읍 사방에서 칼로 치고, ⅓은 바람에 흩으라. 또 터럭 중 조금을 불에 던져 사르라. ⅓은 온역으로

죽고, ⅓은 칼에 엎드러지고, ⅓은 사방에 흩고 또 그 뒤를 따라 칼을 빼리라(12절).

2. 심판의 말씀들(6-7장)

입을 봉하신 하나님께서 이제는 입을 벌려 말하라고 하신다.

1) 이스라엘 산들에 대한 예언(6장). 이스라엘 산들은 우상 숭배의 장소들이었다. 그것을 섬기던 백성들이 살육을 당할 것이지만 남은 자가 있게 하리라.

2) "끝이 이르렀도다"(7장). 그 진노의 날이 가까웠다. 끝장났다!

3. 예루살렘 징벌에 대한 환상(8-11장)

1) 성전에서 자행되고 있는 우상 숭배들(8장). 여호와의 성전 북문 쪽에 우상이 서 있었고, 성전 뜰의 담을 허니 안으로 들어가는 문이 있었고, 그곳에서 장로들까지도 가증한 짐승들에게 분향을 하고 있었다. 북문에서는 담무스를 위하여 여인들이 애곡하고 있었고, 동문에서는 25명이 성전을 등지고 태양을 향하여 경배하고 있었다.

2) 여섯 살육자들(9장). 여섯 명의 성읍을 관할하는 자들(주의 사자들)이 야웨의 명을 받고 북향한 윗문 길로부터 성읍으로 와서 제단 곁에 섰다. 여섯 명 중의 한 명은 가는 베옷을 입고 허리에 서기관의 먹그릇을 차고 있었다. 이 여섯 명은 모두 죽이는 병기를 갖고 있디!

야웨의 영광이 성전 문지방(문지방은 판결의 장소요 판결 시행의 장소다)에 올라왔을 때, 야웨께서 서기관의 먹그릇을 찬 사람에게 "너는 예루살렘 성읍 중에 순행하여 그 가운데서 행하는 모든 가증한 일로 인하여 탄식하며 우는 자의 이마에 표하라… 쳐서… 다 죽이되 이마에 표 있는 자에게는 가까이 말라 내 성소에서 시작할지니라"고 명령하신다. 그리하여 성전 앞에 있는 늙은 자들(장로들)로부터 살육이 시작되었다(4-6절).

표는 신약에서 예수의 이름(참고. 계 7:1-4; 14:1-11; 참고. 엡 1:13; 계 14:1)을 의미하며, 그 이름은 성도들의 이마에 있다. 한편, 짐승의 표에 대해서는 계시록 13:16-18을 보라.

3) 여호와의 병거 보좌: 불에 의한 징벌(10장)

가는 베옷을 입은 사람이 하나님으로부터 보좌 아래로 들어가서 불을 받아 성읍 위에 흩으라는 말을 듣고 성전으로 들어간다. 그리고 여호와의 영광이 문지방으로부터 성전 우편(남편; 투기의 우상이 북문 쪽에 있었으므로)에 있던 그룹 위로 옮겨간다(4절). 그리고 성전 외전의 동문에 머문다.

4) 블라댜의 죽음(11:1-13). 블라댜는 유다 방백 중 한 사람으로서 이들이 그 성읍의 멸망에 영향을 미쳤던 것으로 보인다. 그가 갑자기 죽음을 당한다(11:1-13). 그리고 2차 포로를 당하여 포로민들이 바벨론으로 끌려갈 때, 본국에 남은 백성은 포로가 되어 떠나가는 자들을 향하여 "너희는 여호와에게서 멀리 떠나라 이 땅은 우리에게 주어 기업이 되게 하신 것이라"고 말한다. 그러나 하나님은 포로민들을 가나안 땅을 물려받을 자들로 말씀하신다. 하지만 이 말씀은 다소 모호하다. 누가 진정한 남은 자인가? ① 2차 포로를 당하고 본국에 남아 있는 자(15절)일 수도 있지만, 본문은 이러한 입장을

부정한다. ② 바벨론으로 끌려간 자일 수도 있는데, 이들은 포로 사건을 통하여 자기들의 죄를 회개했다. 더 나아가서 ③ 바벨론에서 귀환한 자일 수도 있다. 이들은 야웨 신앙을 끝까지 붙잡고 있다가 본국으로 돌아와서 제2성전을 지었다. 그러나 무엇보다도 진정한 남은 자는 ④ 하나님에게로 돌아온 자(슥 1:3을 보라)일 것이다.

4. 이스라엘과 예루살렘의 죄들에 대한 신탁들(12-24장)

1) 행동으로 보여준 두 개의 추가적 메시지들(12장). 행구를 준비하고 저물 때에 그들이 보는 데서 나가라. 벽을 뚫고 나가라(1-16절). 떨면서 음식을 먹고 놀라고 근심하면서 물을 마시라(17-20절).

2) 수정된 두 개의 속담(12:21-28). "날이 더디고 모든 묵시가 응험이 없다." "보는 묵시는 여러 날 후의 일이라 그가 먼 때에 대하여 예언하는도다." 그러나 이러한 속담들은 사라질 것인데, 예고되었던 그 종말이 그 당시 백성들에게 닥치기 때문이다.

3) 이스라엘의 선지자들과 여선지자들에 대한 예언(13장). 이스라엘 선지자들은 자기 마음(마음의 생각은 성령의 음성인가?)에서 나오는 대로 예언했다. 여선지자들은 부녀들을 상대로 하여 예언하는 자들인데, 저들은 영혼을 사냥하는 사람들이었다.

4) 우상 숭배에 빠진 자들에 대한 비난(14:1-11).

5) 소수의 의인의 영향력의 빈약성(14:12-23). 의인들 가운데 가장 의로운 사람들은 노아, 다니엘, 욥이었는데, 그들은 자신의 의로 자신들만을 구원할 것이다(구원의 개인성).

6) 포도나무 비유(15장). 열매 없는 포도나무는 그 어느 곳에도 쓸 수 없고 다만 불에 던져 살라질 뿐이다. 이스라엘 백성들과 그리스도인들은 포도나무와 같다. 열매가 없다면, 그들은 아무런 소용이 없고 불에 던져질 뿐이다.

7) 불성실한 예루살렘(16장). 하나님께서 버려진 여자 아이(이스라엘의 초창기)를 주어다가 길러 주어서 예쁜 처녀가 되게 하셨더니 그가 이방인들과 간음을 했다. 그들의 간음 행위는 독특했다(참고. 겔 16:34; 겔 16:60-63).

8) 두 독수리 비유(17장). 채색이 구비하고 날개가 크고 깃이 길고 털이 숱한 독수리는 바벨론이며, 날개가 크고 털이 많은 독수리는 애굽을 상징한다. 한편, 포도나무는 이스라엘을 가리킨다. 포도나무는 바벨론의 지도하에 살아가야 함에도 불구하고, 애굽을 향하여 손을 내밀었다. 그러므로 바벨론이 그 나라를 멸망시킨 것이다.

9) 개인적 책임의 법칙(18장). 이스라엘 백성들이 자주 말하는 속담이 있다: "아비가 신 포도를 먹었으므로 아들의 이가 시다"(겔 18:2). 그러나 구원 문제에 있어서 아버지와 아들 사이에는 전혀 관계가 없다. "그 자신 속에 믿음이 있느냐?"가 문제다.

10) 이스라엘 백성들을 위한 애가(19장). 본문에서 암사자는 이스라엘의 국가를 상징하고 새끼 사자 둘은 애굽으로 끌려가 거기서 죽은 여호아하스와 바벨론으로 끌려가 거기서 죽은 여호야긴이다.

11) 이스라엘의 과거의 역사와 하나님의 미래의 계획에 대한 회상(20:1-44). 나는 과거에도 "내 이름을 위하여" 일해 왔었고 앞으로도 "내 이름을 위하여" 일할 것이다(9, 14, 22, 39절). "너희는

나의 이름을 더럽히지 말라"(39절). 이스라엘은 과거에도, 또 지금까지도 언약의 증표인 내 안식일을 더럽혔다(13, 16, 20, 21, 24절). 내가 그들을 국문한 후에는 그들을 받을 것이다(40, 41절).

12) 불과 칼에 의한 심판(20:45-21장). "너는 허리가 끊어지듯이 슬피 탄식하라"－재앙으로 인하여

13) 예루살렘의 오염에 대한 세 개의 신탁들(22장). 1, 17, 23절을 보라. "너희는 더러운 찌끼가 되었다. 그러므로 진노의 불로 사르리라."

14) 추악한 두 자매 오홀라(사마리아)와 오홀리바(예루살렘)(23장)

15) 녹슨 가마(24:1-14). 녹슨 가마솥에 고기와 뼈를 넣고 무르도록 삶으라. 삶고 삶아서 고기와 물과 뼈까지 다 타서 없어져도 녹은 없어지지 않는다! 이스라엘의 음행(우상 숭배)은 끝까지 남아 있다. 그러나 끝까지 불을 피워서 결국에는 그 녹까지도 제거하겠다.

16) 에스겔의 아내의 죽음(24:15-27). "네 아내가 죽어도 눈물을 흘리거나 슬퍼하지 말고 조용히 탄식하며…"(17). 에스겔의 아내는 이스라엘 백성이 심히 사랑하는 성전을 상징한다.

이러한 심판을 행하신 일로 인하여 "**너희가** 나를 여호와인 줄 알리라"(20:44; 22:16, 22; 23:49; 24:24).

II. 성전 파괴 중/후에 주어진 메시지(25-48장)

1. 열국에 대한 신탁들(25-32장)

1) 인접 국가들에 대하여(25장)

그들이 징벌을 받을 이유에 관해서는 2, 3절을 보라. 그들은 암몬,

모압, 세일, 에돔, 블레셋이다.

2) 두로와 시돈에 대하여(26-28장)

① 두로의 멸망에 대한 예언(26장) : 이들은 해상 패권국가였으며, 따라서 무역권을 가지고 있었고 부유했다. 그 결과 저들은 오만에 빠졌다. 그 다음에 ② 두로의 파선(27장), ③ 두로 왕의 멸망(28:1-10), ④ 두로 왕에 대한 애가(28:11-19) : "내가 하나님이다"라는 교만, ⑤ 시돈에 대한 예언(28:20-26)이 이어진다. 특별히 25, 26절은 흩어진 이스라엘의 회복을 예고한다.

3) 애굽에 대하여(29-32장)

① 애굽의 죄(29:1-16), ② 애굽과 바벨론(29:17-21), ③ 애굽에 대한 심판(30:1-19), ④ 바로의 팔이 꺾임(30:20-26), ⑤ 큰 백향목(31장), ⑥ 바로에 대한 애가(32:1-16), ⑦ 스올에 내려가는 바로(32:17-32)

"**그들이** 나를 여호와인 줄 알리라"(24:27; 25:7〈네가=암몬〉, 17; 28:24, 26; 29:16, 21; 30:26; 33:33; 34:30; 35:9, 15; 36:23, 38; 37:14, 28; 38:23 등).

애굽에 왜 형벌이 예고되어야 하는가? 그 이유는 바벨론으로 끌려간 포로들이 여전히 애굽을 바라보며 한 가닥 희망을 가지고 있었기 때문이다. 거대한 국가 애굽도 하나님이 정하신 계획에는 영향을 주지 못한다. 또한 애굽은 백성들이 안전지대로 보아 도피처로 생각했기 때문이다. 여기에는 "세상 권력을 의지하지 말고 하나님을 바라보고 의지하라"는 의미가 들어 있다.

2. 예루살렘 함락과 관련된 신탁들(33-37장)

1) 파수꾼의 임무 재진술(33:1-20). 파수꾼의 사명(전파)의 중요성을 다시 언급하고 있는데, 이는 그 성읍의 운명이 파수꾼의 사명 이행에 좌우되기 때문이다. 또한 백성의 회개가 그 성읍의 운명을 좌우하기 때문이다.

2) 예루살렘 함락 소식과 백성의 완고함(33:21-33). 성읍의 함락 소식이 선지자에게 전달되고 여전히 그곳에 남아 있는 백성들은 아브라함 한 사람과 자기들의 수를 비교하면서 선민인 자기들의 숫자가 많으므로 그 땅을 물려받을 것이라고 주장한다. 아브라함과 달리 그들은 말씀에 대한 전적인 순종이 없었다.

3) 과거의 목자들과 미래의 목자(34장)

과거의 목자들은 자기만 먹이는 목자들이었다. 이들은 이스라엘의 정치 지도자들과 선지자와 제사장들을 가리킨다. 이들은 다른 양(염소)들이 먹이를 못 먹도록 밀어내고 꼴을 발로 밟는 악한 양(염소)들이었다. 여기에는 나쁜 백성들, 즉 지주나 부자들도 포함되어 있었다. 그러므로 하나님은 친히 한 목자(다윗)를 세우고 그들을 평안하게 할 것이며 풍성한 삶을 살게 하실 것이다.

4) 에돔에 대한 경고(35장). 에돔이 멸망을 당할 것인데, 그 원인은 그들이 형제 국가의 땅을 차지하려는 욕망을 가졌기 때문이다.

5) 회복된 땅과 변화된 백성(36장). 이스라엘은 자기 죄악으로 인하여 멸망당했으나, 그들을 택하신 하나님께서 자기 이름을 영화롭게 하기 위하여 그들을 다시 고토로 돌아오게 하고 그들의 죄를 제거하고 변화시켜서 복을 주실 것이다.

6) 백성의 영적 회복(37장). 에스겔은 마른 뼈들이 다시 살아나는 환상을 본다. 이는 이스라엘이 회복될 것을 암시하는 환상이다. 그들이 회복되고 그들 속에 주의 영(생기)이 들어가서 그들을 살리고 그들 가운데 거할 것이다.

3. 곡에 대한 예언(38-39장)

1) 곡의 군대 침입(38:1-16). 이스라엘의 대적들은 지리적으로 북방의 어떤 민족의 군대가 아니고, 새 이스라엘 즉 교회를 핍박하는 불신앙인들을 가리킨다.

2) 대학살(38:17-39:24). 재림 직전에 전쟁이 있을 것인가? 이 신탁 이후에 우리는 회복된 성전으로 이끌려 간다.

3) 이스라엘을 위한 최종 목적(39:25-29). 주님은 자기 백성을 본토로 돌아오게 하고 그들을 고치실 것이다. 이들은 본국으로 돌아와서 회개한 백성들, 곧 주를 영접한 백성들을 가리킨다. 이들은 100퍼센트 주의 백성이며 주의 성령을 부음받은 백성이다.

4. 새 예루살렘을 위한 장래의 계획(40-48장)

1) 성전 환상(40-42장). 에스겔은 환상 가운데서 한 손이 나타나 성전을 측량하는 모습을 본다. 그 성전의 특징은 방이 많다는 것이다(참고. 요 14:2). 그 성전은 물리적인 것이 아니라 주의 백성 자체를 가리킨다.

2) 여호와의 영광의 돌아옴(43:1-12). 본문의 성전은 예루살렘 성전인가? 초국가적이고 영적인 실체(교회)인가?(참고. 43:5) 이곳

은 우상이 완전히 제거된 곳이다. 물리적 성전(예루살렘 성전)에서는 우상이 완전히 제거된 적이 없다. 후에 사람들은 이곳을 돈을 벌기 위한 수단으로 만들었다(참고. 요 2:13-22). 이 새 성전은 구원 받은 백성 자체다.

3) 성전 예배의 규칙들(43:13-46:24). ① 제단 : 크기와 성별(43:13-27), ② 수종자들 : 그 임무와 칭호(44:1-45:8). 사독 제사장의 후손은 끝까지 다윗 왕국에 충성했던 제사장들(참 성도들)이다. ③ 제사와 다른 규례들(45:9-46:24).

4) 생명수(47:1-12). 성전 문지방으로부터 나온 물은 복음(말씀)이다. 물이 들어가면서 죽은 강이 살아난다. 그 물은 갈수록 깊어지고 헤엄을 칠 수 있는 물이 된다. 그러나 진펄과 개펄은 소생을 받지 못한다.

5) 땅의 분배(47:13-48:35).

에스겔서에서의 그리스도

에스겔 17:22-24은 메시아를 높은 산에 심겨진 당당한 백향목이 되는 연한 가지로 묘사하고 있다. 그는 이사야서(11:1), 예레미야서(23:5; 33:15) 그리고 스가랴서(3:8; 6:12)에서 싹 혹은 가지로 일컬어진다. 메시아는 다스릴 권세를 지닌 왕이시며(21:26-27), 그의 양떼들을 건지고 먹이시는 참 목자시다(34:11-31). 그리스도는 본서에서 장차 새 이스라엘을 공의로 다스릴 다윗으로 묘사된다.

다니엘

다니엘이 말하여 가로되 영원 무궁히 하나님의 이름을 찬송할 것은 지혜와 권능이 그에게 있음이로다 그는 때와 기한을 변하시며 왕들을 폐하시고 왕들을 세우시며 지혜자에게 지혜를 주시고 지식자에게 총명을 주시는도다 그는 깊고 은밀한 일을 나타내시고 어두운데 있는 것을 아시며 또 빛이 그와 함께 있도다(2:20-22; 또한 2:44; 4:17, 25, 32을 보라).

<table>
<tr><th rowspan="2">초점</th><th>다니엘의 승격</th><th colspan="6">이방인들을 위한 예언적 계획</th><th colspan="3">이스라엘을 위한 예언적 계획</th></tr>
<tr><td>1</td><td colspan="6">2 — 7</td><td colspan="3">8 — 12</td></tr>
<tr><th rowspan="2">구분</th><td>다니엘의 연단과 시험</td><td>느부갓네살의 꿈과 하나님의 계획</td><td>느부갓네살의 신상과 극렬히 타는 풀무</td><td>느부갓네살의 나무에 대한 이상과 겸비</td><td>벨사살의 잔치와 하나님의 심판</td><td>다리오의 조서와 다니엘의 구출</td><td>네 짐승에 대한 다니엘의 꿈</td><td>숫양과 숫염소에 대한 다니엘의 이상</td><td>칠십 이레에 대한 다니엘의 예언</td><td>이스라엘의 미래에 대한 다니엘의 이상</td></tr>
<tr><td>1</td><td>2</td><td>3</td><td>4</td><td>5</td><td>6</td><td>7</td><td>8</td><td>9</td><td>10 12</td></tr>
<tr><th rowspan="4">화제</th><td>다니엘의 배경</td><td colspan="6">해석자 다니엘</td><td colspan="3">꿈꾸는 자 다니엘</td></tr>
<tr><td>히브리어</td><td colspan="6">아람어</td><td colspan="3">히브리어</td></tr>
<tr><td colspan="6">하나님의 능력을 깨닫는 이방인들</td><td colspan="4">하나님의 목적을 깨닫는 유대인들</td></tr>
<tr><td colspan="6">역사적 해설</td><td colspan="4">묵시적 이상</td></tr>
<tr><th rowspan="3">통치자</th><td colspan="5">바벨론</td><td>페르시아</td><td colspan="2">바벨론</td><td colspan="2">페르시아</td></tr>
<tr><td colspan="4">느부갓네살</td><td>벨사살</td><td>다리오</td><td colspan="2">벨사살</td><td></td><td>고레스</td></tr>
<tr><td colspan="4">1 — 4</td><td>5</td><td>6</td><td colspan="2">7 — 8</td><td>9</td><td>10 12</td></tr>
<tr><th>기간</th><td colspan="10">70년(주전 603-536년)</td></tr>
</table>

개관

'구약의 계시록'이라고 말할 수 있는 다니엘서는 예언적 역사를 놀랄 만큼 상세하고도 함축성 있게 제시해 놓고 있다. 히브리어로 서론적인 장을 쓴 다음 다니엘은 2-7장에서 아람어로 바꾸어 이방 세계의 권력들이 미래에 어떠한 과정을 지날 것인지를 서술하고 있다. 그리고 8-12장에서 다니엘은 자신의 모국어인 히브리어를 사용하여 이방 통치하에서의 유대 민족의 미래를 개관해 놓고 있다. 세계 역사 속에서의 하나님의 주권적 지배에 관한 주제가 명확하게 부각되면서, 바벨론 사람들에 의해 나라가 멸망당하여 포로가 된 유대인들에게 위로와 소망을 주고 있다. 바벨론인, 바사인, 헬라인 그리고 로마인이 차례로 세계 패권을 가질 것이지만, 하나님께서 자기 백성을 통해 영원히 그의 나라를 세우실 것이다. 다니엘서를 세 부분으로 구분해 보면 다음과 같다: 그 선지자(1장), 이방인들을 위한 예언적 계획(2-7장) 그리고 이스라엘을 위한 예언적 계획(8-12장).

표제

다니엘(*daniyel*) 또는 **다니엘**(*daniel*)이라는 이름은 '하나님은 (나의) 재판장이시다'라는 뜻을 지니고 있으며, 이 책은 물론 그 저자와 본서에 나타나 있는 사건의 주인공의 이름을 따라 명명되었다. 칠십인역에서 헬라어 형태 **다니엘**(*Daniel*)은 라틴어와 영어 표제의 기초가 되고 있다.

저자

다니엘과 그의 세 친구는 분명히 유대인 귀족 출신이었으며, "흠이 없고 아름다우며 모든 재주를 통달하며 지식이 구비하며 학문에 익숙하였다"(1:4). 다니엘은 바벨론 학교에서 3년 동안 최고의 훈련을 받았다(1:5). 사상 교육 과정의 일부로서, 그에게는 바벨론 신들 가운데 하나를 영예롭게 하는 새 이름이 붙여졌다. 즉 벨드사살은 '벨이 그의 생명을 보호하신다'(1:7; 4:8; 렘 51:44을 보라)라는 의미를 지녔다. 다니엘의 지혜와 하나님께서 그에게 주신 통찰력은 그를 탁월한 지위로 올려놓았고, 특히 그는 성경의 다른 신앙의 인물들에게서 발견되는 부정적인 일면이 전혀 언급되지 않은 잘 알려진 소수의 사람들 가운데 하나였다. 그는 믿음, 기도, 용기, 견실함 그리고 타협할 줄 모르는 것 등의 특징을 지니고 있었다. 여호와 하나님에게 "크게 은총을 입은"(9:23; 10:11, 19) 이 사람은 주전 6세기에 그와 동시대 인물이었던 에스겔에 의해 의인의 한 표본으로서 세 번이나 언급되었다.

다니엘은 자신이 이 책을 썼다고 주장했으며(12:4), 7:2부터는 자서전적인 1인칭 표현을 사용하고 있다. 유대인의 탈무드는 이 증거에 동의하며, 그리스도는 9:27부터의 인용문을 '선지자 다니엘'의 것으로 돌리셨다(마 24:15).

연대와 배경

바벨론은 주전 626년에 앗수르 제국에 반기를 들었고, 주전 612

년에 앗수르의 수도 니느웨를 전복시켰다. 바벨론은 주전 605년에 애굽 군대를 격파함으로써 중동 지역의 패권국가가 되었다. 다니엘은 느부갓네살이 예루살렘에 진입해 들어온 그 해에 포로들 가운데 끼어 바벨론으로 사로잡혀 갔다. 그는 선지자로서 그리고 정부 관리로서 바벨론 포로 기간 전체에 걸쳐 사역했으며, 바벨론이 주전 539년에 메대 바사 왕국에 의해 정복된 후에도 계속 정부 고관으로 활약했다. 그는 자기 민족 유대인들에게뿐만 아니라 이방인 왕궁 바벨론(느부갓네살과 벨사살)과 바사(다리오와 고레스)를 대상으로 하여 사역했다. 스룹바벨은 고레스 원년에 예루살렘으로 귀환하는 유대인 무리를 인도했고, 다니엘은 적어도 고레스 황제 3년(주전 536년, 10:1)까지 살면서 사역했다. 다니엘서의 최종 본문은 틀림없이 그의 90번째 되던 해(주전 530년)에 기록되었을 것이다. 그가 예언한 대로, 바사 제국은 동쪽 멀리 인도까지 헬라 제국을 확장해 나갔던 알렉산더 대제(11:2-3)가 등장할 때까지 계속되었다. 그 후에는 로마가 중동의 패권자가 되어 헬라 제국의 영역을 통치했다.

여러 가지 이유로 인해서 많은 비평가들은 다니엘서가 전통적으로 주장되어 온 바와 같이 주전 6세기에 기록된 것이 아니라 주전 2세기의 마카비 시대에 기록된 위서라고 주장했다. 그러나 비평가들의 이러한 주장은 강력한 것이 못된다.

(1) 비평적 입장에 있는 사람들은 다니엘이 그처럼 정확한 예언을 할 수는 없었을 것이라고 주장한다. 이 논증에 의하면 다니엘서는 '그 사건들이 일어난 후에 있었던 예언'임에 틀림없다는 것이다. 다니엘 11장에만 문자 그대로 성취된 100가지 이상의 역사적 사건

에 대한 구체적인 예언들이 들어 있다. 그 저자는 안티오쿠스 에피파네스(주전 175-163년) 시대에 살았음에 틀림없으며, 아마도 유대인들의 믿음을 강화하기 위해 이것을 썼을 것이라고 한다. 그러나 이러한 주장은 실제로 미래에 대한 예언이란 것이 있을 수 없다고 가정하는 신학적 편견에서 발전된 것이다. 이것은 또한 본서가 의도적인 사기성을 띠고 있음을 주장하고 있는 것이다.

(2) 언어학적인 면에서의 주장은 이 책이 2-7장에서 후기 아람어를 사용하고 있으며, 그 페르시아어와 헬라어 역시 후기 연대를 가리키고 있다고 본다. 그러나 최근에 발견된 자료들은 다니엘의 아람어가 사실상 초기 아람어권 제국의 언어 형태를 지니고 있음을 보여준다. 다니엘이 부분적으로 페르시아어를 사용한 것이 후기 연대에 대한 증거가 되지는 못한다. 왜냐하면 그는 고레스의 통치하에서 페르시아 시대까지 살았기 때문이다. 유일한 헬라어는 3장에 나타난 악기들의 이름인데, 앗수르와 바벨론 군대에 헬라 용병들이 있었기 때문에 이것은 결코 놀라운 것이 아니다. 만일 이 책이 주전 2세기에 기록되었다면 훨씬 더 많은 헬라어가 사용되었을 것이다.

(3) 비평가들은 역사적인 입장에서 다니엘서의 역사적 오류들이 후기 연대를 지지하는 것으로 단언하고 있다. 그러나 최근의 증거들은 다니엘서의 역사적 정확성을 증명해 주었다. 하란에서 발견된 비문은 벨사살이 바벨론에서 통치하고 있었을 동안 그의 아버지 나보니더스가 침입해 온 바사 군대와 싸우고 있었음을 알려 준다. 그리고 메대 왕 다리오(5:31; 6:1)는 고레스에 의해 임명된 총독과 동일 인물로 여겨졌다.

주제와 목적

다니엘서는 이방인의 지배 기간 동안과 그 이후에 이스라엘에 대한 하나님의 주권적인 계획을 계시함으로써 추방당한 유대인들을 격려하기 위해 기록되었다. 이방인의 때는 바벨론 포로생활과 함께 시작되었으며, 이스라엘은 여러 해 동안 이방인의 세력하에서 고난받을 것이다. 그러나 그 기간은 영구하지 않으며, 하나님께서 영원히 지속될 메시아 왕국을 세우실 때가 올 것이다. 다니엘은 인류 역사 전체에 대한 하나님의 주권과 권세를 거듭거듭 강조하고 있다. "그 때에 지극히 높으신 자가 인간 나라를 다스리시며 자기의 뜻대로 그것을 누구에게든지 주시는 줄을 아시리이다"(4:25b). 역사의 방향을 주관하시는 하나님께서 그의 백성을 버리지 않으실 것이므로 그들은 계속 그분을 의지해야 한다. 그들을 보존하고 궁극적으로 회복시켜 주시리라는 그분의 약속들은 메시아의 오심처럼 확실하다.

성경에서 다니엘서의 위치

에스겔이 그 민족의 종교적 회복을 강조한 반면, 다니엘은 그것의 정치적 회복에 초점을 맞추고 있다. 다니엘은 분명히 선지자였으나, 예레미야나 에스겔과 마찬가지로 하나님의 대리자로서 그 백성에게 공적 선포를 함으로써 예언자직에 종사한 것은 아니었다. 그러므로 이 책은 선지서라기보다는 히브리 성경의 세 번째 부분인 '성문서'로 분류되고 있다. 다니엘서는 묵시 문학이기 때문에 요한 계시록과 유사한 점이 많으며, 특히 그것의 심상과 상징에 있어서 그러하다. 혹자는 그것이 주후 1세기 전이나 그 기간 동안 성취된 것으로 믿고 있으나, 혹자는 부분적으로 아직 성취되지 않고 남아 있다고 믿는다. 두 번째 견해는 69주의 사건들이 그 네 왕국에서 문자적으로 성취되었기 때문에 70번째 주의 사건들이 미래에 문자적으로 성취될 것으로 주장하고 있다. 그러나 이 두 번째 견해는 일관성이 결여된 믿을 수 없는 주장이다.

내용

1. 전반부(1-7) - 현세, 지상적

이 부분은 하나님 나라에 대한 세상 권력과 그 발전의 관계를 묘사하면서 세상 나라를 중심 관점으로 하고 있다.

이 부분에는 네 개의 역사적인 사건들이 기록되어 있다.

1장, 다니엘의 순수한 하나님 경외와 그의 형통

2장, 왕의 꿈과 다니엘의 해석(하나님의 왕권)

3장, 신앙의 지조를 지킨 자들을 보호하시는 하나님의 능력

4장, 짐승으로 낮추기도 하고 회복시키기도 하시는 하나님의 주권

5장, 교만한 왕을 죽이고 그 나라를 멸하시는 하나님의 주권

6장, 사자 굴에서 건지시는 하나님의 능력

7장, 장차 그리스도의 나라가 세상 나라를 멸망시킬 것이 예고됨(하나님의 왕권)

2장과 7장은 평행이 되는 장으로 이 세상의 나라들이 장차 그리스도의 나라에 의해서 정복될 것을 보여주고 있다. 3장과 6장은 또 다시 하나님이 신앙의 지조를 지키기 위하여 위험을 무릅쓰는 사람들을 보호하고 구원하신다는 점에서 평행을 이룬다. 그리고 4장과 5장 역시 하나님이 교만한 자를 낮추시고 겸손한 자를 높이신다는 메시지를 준다는 점에서 평행을 이룬다.

1) 다니엘의 순수한 하나님 경외와 그의 형통(1장)

다니엘(=벨드사살)과 그의 세 친구들(하나냐=사드락, 미사엘=메삭, 아사랴=아벳느고)은 두 번째 바벨론 포로 사건에서 느부갓네살에게 포로가 되어 바벨론으로 끌려갔다. 바벨론 왕은 포로민들 가운데서 지혜 있는 자들을 뽑아 등용하며, 한편으로 그들의 사상을 바꾸어놓기 위하여 이들을 왕실로 이끌어 들여서 바벨론의 학문과 언어를 배우게 했다. 이들은 하나님의 계명을 따르기 위하여 부정한 음식을 거절하고 채식을 할 수 있도록 요청한다. 그 결과로 이들은 하나님의 은혜로 뛰어난 지혜를 얻음은 물론 국가의 높은 지위를 얻는다.

2) 왕의 꿈과 다니엘의 해석(2장)

본 장은 하나님의 왕권을 강조한다. 느부갓네살은 한 꿈을 꾸고 그 꿈의 내용이 구체적으로 무엇을 의미하는지를 알려고 했으나 아무도 만족할 만한 대답을 하지 못한다. 모든 박사들을 죽이라는 왕명에 따라 다니엘도 위기에 처하지만, 그는 왕에게 말미를 요청하고 기도한 후 꿈을 해석한다. 꿈의 내용은 32-35절에 기록되어 있다: "그 우상의 머리는 정금이요 가슴과 팔들은 은이요 배와 넓적

대선지서

다리는 놋이요 그 종아리는 철이요 그 발은 얼마는 철이요 얼마는 진흙이었나이다 또 왕이 보신즉 사람의 손으로 하지 아니하고 뜨인 돌이 신상의 철과 진흙의 발을 쳐서 부숴뜨리매 때에 철과 진흙과 놋과 은과 금이 다 부숴져 여름 타작마당의 겨같이 되어 바람에 불려 간 곳이 없었고 우상을 친 돌은 태산을 이루어 온 세계에 가득하였었나이다."

이 꿈은 메시아와 그의 나라(뜨인 돌)가 세상 나라를 정복한다는 내용이다.

3) 신앙의 지조를 지킨 자들을 보호하시는 하나님의 능력(3장)

느부갓네살은 자기를 상징하는 우상을 만들어 놓고 온 백성으로 하여금 한 날 한 시에 그 우상 앞에 절하도록 온 백성에게 요구한다. 그러나 다니엘의 세 친구들은 이에 불복하여 불가마 속으로 들어가게 된다. 하지만 하나님은 세 친구들을 불에 타지 않도록 보호하셨는데 불가마 속에 신의 아들과 같은 사람이 세 친구와 함께 있었다. 그들의 고난 가운데 주께서 함께 하신다는 사실을 보여주는 기사다. 주님은 이러한 기사를 통하여 열방에 자신의 권능을 나타내셨다. 왕은 하나님에게 영광을 돌리고 그 친구들의 지위도 더욱 높인다.

4) 짐승으로 낮추기도 하고 회복시키기도 하시는 하나님의 주권(4장)

느부갓네살은 다시 한 꿈을 꾸었는데, 한 거대한 나무가 서 있고, 하늘로부터 그 나무를 베고 철과 놋줄로 동이고 그것을 들풀 가운데 두라는 명령이 들려왔다는 것이다. 다니엘은 그 꿈이 느부갓네살 왕이 짐승과 같이 되어 들풀 가운데 거할 것임을 예고하는 꿈이라고 설명하고 공의를 행하고 죄를 용서하고 가난한 자를 불쌍히 여기라고 권한다. 그러나 느부갓네살은 그 권면을 듣지 않고 교만하다가 짐승으로 변하여 왕궁에서 쫓겨나 얼마간 들에서 배회하게 된다. 그리고 그가 겸손히 하늘을 바라보았을 때 본래의 모습으로 돌아오게 된다.

5) 교만한 왕을 죽이고 그 나라를 멸하시는 하나님의 주권(5장)

벨사살 왕은 바벨론을 다스리던 중 교만하여 여호와의 성전에서 가져온 그릇들을 가지고 음식과 술을 마시고 우상을 찬양하는 행동을 한다. 주연이 한창일 때 왕의 맞은편 벽에 손이 나타나 글을 쓰는 모습이 보이자, 왕과 귀인들은 혼비백산한다. 다니엘은 그 글을 해석하여 여호와의 경고의 말씀을 들려준다. 그날 밤에 벨사살과 그 나라는 메데에게 멸망한다.

6) 사자 굴에서 건지시는 하나님의 능력(6장)

다니엘은 충성스러운 재상으로서 일을 잘하여 다리오가 전국의 통치자 가운데 자기 다음으로 높은 지위를 주어 나라를 다스리게 하려고 계획을 세운다. 하지만 그를 시기한 대신들이 30일 동안 왕 이외에 다른 신에게 기도하는 사람을 사자 굴 속에 넣도록 간한다. 여전히 하루에 세 번씩 기도하다가 발각된 다니엘은 기소를 당하고 사자굴 속에 들어간다. 하지만 하나님은 다니엘을 보호해 주시고 오히려 그의 대적들이 사자굴 속에 떨어진다.

7) 장차 그리스도의 나라가 세상 나라를 멸망시킬 것이 예고됨(7장)

본 상 역시 하나님의 왕권을 강조한다(7장). 다니엘은 꿈에 ①

독수리, ② 곰, ③ 표범, ④ 지극히 무서운 열 뿔을 가진 짐승을 보게 된다. 다른 한 뿔이 그 중에 나와서 그 뿔 중에 셋이 뿌리까지 뽑히고 그 뿔은 사람의 말을 하는 뿔이었다. 하늘에서 인자 같은 이가 하나님 앞에 나와서 세상의 모든 권세를 물려받는다. 이것은 참 성도가 세상에서 고난 받아 한 때와 두 때와 반 때(3.5의 고난)를 지나서 결국에는 온 세상을 정복할 것을 예고하는 말씀이다.

2. 후반부(8-12) - 미래, 묵시적

이 부분은 세상 권력에 대한 하나님의 나라와 그 발전의 관계를 묘사하면서 하나님의 나라를 중심 관점으로 하고 있다.

1) 세상 나라의 하나님 나라 백성 박해와 구원(8장)

이 부분은 메시아께서 오시기까지의 사건을 기록하고 있다. 8장의 초점은 메대-바사와 헬라 제국 하에서의 이스라엘을 보여주는 숫양과 숫염소에 대한 이상으로 좁혀진다. 알렉산더 대제는 8:21의 그 큰 뿔이며 안티오커스 에피파테스는 8:23의 그 작은 뿔이다.

2) 하나님 나라의 백성을 구원하시는 주님의 사역(9장)

본 장은 메시아의 출현과 사역의 성취를 묘사하고 있다. 다니엘은 바벨론 포로가 70년 만에 마치리라는 예레미야의 예언을 상기하고 주님에게 이스라엘의 회복을 간절히 간구한다. 천사 가브리엘이 다니엘에게 와서 그 백성의 회복이 70이레로 정해졌다고 전달한다(단 9:24-27〈70이레〉; 참고. 단 7:25; 12:7; 계 11:2-5; 12:14; 13:5). 70이레는 기름부음이 일어나기까지의 7이레와 62이레, 도합 69이레가 지나갈 것이다. 그리고 1이레의 중간(3.5기간)에 기름부음을 받은 자(메시아)가 끊어져 없어지고 성소가 무너지며 전쟁(환난)이 일어나서 역사의 끝까지 계속될 것이다. 그 메시아는 이레의 중간에 제사와 예물을 금지한다. 그리고 미운 물건(복음을 반대하는 존재=구약의 성전)이 일어나고, 종말까지 세상을 황폐케 하는 자에게 쏟아진다. 메시아 고난이 3.5(이레의 절반)로 표현되어 있고, 성도의 고난은 다시 3.5로 나타나는데, 본 다니엘서와 계시록에서 한 때와 두 때와 반 때 / 3년 반 / 42달 / 1,260일로 묘사되어 있다. 앞의 참고 구절들을 보라. 소위 7년 대환난이란 불신자들이나 믿음이 약한 신자들이 지상에서 주님의 공중 재림 후에 당하는 고난이 아니고, 메시아의 고난과 참으로 구원받은 성도가 세상에서 당하는 고난이 합쳐진 고난 기간이다.

3) 인자 같은 이의 출현(10장)

다니엘은 힛데겔 강가에서 금식하고 있었는데, 세마포 옷을 입고 허리에 금띠를 두른 한 사람이 나타났다(참고. 계 1:9-20). 그는 일찍이 오려고 했으나 바사국 군(=수호 천사, 악한 영)이 막아서 그와 싸우는 중 군장 미가엘이 와 도움으로써 이제 왔다고 설명한다. 그는 메시아로서 자기 백성을 위로하고 자기 백성을 위하여 싸우시는 분이다.

4) 바사와 얽힌 여러 사건들(11장)

11장은 바사와 헬라 왕의 출현, 애굽의 프톨레미 왕조와 수리아의 셀루기드 왕조 사이의 전쟁 그리고 안티오쿠스가 주도하는 박해를 기록하고 있다.

5) 하나님 백성의 구원(12장)

하나님의 백성은 환난에서 구원받고 영광을 얻게 될 것이다.

다니엘서에서의 그리스도

그리스도는 이 세상 나라들을 쳐서 부서뜨릴 큰 돌이시며(2:34-35, 44), 자기 백성들이 불 가운데 들어갔을 때는 그들과 함께 불속에 들어가서 함께 고난을 당하는 분이시며(3:24, 25), 구름을 타고 하나님에게 오시어 세상 통치권을 받으신 인자이시고(7:13-14), 끊어져 없어질 장차 오실 메시아이시다(9:25-26). 10:5-9에서 본 다니엘의 이상은 그리스도의 현현으로 보인다(참조. 계 1:12-16).

소선지서

소선지서 개요

구약성경의 17권의 선지서들은 '성경의 암흑 대륙'으로 일컬어지며, 사람들은 다섯 권의 대선지서보다 이 12권의 소선지서에 대해 한층 더 모르고 있는 실정이다. 그러나 이 12권의 책이 14세기 후반에 들어와서 '소선지서'로 알려지게 된 것은 그들이 덜 중요하거나 덜 영감 받은 인물이 쓴 것으로 여겨졌기 때문이 아니라, 그것들이 다섯 권의 대선지서보다, 특히 이사야서와 예레미야서보다 더 짧기 때문이다. 그것들의 메시지는 대선지서의 것들보다 간결하나, 그것들 못지않게 강력한 힘을 지니고 있다.

그리스도 시대 이전에 이 12권의 책은 함께 묶여져 12서(The Twelve)로 불려진 한 두루마리에 포함되어 있었다. 그것들을 모두 합한 길이(67장)는 이사야서의 길이와 거의 맞먹는다. 영어성경에서 소선지서들은 연대적 순서로 되어 있는데, 그 처음 여섯 권이 나중 여섯 권보다 먼저 기록되었기 때문이다.

정경상의 순서	연대적 순서	어림 연대
1. 호세아	1. 오바댜	840년
2. 요엘	2. 요엘	835년
3. 아모스	3. 요나	760년
4. 오바댜	4. 아모스	755년
5. 요나	5. 호세아	740년
6. 미가	6. 미가	730년
7. 나훔	7. 나훔	660년
8. 하박국	8. 스바냐	625년
9. 스바냐	9. 하박국	607년
10. 학개	10. 학개	520년
11. 스가랴	11. 스가랴	515년
12. 말라기	12. 말라기	430년

오바댜에서 말라기까지의 소선지서들은 앗수르, 바벨론 그리고 페르시아 시대로 옮겨 가면서 400년 간의 역사를 취급하고 있다. 세 사람은 북 왕국의 선지자들(요나, 아모스, 호세아)이었고, 여섯 사람은 남 왕국의 선지자들(오바댜, 요엘, 미가, 나훔, 스바냐, 하박국)이었으며, 세 사람은 포로 후 선지자들(학개, 스가랴, 말라기)이었다. 소선지자들 모두의 이름이 알려지기는 했지만, 그들의 가문이나 배경에 관해서는 알려진 바가 거의 없다. 그들의 배경과 인품은 아주 다양하나, 네 가지의 메시지상의 기본 주제들이 그 책들 모두에서 발견된다(대선지서 입문을 참조하라).

호세아

호세아와 그의 불성실한 아내 고멜의 불행한 이야기는 하나님의 고귀한 사랑과 이스라엘의 영적 음행을 예증해 준다. 호세아는 이스라엘의 죄를 폭로하며 그것을 하나님의 거룩과 대조시킨다. 그 민족은 그 죄로 인해 심판 받아 마땅하나 하나님의 사랑과 신실성으로 말미암아 미래에 회복될 것이다.

요엘

이 책은 유다 땅을 벌한 최근의 메뚜기 재앙을 돌이켜보면서 그보다 한층 더 두려운 여호와의 날을 예고하고 있다. 그 땅은 메뚜기 떼 재앙과는 비교가 안 되는 무시무시한 군대에 의해 침입당할 것이다. 그럼에도 불구하고 하나님은 그 백성들에게 회개하여 장차 임할 재앙을 피하도록 촉구하시고 있다. 그 백성이 돌이키려 하지 않기 때문에 심판이 이를 것이나, 그 뒤에는 큰 축복이 임할 것이다.

아모스

북 왕국은 아모스가 그 백성들에게 다가올 심판에 대해 경고하고 있을 때 그 전성기를 누리고 있었다. 여덟 가지 심판의 선포에서 아모스는 이스라엘 땅에 초점을 맞추기에 앞서 주변 나라들의 둘레를 선회하면서 그들에게 메시지를 전한다. 그러고 나서 그는 세 가지 설교를 전하면서 이스라엘 집의 죄악을 열거하며 회개를 요구한다. 그 백성은 아모스의 경고를 거절하며, 그들이 당할 심판은 일련의 다섯 가지 환상 속에서 묘사된다. 그러나 아모스는 미래의 소망을 언급하는 간략한 말로써 그의 책을 맺는다.

오바댜

북 왕국의 이 잘 알려져 있지 않은 선지자는 유다와 남쪽 경계를 이루고 있는 에돔 족속에게 그의 짧은 신탁을 전한다. 에돔(에서의 후손)은 유다(야곱의 후손)의 형제로서의 우애를 저버렸다. 예루살렘이 침입을 당했을 때 심히 즐거워하였으므로, 그들의 심판은 철저한 멸망 이상의 것이 될 것이다.

요나

오직 한 줄의 예언적 메시지만을 담고 있는 요나서는 모든 선지서들 가운데 가장 전기(傳記)적 성격을 띠면서 그 전기가 후 시대에 교훈이 되고 있다. 요나의 간결한 신탁에 대한 니느웨 사람들의 회개는 자비의 하나님으로 하여금 그 성을 남겨 주시도록 만들었다. 그러나 이 책의 중심 가르침은 하나님께서 불평하는 자기 선지자에게 가르치셔야 했던 긍휼에 관한 교훈이었다. 요나는 그의 백성 저 너머를 바라보고 모든 백성들의 창조주를 의지하는 것을 배워야 했다.

미가

미가의 예언은 사회의 모든 계층, 즉 통치자들, 선지자들, 제사장들, 재판장들, 사업가들 그리고 지주들이 행한 철저한 타락 행위로 인해 이스라엘과 예루살렘에 임할 하나님의 심판을 알리는 말로써 시작하고 있다. 그러나 하나님의 농축된 약속은 미래의 메시아 왕국에서 성취될 것이다. 심판에는 궁극적으로 죄사함과 회복이 뒤따르는 것이다. 이 책은 약속에 관한 강한 어조로써 끝을 맺고 있다.

나훔

니느웨가 요나의 설교를 통해서 회개한 지 약 125년 후에 나훔은 바로 그 성에 멸망이 임박했음을 예언했다. 앗수르 수도인 니느웨 백성은 다시 우상 숭배와 야만적 행위로 돌아갔고, 앗수르는 북왕국 이스라엘을 무너뜨렸다. 하나님의 거룩하심과 능력으로 인해 니느웨는 표면적으로는 패하지 않을 것처럼 보일지라도 반드시 멸망당할 것이었다.

하박국

유다 왕국이 거의 끝날 즈음에 하박국은 하나님께 왜 그의 민족의 악을 처벌하지 않으시는지를 묻고 있다. 하나님께서 바벨론을 그분의 심판의 막대기로 사용하고자 하신다는 것을 그에게 말씀해 주시자, 그는 두 번째 질문을 던진다. 어찌하여 하나님은 더 사악한 한 민족을 들어서 유다를 심판하실 수 있습니까? 여호와의 두 번째 대답 후에, 그 선지자는 하나님의 권능과 목적으로 인해 그분의 이름을 높이고 있다.

스바냐

결코 불확실하지 않는 언어로 스바냐는 큰 축복이 뒤따를 두려운 심판의 날로서 장차 임할 여호와의 날에 관한 주제를 전개시킨다. 스바냐는 유다에 장차 임할 심판으로써 시작하고 있으며, 그의 시계(視界)를 넓혀 여기에 이방인들도 포함시키고 있다. 유다는 여호와 구하기를 거절하기 때문에 정죄 상태에 놓인다. 그러나 하나님께서 자기 백성의 행복을 회복시키실 때 남은 자들이 환희 가운데 기뻐할 것이다.

학개

고레스 칙령에 의하여 바벨론으로부터 귀환한 후 유대인들은 성전을 재건하기 시작했으나, 곧 각기 자신의 집을 건축하느라고 성전 건축하는 일을 중단하게 되었다. 그 결과 그들은 하나님을 첫 번째 위치에 모시지 못함으로써 그 땅에서 하나님의 축복을 누리지를 못했다. 학개는 성전에 영광이 가득 차게 되리라는 하나님의 약속을 가지고 그 백성들에게 성전 건축을 완성하도록 독려한다. 백성들이 자기들의 게으름과 부정을 회개하고 성전 건축을 재개하자 축복에 대한 약속으로 메시지를 마무리한다.

스가랴

학개와 동시대 인물인 스가랴도 유대인들에게 성전 건축을 필하도록 권고한다. 그들에게 동기를 유발시키는 스가랴의 방법은 한 가지를 격려하는 것인데, 즉 성전이 이스라엘의 영적 유산에 가장 중요한 것이며, 그것이 메시아의 오심과 관련되어 있다는 것을 깨닫게 하는 것이다. 스가랴의 일련의 환상들, 메시지들 그리고 반복 구절들은 메시아에 관한 가장 명백한 성경 예언들 가운데 일부를 제시하고 있다. 하나님은 자기 백성들을 위한 계획이 완성되기까지는 아직도 해결해야 할 문제가 많이 남아 있다는 사실을 계시하신다.

말라기

구약의 마지막 선지자 시대에 들어와서 그 백성들은 영적으로 그리고 도덕적으로 점차 냉담한 분위기가 되어 갔다. 그들의 예배는 무의미하고 무관심했으며, 하나님께로부터 멀어질수록 그들은 종교적으로 그리고 사회적으로 더 타협하는 태도를 지니게 되었다. 무서운 심판의 날이 올 것이다. 그 때에 "교만한 자와 악을 행하는 자는 다 초개같이" 불살라질 것이나, "내 이름을 경외하는 너희에게는 의로운 해가 떠올라서 치료하는 광선을 발할 것이다."

호세아

저희가 먹이운 대로 배부르며 배부름으로 마음이 교만하여 이로 인하여 나를 잊었느니라(13:6).

이스라엘아 네 하나님 여호와께로 돌아오라 네가 불의함을 인하여 엎드러졌느니라(14:1; 또한 6:4-6; 14:4을 보라).

<table>
<tr><td>초점</td><td colspan="3">하나님과 이스라엘에 대한 묘사
1 3</td><td>이스라엘의 죄악: 하나님의 거룩
4 7</td><td>이스라엘의 고난: 하나님의 공의
8 10</td><td>이스라엘의 구원: 하나님의 사랑
11 14</td></tr>
<tr><td>구분</td><td>호세아와 고멜의 결혼
1</td><td>고멜의 신실치 못함
2</td><td>호세아와 고멜의 재결합
3</td><td>이스라엘의 유기
4 7</td><td>이스라엘의 징벌
8 10</td><td>이스라엘의 회복
11 14</td></tr>
<tr><td rowspan="4">화제</td><td>죄</td><td>심판</td><td>회복</td><td>죄</td><td>심판</td><td>회복</td></tr>
<tr><td colspan="3">죄에 대한 묘사</td><td>죄의 폭로</td><td>죄의 심판</td><td>죄사함</td></tr>
<tr><td colspan="3">음란한 아내와 용서하는 남편</td><td colspan="3">신실치 못한 국가: 용서하시는 하나님</td></tr>
<tr><td colspan="3">호세아의 결혼(설화)</td><td colspan="3">호세아의 메시지(설교)</td></tr>
<tr><td>지역</td><td colspan="6">북 왕국(이스라엘)</td></tr>
<tr><td>기간</td><td colspan="6">약 주전 755-710년</td></tr>
</table>

개관

호세아는 예레미야가 쓰러져 가는 유다 왕국에 대해 예언하기 시작한 수십 년 전 이스라엘의 마지막 기간 동안 선지자로서 하나님께 부르심을 받았다. 어떤 주석가가 말한 바와 같이 "우리가 호세아의 예언에서 보는 것은 이스라엘 왕국이 하수구로 빠져들어 가던 시기에 있었던 마지막 몇 개의 소용돌이다." 이 책은 그 나라를 멸망시킬 하수구를 막으시려는 하나님의 마지막 자비로운 노력을 묘사하고 있다.

호세아의 개인적인 비극은 이스라엘의 민족적 비극을 강하게 예증해 주는 것이었다. 그것은 이스라엘과 야웨의 관계를 짝사랑으로 묘사하고 있고, 한편만 성실성을 갖고 행하고 있다는 사실을 예증하는 이야기다. 고멜이 호세아와 결혼했던 것처럼, 이스라엘은 하나님과 약혼한 상태였다. 그러나 두 관계는 점점 붕괴되어 갔다. 고멜이 남편 호세아를 버리고 다른 남자를 좇아 도망간 것처럼, 이스라엘은 다른 신들을 좇아갔다. 이스라엘의 영적 음란이 고멜의 육체적 간음으로 예증되어 있다. 이 책의 내용 전개는 다음과 같은 방법으로 추적해 볼 수 있다: 하나님과 이스라엘에 관한 예증(1-3장), 이스라엘의 죄와 하나님의 거룩하심(4-7장), 이스라엘의 고통과 하나님의 공의(8-10장), 이스라엘의 구원과 하나님의 사랑(11-14장).

표제

호세아, 요슈아 그리고 예수스라는 이름은 모두가 같은 히브리어 어근에서 파생되었다. **호세아**라는 단어는 '구원'을 의미하나 요슈아와 예수스는 서술적 개념을 가지고 있다: '야웨는 구원이시다'(여호수아서의 표제를 참조하라). 하나님의 사자로서 호세아는 그 민족이 우상 숭배를 버리고 하나님께로 돌아오기만 한다면 구원이 가능하다는 사실을 제시했다. 이스라엘의 마지막 왕 호세아는 영어 성경에서 그 철자가 다르기는 하지만 이 선지자와 같은 이름을 갖고 있었다. 헬라어와 라틴어에서 호세아는 **오세**(*Osee*)다.

저자

호세아가 이 책의 저자라는 1:1의 주장에 대해서는 거의 비판적인 주장이 일어나지 않고 있다. 그의 고향은 알려져 있지 않으나, 그가 북 왕국에 대해 익숙히 알고 있고 지극한 관심을 가지고 있다는 사실은 그가 이스라엘에서 살았고 유다에서 살지 않았음을 지적해 준다. 이러한 사실은 또한 그가 사마리아 왕을 '우리 왕'(7:5)이라고 부르는 것에서도 나타난다. 호세아는 브에리의 아들이었고(1:1), 고멜의 남편이었으며(1:3), 두 아들과 한 딸의 아버지였다(1:4, 6, 9). 그는 성경의 다른 곳에서는 언급되고 있지 않기 때문에 그에 대해서는 더 이상 알려진 바가 없다.

호세아는 자기 백성들을 진심으로 동정하고 있었으며, 고멜로 인한 개인적인 고통은 그로 하여금 자기 백성으로 인한 하나님의 아픔을 어느 정도 이해하게 해주었다. 따라서 장차 임할 심판에 대한 그의 경고는 강렬하게 전달되었으나 온화한 표현으로 완화되었다. 그는 그의 백성들의 거짓말, 살인, 불성실, 감사할 줄 모르는 마음, 우상 숭배 그리고 탐욕을 신랄한 은유법과 심상을 이용하여 책망하고 있으나, 그의 메시지에는 위로와 장래의 소망이 강조되고 있다.

연대와 배경

호세아는 북 왕국 이스라엘에게 메시지를 던졌으나(5:1), 가장 큰 지파 에브라임의 이름을 자주 불렀다(5:3, 5, 11, 13). 1:1에 의하면, 그는 유다의 왕들인 웃시야(767-739년), 요담(739-731년), 아하스(731-715년) 그리고 히스기야(715-686년)의 통치 기간 동안 사역을 했다. 호세아가 사역을 시작했을 때, 여로보암 II세(782-753년)가 아직도 이스라엘을 다스리고 있었다. 이것은 호세아를 북 왕국의 다른 선지자 아모스보다 나이 어린 동시대 인물로 만든다. 호세아는 미가와 동시대 인물이었다. 호세아의 오랜 사역은 여로보암 II세 이후에도 계속되었으며, 스가랴(753-752년)에서부터 호세아(732-722년)에 이르기까지 이스라엘의 마지막 여섯 왕들의 통치에까지 이르렀다. 호세아는 분명히 히스기야 왕 초기에 이 책을 편집했으며, 그의 사역은 주전 약 755년에서 710년까지 이른다. 호세아의 책은 약 40년 간의 설교에 해당한다.

호세아가 사역을 시작했을 때, 이스라엘은 여로보암 II세 하에서 일시적으로 정치적 및 경제적 전성기를 누리고 있었다. 그러나 이것은 잠깐 동안이었으며, 이스라엘은 디글랏 빌레셀 III세(745-727년)가 앗수르를 상대국으로 신장시켜 나가기 시작했을 때 급격하게 기울어지기 시작했다. 이스라엘의 마지막 여섯 왕의 통치는 네 명이 살해당하고 다섯 번째 왕이 앗수르로 사로잡혀 갔기 때문에 비교적 짧았다. 혼돈과 쇠망이 북 왕국 말기의 특징이었고, 그럼에도 불구하고 그들은 임박한 심판에 대한 호세아의 경고에 주의를 기울이려 하지 않았다. 백성들은 온통 죄와 우상 숭배에 물들어서 영적으로 무기력한 상태에 있었다.

주제와 목적

1-3장의 주제는 이 책의 나머지 전체를 반영하고 있다. 고멜의 음행(1장)은 이스라엘의 죄(4-7장)를 예증해 준다. 고멜의 타락(2장)은 이스라엘의 심판(8-10장)을 묘사한다. 그리고 호세아가 고멜을 구속한 것(3장)은 이스라엘의 회복(11-14장)을 그리고 있다. 구약의 어느 선지자들보다도 더 호세아의 개인적인 체험이 그의 예언 메시지를 예증해 주고 있다. 자신과 고멜의 관계 속에서 호세아는 하나님의 신실하심, 공의, 사랑 그리고 그의 백성들에 대한 용서를 그려 놓았다.

하나님의 거룩하심에 관한 주제는 이스라엘의 부패와 배신과 대조를 이루면서 전개되고 있다. 호세아는 이스라엘의 죄에 관하여 약 150개의 진술을 내놓고 있으며, 그 가운데 반 이상이 특정하게 우상 숭배를 다루고 있다. 하나님의 공의에 대한 주제는 이스라엘의 공의의 결여와 대조를 이룬다. 이스라엘에는 선한 왕이 전혀 없었으며, 오래도록 심판이 지연되었다. 하나님의 사랑에 대한 주제가 이스라엘의 완고함과 공허한 의식(儀式)과 대조를 이룬다. 하나님의 고귀한 사랑은 무조건적이며 영원하다. 이스라엘의 수많은 죄에도 불구하고, 하나님은 온갖 방법을 동원하여 자기 백성들을 자기에게로 돌이키고자 애쓰신다. 그분은 그 백성들에게 자신에게로 돌아오도록 설득하시지만, 그들은 돌아오려 하지 않는다. "이스라엘아 네 하나님 여호와께로 돌아오라 네가 불의함을 인하여 엎드러졌느니라"(14:1).

성경에서 호세아서의 위치

호세아서는 12소선지서 중에서 첫 번째 책인데, 아마도 본서의 분량 때문에 그렇게 배열되었을 것이다. 신약성경은 그것의 선명한 진술을 여러 차례 인용 또는 언급하고 있다: 1:10(롬 9:25-27; 고후 6:18); 2:23(롬 9:25-26; 벧전 2:10); 6:6(마 9:13; 12:7); 10:8(눅 23:30; 계 6:16); 11:1(마 2:14-15); 13:14(고전 15:55) 그리고 14:2(히 13:15).

호세아가 고멜과 결혼한 일에 관해서는 다양한 견해들이 있다. 혹자는 그것을 하나님과 이스라엘에 관한 풍유로서 보고 있으나, 이 입장을 뒷받침해 주는 근거는 거의 없다. 1-3장은 단도직입적인 해설로서 표현되고 있고, 그것이 가공적인 내용임을 나타내는 곳은 하나도 없다. 비록 호세아가 '음란한 아내'(1:2)를 취하라는 명령을 받기는 했지만, 이것은 반드시 고멜이 호세아가 결혼하기 이전에 창기였다는 것을 뜻하지는 않는다. 이 구절은 그녀가 결혼 당시에는 정결했으나 장차 어떻게 될 것인지를 미리 내다본 표현일 수도 있다.

내용

1. 하나님과 이스라엘에 관한 예증(1-3장)

호세아는 고멜이라는 이름을 가진 한 여자와 결혼했는데, 그녀는 그에게 세 아이를 낳아 주었고, 그들의 이름은 이스라엘에 대한 표적으로서 하나님에 의해 그 나라의 성격과 어울리는 이름이 붙여졌다. 이스르엘, 로루하마 그리고 로암미는 각각 '하나님이 흩으신다', '긍휼히 여김을 받지 못함' 그리고 '내 백성이 아니다'를 의미한다. 마찬가지로 하나님은 이스라엘을 그 나라의 죄로 인해 심판하고 흩어 버리실 것이다.

고멜은 다른 연인들을 구하고 호세아를 버렸다. 그녀의 죄가 중했음에도 불구하고, 호세아는 노예 시장에서 그녀를 속전(贖錢)을 지불하고 자유케 해주었다.

2. 이스라엘의 죄와 하나님의 거룩하심(4-7장)

자신의 아픈 체험으로 인해 호세아는 하나님께서 그분의 백성들의 죄악에 대해 느끼시는 슬픔을 어느 정도 느낄 수 있었다. 고멜에 대한 그의 신실한 사랑은 이스라엘에 대한 하나님의 사랑을 반영해 주는 것이었다. 그러나 이스라엘은 죄의 밑바닥으로 빠져들어 갔고, 돌아오라는 하나님의 자비로우신 마지막 호소에 대해 완강하게 버티었다. 완악하게도 그 백성들은 하나님의 계명을 범했으며, 그들의 죄로 인해 거룩하신 하나님은 강력하게 비난을 퍼부으신다. 당장이라도 하나님은 그들을 치료하고 구속하고자 하셨지만(7:1, 13), 그들은 오만과 음란 가운데서 그분을 반역하고 멀리 떠나갔다.

3. 이스라엘의 고통과 하나님의 공의(8-10장)

이 장들은 하나님께서 방금 진술하신 그 소송의 판결을 제시하고 있다. 이스라엘의 불순종은 민족의 흩어짐으로 이끌어갈 것이다. "저희가 바람을 심고"(4-7장), "광풍을 거둘 것이다"(8-10장). 이스라엘은 회개하기를 거절했으며, 하나님의 심판은 더 이상 지연될 수 없었다.

4. 이스라엘의 구원과 하나님의 사랑(11-14장)

하나님은 거룩하시며(4-7장) 의로우시나(8-10장), 그분은 또한 사랑과 자비의 하나님이시다(11-14장). 하나님은 징벌하셔야만 하나, 그분의 무한한 사랑으로 인해 마침내 그의 완고한 백성들을 구원하고 회복시키실 것이다. "에브라임이여 내가 어찌 너를 놓겠느냐?…내가 저희의 패역을 고치고 즐거이 저희를 사랑하리니 나의 진노가 저에게서 떠났음이니라"(11:8; 14:4).

호세아서에서의 그리스도

마태복음 2:15은 호세아 11:1을 애굽에 내려가신 그리스도께 적용시켰다. "이스라엘의 어렸을 때에 내가 사랑하여 내 아들을 애굽에서 불러내었거늘." 마태복음은 이 절의 후반부를 인용하여 이스라엘이 새로운 민족으로서 출애굽한 것은 또한 유년기 때 애굽으로부터 불러내어졌던 이스라엘의 메시아에 대한 한 예언적 예표였음을 보여준다. 이스라엘과 그리스도는 모두 애굽에 은신하기 위해 팔레스틴을 떠났었다. 그리고 다시 애굽으로부터 올라왔다. 예수의 이러한 경험은 장차 새 출애굽이 있을 것을 예고한 행동이었다.

그리스도께서 우리의 질고를 짊어지신 것과 그분의 사랑에서 비롯된 구속의 역사는 호세아가 고멜을 노예 시장에서 구속한 일에서 찾아볼 수 있다. 호세아가 고멜을 속량하기 위하여 지불한 금액은 예수께서 유다에게 팔리신 금액과 같다. 이스라엘을 구속하기 위하여 예수께서는 자기 몸을 버리실 것이다.

요엘

오호라 그 날이여 여호와의 날이 가까왔나니 곧 멸망같이 전능자에게로서 이르리로다(1:15).

그런즉 너희가 나는 내 성산 시온에 거하는 너희 하나님 여호와인 줄 알 것이라 예루살렘이 거룩하리니 다시는 이방 사람이 그 가운데로 통행하지 못하리로다(3:17).

<table>
<tr><th>초점</th><th colspan="4">메뚜기 재앙과 경고
1:1 2:17</th><th colspan="4">하나님의 신탁
2:18 3:21</th></tr>
<tr><td>구분</td><td>그 땅이 황폐함
1:1 1:14</td><td>그 땅이 비참함
1:15 1:20</td><td>그 땅의 침입
2:1 2:11</td><td>회개로의 초대
2:12 2:17</td><td>그 백성의 회복
2:18 2:27</td><td>성령을 받음
2:28 2:32</td><td>열국들에 대한 징벌
3:1 3:17</td><td>그 백성의 회복
3:18 3:21</td></tr>
<tr><td rowspan="4">화제</td><td colspan="4">역사적 침입</td><td colspan="2">예언적 침입</td><td>약속된 축복</td><td>최후의 승리</td></tr>
<tr><td colspan="4">멸망</td><td colspan="4">회복</td></tr>
<tr><td colspan="2">자연 속에서 하나님의 역사하심</td><td colspan="6">이스라엘과 열국들에 대한 하나님의 역사하심</td></tr>
<tr><td colspan="2">역사</td><td colspan="6">예언</td></tr>
<tr><td>지역</td><td colspan="8">유다 남 왕국</td></tr>
<tr><td>기간</td><td colspan="8">약 주전 835년</td></tr>
</table>

개관

요엘의 이 간략한 책은 다가오는 여호와의 날이라는 중대한 주제를 전개시킨다(1:15; 2:1, 2, 11, 31; 3:14, 18). 그 날은 하나님께 반역한 백성들과 나라들에게 무서운 심판이 임하는 때이다. 그러나 그것은 또한 그분을 의지한 자들에게는 미래의 축복이 임하는 때이기도 하다. 재앙에 대한 주제가 이 책 전체에 흐르고 있으나(메뚜기 재앙, 기도, 맹위를 떨치는 불꽃, 침입해 오는 군대들, 천체의 현상 등), 소망에 대한 약속들이 다가올 심판에 대한 선포들 가운데 산재해 있다. 요엘서의 개요는 다음과 같다: 메뚜기 재앙과 경고(1:1-2:17) 그리고 하나님의 신탁(2:18-3:21).

표제

히브리 이름 **요엘**은 '야웨는 하나님이시다'라는 의미를 지니고 있다. 이 이름은 역사 속에서의 하나님의 주권적 섭리를 강조하는 이 책의 주제에 적합하다. 자연과 민족들의 진행이 그분의 손 안에 있다. 이와 대등한 헬라어는 **요엘**이며, 라틴어 책명 역시 **요엘**(*Joel*)이다.

저자

성경에 요엘이라는 사람이 여럿 있기는 하지만, 선지자 요엘은 단지 이 책에서만 알려져 있는 사람이다. 서론적인 구절에서 요엘은 자신을 브두엘('하나님을 확신함', 1:1)의 아들로 밝히고 있다. 그가 시온과 여호와의 전을 자주 언급하고 있는 것(1:9, 13-14; 2:15-17, 23, 32; 3:1, 5-6, 16-17, 20-21)은 그가 예루살렘으로부터 그리 멀지 않은 곳에 살았다는 사실을 암시한다. 1:13-14; 2:17에서 제사장직에 대한 그의 진술로 인해 혹자는 요엘이 선지자인 동시에 제사장이었다고 생각한다. 아무튼 요엘은 명백하고도 간결하게, 그리고 타협할 줄 모르는 자세로 회개를 촉구한 자였다.

연대와 배경

이 책에 명확한 연대에 관한 언급이 없기 때문에, 그것의 연대를 정확하게 말할 수는 없다. 일부 주석가들은 다음과 같은 이유 때문에 후기 연대(보통 포로 후)를 잡고 있다. (1) 그것은 북 왕국을 언급하고 있지 않으며, 이것은 이 책이 이스라엘이 멸망한 주전 722년 이후에 쓰여졌음을 가리킨다. (2) 왕들이 아닌 제사장들이 언급된 것은 포로 후 기간에 부합한다. (3) 요엘은 앗수르, 수리아 또는 바벨론을 언급하고 있지 않은데, 분명히 그것은 이 나라들이 이미 무너졌기 때문이다. (4) 요엘 3:2이 바벨론 포로를 언급한다면, 이것은 또한 포로 후 연대를 지지해 준다. (5) 3:6에서 헬라 족속에 대한 언급은 후기 연대를 입증해 준다.

요엘서가 주전 9세기에 쓰여진 것으로 믿는 주석가들은 위의 논증에 대해 다음과 같이 반박한다. (1) 요엘이 북 왕국을 언급하지 않은 것은 침묵에서 나온 논증이다. 그의 예언은 유다를 향한 것이었으며 이스라엘을 향한 것이 아니었다. (2) 초기의 다른 선지자들은 왕에 대한 언급을 생략하고 있다(예를 들면, 오바댜, 요나, 나훔, 하박국). 이것은 또한 주전 841-853년의 정치적 상황에 부합한다. 아달랴가 그녀의 남편 아하시야의 죽음을 계기로 왕위를 찬탈했다. 그 왕위에 합법적인 상속자 요아스는 미성년자였으며 대제사장 여호야다의 보호를 받고 있었다. 아달랴가 853년에 권좌에서 제거되었을 때 요아스가 왕위에 올랐으나 그는 여호야다의 섭정하에서 다스렸다. 따라서 요엘서에서 제사장에 대한 언급이 두드러지고 왕에 대한 언급이 결여된 것은 이러한 역사적 상황과 부합한다.

(3) 요엘이 앗수르나 바벨론을 언급하지 않는 것은 사실이나, 요엘이 언급하고 있는 나라들이 더 중요하다. 이들은 페니키아(두로), 블레셋, 애굽, 에돔이며, 이 나라들은 9세기에 두각을 나타냈었고 그 이후에는 그렇지 못했다. 앗수르와 바벨론은 아직 중동 지역의 패권을 가지고 있지 않았기 때문에 언급되지 않고 있는 것이다. 또한 요엘이 포로 후에 기록되었다면 페르시아에 대한 언급이 예상될 것이다. (4) 요엘 3:2은 바벨론 포로생활을 언급하고 있지 않으나, 아직 일어나지 않은 어떤 사건을 언급하고 있다. (5) 헬라 족속이 주전 8세기로 되돌아온 앗수르의 기록에서 언급되고 있다. 히브리인들이 초기에 헬라 족속에 대한 지식을 갖고 있지 않았다는 것은 단순한 억측이다.

요엘과 아모스 사이에서 빌려온 증거들도 있다(참조. 욜 3:16과 암 1:2; 욜 3:18과 암 9:13). 그 책들의 문맥은 8세기 선지자 아모스가 요엘의 말을 빌려왔다는 것을 암시해 준다. 요엘의 문체는 포로 후 작가들의 것보다는 호세아와 아모스의 것과 더 유사하다. 그 증거는 요엘의 저술 연대를 약 주전 835년, 아달랴나 요아스의 통치 기간 동안으로 잡는 편을 지지하는 것으로 보인다. 요엘이 우상 숭배를 언급하고 있지 않기 때문에, 그것은 제사장 여호야다 아래의 요아스의 통치 초기에 있었던 바알 숭배와 그 밖의 다른 우상 숭배 형태들을 제거해 버린 뒤에 기록되었을 것이다. 유다의 초창기 선지자였던 요엘은 이스라엘의 엘리사와 동시대 인물이었을 것이다.

주제와 목적

요엘의 메시지의 핵심 주제는 과거와 미래에 나타나는 여호와의 날이다. 최근에 유다에서 발생한 끔찍한 메뚜기 재앙은 하나님께서 자신의 의를 옹호하기 위해 인간 역사 속에 직접 개입하시는, 그 다가올 심판의 날을 예증하기 위해 요엘에 의해서 사용되었다. 이것은 이스라엘(2:1-11)과 열국들(3:1-17)에게 비교할 데 없는 징벌의 날이 될 것이나, 여호와를 의지하는 모든 사람들에게 임할 큰 축복과 구원 속에서 절정을 이루게 될 것이다(2:18-32; 3:18-21). "누구든지 여호와의 이름을 부르는 자는 구원을 얻으리니"(2:32a).

요엘은 곤경에 처해 있는 유다 백성들에게 회개하는 심령으로 주께로 겸손히 돌아와(2:2-17) 하나님께서 그들과 싸우시게 하지 말고 축복하시도록 하라는 경고로서 기록되었다. 만일 그들이 회개하라는 하나님의 자비로우신 부르심을 계속 거절한다면 심판이 불가피할 것이다. 요엘은 자연과 민족들에 대한 야웨의 주권적인 능력을 강조하며, 하나님께서 사람들의 주목을 끌기 위해 어떻게 자연을 사용하시는지를 보여준다.

성경에서 요엘서의 위치

요엘서는 생생한 문체와 선명한 묘사를 특징으로 하고 있다. 그는 이 책의 전체적인 메시지를 위한 예정적인 근거로서 한 역사적 사건을 놀랍게 사용하고 있다. 오바댜가 주의 날을 언급한 최초의 선지자(옵 15절)였지만, 요엘은 이 중요한 성경적 주제를 발전시킨 첫 번째 선지자였다. 주의 날에 대한 그 밖의 언급은 다음과 같다: 이사야 2:12, 17-20; 3:7-18; 4:1-2; 13:6-9; 예레미야 46:10; 에스겔 13:5; 30:3, 아모스 5:18; 스바냐 1:7, 14; 말라기 4:5; 고린도전서 5:5; 데살로니가전서 5:2.

데살로니가후서 2:2과 베드로후서 3:10에 의하면, 주의 날은 신약적인 전망에서 볼 때 미래의 사건임에 분명하다. 베드로는 사도행전 2:16-21의 오순절 날에 관한 그의 설교에서 요엘 2:28-32을 인용했으며, 32절 중간에서 멈추었다. 감람산 강화(마 24:29)에서 예수께서는 요엘 2:10, 31; 3:15에 언급된 사건들을 그분의 재림의 징조들과 관련시키셨다. 사도 바울은 요엘 2:32을 그리스도를 의지하는 유대인들과 이방인들에게 열려 있는 구원에 적용했다(롬 10:12-13).

내용

1. 메뚜기 재앙과 경고(1:2-2:17)

1) 슬퍼하라는 권면(1:2-20)

(1) 과거의 메뚜기 떼의 침입에 대한 언급(1:2-4). 메뚜기 떼가

침입했었다. 과거에 이런 일이 있었느냐? 이 일은 대대로 전해져야 할 일이다.

(2) 취하는 자들아, 울어라(1:5-7). 메뚜기 떼의 침입으로 인하여 단 포도주가 끊어졌기 때문이다.

(3) 농부들아, 울어라(1:8-12). 땅의 모든 소출이 없어졌기 때문이다.

(4) 제사장들아, 울어라(1:13). 너희가 드릴 제물이 없어졌기 때문이다.

(5) 모이고 부르짖으라(권면)(1:14-20). 금식일을 정하라. 여호와의 전으로 모든 백성들을 모이게 하라. 그리고 주께 부르짖어라. 여호와의 날이 가까웠기 때문이다.

2) 너희는 나팔을 불어 경고하라(2:1-11)

여호와의 날, 즉 메뚜기 떼 같은 군사들이 침입해 올 날이 이를 것이다. 이 사건은 전무후무한 사건이다. 절망적인 날이다.

3) 여호와께로 돌아오라(2:12-14)

그리고 해야 할 일이 있는데, 그것은 금식하고 울고 애통하고 하나님에게로 돌아오되 마음을 찢고 돌아오는 것이다. 이는 여호와께서 은혜로우시며, 자비로우시며, 노하기를 더디 하시며, 인애가 크시사 뜻을 돌이켜 재앙을 내리지 않으실 것이기 때문이다.

4) 회개의 성회를 열어라(15-17절)

국가적으로 거룩한 금식일을 정하라. 성회를 선포하라 그리하여 전 국민이 모여서 울며 긍휼을 구하라. 그의 백성이 곤고한 일을 당할 때 그들의 하나님께서도 이방인 중에 모독을 받으시기 때문에 그렇게 되지 않도록 기도하라.

2. 하나님의 신탁(2:18-3:21)

1) 백성들이 회개한 결과(2:18-20)

"그 때에 여호와께서 자기 땅을 위하여 중심이 뜨거우시며 그 백성을 긍휼히 여기실 것이라"(욜 2:18). 내가 너희에게 물질을 다시 공급해 주고 군대는 너희에게서 떠나게 할 것이다.

2) 즐거워하라(2:21-32)

본 단락에는 즐거워해야 할 대상들이 열거되어 있다. (1) 땅－여호와께서 큰 일을 행하셨으므로(예언적 과거). (2) 들짐승들－땅이 회복되어 소출이 풍족하게 되었으므로. 이 표현은 예언적 과거형으로 되어 있다. (3) 시온의 자녀들－의의 교사('적당한 비'와 자음이 유사함)와 이른 비와 늦은 비를 주실 것이기 때문이다. 그 결과 1) 물질이 풍부해질 것이다. 2) 하나님이 너희 가운데 계셔서 백성이 수치를 당하지 않을 것이다. 3) 성령을 부어 주실 것이다.

3) 열국들에 대한 심판(3:1-13)

심판의 때는 유다가 회복될 때를 가리키며, 심판의 장소는 여호사밧 골짜기(이 호칭을 일반 문장으로 번역한다면 '여호와께서 심판하시는 골짜기'란 뜻이다)이고(2절), 심판의 이유는 열국이 이스라엘을 열국에 흩음으로 인한 것이다(2절).

4) **열국의 운명과 유다의 받을 복**(3:14-21)

이방의 열국은 황무하게 되지만, 이스라엘 특히 예루살렘(시온)에는 여호와께서 임하시고, 그곳은 거룩한 처소가 될 것이며, 풍요로운 땅이 될 것이다.

요엘서에서의 그리스도

그리스도는 아버지께로 승천하신 후에 성령을 보내 줄 것을 약속하셨다(요 16:7-15; 행 1:8). 이것이 오순절 날에 성취되자, 베드로는 "이는 곧 선지자 요엘로 말씀하신 것이니"(욜 2:28-32; 행 2:16-21)라고 말했다. 요엘은 또한 3:2, 12에서 그리스도를 여호사밧 골짜기에서 열국들을 판결하실 자('야웨께서 판결하신다')로서 그리고 있다. 성령을 부어 주심으로써 여호와께서는 이미 자기 백성을 열국 백성으로부터 구별해 내심으로써 심판하셨다. 그 최종적인 심판은 주의 재림 시에 완료될 것이다.

아모스

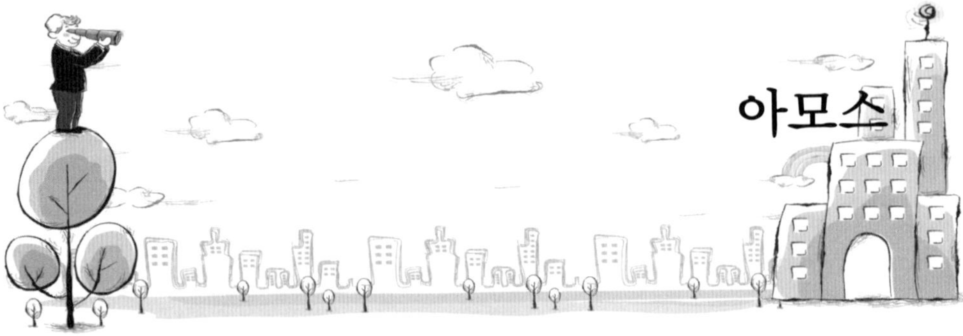

내가 땅의 모든 족속 중에 너희만 알았나니 그러므로 내가 너희 모든 죄악을 너희에게 보응하리라 하셨나니(3:2).

내가 너희를 다메섹 밖으로 사로잡혀 가게 하리라 이는 만군의 하나님이라 일컫는 여호와의 말씀이니라(5:27; 또한 1:2; 4:12; 5:4, 24을 보라).

초점	심판의 선언 1 2	심판의 촉발 3 6	심판과 약속 7 9:15	
구분	열국의 죄	이스라엘의 죄와 심판	환상들	이스라엘의 회복
화제	여덟 가지 신탁	세 가지 설교	아홉 가지 환상	세 가지 약속
	징벌	변호	이상	승리
	판결	설교	광경	안전
	"여호와께서 가라사대"	"이 말을 들으라"	"주 여호와께서 내게 보이신 것이 이러하니라"	"여호와께서 가라사대 내가 …하리라"
지역	주변 국가들	북 왕국 이스라엘		
시기	약 주전 760-753년			

개관

이스라엘의 북 왕국에 임할 저주에 관한 아모스의 메시지는 그 백성들에게 터무니없는 것처럼 보였다. 북쪽의 외적 환경은 그보다 더 나을 수 없는 것처럼 보였다. 즉 북 이스라엘 왕국은 번창일로에 있는 사업, 넓혀지는 국경 그리고 점증되는 애국심을 만끽하고 있었다. 그러나 내적인 상태는 외적인 환경과는 반대로 그보다 더 나쁜 상태가 될 수 없는 것처럼 보였는데, 곧 부정, 탐욕, 위선, 압제 그리고 오만으로 가득했다. 이스라엘의 죄와 속임수를 책망하는 아모스의 진지하고도 강력한 메시지가 잘 받아들여지지 않았다는 것은 놀라운 일이 아니다. "하나님의 공의를 전파한 이스라엘의 선지자"는 통렬하게 하나님의 명백한 메시지를 제시했다. "이스라엘아 네 하나님 만나기를 예비하라"(4:12). 아모스를 네 부분으로 구분하면 다음과 같다: 심판의 선언(1-2장), 심판의 촉발(3-6장), 심판과 약속(7-9장).

표제

아모스라는 이름은 히브리어 기본형 **아마스**, 곧 '짐을 들어올렸다, 옮겼다'에서 파생되었다. 따라서 그의 이름은 '짐' 또는 '짐을 지는 사람'을 의미한다. 아모스는 패역한 이스라엘에게 심판을 선언하시는 하나님께서 주신 짐을 잘 짊어짐으로써 자기 이름의 의미에 어울리게 살았다. 헬라어와 라틴어 표제는 **아모스**(*Amos*)이다.

저자

아모스라는 이름이 구약에 나타난 것은 단지 이 책에서 뿐이다(그를 이사야의 아버지 아모스<히브리어로 아모츠>와 혼동해서는 안 된다). 자신의 배경에 관해서 아모스는 "나는 선지자가 아니며 선지자의 아들도 아니요 나는 목자요 뽕나무를 배양하는 자로서"(7:14)라고 말했다. 그러나 그는 하나님께 붙잡힌 바 되어 이스라엘에 자신의 예언 신탁을 전할 거룩한 소명을 받았다(3:8b; 7:15).

그는 예루살렘에서 남쪽으로 12마일 떨어진 유다에 있는 드고아 농촌 지역 출신이었는데, 거기서 그는 특별히 가장 질이 좋은 털을 생산하는 작은 양떼를 돌보고 있었다. 뽕나무를 배양하는 자로서 그는 실과가 익기 전에 그것을 찔러서 그 속에 있는 벌레들이 도망가도록 해야 했다. 아모스는 훈련된 삶을 살았으며, 광야에 대한 그의 지식이 자주 그의 메시지 표면에 나타난다(참조. 3:4-5, 12; 5:8, 19; 9:9). 아모스는 시골 출신이었으나 성령으로 잘 교육받았다. 그는 예리한 도덕심과 정의감을 지니고 있었으나, 이스라엘의 영적 상태에 대한 그의 객관적인 평가는 잘 받아들여지지 않았는데, 그것은 그가 특히 유다 출신이었기 때문이다. 벧엘이 이스라엘 왕이 거하는 곳이었고 우상 숭배의 중심지였기 때문에, 그는 그곳에서 메시지를 전했다. 북 왕국 백성들의 탐욕과 부정 그리고 독선을 정면으로 공격했으므로 그는 별로 인기가 없었다.

연대와 배경

아모스는 "유다 왕 웃시야의 시대 곧 이스라엘 왕 요아스의 아들 여보로암의 시대의 지진 전 2년에"(1:1) 예언했다. 웃시야는 주전 767-739년에 통치하고 여보로암 II세는 주전 782-753년에 통치하여, 주전 767년에서 주전 753년까지 중복 기간이 생겼다. 200년 후 스가랴는 웃시야 통치 때 있었던 지진을 언급했다(슥 14:5). 아모스 7:11은 주전 722년에 이스라엘이 앗수르의 포로가 될 것을 예언하고 있으며, 글을 쓸 당시에 여보로암 II세가 아직 죽지 않았음을 암시해 주고 있다. 따라서 아모스는 주전 755년경에 벧엘에서 예언했다. 천문학상의 계산은 일식이 주전 763년 6월 15일에 이스라엘에서 발생했음을 지적해 주고 있다. 이 사건은 아모스의 청중들의 마음속에 아마도 생생하게 남아 있었을 것이다(8:9을 보라.)

아모스는 오바댜, 요엘, 요나 시대 이후에, 그리고 호세아, 미가, 이사야와 함께 지진이 있기 전에 사역했다. 이때 웃시야 왕이 유다를 통치하면서 나라는 번창일로에 있었고, 군사적으로도 강성했었다. 웃시야는 예루살렘을 요새화했고, 블레셋과 암몬 그리고 에돔을 굴복시켰다. 북쪽 이스라엘은 유능한 왕 여보로암 II세에 의해 다스려지고 있었다. 경제적 및 군사적 상황은 거의 이상적이었으나, 번영은 그 백성으로 하여금 오직 물질주의, 부도덕 그리고 부정만을 키우게 만들었다(2:6-8; 3:10; 4:1; 5:10-12; 8:4-6). 이 기간 동안 앗수르, 바벨론, 수리아 그리고 애굽은 비교적 약했다. 따라서 이스라엘 백성들은 아모스가 예언한 그 재앙이 임하리라는 것을 상상하기가 힘들었다. 그러나 이스라엘이 몰락하게 되기까지는 30년밖에 남아 있지 않았다.

주제와 목적

아모스서의 기본 주제는 야웨의 거룩하심과 그분의 언약 백성들의 사악함으로 인하여 장차 심판이 이스라엘에게 닥친다는 것이었다. 아모스는 신속히 다가오는 이스라엘의 저주의 원인과 과정을 냉혹하고도 단호하게 그려놓고 있다. 하나님은 자비로우시고 오래 참으시나, 그분의 공의와 의는 죄가 무한정으로 팽배해지도록 내버려 두지는 않을 것이다. 이스라엘의 죄는 하늘처럼 높이 쌓여 있다: 공허한 의식주의, 가난한 자에 대한 압제, 우상 숭배, 사기, 독선, 교만, 탐욕, 물질주의, 냉담.

백성들은 언약 조항들을 총체적으로 거역함으로써 하나님과의 언약관계를 계속 깨뜨렸다. 그럼에도 불구하고 하나님의 긍휼과 사랑은 백성들이 그에게로 돌아오기만 한다면 구원해 주시고자 하는 그의 제안에서 명백히 나타난다. 하나님은 자비롭게도 이스라엘 백성이 회개하기를 거부할 경우 그들의 운명을 경고해 주는 개혁자로 아모스를 보내 주셨다. 그러나 그들은 그의 경고의 메시지까지도 듣지 않음으로써 그들의 운명은 변경되지 않고 그들에게 임하게 되었다.

성경에서 아모스서의 위치

소망과 축복에 비해서 심판이 차지하고 있는 비율은 다른 선지서들에서보다도 아모스서에서 더 높다. 그 마지막 다섯 절만이 위로와 약속의 말을 주고 있다. 그래서 그는 공의의 선지자라는 말을 듣는다. 아모스서는 성경에서 가장 직접적이고 날카로운 선지서들 가운데 하나다. 그 예로서 사마리아의 탐욕스러운 여인들에 대한 묘사를 살펴보라. "사마리아 산에 거하는 바산 암소들아 이 말을 들으라"(4:1). 아모스서는 북 왕국에 대하여 기록된 두 권의 선지서 가운데 첫 번째 것이다(3:1, 12; 7:10, 14-15). 호세아와 달리 그는 이스라엘에 잠시 거주했던 자였다. 그들 두 책은 다음과 같이 개괄적으로 비교해 볼 수 있다.

호 세 아	아 모 스
1. 우상 숭배를 반박하는 설교	1. 불의를 반박하는 설교
2. 백성들에게 하나님을 알도록 명령함	2. 백성들에게 하나님을 찾도록 명령함
3. 종교적 불공평을 꾸짖음	3. 사회적 불공평을 꾸짖음
4. 그들이 하나님을 경배하는 것을 목표로 삼음	4. 그들이 하나님과 동행하는 것을 목표로 삼음
5. 그들에게 하나님에 대한 지식이 필요한 것을 강조함	5. 그들에게 공의가 필요한 것을 강조함
6. "나는 너희 제사를 원치 아니하며"	6. "내가 너희 제사를 미워하며"
7. 우상 숭배를 다룸	7. 우상 숭배를 거의 다루지 않음
8. 이스라엘을 특권을 얻은 백성으로 묘사함	8. 이스라엘을 특권을 얻은 백성으로 묘사함
9. 하나님의 고귀한 사랑을 많이 언급함	9. 하나님의 고귀한 사랑을 조금 언급함
10. 회개를 요청함	10. 양심을 일깨움
11. 이스라엘을 가족으로 보고 이야기함	11. 이스라엘을 한 국가로 보고 이야기함
12. 그의 고국을 다룸	12. 이방인들을 다룸
13. 국가적인 메시지	13. 세계적인 메시지
14. 과거를 많이 언급함	14. 과거를 적게 언급함
15. 하나님의 은혜	15. 하나님의 의
16. 인자하심	16. 진노
17. 복잡한 묘사	17. 단순한 묘사
18. 시인	18. 철학사
19. 신비적	19. 도덕적
20. 동정적임	20. 준엄함

아모스는 모세오경에 대한 세밀한 이해를 나타내고 있다. 다음의 예들을 비교해 보라: 2:7(신 23:17-18); 2:8(출 22:26); 2:12(민 6:1-21); 4:4(신 14:28; 26:12); 4:5(레 2:11; 7:13). 아모스는 마태복음, 사도행전 그리고 로마서에서 인용되고 있다. 4:11(롬 9:29); 5:25-27(행 7:42-43); 8:9(마 24:29); 9:11-12(행 15:16-18).

내용

1. 열국들의 죄 열거와 하나님의 선고(1:2-2:16)

1) 표제(1:1). 본서 초두부터 아모스는 이스라엘 땅을 나선형으로 둘러보아 가며 이스라엘 주변의 나라들을 언급하면서 그들의 서너 가지 죄로 인하여 여호와께서 벌을 내리실 것이라고 예고한다. 마지막으로 유다와 이스라엘을 언급하고 있는데, 유다는 하나님의 말씀을 멸시하고 지키지 않고 우상에게 빠졌다고 말하고, 이스라엘에 대해서는 그들이 범한 온갖 추잡한 행위들을 언급하고 있다.

2. 이스라엘의 죄와 심판(3-6장)

1) 진노하시는 여호와의 모습 묘사(3장). 북 이스라엘의 궁궐에 거하는 자는 포학한 일을 했고, 백성들은 모두가 벧엘과 단에서 우상을 섬기고 있었다.

2) 이스라엘의 죄악상 폭로(4장). 게다가 북 이스라엘 백성들은 가난하고 약한 자를 학대했고(1-3절), 종교 중심지인 벧엘과 길갈에

서 금송아지 우상에게 제사를 드렸다(4-5절). 그러나 그보다 훨씬 더 악한 것은 이스라엘 각 성읍에서 하나님이 징계하셨음에도 불구하고 저들은 여호와께로 돌아오지 않았다는 것이다(6-11절): 하나님은 먹을 것을 주지 않고 이를 한가하게 하셨다(6절). 비를 국부적으로 내리셨다(7절). 또한 물 부족(8절), 풍재와 깜부기와 팟종이(9절), 염병(10절), 칼(10절), 멸망(11절) 등이 있었으나, 그럼에도 불구하고 저들은 하나님에게로 돌아오지 않았다. 그러므로 이제 하나님이 친히 너를 만나러 오실 것이다. 주님 만나기를 예비하라(12절).

3) 여호와의 날(5장). 여호와를 찾으라(4, 6절). 선을 구하라(14절). 여호와의 날은 너희에게 어두움일 것이니, 그러므로 공법과 정의를 구하라.

4) 유다와 이스라엘의 멸망 예고(6장). "화 있을진저 시온에서 안일한 자와 사마리아 산에서 마음이 든든한 자 곧 열국 중 우승하여 유명하므로 이스라엘 족속이 따르는 자들이여"(1절).

3. 환상들(7-9장)

1) 제1환상(7:1-3) - 황충

2) 제2환상(7:4-6) - 한발을 바다와 땅에 보내심

3) 제3환상(7:7-9) - 다림줄(말씀) 환상

4) 아마샤와의 대담(7:10-17). 아모스는 선지 사역을 못하게 막은 아마샤를 향하여 무서운 저주를 선언한다.

5) 제4환상(8:1-3) - 여름 실과 환상

6) 경고의 메시지(8:4-14). 하나님 섬김에는 관심이 없고 오직 재물을 모으는 일에만 관심을 두니 너희는 애곡할 것이며 영적 기근에 허덕일 것이다.

7) 제5환상(9:1-4)－성소 파괴 환상

8) 여호와는 누구신가?(9:5-10)

대자연을 움직이시는 분이요, 역사 가운데 임재하시며, 그 역사를 운영하시는 분이다. 하나님은 채질하여 알곡을 떨어뜨리지 않고 모으시는 분이다(7-10절).

4. 이스라엘의 회복(9:11-15)

하나님은 다윗의 무너진 장막을 일으키실 것이다. 즉 주님은 다윗의 가문을 일으키실 것이다. 그리하여 만국을 기업으로 얻게 하실 것이다.

아모스서에서의 그리스도

아모스서에서는 그리스도에 대한 가장 명백한 예견이 그 책의 끝부분에서 발견된다. 그분은 심판하실 모든 권세를 지니고 계시나(1:1-9:10), 또한 알곡 하나도 떨어뜨리지 않고 만국 가운데서 백성들을 모으실 것이다(9:11-15).

오바댜

네가 네 형제 야곱에게 행한 포학을 인하여 수욕을 입고 영원히 멸절되리라(1:10).

여호와의 만국을 벌할 날이 가까왔나니 너의 행한 대로 너도 받을 것인즉 너의 행한 것이 네 머리로 돌아갈 것이라(1:15).

초점	정죄 (1–9)	원인 (10–14)	결말 (15–21)	
구분	에돔의 심판에 대한 계시 (1–9)	에돔의 심판에 대한 이유 (10–14)	에돔의 제거 (15–16)	유다의 회복 (17–21)
화제	에돔의 오만	에돔의 반목	에돔의 멸절	
	심문	고발	언도	
	에돔의 멸망		주의 날	유다의 구원
	에서의 산에서 안심함(3절)		에서의 산에 판결이 내려짐(21절)	
지역	에돔		열국들	이스라엘과 유다
시기	아마도 약 주전 840년			

개관

에서와 야곱 간의 투쟁은 에돔과 이스라엘 민족의 후손들 간의 지속적인 투쟁의 형태로 계속되었다. 에돔(에서)은 유다(야곱)의 형제로서 행동하기를 거절했고, 1,000년 이상 동안 야곱의 자손에게 격렬한 적개심을 품어 왔다. 이러한 국가 간의 경쟁의식은 에돔 사람들이 유다가 외국의 힘에 의해 격파되고 예루살렘이 약탈당한 것을 보고 크게 기뻐하는 데서 그 절정에 달했다. 그의 형제를 지키는 자가 되는 대신에 에돔은 그 범죄에 가담했다.

오바댜는 구약성경에서 가장 짧은 책이나(단지 21절뿐임), 그것은 가장 강력한 심판의 메시지를 담고 있다. 에돔의 운명은 결정되었고, 구원의 여지가 전혀 없었다. 하나님께서 에돔을 완전히 멸하실 것이며, 남은 자가 없게 될 것이다. 오바댜는 에돔의 판결의 날을 선포하고, 에돔에 대한 심문, 고발 그리고 언도로써 끝을 맺고 있다. 이 '시적 정의의 선지자'(prophet of poetic justice) 오바댜는 온 세상의 재판장께서 에돔의 교만을 무너뜨리고 야곱의 집을 회복시키실 것임을 예고하고 있다. 오바댜서는 정죄(1-9절), 원인(10-14절) 그리고 결말(15-21절)이라는 세 단락으로 구성되어 있다.

표제

히브리 이름 오바댜는 '야웨를 경배하는 자' 또는 '야웨의 종'을 의미한다. 칠십인역에서 헬라어 표제는 **오비듀**이며, 벌게이트역에서 라틴어 표제는 **압디아스**(*Abdias*)이다.

저자

오바댜는 남 왕국 유다에 살았던 것으로 보이는 잘 알려지지 않은 선지자였다. 그의 고향이나 가족에 대해서는 알려진 것이 없고, 그가 왕족이거나 제사장 가문 출신이라는 것도 신빙성이 없다. 이는 그의 부친이 언급되어 있지 않기 때문이다. 구약성경에는 오바댜라는 이름을 가진 사람이 13명 있으며 이 책의 저자를 나머지 12명 가운데 하나와 동일시하려는 일부 시도가 있어 왔다. 좀 더 유력한 네 후보자는 다음과 같다. (1)하나님의 선지자들을 동굴 속에 숨긴 아합 왕의 궁내대신(왕상 18:3), (2) 유다 여러 성읍에 가서 율법을 가르치도록 하기 위해 여호사밧이 보낸 방백들 가운데 한 사람(대하 17:7), (3) 요시야 왕 밑에서 성전을 수리하는 일을 맡았던 감독들 가운데 한 사람(대하 34:12) 그리고 (4) 느헤미야 시대의 한 제사장(느 10:5)이다.

연대와 배경

오바댜는 어느 왕도 언급하고 있지 않다. 10-14절만이 유일하게 역사적인 언급을 하고 있다. 그러나 오바댜가 예루살렘 침략 사건을 염두에 두고 있었다는 사실에 대해서는 학자들의 의견이 분분하다. 여기에는 네 가지 가능성이 있다.

(1) 주전 926년에 애굽 왕 시삭이 르호보암 통치 때 예루살렘 성전과 궁을 약탈했다(왕상 14:25-26). 그러나 이때 에돔은 여전히 유다에 종속되어 있었다. 이것은 에돔이 유다로부터 독립했음을

지적하고 있는 오바댜 10-14절과 부합하지 않는다. (2) 여호람 통치 동안(주전 848-841년) 블레셋 사람들과 아라비아 사람들이 유다를 침입하고 궁을 약탈했다(대하 21:16-17). 에돔은 여호람 통치 때 반란을 일으켰으며 큰 적수가 되었다(왕하 8:20-22; 대하 21:8-20). 이것은 오바댜의 서술과 일치한다. (3) 주전 790년에 이스라엘 왕 여호아하스가 유다를 침략했다(왕하 14; 대하 25). 그러나 오바댜는 그 침략자들을 '이방인'(11절)이라 부르고 있다. 이것은 북 왕국의 군대를 묘사하는 용어로서 부적합하다. (4) 주전 586년에 바벨론 왕 느부갓네살이 예루살렘을 격파하여 멸망시켰다(왕하 24-25).

가장 유력한 후보는 (2)와 (4)이다. 그런데 오바댜 10-14절은 (4)보다 (2)가 더 잘 부합하는 것 같다. 그것은 느부갓네살이 그 궁과 성을 불사르고 성벽을 파괴했을 때 일어났던 그 성읍의 전체적인 파괴를 가리키고 있지 않기 때문이다. 그리고 느부갓네살은 분명히 "예루살렘을 얻기 위하여 제비뽑으려"(11절) 하지 않았다. 또한 586년의 멸망에 대해 이야기하고 있는 다른 선지자들 모두가 느부갓네살과 바벨론 사람들을 그 집행자로 밝히고 있으나, 오바댜는 그 대적을 밝히고 있지 않다. 이러한 사실과 그 밖의 다른 이유들로 인해 오바댜서에서 언급된 예루살렘 약탈 사건은 주전 848과 841년 사이에 블레셋 사람들에 의해 일어났던 것으로 보인다. 이것은 오바댜를 요엘보다 몇 년 앞선 엘리사나 혹은 예언을 기록으로 남긴 초기의 선지자들과 동시대 인물로 만든다.

에돔의 역사는 팥죽 때문에 자신의 장자권을 판 일로 인해서 에돔('붉다')이라는 이름이 붙여졌던 에서와 함께 시작되었다. 에서는 세일 산 근처로 이동하여 그 곳의 본토민(本土民)인 호리 족속과 병합했다. 에돔은 이스라엘이 가나안 땅을 향해 갈 때 자기 나라로 지나가는 것을 허용하지 않았다. 에돔 사람들은 사울을 대적했고, 다윗과 솔로몬에 의하여 압제를 당했다.

그들은 여호사밧을 대적했고, 여호람에게 반기를 드는 일에 성공했다. 그들은 아마샤 왕 때 유다에 의해 다시 정복되었으나 아하스의 치세 동안 자유를 되찾았다. 에돔은 후에 앗수르와 바벨론의 지배를 받았고, 주전 5세기에 에돔 사람들은 나바티안 족속들에 의해 그 지역을 떠나도록 강요당했다. 그들은 남쪽 블레셋 지역으로 이주하여 이두메인들로 알려지게 되었다. 이두메인이었던 헤롯 대왕이 주전 37년에 로마 제국 하에서 시저에 의하여 유대의 왕으로 임명을 받았다. 어떤 의미에서 에서와 야곱 사이의 적개심은 예수를 죽이려는 헤롯의 시도 가운데서 계속되었다고 말할 수 있다. 이두메 사람들은 로마에 대항하는 유대인의 반역에 참여했고, 주후 70년 디도에 의해 유대인들과 함께 격파되었다. 아이러니하게도 에돔 사람들은 주전 586년 예루살렘 멸망에 박수갈채를 보냈으나(시 137:7을 보라), 주후 70년 그것을 방어하고자 노력하다가 멸망했다. 그때 이후로 그들은 결코 다시 언급되지 않았다. 오바댜가 예언한 대로 그들은 '영원히 멸절된' 것이었다(10절). "에서 족속은 남은 자가 없으리니"(18절).

주제와 목적

오바댜서의 주된 주제는 유다에 대한 에돔의 교만과 잔인성으로 인해 에돔에게 임할 저주를 선포하는 것이다. "내가 너를 열국 중에서 미약하게 하였으므로"(2절). "너의 중심의 교만이 너를 속였도다"(3절). '네가 어찌 그리 망하였는고!"(5절). "에서가 어찌 그리 수탐되었는고"(6절). "네 용사들이 놀랄 것이다"(9절). "네가 수욕을 입고"(10절). "영원히 멸절되리라"(10절). "너의 행한 대로 너도 받을 것인즉"(15절). 주로 이스라엘을 취급하고 있는 마지막 몇 절(17-21절)도 에돔의 몰락에 대해 말하고 있다. 오바댜서의 두 번째 주제는 이스라엘의 회복과 언약적 약속에 대한 야웨의 신실하심이다. 하나님의 공의가 마침내 이기게 될 것이다.

성경에서 오바댜서의 위치

오바댜서는 그 기록 연대를 헤아리기가 가장 어려운 선지서이지만, 가장 유력한 연대는 주전 840년과 주전 586년이다. 전자의 연대를 잡으면 오바댜서는 기록된 선지서들 가운데 최초의 책이다. 그의 책은 극히 짧으나, 정죄(1-16절)와 위로(17-21절)라는 두 가지 예언적 기본 주제를 갖추고 있다. 오바댜는 에돔의 심판에 초점을 맞추고 있는데, 다른 선지자들도 에돔의 운명에 침묵하고 있지는 않다. 이사야 21, 34; 예레미야 9, 25, 27, 49; 에스겔 25, 35-36; 요엘 3; 아모스 1; 말라기 1장을 읽어 보라. 선지자 요엘, 아모스 그리고 예레미야가 오바댜를 사용했음을 증거가 말해 주고 있다: 1절(렘 49:14), 2절(렘 49:15), 3-4절(렘 49:16), 5절(렘 49:9), 6절(렘 49:10), 8절(렘 49:7), 9절(렘 49:22), 10절(욜 3:19), 11절(욜 3:3), 15절(욜 1:15), 16절(렘 49:12), 17절(욜 3:17), 18절(암 9:12), 19절(암 9:12). 오바댜는 멸망의 선봉인 교만을 보여주는 가장 명확한 성경적 본보기들 가운데 하나를 제공하고 있다(고전 10:12).

내용

1. 정죄(1-9절)

오바다서의 첫 단락은 에돔의 파멸이 반드시 임할 것임을 명백히 밝히고 있다. 에돔은 그들이 사해의 남쪽, 산이 많은 지역인 세일 산의 안전한 위치에 거하고 있다는 사실 때문에 교만했다(3절). 수도 셀라(페트라)는 적의 침입을 막아 주는 협곡으로 말미암아 보호를 받고 있었던 천연적 요새였다. 그러나 하나님은 이러한 사실이 아무런 소용이 없을 것이라고 말씀하신다. 도둑이 아무 것도 가져갈 것이 없을지라도, 하나님께서 에돔을 멸하실 때 그것은 샅샅이 뒤진 바 될 것이다. 그 어느 것도 하나님의 심판을 피하지 못할 것이다.

2. 원인(10-14절)

이 절들은 예루살렘의 침략을 고소한 듯이 바라보는 에돔의 중한 죄악을 묘사하고 있다. 외국인들이 예루살렘을 약탈했을 때 에돔은 기뻐했으며 그들 중의 하나처럼 되었다. 그들은 유다의 동맹국이 되어야 했을 때 오히려 유다의 공격자가 되었다.

3. 결말(15-21절)

오바댜는 에돔의 멸망 저 너머로 만국이 심판당하게 될 미래의 주의 날을 바라보고 있다(15-16장). 그 다음에는 유다('야곱의 집')

와 이스라엘('요셉의 집')에 대한 예언자적 위로가 이어진다. 하나님의 백성들에 대한 소망을 담은 이 끝맺음 구절들 속에서(17-21장) 하나님은 그들이 그들 자신의 땅뿐만 아니라 에돔과 블레셋 땅도 소유하게 될 것임을 약속하시고 있다.

오바댜서에서의 그리스도

그리스도는 오바댜서에서 만국의 심판자로서(15-16절), 이스라엘의 구세주로서(17-20절) 그리고 그 왕국을 소유한 자로서(21절: "나라가 여호와께 속하리라") 제시되고 있다.

요나

여호와께 기도하여 가로되 여호와여 내가 고국에 있을 때에 이러하겠다고 말씀하지 아니하였나이까 그러므로 내가 빨리 다시스로 도망하였사오니 주님은 은혜로우시며 자비로우시며 노하기를 더디하시며 인애가 크시사 뜻을 돌이켜 재앙을 내리지 아니하시는 하나님이신 줄을 알았음이니이다(4:2; 또한 2:9; 4:10-11을 보라).

초점	요나의 불순종 1	요나의 고통 2	요나의 선포 3	요나의 불평 4
구분	요나와 폭풍 1	요나와 물고기 2	요나와 니느웨 3	요나와 박넝쿨 4
화제	도망	두려움	따름	성냄
	하나님으로부터 도망함	하나님께로 돌아감	하나님과 동행함	하나님을 앞서감
	"내가 가지 않겠나이다"	"내가 가겠나이다"	"내가 여기 있나이다"	"내가 가지 말았어야 했나이다"
지역	지중해		니느웨	
시기	약 주전 760년			

개관

요나서는 그 메시지 내용과 그것을 전하는 자로 인해서 특이한 책이다. 구약성경의 다른 책들과는 달리 그것은 오로지 한 이방 민족만을 다루고 있다. 하나님은 그분의 언약 백성 이스라엘뿐만 아니라 이방인들에 대해서도 관심을 갖고 계신다. 그러나 하나님의 사자로서 세움을 입은 자는 앗수르가 이스라엘의 자비로우신 하나님에 의해 살아남게 될 것을 두려워한 나머지 자신에게 주어진 메시지를 선포하려 하지 않았던 한 선지자였다. 요나서에 나오는 모든 것이 선지자 자신을 제외하고는 하나님께 순종했다. 즉 폭풍, 제비뽑기, 선원들, 물고기, 니느웨 사람들, 식물, 벌레 그리고 동풍 모두가 순종했다. 이 모든 것들은 요나에게 자비와 순종에 관한 교훈을 가르치기 위해 사용되었다. 4개의 장으로 되어 있는 내용은 요나의 불순종(1장), 고통(2장), 선포(3장) 그리고 원망(4장)을 서술하고 있다.

표제

요나는 히브리어의 의미로 '비둘기'다. 칠십인역은 이 단어를 **요나스**라는 헬라어로 바꾸었고, 벌게이트 라틴어역은 **요나스**(*Jonas*)라는 표제를 사용했다.

저자

1절은 요나를 '아밋대의 아들'로 소개한다. 열왕기하 14:25에서 이스라엘의 여보로암 2세의 통치 때 선지자로서 그에 대한 언급이 없었다면, 그에 대해서는 더 이상 알려진 바가 없었을 것이다. 여보로암 아래서 이스라엘의 국경은 "이스라엘 하나님 여호와께서 그 종 가드헤벨 아밋대의 아들 선지자 요나로 하신 말씀과 같이" 확장되었다. 가드헤벨은 아래 갈릴리의 나사렛에서 북쪽으로 3마일 떨어진 곳에 있는데, 요나는 이곳 출신의 선지자였다. 바리새인들이 "상고하여 보라 갈릴리에서는 선지자가 나지 못하느니라"(요 7:52)고 한 말은 잘못된 것이었다. 요나가 갈릴리 사람이었기 때문이다. 어떤 유대 전승은 요나가 엘리야를 죽음에서 살려 준 사렙다 과부의 아들(왕상 17:8-24)이었다고 말한다.

일부 비평가들은 요나서가 범우주적인 사상을 소개함으로써 에스라와 느헤미야의 '편협한 민족주의'에 대항하기 위한 역사적 소설로서, 주전 5세기에서 3세기 사이에 기록되었다고 주장한다. 한 무명의 저자는 사마리아 사람들을 예배에서 제외시키고 이방인 아내들과 이혼하는 유대적 관례를 무너뜨리기 위해 이 작품을 창작했다고 주장한다. 이 견해를 지지하기 위해 이 책이 요나가 그 책의 저자가 아니라는 사실을 암시하는 제3인칭으로 기록되었다는 주(註)가 붙여져 있다고 주장한다. 아람어를 사용한 것과 "니느웨는 극히 큰 성읍이었다"(3:3)라는 진술은 그것의 저술 연대로서 니느웨가 주전 612년에 멸망한 이후인 후기 연대를 가리킨다고 한다.

보수적인 학자들은 다음과 같은 논증들로써 이 주장을 반박한다.

(1) 하나님께서 자신의 계획 속에 이방인들을 포함시키고 있다는 사상은 성경의 다른 곳에서도 발견된다(참조. 창 9:27; 12:3; 레 19:33-34; 삼상 2:10; 사 2:2; 욜 2:28-32). (2) 아람어들이 후기 구약성경에서뿐만 아니라 초기 구약성경에서도 발견된다. 아람어가 일찍이 주전 1500년경의 근동 지역의 사본에서 발견된다. (3) 이 책이 요나에 의해 기록되었다고 기록되지 않은 사실이 논쟁을 불러일으킨다. (4) 3인칭 문제는 성경 기자들 사이에 흔히 통용되는 것이었다. (5) 3:3의 본문은 문자적으로 '되었었다'(had become)를 의미한다. 그 당시 니느웨는 이미 큰 성읍이 되었었다. (6) 요나는 역사적 인물이었고(왕하 14:25), 이 책이 허구적인 것이라거나 풍자적인 것이라는 암시는 없다. (7) 그리스도께서 이 책의 사실성(史實性)을 지지하셨다(마 12:39-41).

연대와 배경

요나는 엘리사 시대 다음에 그리고 아모스와 호세아 시대 직전에 사역한 이스라엘의 선지자로서 여보로암 2세(주전 782-753년)와 동시대 인물이었다. 이스라엘은 여보로암 2세 하에서 성장과 번영의 시대를 누렸다(아모스의 연대와 배경을 보라). 여러 해 동안의 침체 상태를 벗어나 상황은 희망적으로 보였고, 민족주의적 열정도 고조되었을 것이다. 이 해 동안에 앗수르는 서서히 쇠망해 가고 있었다. 연약한 앗수르의 통치자들이 왕좌에 올랐으나, 앗수르는 여전히 위협적인 존재로 남아 있었다. 요나 시대까지만 해도 앗수르의 잔인성은 가공할 만한 것이었다. 그들이 특히 주전 9세기와

7세기에 포로들을 잔인하게 다룬 것을 나타낸 조각들이 고대 앗수르 비문에서 발견되었다. 니느웨의 회개는 아마도 아슈르단 3세(Ashurdan III; 주전 773-755년)의 통치 때 있었을 것이다. 두 가지 재앙(765년과 759년)과 한 번의 일식 현상(763년)은 백성으로 하여금 심판에 관한 요나의 메시지를 청종하도록 준비시켰을 것이다.

주제와 목적

요나는 자연 속에서의 하나님의 능력(1-2, 4장)과 인간사 속에서의 하나님의 긍휼(3-4장)을 제시했다. "구원은 여호와께로서 말미암나이다"(2:9)라는 사실을, 그리고 하나님의 긍휼은 회개하고 그에게로 돌아오는 모든 사람들에게 미친다는 사실을 요나는 배웠다. 유대인의 민족주의는 하나님의 언약 백성으로 하여금 이방인들에 대한 하나님의 관심을 잘 이해하지 못하도록 만들었다. 요나는 하나님께서 니느웨 사람들에게 긍휼을 베풀지 않으시기를 원했으나, 그는 후에 자신의 태도가 얼마나 이기적이고 무자비한 것인지를 깨달았다.

성경에서 요나서의 위치

다른 예언서들과는 달리, 요나서는 메시지보다는 그것을 전한 사람을 더욱 강조하고 있다. 그 예언적 메시지는 히브리어 성경에서 단지 다섯 마디의 단어로 되어 있다(3:4). 이 자서전적인 책에 담겨 있는 48개의 절들은 선명한 등장 인물의 전개 및 인간 감정에 대한 강력한 묘사를 제공한다. 요나는 이방인들에게 직접 보내진 유일한 선지자였으며, 또한 자신의 메시지를 감추고자 했던 유일한 선지자였다. 요나는 많은 원리를 배웠다. (1) 하나님께로부터 피하여 도망하기란 불가능하다. (2) 하나님께서 한 사람의 주의를 끌기 위해 사용하실 수 있는 방법은 무한하다. (3) 실패는 한 사람이 하나님을 섬길 자격을 빼앗지 못한다. (4) 하나님에 대한 불순종은 신자의 생활에 혼란을 야기한다. (5) 애국심은 결코 신자와 하나님의 계획 사이에 존재할 수 없다.

다른 어떤 구약성경들보다도 더 요나서는 모든 사람들에 대한 야웨의 보편적인 관심을 계시하고 있다. 이스라엘과 유다가 그들의 어떤 선지자들에게 반응했던 것보다 더 강하게 니느웨가 요나의 선포에 반응했다는 사실은 흥미 있는 일이다.

요나는 그 기적적인 요소들, 특히 큰 물고기 속에 들어갔다가 살아나온 것 때문에 자주 도전을 받아 왔다. 그러나 이것은 창조의 하나님께서 특별한 목적들을 위해 그분의 피조물을 직접 사용하시는 것을 인정하지 않는 하나의 선입견이다. 더욱이 고래에 의해 삼켜졌다가 살아나온 사람들에 관한 기사가 발표된 바 있다. 어떤 고래들은 한 숨에 사람을 꿀꺽 삼킬 만한 능력을 지니고 있다. 그러나 그 히브리 단어는 어떤 종류의 '물고기'가 요나의 경우에 사용되었는지를 상술하고 있지 않다.

내용

1. 요나의 불순종(1장)

이 장은 요나의 소명(1:1-2), 요나의 불순종(1:3) 그리고 요나의 결말(1:4-17)을 기록하고 있다. 요나는 앗수르의 가장 큰 성읍 니느웨로 가 쳐서 예언하라는 하나님의 말씀을 듣는다. 니느웨는 어떤 도성이었는가? 그 성읍은 이방인들이 우글거리는 성읍이었다. 그 성읍 백성들은 여호와의 선지자에 대해서 관심이 없고 여호와 하나님에 대해서도 관심이 없는 사람들이었다. 그 성읍은 우상만을 섬기는 사람들로 가득했다. 그 성읍은 악이 하나님에게 도달할 정도로 극악한 도성이었다. 그 성읍은 지금도 이스라엘에게 위협이 되고 앞으로 이스라엘을 공격하여 멸망시킬 왕국이었다. 그 성읍은 앗수르의 성읍 가운데서도 가장 큰 성읍이었다. 그 성읍에 가서 말씀을 전달할 때 쳐서 예언해야 한다. 그것은 더 힘든 일이다. 그 성읍에서 말씀을 전하다가 놀림감이 될 수도 있다. 그 성읍은 이스라엘 백성들도 원수로 여기는 성읍이었다. 그 성읍이 만일 말씀을 듣고 회개한다면 어떻게 되는가? 하나님은 그들을 용서해 주실 수도 있다. 그러니 어떻게 그 성읍에 가서 하나님의 말씀을 전하겠는가? 만일 그 성읍에 가서 멸망한다고 말씀을 전하고 나서 그 백성들이 회개하면 하나님은 그 성읍을 용서하실 수도 있다. 그러면 자기가 예언한 것이 모두 거짓임이 드러날 수도 있다(욘 4:1-2). 그러면 니느웨는 멸망하지 않고 자기는 거짓 선지자라는 낙인이 찍힐 텐데, 어떻게 그곳으로 가서 말씀을 전할 수 있단 말인가? 차라리 그곳에 가지도 말고 복음을 전하지도 말자는 생각이 들었을 것이다.

니느웨를 향해 북동쪽으로 500마일 가는 대신에 요나는 다시스(스페인)를 향해 서쪽으로 2,000마일을 가고자 했다. 그러나 여호와께서는 자신이 원하는 결과를 이루고자 일련의 독창적인 수단들을 사용하셨다. 하나님의 계획을 방해하려는 요나의 노력들은 수포로 돌아갔다. 하나님은 '큰 물고기'를 준비하여 요나를 보존하시고 그를 육지로 데려다 주셨다.

2. 요나의 고통(2장)

하나님께서 그 물고기와 물 속에 빠진 그 선지자를 서로 만나게 하신 일은 요나에게 모든 상황 속에서 하나님의 주권을 강하게 상기시켜 주는 계기가 되었다. 물고기 뱃속에 있는 동안 요나는 자신의 마음속에 스쳐 가는 여러 가지 시편들을 인용하며 찬미의 시들을 읊었다(시 3:8; 31:22; 42:7; 69:1). 자신의 독특한 '골방 기도' 가운데서 요나는 하나님께서 자기를 물에서 건져 주신 것을 감사했다. "구원은 여호와께로서 말미암나이다"(2:9)라는 것을 인정했을 때, 그는 결국 하나님께 자발적으로 순종하고 그분에 의해 쓰임 받고자 했다. 물고기가 그를 육지에 토해낸 후, 요나는 동쪽 니느웨로 500마일을 여행하는 동안 자신의 경험들을 한참 동안 곰곰이 생각해 보았을 것이다.

3. 요나의 선포(3장)

요나는 니느웨로 가서 "니느웨 사람들에게 표적이 되도록"(눅 11:30) 한 소명, 즉 자신에게 임한 두 번째 소명에 순종했다(3:1-3).

그 선지자는 하나님의 살아 있는 시청각 교재였다. 그의 피부는 물고기 속에 머물러 있었기 때문에 말할 것도 없이 하얗게 표백되었을 것이다. 그가 니느웨 성을 지나가면서 던진 한마디의 설교는 엄청난 결과를 가져왔다. 그것은 역사상 최대의 반응을 얻은 전도 사역이었다. 장차 임할 심판에 관한 요나의 말을 받아 그 성의 왕은 금식하고 회개하도록 선포했다. 하나님은 큰 긍휼을 베풀어 "그들에게 내리리라 말씀하신 재앙을 내리지 아니하셨다"(3:10).

4. 요나의 불평(4장)

여기서 야웨의 사랑과 은혜는 요나의 분노 및 긍휼의 결여와 대조를 이룬다. 그는 야웨께서 지금 니느웨를 용서하시고자 하는 것을 알았기 때문에 그의 메시지가 가져올 좋은 결과를 기뻐하지 않았다. 하나님은 한 식물, 벌레 그리고 바람을 사용하여 요나를 교육시키셨다. 그 교육과정에서 요나의 감정은 맹렬한 분노(4:1), 낙담(4:3), 큰 기쁨(4:6) 그리고 결국에는 절망(4:8)으로 바뀌었다. 재미있고도 뜻 깊은 한 이야기에서 요나는 그가 수십만 명의 사람들(4:11에서의 일만 이천 명의 아이들을 염두에 둔다면, 그 지역의 인구는 약 60만 명이었다)보다도 식물 하나에 더 관심을 갖고 있었다는 사실을 깨닫지 않을 수 없었다. 하나님의 뜻을 요나가 잘 분별하지 못했기 때문에, 니느웨 사람들의 회개보다도 그가 회개하는 것이 더 큰 문제였다. 그러나 그는 분명히 그분의 교훈을 깨달았다. 그가 이 책에서 자신의 이야기를 기꺼이 함께 나누고 있기 때문이다.

요나서에서의 그리스도

요나는 예수께서 그분 자신에 비유하신 유일한 선지자다. "예수께서 대답하여 가라사대 악하고 음란한 세대가 표적을 구하나 선지자 요나의 표적밖에는 보일 표적이 없느니라 요나가 밤낮 사흘을 큰 물고기 뱃속에 있었던 것같이 인자도 밤낮 사흘을 땅 속에 있으리라 심판 때에 니느웨 사람들이 일어나 이 세대 사람을 정죄하리니 이는 그들이 요나의 전도를 듣고 회개하였음이어니와 요나보다 더 큰 이가 여기 있으며"(마 12:39-41). 요나의 경험은 그리스도의 죽음, 장사 그리고 부활의 예표다(히브리어 관용어 '밤낮 사흘'은 만 3일을 의미한다).

미가

사람아 주께서 선한 것이 무엇임을 네게 보이셨나니 여호와께서 네게 구하시는 것이 오직 공의를 행하며 인자를 사랑하며 겸손히 네 하나님과 함께 행하는 것이 아니냐(6:8).

주와 같은 신이 어디 있으리이까 주님은 죄악을 사유하시며 그 기업의 남은 자의 허물을 넘기시며 인애를 기뻐하심으로 노를 항상 품지 아니하시나이다(7:18).

초점	징벌 (1–2)		회복 (3–5)		회개 (6–7)	
구분	이스라엘과 유다의 재앙 1	임하게 될 심판의 원인 2	통치자들과 거짓 선지자들에 대한 정죄 3	미래의 왕국과 왕 4 5	이스라엘과의 논쟁 6	언약적 약속의 성취 7
화제	정죄의 날		위로의 날		재판의 날	
	"백성들아, 너희는 다 들을지어다"(1:2)		"야곱의 두령들아… 들으라"(3:1)		"너희는 여호와의 말씀을 들을지어다"(6:1)	
	심판(1:2-2:11)과 희망(2:12, 13)		심판(3:1-12)과 희망(4:1-5:15)		심판(6:1-16)과 희망(7:1-20)	
	형벌의 메시지		약속의 메시지		용서의 메시지	
지역	유다와 이스라엘					
시기	약 주전 735-710년					

개관

미가는 유대 사회의 학대받고 착취당하는 자들의 선지자였다. 그는 사회적으로 크게 불의했던 기간 동안 예언했으며, 이기적인 목적을 위해 가난하고 연약한 자들에게 권력을 휘두르는 자들에게 용감히 대적했다. 부패한 통치자들, 거짓 선지자들 그리고 불경건한 제사장들 모두가 미가의 예언의 표적이 되었다. 미가는 뇌물에 매수된 재판장들과 속이는 저울을 사용한 상인들을 폭로했다. 죄가 유다와 이스라엘 사회의 모든 계층에 스며들어 있었다. 온 세상은 하나님께서 자기 백성을 고발하시는 것을 입증하도록 소환되었으며(1:2; 6:1-2), 그 판결은 멸망당하여 포로가 되어 망명생활을 하는 것으로 결론이 내려졌다.

그러나 세 개의 주요 단락이 정죄로써 시작하고 있는(1:2-1:11; 3:6) 반면에, 그것들은 모두 위로를 전하는 선명한 어조로써 끝을 맺고 있다(2:12-13; 4:5-7). 죄에 대한 형벌을 받고 정의가 실현된 후에, 그가 "다시 우리를 긍휼히 여기셔서 우리의 죄악을 발로 밟으시고 우리의 모든 죄를 깊은 바다에 던지실 것이다"(7:19). 미가서를 세 단락으로 구분하면 징벌(1-2장), 회복(3-5장) 그리고 회개(6-7장)다.

표제

미카야후('야웨와 같은 자 누구인가?')는 **미카야**로 축소되었다. 7:18에서 미가는 "주와 같은 신이 어디 있으리이까?"라는 구절로 그 자신의 이름에 대한 암시를 던진다. 이 책의 헬라어 및 라틴어 표제는 **미카야스**와 **미카**(*Micha*)다.

저자

미가의 고향 가드모레셋(1:1, 14)은 유다와 가드 옆 팔레스틴의 국경 사이에 있는 예루살렘에서 남서쪽으로 약 25마일 떨어진 곳에 위치했다. 아모스와 마찬가지로 미가는 시골 출신이었다. 그의 가족과 직업은 알려져 있지 않으나, 모레셋은 농촌이었다. 미가는 이사야나 다니엘과 같이 정치적 상황은 알지 못했으나, 그 백성들의 고난에 대한 깊은 우려를 보여주었다. 그의 선지자적 소명에 대한 명백한 자각은 3:8에서 나타난다. "오직 나는 여호와의 신으로 말미암아 권능과 공의의 재능으로 채움을 얻고 야곱의 허물과 이스라엘의 죄를 그들에게 보이리라."

연대와 배경

첫 번째 절은 그가 유다와 요담(739-731년)과 아하스(731-715년), 그리고 히스기야(715-686년) 시대에 예언했음을 알려 주고 있다. 미가는 주로 유다의 문제를 다루고 있기는 하지만, 또한 북 왕국 이스라엘에게 말하고 있으며, 사마리아의 멸망을 예고하고 있다(1:6). 그러므로 그의 사역의 많은 부분이 주전 722년 앗수르 포로 사건 이전에 행해졌다고 볼 수 있다. 우상 숭배와 무도덕에 대한 그의 강한 탄핵도 그의 사역이 히스기야의 철저한 종교개혁보다 크게 앞섰음을 시사한다. 따라서 미가의 예언은 주전 약 735년에서 710년에 이른다. 그는 북 왕국의 호세아와 예루살렘의 이사야와 동시대 인물이었다.

유다 왕국의 웃시야(767-769년)의 눈부신 통치 후에 그의 아들 요담이 왕위에 올라 같은 정책을 따랐다(739-731년). 비록 우상들의 신당을 제거하는 데 실패하기는 했지만, 그는 선한 왕이었다. 악한 왕 아하스(731-715년) 밑에서 유다는 앗수르와 수리아의 위협을 받았다. 히스기야(715-686년)는 앗수르에 대적했고, 하나님의 도우심으로 앗수르의 공격을 성공적으로 물리쳤다. 그는 유다 백성으로 하여금 하나님과 동행하도록 합당한 길로 인도한 뛰어나게 훌륭한 왕이었다.

미가의 사역 기간 동안 이스라엘 왕국은 내외적으로 힘없이 무너져 내려 주전 722년 마침내 붕괴하고야 말았다. 디글랏 빌레셀 3세(745-727년), 살만에셀 5세(727-722년), 사르곤 2세(722-705년) 그리고 산헤립(705-681년) 밑에서의 앗수르 제국은 그 권력의 절정에 달하여 유다를 끊임없이 위협했다. 바벨론은 아직 앗수르의 지배하에 있었는데, 유다가 장차 바벨론의 포로가 될 것이라는 미가의 예언(4:10)은 거리가 먼 이야기로 보였을 것임에 틀림없다.

주제와 목적

미가서는 유다의 불의와 야웨의 의로우심 및 공의를 밝히고 있다. 이 책의 1/3이 이스라엘과 유다의 특정한 죄들, 즉 압제, 재판자들과 선지자들 그리고 제사장들 사이의 뇌물 행위, 권력 없는 자들에 대한 착취, 탐욕, 사기, 폭행 그리고 교만들을 고발하고 있다. 미가서의 그 다음 1/3은 그 죄의 결과로서 오게 될 심판을 예고한다. 그 책의 나머지 1/3은 희망과 위로의 메시지다. 하나님의 공의가 승리할 것이며, 거룩하신 구원자가 오실 것이다. 오직 메시아께서 다스리실 때만 참 평화와 공의가 실현될 것이다. '하나님의 인자와 엄위'(롬 11:22)는 거룩한 영성과 사회적 윤리 사이의 통합적 관계를 강조한다. 미가 6:8은 하나님께서 그의 백성 속에서 무엇을 찾고 계시는가를 요약해 놓고 있는데, 그것은 공의를 행하며 인자(헤세드, 친정한 사랑)를 사랑하며 겸손히 하나님과 동행하는 것이다.

성경에서 미가서의 위치

어떤 면에서 미가서는 이사야서의 축소판이다. 두 선지자 모두가 같은 백성과 문제들을 놓고 말했다: 1:2(사 1:2); 1:9-16(사 10:28-32); 2:8-9(사 10:2); 2:12(사 10:10-23); 2:13(사 52:12); 3:5-7(사 29:9-12); 4:1(사 2:2); 5:2(사 7:14); 5:4(사 40:11); 6:6-8(사 58:6-7); 7:7(사 8:17); 7:12(사 11:11)을 비교하라. 그러나 미가는 도덕적 및 사회적 문제에 초점을 맞춘 반면, 이사야는 세계사와 정치적 관심에 더 큰 강조를 두었다.

장차 예루살렘에 임할 멸망에 관하여 1세기 후에 예레미야 26:18에서 인용한 미가 3:12의 말씀은 예레미야를 죽음에서 구하는 데 도움이 되었다. 미가는 또한 신약성경에서도 인용되었다: 5:2(마 2:5-6; 요 7:42); 7:6(마 10:34-36; 막 3:12; 눅 12:53). 다른 선지서들과 비교해 볼 때 미가서는 먼 미래와 관련된 예언 부분이 많다. 그는 이스라엘의 미래에 대하여, 그리고 메시아의 강림과 통치에 대하여 많이 말하고 있다.

내용

본서는 세 부분으로 나누어진다.

1-2장; 3-5장; 6-7장. 이 부분들은 각각 '들을지어다'(1:2; 3:1; 6:1)로 시작한다. 이 세 단락들은 첫째 단락과 셋째 단락이 인클루시오 역할을 하면서 3-5장을 축으로 하고 있으면서 대칭적인 내용을 담고 있다.

1. 징벌(1-2장)

미가는 이스라엘(사마리아)과 유다(예루살렘)의 정죄에 관한 일반적인 선포를 던짐으로써 시작하고 있다. 두 왕국 모두 그들의 엄청난 패역으로 인해 멸망할 것이다. 미가는 유다에 임할 멸망에 관한 자신의 애가에서 유다의 여러 성읍들의 이름을 사용한 일련의 언어유희를 사용하고 있다(1:10-16). 그 뒤에는 심판의 특정한 원인 몇 가지, 즉 계획된 음모, 탐욕 그리고 잔인함이 다루어지고 있다. 그럼에도 불구하고, 하나님은 자기 백성의 남은 자를 다시 모으실 것이다(2:12-13).

2. 회복(3-5장)

이 단락에서 미가는 유다의 현재의 부패 상태(3장)를 유다의 미래 왕국의 축복(4-5장)과 강하게 대조시키고 있다. 선지자는 통치자들(3:1-4), 선지자들(3:5-8) 그리고 지도자층(3:9-12)을 질서정연하게 정죄하고 있다. 그 다음에 미가는 왕국의 재설립(4:1)과 남은 자의 회복(4:6-8), 남은 자의 구원(4:9-5:1) 그리고 그 왕국의 통치자(5:2-15)를 서술하는 희망의 메시지를 두 장에 걸쳐 전하고 있다. 그 예언적 초점은 민족들, 남은 자, 그 왕으로 점차 좁혀진다.

3. 회개(6-7장)

하나님은 그분의 백성들과의 쟁론에서 그들을 법정으로 소환하고 반박할 수 없는 논거를 그들에게 제시하신다. 백성들은 하나님의 은혜를 저버리고 반역해 나갔다(6장). 미가는 그들의 죄를 요약하고 있으나(7:1-6), 일련의 장엄한 약속들로써 끝을 맺는다. 여호와께서는 자기 언약대로 그들의 죄를 사하시고 그 민족을 소생시키실 것이다.

미가서에서의 그리스도

미가 5:2은 구약성경의 모든 예언 중에 가장 선명하고도 중요한 말씀들 가운데 하나다. "베들레헴 에브라다야 너는 유다 족속 중에 작을지라도 이스라엘을 다스릴 자가 네게서 내게로 나올 것이다 그의 근본은 상고에 태초에니라."

그분은 2:13에서 '길을 여는 자'로 표현되어 있다. 그분은 새로운 출애굽 사건에서 선두로 행하실 것이다.

또한 그분은 자기 백성을 가르치시며(미 4:2), 심판을 행하시고(4:3), 자기 백성을 모으는 분이시다(4:6).

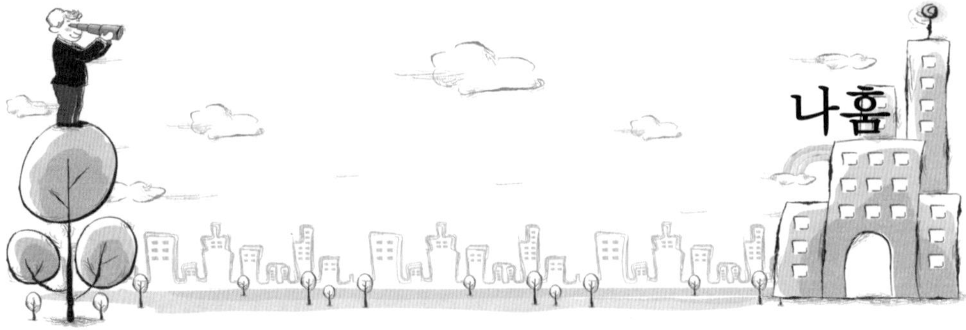

나훔

여호와는 선하시며 환난 날에 산성이시라 그는 자기에게 의뢰하는 자들을 아시느니라 그가 범람한 물로 그 곳을 진멸하시고 자기 대적들을 흑암으로 쫓아내시리라(1:7-8; 또한 1:2-3; 2:13을 보라).

<table>
<tr><td>초점</td><td colspan="3">멸망이 선포됨
1:1 1:15</td><td colspan="3">멸망이 묘사됨
2:1 2:13</td><td colspan="3">불가피한 멸망
3:1 3:19</td></tr>
<tr><td>구분</td><td>재판자의 의향
1:1 1:8</td><td>니느웨에 대한 선포
1:9 1:14</td><td>유다의 구원
1:15</td><td>경고
2:1-2</td><td>침략에 대한 묘사
2:3 2:7</td><td>그 성의 격파와 멸망
2:8 2:13</td><td>니느웨의 죄악
3:1 3:7</td><td>노아몬의 실례
3:8 3:11</td><td>니느웨의 멸망의 불가피성
3:12 3:19</td></tr>
<tr><td rowspan="4">화제</td><td colspan="3">하나님의 진노에 대한 선포</td><td colspan="3">니느웨의 파멸에 대한 예고</td><td colspan="3">니느웨의 몰락에 대한 묘사</td></tr>
<tr><td colspan="3">하나님께서 무엇을 하실 것인가</td><td colspan="3">하나님께서 어떻게 그것을 하실 것인가</td><td colspan="3">하나님께서 왜 그것을 하실 것인가</td></tr>
<tr><td colspan="3">선언</td><td colspan="6">세부 사항들</td></tr>
<tr><td colspan="3">하나님의 정의</td><td colspan="6">하나님의 심판</td></tr>
<tr><td>지역</td><td colspan="9">앗수르의 수도 니느웨에 대하여</td></tr>
<tr><td>시기</td><td colspan="9">약 주전 660년</td></tr>
</table>

개관

하나님께서 최종적으로 그의 선지자 요나를 설득시켜서 니느웨 백성들에게 선포하도록 하셨을 때, 그 성읍 전체가 회개에 응하여 니느웨는 멸망을 피했다. 그 백성들은 유일신 참 하나님 앞에 스스로를 겸비했으나, 그들의 겸손은 앗수르가 세계에서 가장 강력한 제국으로서 최고의 자리에 오르자 곧 변했다. 요나의 선포가 있은 지 한 세기가 지난 후에 하나님은 나훔을 불러서 니느웨에 임할 멸망을 선포하도록 하셨다. 이번에는 그것을 피할 도리가 없었다. 그들의 악함이 가득 찼기 때문이다. 요나와는 달리 나훔은 그 성읍으로 가지 않았으나, 멀리서 자신에게 주어진 신탁을 선포했다. 회개의 희망이 없었다. 니느웨의 멸망은 선포되었고(1장), 묘사되었으며(2장), 불가피하게 되었다(3장).

표제

히브리 이름 **나훔**('위로, 안위')은 **느헤미야**('야웨의 위로')의 축약형이었다. 앗수르 수도의 멸망이 유다에게, 그리고 앗수르의 잔인성을 두려워하는 모든 사람들에게는 위로와 안위의 메시지였다. 헬라어 및 라틴어 성경의 이 책의 표제는 **나오움**과 **나훔**(*Nahum*)이었다.

저자

구약성경에서 나훔에 대한 유일한 언급은 그를 엘고스 사람이라 일컫고 있는 1:1에서 발견된다. 적어도 네 지역이 엘고스(Elkosh)의 후보지로 등장했다. (1) 16세기의 한 전승은 티그리스 강 유역 니느웨의 북쪽에 위치한 이라크의 알쿠스(Al-Qush)를 이 엘고스로 보고 있다. (2) 제롬은 갈릴리 라마 근처에 있는 한 도시 엘케시(Elkesi)가 자음들의 유사성으로 말미암아 엘고스였던 것으로 믿었다. (3) 가버나움은 '나훔의 성읍'(Kephar-nahum)을 의미하며, 많은 사람들은 엘고스가 나훔의 명예를 위해 가버나움(Capernaum)으로 바뀐 것으로 믿고 있다. 이것은 나훔을 남 왕국의 선지자로 만들게 되며, 유다의 승리에 나훔이 관심을 가지고 있는 사실과 더욱 일치하게 된다(1:15; 2:2).

연대와 배경

니느웨가 주전 612년에 바벨론에 의해 함락될 일이 미래의 사건으로서 나훔에 의해 예고되었다. 예고적인 예언을 부인하는 비평가들은 자연히 나훔의 연대를 주전 612년 이후로 잡고 있으나, 이것은 타당성 있는 해석이나 혹은 실제 역사적 입장에 근거하고 있지 않다. 나훔 3:8-10은 근래의 사건으로서 테베의 멸망을 언급하고 있다. 따라서 이 책은 주전 664년, 즉 테베의 멸망이 발생한 그 이후에 쓰여진 것으로 그 연대를 잡아야 한다. 테베는 격파된 지 10년 후에 회복되었고, 이 회복을 나훔이 언급하지 않은 사실은 몇몇 학자들로 하여금 나훔이 주전 654년 이전에 기록되었다는 결론을 내리도록 만든다.

나훔이 그의 책의 표제에서 그 어느 왕도 언급하지 않은 사실(1:1)은 사악한 왕 므낫세의 통치(686-642년)를 가리키는 것일 수도 있다. 요나의 심판의 메시지를 받고 니느웨 사람들이 회개한 사건은 주전 약 760년에 일어났다. 그 부흥 운동은 오래 지속되지 못했음에 틀림없다. 앗수르 사람들이 곧 그들의 무자비한 일상생활로 되돌아갔기 때문이다. 앗수르의 사르곤 2세가 주전 722년에 북 왕국 이스라엘의 수도 사마리아를 멸망시키고 열 지파를 흩어지게 했다. 산헤립이 이끌고 온 앗수르 사람들은 또한 주전 701년 히스기야 왕의 통치 때도 예루살렘을 포위하기 위해 가까이 접근했다. 나훔 시대(약 660년)에 앗수르는 아수르바니팔(669-633년)의 통치 아래서 최대의 전성기를 누렸다. 그 왕은 그의 전임자들 가운데 어느 누구보다도 앗수르의 영향권을 크게 확장시켰다. 니느웨는 병거 세 대가 나란히 달려갈 수 있도록 높이와 넓이가 100피트에 달하는 성벽을 가진 세상에서 가장 막강한 성이 되었다. 성벽 여기저기에는 그 성벽 꼭대기 위로 100피트가 더 높이 솟아 있는 거대한 탑들이 있었다. 더욱이 그 성벽들은 폭이 150피트, 깊이가 60피트나 되는 해자로 둘러싸여 있었다. 니느웨는 난공불락의 성인 것처럼 보였으며, 20년 간의 포위공격도 견딜 수 있었다. 따라서 니느웨의 전복에 관한 나훔의 예언은 사실로서 받아들여지기가 힘들었다.

앗수르의 권력은 아수르바니팔의 아들들, 아수레필리라니(633-629년)와 신샤리스쿤(629-612년) 밑에서 쇠약해졌다. 나훔은 니느웨가 '범람한 물로'(1:8) 망하리라고 예고했고, 이것은 정확하게 이루어졌다. 티그리스 강이 언덕 위로 범람했고, 홍수가 니느웨 성벽의 일부를 파괴했다. 바벨론 사람들이 이 성벽의 틈으로 침입해 와서 그 성을 약탈하고 불을 질렀다. 나훔은 또한 니느웨가 '숨으리라'(3: 11)고 예고했다. 주전 612년에 그것이 멸망된 후, 그 유적지는 주후 1842년이 되기까지 발견되지 못했다.

주제와 목적

1:9에서 시작된 나훔의 예언의 일격은 니느웨의 사악함에 대한 하나님의 징벌이다. 니느웨의 심판은 더 이상 자신의 진노를 지연시키지 않을 의로우신 하나님에 의해 불가피하게 선포되고 있다. 다른 민족들에 대한 앗수르의 교만과 잔인성은 속히 끝을 맺게 될 것이다. 즉 그 권력은 야웨의 전능하신 손 앞에서 무용하게 될 것이다.

나훔 1:2-8은 살아 계신 하나님의 인내와 능력, 거룩함 그리고 정의를 그리고 있다. 그분은 노하기를 더디하시나 완전하게 행하신다. 이 책은 앗수르의 몰락과 관련되어 있으나, 남아 있는 왕국 유다의 유익을 위해 기록되었다(이스라엘은 이미 앗수르에게 함락되었다). 여호와를 의지한 유다 백성들은 교만하고 야만적인 앗수르 사람들에게 임할 하나님의 심판에 대한 소식을 듣고 위로를 받았을 것이다(1:15; 2:2).

성경에서 나훔서의 위치

나훔은 유다의 대적들에 대한 심판에 주로 초점을 맞춘 세 명의 예언자 가운데 한 사람이다. 나머지 두 사람은 오바댜(에돔)와 하박국(바벨론)이다. 나훔 시대에 유다가 사악했음에도 불구하고, 이 책에는 유다에 대한 한마디의 정죄의 말도 들어 있지 않으며, 거기에는 회개나 개혁으로의 촉구가 담겨 있지 않다. 그것은 나훔의 보다 어린 동시대 사람들, 즉 스바냐, 예레미야 그리고 하박국의 소명이었다.

이 책에는 니느웨에 심판이 임하기를 바라는 나훔의 태도가 훌륭한 이미지로 극적으로 서술되어 있다.

요 나	나 훔
하나님의 긍휼	하나님의 심판
약 주전 760년	약 주전 660년
니느웨의 회개	니느웨의 반역
선지자에 대한 강조	예언에 대한 강조
불순종하는 선지자	순종하는 선지자
순종하는 민족	불순종하는 민족
물로부터의 구원	물에 의한 멸망
큰 물고기	큰 성취

나훔의 매우 특정한 예언적 내용들을 세부적으로 살펴보면 다음과 같다: 니느웨가 홍수(1:8; 2:6)와 불(1:10; 2:13; 3:13, 15)로 멸망함, 니느웨의 성전과 신상들이 더럽혀짐(1:14), 그 성읍은 결코 재건되지 못함(1:14; 2:11, 13), 지도자들이 도망할 것임(2:9; 3:17), 문들이 파괴됨(3:13), 그리고 포위 상태가 오래되며, 그것의 방어를 강화하기 위해 광분하여 노력을 기울임(3:14). 이 모든 사건들은 고고학

적인 발견물들과 역사적인 기록들 속에서 확증되었다.

이 책은 단 47절로만 되어 있으나, 자연을 언급한 곳은 거의 50군데나 된다(1:3, 10; 2:11; 3:15 등을 보라). 나훔은 신약성경에서 인용되고 있지 않다.

내용

1. 멸망이 선포됨(1장)

나훔은 야웨의 속성을 매우 선명하게 묘사하는 것으로 시작하고 있다. 하나님은 의로우시기 때문에 보복의 하나님이시다(1:2). 하나님은 또한 인내(1:3a)와 능력(1:3b-6)을 특성으로 지니고 계신다. 그분은 자신에게 순응하는 모든 사람들에게 자비로우시나 자신을 대적하는 자들을 쓰러뜨리실 것이다(1:7-8). 하나님은 거룩하시며, 니느웨는 그 죄악으로 인해 책망받고 있다(1:9-14). 그 심판의 길에 설 수 있는 것은 아무것도 없으며, 이것은 유다 백성들에게 위로가 되는 메시지다(1:15). 앗수르의 침입의 위협이 곧 끝날 것이다.

2. 멸망이 묘사됨(2장)

앗수르는 정복당할 것이나, 유다는 회복될 것이다(2:1-2). 니느웨의 포위에 대한(2:3-7), 그리고 니느웨의 패배에 대한(2:8-12) 나훔의 묘사는 성경에서 전쟁을 묘사해 놓은 가장 선명한 그림들 중 하나다. 미친 듯이 날뛰는 용사들과 병거들은 성벽 틈을 통해 그 성으로 들어간다. 니느웨 사람들이 공포에 질려 도망할 때, 침입해 들어온 군대가 그 성의 보물들을 늑탈한다. 니느웨는 불타서 영원히 끊어질 것이다.

3. 불가피한 멸망(3장)

나훔은 하나님께서 니느웨를 타도하시려는 이유를 들면서 자신의 간략한 심판의 책을 끝맺는다. 그 성읍의 특징은 잔인성과 부패성이었다(3:1-7). 앗수르가 애굽의 수도 테베(노암몬)를 짓밟은 것처럼, 앗수르의 수도 또한 파괴될 것이다(3:8-10). 니느웨는 너무도 잘 요새화되어 있었기 때문에 그것을 격파하는 것이 불가능해 보였으나, 하나님은 그것의 멸망이 불가피하다고 선언하신다(3:11-19). 그 어떠한 방책도 하나님의 심판을 막을 수가 없다.

나훔서에서의 그리스도

나훔서에는 메시아에 관한 직접적인 예언들이 없는 반면, 1:2-8에서의 그의 하나님의 속성들은 그리스도의 재림 시에 열방들의 재판자가 되시는 그리스도의 사역과 일치한다.

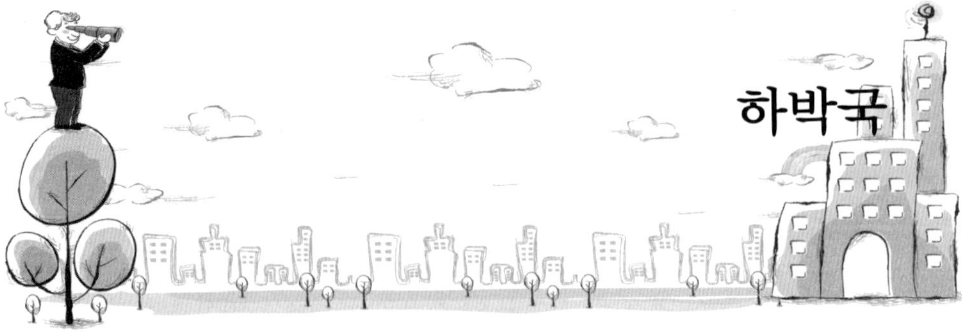

하박국

내가 내 파수하는 곳에 서며 성루에 서리라 그가 내게 무엇이라 말씀하실는지 기다리고 바라보며 나의 질문에 대하여 어떻게 대답하실는지 보리라 그리하였더니(2:1).

보라 그의 마음은 교만하며 그의 속에서 정직하지 못하니라 그러나 의인은 믿음으로 말미암아 살리라(2:4; 또한 1:13; 2:20을 보라).

<table>
<tr><td>초점</td><td colspan="4">하박국의 혼란
1 … 2</td><td>하박국의 찬양
3</td></tr>
<tr><td>구분</td><td>하박국의 첫 번째 문제
1:1-4</td><td>하나님의 첫 번째 대답
1:5 1:11</td><td>하박국의 두 번째 문제
1:12 2:1</td><td>하나님의 두 번째 대답
2:2 2:20</td><td>하박국의 찬미
3:1 3:19</td></tr>
<tr><td rowspan="4">화제</td><td colspan="4">믿음의 문제들</td><td>믿음의 기도</td></tr>
<tr><td colspan="2">첫 번째 대화</td><td colspan="2">두 번째 대화</td><td>결론적인 독백</td></tr>
<tr><td colspan="3">시련을 겪는 믿음: 질문을 던짐</td><td>배우는 믿음: 귀를 기울임</td><td>승리하는 믿음: 응답함</td></tr>
<tr><td colspan="3">신탁(1:1)</td><td>환상(2:2)</td><td>기도(3:1)</td></tr>
<tr><td>지역</td><td colspan="5">유다 왕국</td></tr>
<tr><td>시기</td><td colspan="5">약 주전 607년</td></tr>
</table>

개관

하박국은 자신의 믿음을 시험한 논제들과 겨루기를 두려워하지 않았던 생각이 자유로운 예언자였다. 그는 허심탄회하고도 정직하게 자신의 문제들을 하나님께 내놓았으며, 그가 던진 질문들에 대해 하나님께서 어떻게 반응하실 것인지를 보기 위해 기다렸다. 여호와와 두 차례에 걸쳐 대화를 나눈 후, 하박국은 하나님의 인격과 능력과 계획을 좀 더 크게 이해하게 되었으며, 그것은 그로 하여금 무한한 찬양의 시(詩)로써 이 책을 마무리짓게 했다. 그가 그 계획자에 대해 알면 알수록 그는 계획을 더 신뢰할 수 있었다. 하나님께서 어떤 일을 일어나게 하시든 간에 "의인은 믿음으로 말미암아 살 것이다"(2:4). 이 책을 두 단락으로 구분하면 하박국의 혼란(1-2장)과 하박국의 찬양(3장)이다.

표제

하박국은 **하박**, 곧 '껴안다'에서 파생한 특이한 히브리 이름이다. 따라서 그의 이름은 아마도 '껴안는 또는 매달리는 자'를 의미했을 것이다. 그의 책 끝부분에서 이 이름이 적합한 것으로 나타나고 있다. 하박국은 그의 민족에게 일어날 일에도 개의치 않고 하나님께 굳게 매달리고자 했기 때문이다(3:16-19). 칠십인역에서 헬라어 표제는 **암바쿠크**였으며, 제롬의 벌게이트역에서 라틴어 표제는 **하바구크**(*Habacuc*)였다.

저자

이 책의 표제(1:1)와 끝맺음하는 시(3:1)에서, 저자는 그 자신을 '선지자 하박국'으로 밝히고 있다. 이 특별한 명칭은 하박국이 직업적인 선지자였음을 가리키는 것으로 보인다. 그 시의 끝부분에 있는 끝맺음 말("이 노래는 영장을 위하여 내 수금에 맞춘 것이니라")은 하박국이 예루살렘의 성전 예배와 관련된 한 제사장이었을지도 모른다는 것을 암시한다. 그는 자신의 족보나 지역에 대해서는 아무것도 언급하고 있지 않으나, 그의 사색적인 추구들은 그를 구약성경의 어떤 무명의 인물들과 동일시하도록 만들었다. '벨과 용'(Bel and the Dragon)이라는 외경에서 용을 죽인 다니엘은 두 번째 사자굴에 던져지지만 선지자 하박국에 의해 구출된다.

일부 비평가들은 3장이 예언이 아닌 하나의 시로 되어 있기 때문에 3장의 저자가 하박국이라는 사실에 도전한다. 그러나 이 찬미시는 2:2-20에서의 하나님의 선언에 대한 가장 적합한 반응이다.

연대와 배경

바벨론 침입이 임박한 사건이라는 것(1:6; 2:1; 3:16) 이외에는 하박국에 명백한 시기가 언급된 것이 없다. 혹자는 하박국이 1:2-4에 나열되어 있는 유다의 죄목들로 인해 므낫세(686-642년)나 아몬(642-640년)의 통치 시기 동안 기록된 것으로 주장한다. 그러나 갈대아인들에 대한 서술은 바벨론이 세계를 재패하게 되었음을 지적하고 있는데, 므낫세 때 바벨론은 앗수르의 손아귀에 있었다.

또한 이 예언이 요시야 왕(640-609년)의 시대에 일어났다는 것도 타당하지 않다. 요시야의 도덕적 및 영적 개혁은 1:2-4의 상황에 맞지 않기 때문이다. 이 책의 가장 타당한 연대는 여호야김 통치(609-597년) 초기인 것 같다. 여호야김은 그 민족을 멸망의 길로 이끌었던 불경건한 왕이었다(참조. 왕하 23:34-24:5; 렘 22:17).

바벨론 사람들은 나보폴라살(626-605년)의 치세 동안에 권력이 부상하기 시작했고, 주전 612년에 그들은 앗수르의 수도 니느웨를 멸했다. 여호야김 시대에 바벨론은 세계 최강국이 되었다. 나보폴라살의 후계자 느부갓네살은 주전 605년에 권좌에 올랐으며, 서방으로의 군사 원정에 성공을 거둬 팔레스틴과 애굽으로 진군했다. 느부갓네살의 첫 번째 유다 침공은 그가 10,000명의 예루살렘의 지도자들을 바벨론으로 강제(強制)로 끌고 간 첫 해에 발생했다. 가난한 자들을 압제하고 착취한 귀족들이 제일 먼저 끌려갔다. 하박국이 바벨론 침공에 앞서 예언했기 때문에 이 책의 가능한 연대는 약 주전 607년이다.

주제와 목적

삶의 상황들은 때때로 하나님의 능력과 목적에 관한 그의 계시와 위배되는 것처럼 보인다. 하박국은 사람들이 하나님의 율법을 악랄하게 범하고, 하나님의 개입을 두려워하지 않고, 모든 계층에서 정의가 악용되는 것을 보고서 신앙의 갈등을 겪었다. 그는 어찌하여 하나님께서 죄악을 벌하지 않고 자라도록 내버려 두시는지를 알기 원했다. 하나님께서 심판의 막대기로서 바벨론을 사용하고자 하는 자신의 의도를 밝히셨을 때, 하박국은 더욱 당황했다. 그 민족은 유다보다 더욱 부패했기 때문이다. 2:2-20에서의 하나님의 대답은 하박국을 만족시켜서 하나님의 견줄 바 없는 지혜, 선하심 그리고 능력으로 인해 최악의 상황에서도 그는 하나님을 신뢰할 수 있었다. 하나님의 계획은 완전하며, 그 계획의 궁극적인 성취를 그 어느 것도 가로막을 수 없다. 정반대의 상황이 나타날 때도 하나님은 역사의 주님으로서 그리고 열방들의 통치자로서 여전히 보좌 위에 계신다. 야웨는 노하기를 더디 하실지도 모르나, 모든 불의는 결국 처벌될 것이다. 그분은 가장 존귀하시고 광대하시고 지혜로우시며 자비하시며 능하신 믿음의 대상이시며, 의인은 언제나 그분을 의지할 것이다.

성경에서 하박국서의 위치

하박국은 하나님에 대한 자신의 의심을 솔직하게 표현한 용기 있는 사람이었다. 그는 야웨의 속성과 계획에 관심이 있었던 온전한 사람이었다. 하나님과 나눈 하박국의 독특하게 긴 대화(그 책의 약 2/10)는 그 선지자에 의해 주도되었다. 일반적인 예언 과정은 하나님에 의해 시작되었다. 거룩한 신탁을 받은 후 하박국은 그것을 유다 백성에게 전했다.

요나와 하박국 모두가 믿음의 심각한 위기에 직면했다. 그러나 그들은 자신들의 문제에 서로 다르게 접근했다.

요 나	하 박 국
하나님이 요나에게 부탁함	하박국이 하나님께 부탁함
요나가 하나님께로부터 도망함	하박국이 하나님께로 달려감
기도와 시련(2장)	시련 후의 기도(3장)
어리석음으로 끝남	믿음으로 끝남
하나님의 구원	하나님의 주권
이방인들에게	이방인들에 관하여
물고기 속에서	파수하는 곳에 서서(2:4)

하박국은 시련에서 축복으로, 방황에서 예배로, 불안에서 안정으로, 문제로부터 하나님의 인격으로 그리고 불평에서 안위로 나아간다. 가장 잘 알려진 구절은 "의인은 믿음으로 말미암아 살리라"(2:4)는 것이다. 이 개념이 하박국의 논증의 중심이며 세 권의 신약성경 사상에 영향을 끼치고 있다(롬 1:17; 갈 3:1; 히 10:38). 그것은 또한 루터와 웨슬리의 삶에 지대한 영향을 주기도 했다.

끝부분의 찬양시(3장)는 구약성경에서 가장 위대한 시들 가운데 하나다. 하나님의 속성과 방법에 대한 이 장엄한 믿음의 선언은 시편 18과 68편과 공통되는 부분이 많다.

내용

1. 하박국의 혼란(1-2장)

하박국이 하나님과 나눈 첫 대화는 1:1-11에 기록되어 있다. 1:1-4에서 이 선지자는 하나님께 "여호와여 어느 때까지 유다의 죄악을 벌하지 않으시렵니까?"라고 질문했다. 유다 백성들은 죄를 처벌하지 않았으며 정의를 악용했다. 하나님의 깜짝 놀랄 만한 대답이

1:5-11에 제시되어 있다. "내가 죄악된 유다를 벌할 나의 심판의 막대기로서 사나운 바벨론을 일으킬 것이다." 갈대아 사람들은 날렵하고 강포(强暴)하게, 그리고 철저하게 유다를 치기 위해 올 것이다. 장차 몰아쳐 올 동쪽으로부터 다가오는 폭풍우는 유다의 죄악들에 대한 하나님의 보응이 될 것이다.

이 대답은 하박국으로 하여금 하나님과의 두 번째 대화로 이끌어 가도록 만들었다(1:12-2:20). 이 선지자는 그 어느 때보다 더 난색을 표하면서, "어떻게 의로우신 하나님께서 한층 더 사악한 민족으로 유다를 벌하실 수 있는가?"(1:12-2:1), "눈이 정결하시므로 악을 차마 보지 못하시는 하나님께서 바벨론의 잔악함과 우상 숭배에 대해 상 주시려 하는가?" 하고 질문했다. 하박국은 자신이 던진 이 질문이 거의 해결 불가능한 질문이라고 생각하고 파수하는 곳에 서서 하나님의 대답을 기다렸다. 여호와께서는 갈대아 사람들에게 그들의 탐욕과 침략(2:5-8), 착취와 강탈(2:9-11), 폭행(2:12-14), 부도덕(1:15-17) 그리고 우상 숭배로 인하여 받게 될 일련의 다섯 가지 재앙으로써 답하셨다. 하나님은 바벨론 사람들의 죄를 알고 계시며, 그들은 그분의 무시무시한 심판을 피하지 못할 것이다. 그러나 유다도 똑같은 죄를 범했으며, 똑같은 정죄 아래 놓여 있다. 야웨는 그분의 주권적인 위엄에 관한 진술로써 자신의 대답을 끝맺으신다. "오직 여호와는 그 성전에 계시니 온 천하는 그 앞에서 잠잠할지니라"(2:20).

2. 하박국의 찬양(3장)

하박국은 하나님께 질문함으로써 시작했으나, 하나님의 인격(3:

1-3), 능력(3:4-12) 그리고 계획에 대한 찬미의 시로써 자신의 책을 마무리한다. 그는 이제 장차 임할 유다의 침공에서 하나님의 지혜를 인정하며, 비록 그것이 그를 두렵게 할지라도 그는 하나님을 의지할 것이다. 하나님의 과거의 창조 및 구속 사역은 그 선지자로 하여금 하나님의 목적을 신뢰하게 하며, 그가 절망할 수밖에 없는 때에도 희망을 갖게 만든다. "나는 여호와로 인하여 즐거워하며 나의 구원의 하나님을 인하여 기뻐하리로다"(3:18).

하박국서에서의 그리스도

'구원'이라는 단어가 3:13, 18에 세 번 나타나며, 그것은 예수라는 이름을 파생시킨 어근이다(참조. 마 1:21). 예수께서 다시 오실 때 "대저 물이 바다를 덮음같이 여호와의 영광을 인정하는 것이 세상에 가득하리라"(2:14).

스바냐

여호와의 큰 날이 가깝도다 가깝고도 심히 빠르도다 여호와의 날의 소리로다 용사가 거기서 심히 애곡하는도다 그 날은 분노의 날이요 환난과 고통의 날이요 황무와 패괴의 날이요 캄캄하고 어두운 날이요 구름과 흑암의 날이요(1:14-15).

여호와가 너의 형벌을 제하였고 너의 원수를 쫓아 내었으며 이스라엘 왕 여호와가 너의 중에 있으니 네가 다시는 화를 당할까 두려워하지 아니할 것이라(3:15).

<table>
<tr><th>조점</th><th colspan="6">여호와의 날: 심판
1:1 3:8</th><th colspan="2">주의 구원: 기쁨
3:9 3:20</th></tr>
<tr><td>구분</td><td>전세계의 심판</td><td>유다에 대한 심판</td><td>유다에 대한 호소</td><td>주변 나라들에 대한 심판 (동、서、남、북)</td><td>예루살렘에 대한 심판</td><td>모든 나라들에 대한 심판</td><td>열방들을 정결케 함</td><td>이스라엘의 회복</td></tr>
<tr><td rowspan="4">화제</td><td colspan="6">죄의 심판</td><td colspan="2">구원의 기쁨</td></tr>
<tr><td colspan="3">유다에 대한 심판</td><td colspan="3">열방들에 대한 심판</td><td colspan="2">심판 후의 축복</td></tr>
<tr><td colspan="6">주의 날의 보복</td><td colspan="2">주의 날의 구원</td></tr>
<tr><td colspan="6">“내가 모든 것을 진멸하리라”(1:2)</td><td colspan="2">“내가 너희로 얻게 하리라”(3:20)</td></tr>
<tr><td>지역</td><td>세계</td><td colspan="2">유대</td><td>주변 나라</td><td>예루살렘</td><td colspan="2">모든 나라들</td><td>이스라엘/유다</td></tr>
<tr><td>시기</td><td colspan="8">약 주전 630-625년</td></tr>
</table>

개관

스바냐서는 장차 임할 주의 날에 관한 맹렬하고도 엄한 경고의 책이다. 황무와 흑암과 파멸이 죄에 대한 하나님의 진노로 인하여 유다와 열방들을 칠 것이다. 그러나 스바냐는 하나님께서 열방들을 깨끗케 하시고 그의 백성 이스라엘을 회복시키실 기쁨의 때를 심판 너머로 내다보고 있다. 이 책은 "내가 지면에서 모든 것을 진멸하리라"(1:2)는 하나님의 선언으로 시작하지만, "내가 그 때에 너희를 이끌고" 그리고 "너희로 명성과 칭찬을 얻게 하리라"(3:20)는 약속으로 끝난다. 스바냐는 세 번에 걸쳐서 일반적인 문제에서 특정한 문제로 초점을 옮기고 있다. (1) 전 세계의 심판(1:1-3)에서 유다에 대한 심판(1:4-2:3)으로, (2) 주변 나라들에 대한 심판(2:4-15)에서 예루살렘에 대한 심판(3:1-7)으로, (3) 모든 나라들의 심판과 정화 작업(3:8-10)에서 이스라엘의 회복(3:11-20)으로 초점이 옮겨지고 있다. 이 책을 넓게 둘로 구분하면 주의 날: 심판(1:1-3:8)과 주의 구원: 기쁨(3:9-20)이다.

표제

체판야는 '야웨께서 숨기시다' 또는 '야웨께서 숨기셨다'를 의미한다. 스바냐는 분명히 므낫세 왕의 통치 후반부에 태어났다. 그의 이름은 그가 므낫세의 잔학한 행위로부터 '감추어졌음'을 의미할 것이다. 헬라어와 라틴어 표제는 **소포니아스**(*Sophonias*)이다.

저자

스바냐가 자기 족보를 히스기야까지 4대를 거슬러 올라간 1절은 매우 특이하다. 히스기야는 아마도 유다 왕 히스기야였을 것이다. 만일 스바냐가 경건한 왕 히스기야의 현손이었다면, 그는 왕족 출신의 유일한 선지자였다. 이것은 그로 하여금 그가 사역한 기간에 통치하던 요시아 왕의 궁에 자유롭게 출입할 수 있도록 해주었을 것이다. 스바냐가 예루살렘을 가리키기 위해 '이 곳'(this place)이라는 구절을 사용한 것은 그가 그 장소를 익히 잘 알고 있다는 사실(참조. 1:9-10; 3:1-7)과 아울러 그가 유다의 수도 예루살렘 거민이었을 가능성을 크게 시사해 준다.

연대와 배경

스바냐는 "아몬의 아들 유다 왕 요시아의 시대에"(1:1) 그가 예언 활동을 했음을 못박음으로써 광범위한 연대 문제를 해결하고 있다. 요시아는 주전 640-609년에 통치했으며 2:13은 니느웨의 멸망(612년)이 아직 미래의 사건임을 가리키고 있다. 따라서 스바냐의 예언 연대는 주전 640년과 612년 사이가 될 수 있다. 그러나 1:3-13과 3:1-7에 나열된 그 죄들은 므낫세와 아몬의 통치 때의 죄들이 아직도 만연했을 때 단행했던 요시아의 개혁 이전의 연대를 가리킨다.

그러므로 스바냐의 사역은 그 나라의 마지막 의로운 왕의 통치 기간에 일어났던 그 부흥 운동을 유다로 하여금 준비하게 하는 데 중요한 역할을 했던 것 같다. 요시아는 여덟 살에 유다 왕이 되었고, 그의 마음은 이미 열여섯 살에 하나님께로 향하기 시작했다. 그의 첫 번째 개혁은 그의 통치 12년에 일어났는데(628년, 대하 34:3-7), 그때 그는 모든 바알의 단들을 헐고 이방 신들의 분향단을 파괴했으며, 거짓 선지자들의 뼈를 그들의 제단에서 불사르고, 아세라(조각상)와 부어 만든 상들을 조각조각 부수었다. 6년 후(622년) 요시아의 두 번째 개혁에 불이 붙었는데, 그때 제사장 힐기야가 율법책을 성전에서 발견했다(대하 34:8-35:19). 따라서 스바냐가 예언 활동을 했던 시기는 주전 약 630년에서 625년으로 잡을 수 있다.

므낫세와 아몬의 악한 통치(전체 55년)는 유다에 깊은 영향을 미쳤으므로 그 나라는 다시는 회복되지 못했다. 요시아의 개혁은 너무도 미약하고 늦었으며, 백성들은 그들의 우둔한 우상에게로 돌아서 버렸고, 그들이 배운 교훈은 요시아가 죽은 후에 즉시 사라졌다. 예레미야나 하박국과 동시대 인물로서 스바냐는 유다의 종말을 알리는 선지자들 가운데 한 사람이었다.

주제와 목적

스바냐서의 대부분(1:1-3:8)은 유다와 열방들에게 임할 심판을 서술하고 있다. 야웨는 거룩하시므로 세계의 모든 나라를 그분 앞에 소환하여 회개하게 하심으로써 자신의 의를 입증하셔야 한다. 지고하신 하나님은 자신의 백성뿐만 아니라 온 세계를 심판하실 것이다. 어느 누구도 그분의 권세와 주권으로부터 피할 수 없다. 주의 날은 세계적인 충격이 될 것이다. 유다와 모든 나라들 위에 임하는 그 날이 2:4-15에 언급되어 있으나, 온 세상이 심판받게 될 미래의 일들도 담겨 있다.

스바냐 3:9-20은 주의 날의 또 다른 면에 대해 말한다. 심판이 끝난 후에 축복의 날이 올 것이다. 의로운 남은 자들은 살아남게 될 것이며, 그를 찾는 모든 자들은 유대인이든지 이방인이든지 복을 받게 될 것이다. 하나님은 그분의 백성을 회복시키실 것이며 전 세계적인 기쁨이 있게 될 것이다.

스바냐서는 또한 유다에 대한 경고로서, 그리고 회개에 대한 촉구로서 쓰여졌다(2:1-3). 하나님은 그 백성을 아끼기를 원하셨으나, 그들은 결국 그분을 배척했다. 그분의 심판이 클 것이나, 하나님은 언약적 성실로 자기 백성들에게 미래의 희망과 기쁨의 날을 약속하셨다. 진노와 긍휼, 냉혹함과 친절은 하나님의 성품에서 분리될 수 없다.

성경에서 스바냐서의 위치

요엘서와 스바냐서는 모두 오직 장차 임할 주의 날의 개념만을 거의 배타적으로 다루고 있다. 다른 표현들을 사용하면서 스바냐는 단지 석 장에서 그것을 23번이나 언급한다. 이 책은 이 중요한 주제를 전개시키며 다음의 내용들을 담고 있다: 여호와의 날이 모든 피조물에게 임할 것이다(1:2-3). 그것이 임박해 있다(1:14). 그 날은 죄에 대한 심판과 두려움의 날이다(1:15, 17). 그것은 세계의 나라들을 포함할 것이다(2:2-15; 3:8). 남은 자가 그 날에 돌아올 것이다. 그리고 그것은 큰 축복을 가져올 것이다(3:14-20).

스바냐, 하박국 그리고 예레미야애가는 연대적으로 서로 이어지며 예루살렘의 멸망을 다루고 있다.

스 바 냐	하 박 국	예레미야애가
예루살렘 멸망 수십 년 전(약 630년)	예루살렘 멸망 직전 (약 607년)	예루살렘 멸망 직후(586년)
"하나님께서 심판하실 것이다"	"하나님이여, 언제 심판하시렵니까?"	"하나님께서 심파하셨다"
환난의 예견	환난의 약속	환난 가운데서
선포	대화	애가
주의 날	주의 주권	주의 멸망
"하나님께서 너희 가운데 계신다"(3:15, 17)	"하나님께서 너희 힘이시다"(3:19)	"하나님께서 너희 분깃이시다"(3:24)

내용

1. 여호와의 날: 심판(1:1-3:8)

이 예언적 신탁은 사람들의 죄 때문에 온 땅에 임하게 될 하나님의 심판에 관한 두려운 진술로 시작된다(1:2-3). 그러고 나서 스바냐는 유다의 심판에 초점을 맞추며(1:4-18), 그 원인이 될 몇 가지 죄목을 열거한다. 유다는 바알, 자연 그리고 밀곰의 숭배를 촉진시키는 우상 숭배에 앞장서는 제사장들로 오염되어 있으며, 관원들과 방백들도 철저히 부패했다. 그러므로 주의 날이 임박했고, 두려움과 황무함과 고통이 그 날의 특징이 될 것이다. 그러나 야웨께서는 자신의 백성들에게 회개하고 스스로를 겸비케 하여 때가 너무 늦기 전에 다가올 재난을 피하라고 그분의 은혜로 호소하신다(2:1-3).

스바냐는 유다 주변의 나라들에 임할 심판을 알린다(2:4-15). 그는 사방(四方), 즉 블레셋(서), 모압과 암몬(동), 구스(남) 그리고 앗수르(북)를 돌아보고 있다. 그리고 그는 하나님의 행동의 중심인 예루살렘에 초점을 맞춘다(3:1-7). 예루살렘의 특징은 영적 패역과 사회 전반에 만연된 폭력이다. "그가 명령을 듣지 아니하며 교훈을 받지 아니하며 여호와를 의지하지 아니하며 자기 하나님에게 가까이 나아가지 아니하였도다"(3:2).

2. 주의 구원: 기쁨(3:9-20)

모든 나라에 대한 심판을 폭넓게 진술한(3:8) 후에, 스바냐는 그의 책의 나머지 부분의 어조를 축복으로 바꾼다. 이것도 여호와의 날의 한 양상이기 때문이다. 나라들이 깨끗하게 될 것이며, 이방인들은 주의 이름을 부를 것이다(3:9-10). 이스라엘의 남자들은 다시 모일 것이며, 구속되고 회복될 것이다(3:11-20). 그들은 자신들의 구속자를 기뻐할 것이며, 그분이 그들 가운데 있을 것이다. 스바냐는 우상 숭배, 진노 그리고 심판으로 시작되나, 참된 예배, 기뻐함 그리고 축복으로 끝맺는다.

스바냐서에서의 그리스도

예수께서는 스바냐서를 두 번(마 13:42에서 1:3; 마 24:29에서 1:15) 인용하셨다. 주의 날에 관한 이 구절들은 모두 그리스도의 재림과 관련되어 있다. 메시아가 스바냐서에 특정하게 언급되어 있지는 않지만, 3:9-20에서의 그 큰 약속을 이루실 자가 그분이심이 분명하다. 그분은 그의 백성들을 모으시고, 승리 가운데 다스리실 것이다. "여호와가 너의 형벌을 제하였고 너의 원수를 쫓아내었으며 이스라엘 왕 여호와가 너의 중에 있으니 네가 다시는 화를 당할까 두려워하지 아니할 것이라"(3:15).

학개

나 만군의 여호와가 말하노니 너희는 자기의 소위를 살펴볼지니라 너희는 산에 올라가서 나무를 가져다가 전을 건축하라 그리하면 내가 그로 인하여 기뻐하고 또 영광을 얻으리라 나 여호와가 말하였느니라(1:7-8).

초점	완공으로의 부르심 1:1 1:15	용기로의 부르심 2:1 2:9	정결로의 부르심 2:10 2:19	선택된 자로의 부르심 2:20 2:23
구분	우선 순위가 바뀜—백성들	과거를 더 좋아함—스룹바벨	정결이 보존됨—제사장들	권능이 예고됨—스룹바벨
화제	설교 1: 우선 순위	설교 2: 전망	설교 3: 정결	설교 4: 약속들
	도전	확신	확증	예기
	"역사를 하였으니"(1:14)	"굳세게 할지어다"(2:4)	"내가 복을 주리라"(2:19)	"내가 너로 인을 삼으리니"(2:23)
	하나님의 전을 완공함		하나님의 축복을 발견함	
지역	예루살렘			
시기	주전 520년 8월 29일	주전 520년 10월 17일	주전 520년 12월 18일	

개관

학개서는 오바댜서에 이어 두 번째로 구약성경의 가장 짧은 책이나, 강하고도 솔직 담백한 네 편의 간결한 이 설교들은 그것이 본래 의도했던 효과를 거두었다. 가로막는 장애를 핑계로 성전을 재건하는 일이 중단되었고, 백성들은 하나님의 중앙 성소를 건축하는 것보다는 그들 자신의 집을 꾸미기에 여념이 없었다. 그들이 우선 순위를 잘못 정했기 때문에 그들의 수고는 더 이상 하나님의 축복을 받지 못했다. 오직 백성들이 하나님께서 그들 앞에 두신 그 과업을 완수함으로써, 주님 제일주의로 살면서 그분의 사역에 온 힘을 다 기울일 때만 하나님의 축복의 손이 다시 한 번 그들 위에 임할 수 있었다. 학개는 하나님의 때에 하나님의 사람으로 행동했는데, 그의 네 가지 메시지는 다음과 같다: 완공으로의 부르심(1:1-15), 용기로의 부르심(2:1-9), 정결로의 부르심(2:10-19) 그리고 선택된 자로의 부르심(2:20-23).

표제

학가이의 어원과 의미는 확실치 않으나, 아마도 그것은 히브리어 학, 즉 '축제'에서 파생된 것 같다. 그것은 또한 **학기아**, 곧 '야웨의 축제'의 축약형일 수도 있다. 따라서 그의 이름은 '축제' 또는 '축제의'를 의미한다. 아마도 그것은 그가 장막절과 같은 주요 명절에 태어났기 때문일 것이다(학개의 두 번째 메시시는 그때 선포되었다(2:1). 칠십인역에서 그 표제는 **악가이오스**이며, 벌게이트역에서는 악가이우스(*Aggaeus*)이다.

저자

학개의 이름이 9번 언급됨으로써(1:1, 3, 12, 13; 2:1, 10, 13, 14, 20) 이 책의 저자와 연대는 사실상 논란의 여지가 없다. 주제와 문체 그리고 연대의 단일성은 명백하다. 학개에 대해 알려진 것은 본서와 에스라 5:1; 6:14에 있는 두 번의 언급뿐이다. 이러한 언급들 가운데 학개는 자기보다 더 젊은 선지자 스가랴와 함께 중단되었던 성전 건축의 재개를 독려하는 선지자로 묘사되어 있다.

학개는 스룹바벨의 인도하에 남은 자들과 함께 바벨론으로부터 돌아왔으며 예루살렘에서 살았음에 분명하다. 혹자는 2:3이 그가 주전 586년 포로 사건 이전에 유다에서 태어났으며, 이전 성전이 파괴되기 전의 모습을 기억할 수 있었던 작은 무리 가운데 한 사람이었음을 의미하는 것일 수도 있다고 생각한다. 이것은 학개가 주전 520년에 예언했을 때 약 75세 정도였음을 암시한다. 그러나 이것은 하나의 추측일 뿐이며, 동시에 그가 바벨론 포로 기간 동안 태어났을 가능성도 없지 않다.

연대와 배경

주전 538년에 바사 왕 고레스가 유대인으로 하여금 고국에 돌아가 여호와의 성전을 재건하도록 허락하는 한 조서를 반포했다. 제1차 귀환은 스룹바벨이 인도했으며, 주전 536년에 성전 건축이 시작되었다. 에스라 4-6장은 학개서의 배경을 알려 주고 어떻게 사마리아 사람들이 성전 건축을 방해하여 바사 왕에게 편지를 썼는지를 서술하고 있다. 이 방해로 인하여 유대인의 남은 자들은 더 깊은 절망감에 빠지게 되었다. 그들이 고국으로 돌아올 때 가지고 있었던 낙관적인 생각은 그 땅의 황무함, 흉작, 심한 노역, 교전 상태 그리고 그 밖의 역경으로 말미암아 위축되었다. 그들은 비교적 안정감을 누렸던 바벨론의 문화생활을 버리고 불모지를 개간할 뿐만 아니라 대적들이 둘러싸고 성전 건축 사역을 방해하는 요소들로 인하여 본국에서 굉장한 어려움에 봉착했다. 그들은 이웃 거민들과 싸우기보다는 건축을 중단하는 것이 쉽다고 판단하고 주전 534년 건축을 중단했다. 그 백성들의 부정적인 생각은 영적 무기력 상태로 이끌었으며, 그리하여 그들은 여호와의 성전을 짓기보다는 자기들의 집을 짓는 데 전념하게 되었다. 그들은 예루살렘 성읍의 재건 이후까지도 여호와의 전을 건축할 때가 이르지 않았다고 스스로 판단하고 주변의 방해를 성전 재건이 여호와의 뜻이 아니라는 쪽으로 해석하여 성전 재건 사역의 중지를 정당화했다.

하나님께서 선지자들, 곧 학개와 스가랴를 불러 백성들을 설득하여 성전을 완공하는 일을 수행하도록 하신 것은 이러한 상황에서였다. 두 책의 연대는 정확하다: 학개 1:1, 520년 8월 29일; 학개 1:15, 520년 11월; 학개 2:10, 20, 520년 12월 18일; 스가랴 1:7, 519년 2월 15일; 스가랴 7:1, 518년 12월 7일. 스가랴의 예언은 학개의 두 번째와 세 번째 메시지 사이에 시작되었다. 따라서 성전 건축을 소홀히 한 지 14년 후인 주전 520년에 성전 건축 사역이 재개되어, 약 5년 후인 주전 516년에 완공되었다(스 6:15). 탈무드는 언약궤,

영광의 쉐키나, 우림 그리고 둠밈이 재건축된 그 성전 안에 있지 않았다고 말한다. 본문에서도 이에 대한 아무런 언급이 없다.

다리오 1세(521-486년)는 학개와 스가랴의 사역 동안 바사의 왕으로서 반란을 일으키는 수많은 나라들을 원정하여 자신의 왕국에 병합시킨 막강한 통치자였다.

주제와 목적

학개서의 기본 주제는 명백하다: 남은 자들이 자기들이 하는 수고에 대해 하나님께서 축복해 주시기를 바라기에 앞서 일의 우선순위를 바로잡고 성전을 완공하는 일이 최우선이라는 것이다. 영적인 무관심 때문에 그들은 하나님의 기쁘신 뜻을 묻지도 않았고, 또한 그것을 이루고자 노력하지도 않았다. 그로 말미암아 그들의 삶은 곤고해졌고, 그러한 곤고한 상태가 무엇을 의미하는지도 이해하지 못하는 형편에 처해 있었다. 선지자의 외치는 메시지가 자기들의 삶이 공허한 이유를 깨닫게 해주었다. 새롭게 각성한 저들이 정말로 중요한 바로 그 일을 다시 시작했을 때, 모든 것은 바르게 돌아갔고, 그들의 삶은 의미 있는 삶이 되었다. 일은 진행되었고, 성전은 완공되었다.

성경에서 학개서의 위치

학개는 메시지를 통해서 빠르고도 확실한 결과를 가져오게 한 몇몇 선지자들 가운데 한 사람이다. 그의 첫 번째 신탁이 있은

지 23일이 못되어서 백성들은 14년 만에 처음으로 성전 건축을 시작했다. 두 번째 성전의 기초를 놓은 일은 하나님과 그의 언약 백성들 간의 주요한 전환점을 마련해 놓았다. "그러나 오늘부터는 내가 너희에게 복을 주리라"(2:19). 모세의 율법 속에서 신앙생활 전체의 중심이 성소가 된 것은 바로 이 때문이었다. 그것은 제사, 제사장 그리고 예배라는 성전 제도 전체의 초점이다. 그것은 또한 이스라엘의 영적 본체의 상징이며, 하나님의 인격과 능력과 임재를 가시적으로 상기시켜 주는 것이다. 사실상 성전은 신구약 성경 전체의 중심이 되는 모티프다. 이제 다윗의 위가 없어지자, 하나님의 지속적인 언약 백성으로서 남은 자를 함께 결속시키기 위해 성전을 짓는 일이 특히 중요해졌다. 그리고 스룹바벨 성전 건축은 그리스도의 구속 사역을 위한 근거지를 예비한다는 면에서 의미를 가진다. 더구나 주님은 "이 성전을 헐라"는 말씀을 하심으로써 그 성전이 자기의 몸 즉 교회임을 분명히 하셨다.

학개는 이사야와 나훔처럼 다른 선지자들의 선명한 이미지나 시상이 풍족하지는 않으나, 그의 간결하고도 엄한 메시지는 성공적이었다. 그의 말은 신적 권위와 함께 지금도 울려 퍼지고 있다("나 여호와가 말하노라"는 표현과 이와 비슷한 표현들이 학개서의 38절 가운데 26번 나타난다).

내용

1. 완공으로의 부르심(1:1-15)

남은 자가 스룹바벨의 인도하에 바벨론으로 돌아왔을 때, 그들은 여호와의 전을 재건하기 시작했다. 그러나 그 일은 곧 중단되었으며, 백성들은 시간이 지남에 따라 그것을 무시할 핑계를 찾았다. 그들은 자기 자신들을 위해 호화로운 거처('판벽한 집', 1:4)를 짓는 데는 열심을 갖고 있었던 반면에, 성전에 대해서는 그것을 건축할 때가 아직 되지 않았다고 주장했다(1:2). 하나님은 그들에게서 축복을 가져가 버리셨고, 그리하여 곧 경제적인 침체에 빠지게 되었다. 그러나 그들은 하나님에 대한 무관심과 게으름 때문에 어떠한 일이 일어나게 되었는지를 깨닫지 못했고, 따라서 하나님은 그의 선지자 학개를 통해 남은 자들에게 직접 뜻을 전하셨다. 총독 스룹바벨, 대제사장 여호수아 그리고 모든 백성들이 이에 응답했고, 23일 후에 그들은 성전 건축을 다시 시작했다.

2. 용기로의 부르심(2:1-9)

단 몇 주간이 못되어서 백성들의 열심은 낙심으로 변했으며, 장로들은 솔로몬 성전의 영광을 기억했고, 자기들이 짓고 있는 성전의 초라한 규모로 인하여 마음 아파했다(또한 스 3:8-13을 보라). 학개가 전한 격려의 말은 과거에 하신 하나님의 언약적 약속들(2:4-5)과 미래에 대한 하나님의 확고한 계획(2:6-9)을 이 절실한 시기에 백성들에게 상기시켜 주었다. "이 전의 나중 영광이 이전 영광보다 크리라"(2:9).

3. 정결로의 부르심(2:10-19)

제사장들에 대한 학개의 메시지는 악에 물드는 일에 관한 개념을 예증했고(2:11-13), 그것을 그 민족에게 적용했다(2:14-19). 여호와께서는 거룩함과 순종을 요구하시며, 죄의 오염은 하나님의 축복을 가로막는다. 백성들은 성전을 세우는 일에서 하나님께 순종했기 때문에 그 때로부터 복을 받을 것이다.

4. **선택된 자로의 부르심**(2:20-23)

학개가 제사장들에게 말씀을 선포한 그 날에 그는 스룹바벨에게 두 번째 메시지를 주었다. 야웨께서 심판을 행하고자 일어나실 것이며, 그분이 권능으로 땅 위의 열국들을 타도하실 것이다(2:21-22). 그 때에 장차 오실 메시아의 상징인 스룹바벨이 영예를 얻을 것이다.

학개서에서의 그리스도

학개 2:9의 약속은 두 번째 성전이 하나님의 구속 계획 속에서 가지게 될 결정적인 역할을 미리 지적해 준다. 헤롯 대왕은 이 성전을 확장하고 아름답게 하는 일에 자기의 많은 재산을 사용했으며, 그곳은 그리스도께서 예루살렘에 오실 때마다 육신을 입고 오신 하나님의 영광으로 충만했다. 구약의 성전들이 선민과 이방인들이 드린 예물로 세워졌듯이 스룹바벨 성전 재건에도 이방인들이 참여했다. 게다가 주님은 이곳에서 영원히 단번에 희생제사를 드리셨다. 그분이 십자가에 죽으실 때, 성전의 휘장이 찢어져서 더 이상 희생제사가 필요 없이 하나님 앞으로 나아가는 길이 열리게 되었다. 바로 그 사역이 이 성전에서 이루어졌다.

스룹바벨 성전(구약의 성막, 제1성전 포함)은 예수 그리스도의 구속 사역의 근거지로서 의미를 지닐 뿐 아니라 그리스도의 몸인 교회를 상징한다. 구약 시대에 성전을 건축한다는 것은 오늘날 복음을 전하여 믿지 않는 사람을 그리스도의 몸이 되도록 하는 것이다. 그러므로 성전 건축은 오늘날에도 의미심장한 가장 소중한 일이다.

메시아는 또한 스룹바벨의 모습으로 그려졌다. "스룹바벨아…그 날에 내가 너를 취하고 너로 인을 삼으리니 이는 내가 너를 택하였음이니라"(2:23). 스룹바벨은 메시아 족보의 중심점이 되었으며, 두 가지 모두를 함께 날인하는 옥새와도 같았다.

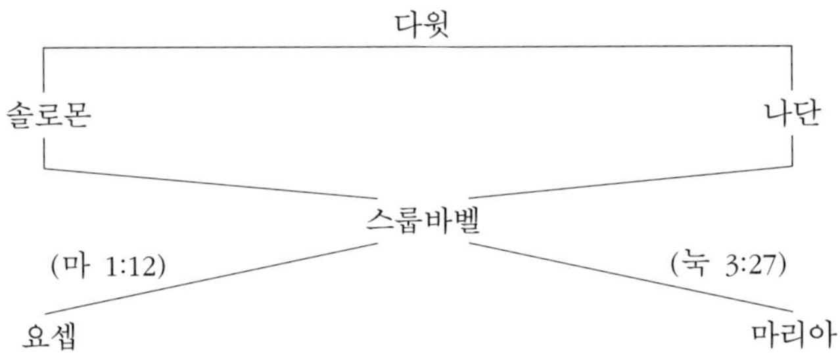

스가랴

나 여호와가 말하노라 내가 시온에 돌아왔은즉 예루살렘 가운데 거하리니 예루살렘은 진리의 성읍이라 일컫겠고 만군의 여호와의 산은 성산이라 일컫게 되리라(8:3).

<table>
<tr><td>초점</td><td colspan="4">환상들
1 … 8</td><td colspan="2">예언들
9 … 14</td></tr>
<tr><td>구분</td><td>회개로의 초대
1:1-6</td><td>밤의 여덟 가지 환상
6:8</td><td>여호수아의 대관식
6:9-15</td><td>금식에 관한 질문들
7 … 8</td><td>첫 번째 경고: 메시아의 소개와 배척
9 … 11</td><td>두 번째 경고: 메시아의 중재와 영접
12 … 14</td></tr>
<tr><td rowspan="4">화제</td><td colspan="3">여덟 가지 환상</td><td>네 가지 메시지</td><td colspan="2">두 가지 경고</td></tr>
<tr><td colspan="3">이스라엘의 행운</td><td>이스라엘의 금식</td><td colspan="2">이스라엘의 미래</td></tr>
<tr><td colspan="3">심판, 정결케 함, 회복</td><td>금식에서 잔치로</td><td>메시아: 초림과 배척</td><td>메시아: 재림과 영접</td></tr>
<tr><td colspan="4">연대가 알려진 예언들: 성전 건축 기간 동안</td><td colspan="2">연대가 알려지지 않은 예언들: 성전 건축 이후</td></tr>
<tr><td>지역</td><td colspan="6">예루살렘</td></tr>
<tr><td>시기</td><td>주전 520년 11월</td><td colspan="2">주전 519년 2월 15일</td><td>주전 518년 12월 7일</td><td colspan="2">약 주전 480-470년</td></tr>
</table>

개관

스가랴는 일련의 여덟 가지 환상과 네 가지 메시지, 그리고 두 가지 경고를 사용하여 하나님의 언약 백성에 대한 미래의 계획을 묘사한다. 처음 8장까지는 남은 자들이 성전을 재건하고 있는 동안 그들을 격려하기 위해 기록되었으며, 나머지 6장은 성전 완공 이후에 쓰여져 장차 오실 이스라엘의 메시아를 내다보고 있다. 스가랴서의 화제의 초점은 이방의 지배에서 메시아의 통치로, 핍박에서 화평으로 그리고 부정함에서 거룩함으로 옮겨간다. 이 책은 환상들(1-8장) 그리고 예언들(9-14장)로 구분된다.

표제

제카리아는 '야웨께서 기억하신다' 또는 '야웨께서 기억하셨다'를 의미한다. 이 주제가 이 책 전체를 지배한다: 이스라엘은 야웨께서 그분의 열조들과 하신 언약을 기억하시기 때문에 축복받을 것이다. 그의 이름의 헬라어 및 라틴어역은 **자카리아스**(*Zacharias*)이다.

저자

스가랴는 구약성경 29권에 등장하는 인물들의 어느 이름 못지않게 인기 있는 이름이었다. 그것은 하나님께서 남자 아기를 선물로 주신 것에 감사하여 붙여진 이름이었을 것이다. 그의 선배들인 예레미야나 에스겔과 같이 스가랴는 잇도의 손자 베레갸의 아들로서 제사장 가문 태생이었다(1:1, 7; 스 5:1; 6:14; 느 12:4, 16). 그는 바벨론에서 태어났으며, 스룹바벨과 대제사장 여호수아의 인도 아래 유대인 포로들이 귀환할 때 그의 할아버지가 팔레스틴으로 데리고 왔다. 만일 그가 2:4의 그 '소년'이라면, 그는 주전 520년의 어린 나이에 예언의 소명을 받았음에 틀림없다. 유대인 전승에 의하면 스가랴는 계시된 정경을 수집하고 보존했던 대공의회의 회원이었다. 마태복음 23:35은 그가 일찍이 순교당한 사가랴와 꼭 같은 방법으로 "성전과 제단 사이에서 죽임을 당하였다"고 지적하고 있다(대하 24:20-21을 보라).

유대 및 기독교 전승의 보편적인 증거는 이 책 전체의 저자가 스가랴임을 확증한다. 그러나 많은 비평가들은 9-14장(연대가 알려져 있지 않은 예언을 담고 있는 자료들)이 무명의 저자에 의해 기록된 것으로 믿는다. 이 부분이 포로기 이전에 기록되었다는 설(說)을 지지하는 논증들은 빈약한 것들이다. 이 장들은 이스라엘과 유다를 하나로 간주하고 있기 때문에 포로 후 기간에 부합된다(1:9; 8:13; 9:10, 13; 10:6-7을 비교하라).

더욱 인기 있는 학설은 9-14장을 그리스 또는 마카비 시대 안에 두고서 스가랴서를 '그 사건 이후의 예언'으로 만들고자 한다. 알렉산더 정복(9:1-8)과 후기 마카비 반란(9:11-17)에 대한 묘사는 너무도 명확해서 일부 주석가들은 본서가 그 사건이 일어나기 이전에 기록된 것으로 받아들이지 않는다. 그러나 헬라인들이 스가랴 시대에 잘 알려져 있었던 것은 사실이다(그들은 480-479년 살라미스에서 페르시아 왕 크세르크세스를 격파시켰다). 종교사학파의 견해는 9-14장을 묵시문학의 마지막 단계에 작성된 것으로서 매우 늦은 연대를 가리키는 것으로 본다.

종교사학파의 입장은 단순한 가정이지만, 가장 호소력 있는 논증은 1-8장(산문체로 무감정하게 서술된 환상들)과 9-14장(열렬한 시적 예언들) 사이의 문체적인 차이다. 이 문체상의 차이는 40년 간의 저술 기간과 달라진 상황들 때문에 생겨난 것으로 볼 수 있다. 한편, 그 유사점들은 상이점들을 능가한다(두 부분 모두가 특이한 표현들 및 히브리 문체의 정격〈正格〉을 사용하고 있다).

연대와 배경

스가랴는 선지자 학개, 총독 스룹바벨 그리고 대제사장 여호수아보다 젊은 동시대 인물이었다. 1-8장의 역사적 배경(520-518년)은 학개의 것과 동일하다(학개, 연대와 배경을 보라). 주전 520년에 성전 건축의 재개가 격려되었고, 주전 516년에는 그 건축이 완료되었다. 9-14장은 연대가 정해져 있지 않으나, 문체상의 차이와 헬라에 대한 언급은 주전 약 480-470년의 연대를 가리키고 있다. 이것은 다리오 1세(521-486년)가 무대에서 사라지고, 와스디를 폐위시키고 에스더를 페르시아 왕후로 삼은 크세르크세스(아하수에로) 왕이 계승되었음을 의미할 것이다.

주제와 목적

처음 여덟 장은 성전을 자주 언급하고 있으며, 백성들에게 새로운 성전 재건이라는 대 역사를 필하도록 격려했다. 그들은 성전을 건축하고 있었을 때 자기들의 미래를 짓고 있었다. 바로 그 건물이 장차 오실 메시아께서 구원을 가져오실 때 그분이 사용하실 것이기 때문이다. 스가랴는 특히 9-14장에서 메시아의 사역을 통한 이스라엘에 대한 야웨의 언약의 신실성을 웅변적으로 입증한다. 이 책은 후에 메시아께서 자기 백성들을 건지시고 부활 승천하셨다가 다시 오시기까지 자기 백성들에 대한 하나님의 계획을 약술해 놓고 있다. 이 영광의 소망은 괴로운 상황이 닥쳤을 때 유대인의 남은 자들에게 재보증의 근거가 되었다.

스가랴는 또한 영적 부흥을 촉구하여 그 백성들이 겸손한 마음으로 여호와께 구하고 자기들의 길을 그분에게 맡기도록 하기 위해서 기록되었다.

성경에서 스가랴서의 위치

스가랴서는 소선지서들 가운데 가장 길며 메시아에 관한 구절들을 다룬 선지서들 가운데 오직 이사야서에 버금가는 책이다. 이 책은 환상, 메시지 그리고 묵시적 신탁 등에 있어서 아주 다양하다. 본서는 다니엘서의 한 짝에 해당하는데, 스가랴는 이방인 통치 기간 동안의 이스라엘의 역사를 강조하는 반면, 다니엘은 이방인들에 대한 하나님의 계획을 전개하고 있다.

학개와 스가랴는 남은 자들로 하여금 제2차 성전을 건축하도록 유도하는 일에 함께 동역했으나, 그들의 접근 방법은 달랐다. 그것들은 다음과 같은 면에서 전반적인 대조를 보이고 있다.

학 개	스 가 랴
권면	격려
보다 구체적	보다 추상적
간결함	확대됨
현재에 대한 관심	미래에 대한 관심
참여하라!	전념하라!
연로한 행동가	젊은 환상가

내용

1. 1-8장(현재적) - 환상

우리가 현재적 혹은 미래적이라는 표현을 사용했으나, 이 모든 메시지들은 현재의 사건들을 통하여 미래의 메시아 나라 건설을 미리 조명해 주는 역할을 하고 있다.

1) 서론(1:1-6)

이 예언은 다리우스 제2년 8월(주전 520)에 주어진 것이다. 본문은 책의 요점을 말하고 있는데, 곧 회개하라는 것이다. 유다 백성이 포로에서 돌아왔고 포로 이전에 섬기던 우상들을 그들 가운데서 제거했으나, 그들은 여전히 하나님에게로 돌아오지 않은 상태에 있었다. 사실상 스가랴서 초두에 있는 이 메시지가 스가랴서의 가장 중요한 메시지다.

2) 아홉 개의 환상(1:7-6:15)

(1) **환상 1—말과 그 탄 자들에 대한 환상**(1:7-17)

한 사람이 홍마를 타고 화석류 나무 사이에 서 있다. 그리고 그 뒤로 홍마, 자마(적색과 백색이 어우러진 색), 백마가 따른다. 스가랴는 이들이 무엇을 의미하는지 몰라서 주님에게 묻는다. "내게 말하는 천사"는 계시의 영으로서 스가랴에게 본 환상을 설명해 주기를 "이는 여호와께서 땅에 두루 다니라고 보내신 자들"이라고 설명한다. 이들은 자기를 보낸 홍마를 탄 사람(메시아 왕 상징)에게 온 땅이 평온하다고 보고한다. 여호와의 사자(홍마를 탄 자)는 여호와께 포로가 된 지 70년이 되었다고 호소한다. 여호와의 사자를 위로하신 주님은 이제 예루살렘 성전 건축이 시작될 것이라고 예고하신다.

(2) **환상 2—네 뿔과 네 공장**(1:18-21)

네 뿔은 이스라엘을 헤친 세력을 상징한다. 하나님은 공장(석공 혹은 철공)을 통하여 그 뿔들을 두렵게 하고 깨어 버리려고 하신다. 성전은 단순히 예루살렘 성전만을 가리키지 않는다. 성전은 그리스도의 구속 사역을 통하여 이 세상에 세워질 교회를 상징한다.

(3) **환상 3—척량줄을 잡은 사람**(2:1-13)

환상 중에 나타난 천사가 측량줄을 잡고 있다. 그는 예루살렘을 측량하기 위하여 가고 있다고 말한다. 다른 천사가 해석하는 천사에게 '그 소년에게' 예루살렘에 다시 사람들이 거주할 것임을 말하라고 한다. '소년'은 누구인가? 소년으로 번역된 히브리어 '나아르'

는 창세기 34:19; 41:12; 예레미야 1:6, 7에서 '젊은이'(youth)로 사용되었다. 이것을 볼 때, 10대 소년(teenager)이라고 보기는 힘들고 약 20대 정도로 봄이 타당하다. 스가랴는 주전 536년(1차 귀환)에 어린아이로 따라왔었다. 지금은 주전 519년이니 스가랴의 나이 약 20세 가량이 된다. 여호와께서는 그 백성들을 보호하고 영광스러운 백성으로 만들 것이며 열국들을 자기 백성으로 만들고 그들 가운데 거할 것이라고 하신다.

(4) 환상 4—여호와 앞에 선 대제사장 여호수아(3:1-10)

대제사장 여호수아는 백성의 대표자로서 여호와의 사자 앞에 선다. 그러나 그는 더러운 옷을 입고 있다. 이를 보고 사단은 그를 참소한다. 그러나 여호와의 사자는 "사단아 여호와가 너를 책망하노라 예루살렘을 택한 여호와가 너를 책망하노라 이는 불에서 꺼낸 그슬린 나무가 아니냐"(2절)라고 하며 여호수아를 옹호하신다. 본국으로 돌아온 백성들이 이미 징계를 받았다는 것이다. 이 환상은 이스라엘 백성이 바벨론 포로생활이라는 고난을 통과해 나왔으므로 더 이상 징벌을 받을 필요가 없다는 사실을 말하고 있다. 그러나 더 나아가서 그리스도께서 이미 주의 백성들을 위하여 불 같은 고난을 받으시고 그들은 그분의 고난에서 나온 백성이므로 사단이 정죄할 수 없다는 메시지도 함축되어 있다.

(5) 환상 5—순금 등대와 두 감람나무(4:1-14)

환상 중에 스가랴는 순금 등대를 본다. 그리고 양 옆에 세워져 있는 감람나무로부터 감람유가 여러 관을 통하여 등대로 흘러 들어간다. 그리하여 등대는 계속하여 불이 켜져 있는 상대가 될 것이다.

이 등대는 교회를 상징하고, 기름은 성령을 상징한다. 주의 교회는 성령으로 말미암아 어두운 세상에 빛을 발한다.

한편, 스룹바벨이 머릿돌을 내려놓을 때 여호와께서 "은총, 은총이 그에게 있을지어다"라고 말씀하신다. "그리스도에게 은혜가 있다"는 뜻이다. 우리 구원받은 성도들이 소리쳐 외치는 말은 "예수 그리스도의 은혜" 혹은 "예수 그리스도의 은혜로"이다. 그분은 은혜 자체라고 말할 수 있다. 은총을 두 번 반복한 것은 강조의 의미를 가진다. 이는 성전의 건축(우리의 구속)이 처음부터 끝까지 하나님의 은혜로 말미암아 이루어졌기 때문이다.

(6) 환상 6-날아가는 두루마리(5:1-4)

바벨론에서의 시련 기간을 거치고 이스라엘은 본국으로 돌아왔으나, 그들 가운데는 아직도 정화되지 않은 죄인들이 있었다 : 도적질하는 자, 맹세하는 자(이는 거짓 맹세를 하는 자를 가리킴에 틀림없다)들이 여전히 있었다. 그래서 하나님은 이스라엘 백성들 가운데서 그들을 제거하실 것을 환상을 통하여 말씀하신다.

(7) 환상 7-에바 속에 있는 여인(5:5-11)

스가랴는 에바라는 도량형 기구를 본다. 에바는 약 두 말 들이의 도량형 기구다. 에바의 모양은 아마도 둥근 말(斗)과 같은 형태를 가지고 있으므로 겉으로 보기에는 무엇인지 분간하기가 어려웠을 것이다. 천사는 스가랴에게 그것이 에바임을 가르쳐 준다. 이어서 천사는 그 안에 여인이 앉아 있다고 가르쳐 준다. 에바 속의 여인은 의인화된 악이다. 이어서 둥근 한 납 조각이 들리더니 여인을 그 에바 속으로 넣고 그 둥근 납이 이를 봉인한다. '한 납 조각'은 히브리어 본문을 보면 납이나 은이나 금으로 된 뚜껑을 의미한다. '납'이란 단어는 원래 금, 은, 납 등의 무게에 해당하는 달란트를 가리킨다. 무엇인가를 덮도록 하기 위하여 사용되는 금속은 일반적으로 납이다. 그래서 역본들은 거의 일률적으로 '둥근 납'으로 번역하고 있다. 그 에바가 납 뚜껑으로 덮여지고 완벽하게 밀봉되자, 학의 날개 같은 날개를 가진 두 여인이 에바를 들어 시날 땅 곧 세상을 상징하는 곳으로 가져간다. 그리고 그곳에 그 에바를 위한 집을 짓고 그곳에 머물도록 할 예정이었다.

(8) **환상 8－네 병거**(6:1-8)

1병거－'홍마들'은 전쟁을 상징할 것이다.

2병거－'흑마들'은 죽음을 상징할 것이다.

3병거－'백마들'은 승리를 상징할 것이다.

4병거－'아롱지고 건장한 말들'은 질병이나 심판을 상징할 것이다.

이상의 네 말들은 심판하는 권세를 상징한다.

스가랴는 그것들에 대하여 "이것들이 무엇이니이까?"라고 물어본다. 이것들은 말들에 의하여 이끌리는 병거들로서 네 바람이라고 했다(6:5). 이들은 하나님의 심판을 집행하는 천사들의 영이다. 이들이 네 바람일지라도 병거로 표현된 것은, 하나님의 심판이 하나님의 영으로 말미암아 일어날지라도 그것은 물리적으로 전쟁을 통하여 시행되기 때문일 것이다.

그런데 흑마는 적대 세력(바벨론)이 있는 북편으로 간다(흑마=죽음).

백마가 그 뒤를 따르는데 이는 대적들에 대한 승리를 상징할 것이다.

아롱진 말은 남편 땅으로 가는데 애굽(이스라엘을 괴롭힌 나라) 방향이다.

그리고 건장한 말은 땅을 두루 돌아다니고자 한다.

동쪽 방향은 없다. 이는 동쪽은 사막이므로 말들이 나아가는 길이 없기 때문일 것이다.

홍마가 빠졌다. 그렇다면 건장한 말(아무침)은 홍마(아둠밈)의 오기(誤記)인가? 건장한 말은 그 빛이 붉고 건장한 말이라고 생각해도 틀리지 않는다. 또한 흑마와 백마, 아롱진 말은 모두가 건장한 말이라고 할 수 있다. 따라서 홍마가 생략되었다고 해서 이상하게 생각할 필요가 없는데, 그 이유는 그 말들이 나아가는 곳마다 전쟁이 일어나고, 그 전쟁은 언제나 건장한 말들으로 인하여 하나님의 나라에 승리를 안겨 줄 것이기 때문이다.

내게 말하는 천사(이는 여기서 메시아이시다)는 스가랴에게 말하기를 이 북으로 나아간 자들이 "내 마음을 시원케 하였느니라"고 말씀하고 있다. 이는 하나님의 심판의 영들이 바벨론과 이스라엘의 적대 세력을 대적하여 멸망케 했다는 것이다. 그렇게 하여 이스라엘은 정화되어 포로에서 돌아오고, 이방 세력들은 하나님의 백성들을 압제함을 인하여 망했다는 것이다.

(9) 환상 9 – 여호수아의 대관식(6:9-15)

"보라 순이라 이름하는 사람이 자기 곳에서 돋아나서 여호와의 전을 건축하리라"(12절).

3) 교훈(7:1-8:23)

백성의 대표자들이 스가랴에게 와서 금식할 것을 묻자, 스가랴는 "그 금식이 나를 위하여 한 것이냐?"고 묻는다. 이어서 선지자는 1) 진실한 재판을 할 것, 2) 인애와 긍휼을 베풀 것, 3) 약한 자(과부, 고아, 나그네, 궁핍한 자)를 압제하지 말 것, 4) 남을 해하려고 악을 도모하지 말 것이라고 주의 말씀을 전한다.

2. 9-14장(미래적) - 예언

본 장에서부터 스가랴서 후반부가 시작된다.

1) 9장에서는 다음 세 가지 사항에 대하여 말한다: ① 이스라엘 주변국(북방 백성, 두로와 시돈, 블레셋에 대한 심판(9:1-8), ② 메시아 왕과 그 사역(9-10절; 그분은 나귀 새끼를 타심, 전쟁을 그치고 평화를 전함), ③ 하나님 백성의 구원(11-17절; 갇힌 자를 자유케 함; 승리케 함).

2) 10장에서는 ① 기도와 약속(10:1-5; 하나님께 구하고 거짓 신에게 구하지 말라), ② 유대인들의 회복(10:6-12; 메시아가 이들에게서 나올 것이다)을 말하고 있다.

3) 11장에서는 메시아의 사명을 말하고 있다. 본 장에서 스가랴는 메시아 시대에 있을 일을 예고하고 있다. 그는 자기 백성의 목자로 오신 메시아께서 장차 어떤 모습으로 팔리시며 그분을 사서 죽음에 넘긴 유대인들이 어떻게 멸망할 것인지를 그림을 그리듯 정확하게 묘사하고 있다. 본문에서 선지자는 메시아의 위치를 차지하고 있

다. 그는 진실한 선지자로서 하나님의 위치에서 하나님을 대신하여 행동하며 하나님의 말씀을 대언한 사람이었다. 동시에 그는 대적자의 위치에서 행동하기도 한다. 이는 하나님께서 그렇게 행동하도록 하셨기 때문이다.

4) 12장에서는 두 가지 내용으로 나뉜다.

① 유다에 임할 미래의 축복(12:1-9). 주께서 본국 백성을 본 곳에 거주하게 하고 자기 백성을 구원하고 보호하실 것이다.

② 예루살렘의 회개와 축복(12:10-14). 다윗 집과 예루살렘 거민에게 은총과 간구하는 심령을 줄 것이며, 그들은 울면서 회개할 것이다.

5) 13장에서도 두 가지 내용을 말하고 있다.

① 회개의 열매(13:1-6). 주의 백성에게 더러움을 씻는 샘이 열리고 우상이 사라질 것이다.

② 목자를 깨우는 칼(13:7-9). 하나님은 칼로 하여금 목자를 치라고 명하신다. 목자들 아래 있는 자들은 주께서 3분의 1을 모아 시련을 준 다음 주의 참 백성으로 만드실 것이다.

6) 14장에서는 교회의 투쟁과 영광을 말하고 있다. 여호와의 날에 주의 백성은 열국과 투쟁하지만, 남은 자가 언제나 있을 것이다. 그때 여호와께서 천하의 왕이 되실 것이며, 열국 백성이 예루살렘에 와서 초막절을 지킬 것이다. 여기서 예루살렘은 교회 공동체를 상징하며, 초막절은 성도가 광야 같은 세상에서 살지만 천국생활을 하는 것을 상징하는 절기다.

스가랴서에서의 그리스도

이 책에는 매우 선명한 메시아에 관한 구절들이 풍성하다. 그리스도는 초림과 재림 사건에서 종과 왕, 인간과 야웨로서 그려지고 있다. 다음의 구절들은 그리스도에 대한 스가랴의 명백한 예견들 가운데 일부를 나열한 것이다: 여호와의 사자(3:1-2), 순(3:8, 4:12-13), 일곱 눈이 있는 돌(3:9), 왕-제사장(6:13), 겸손한 왕(9:9, 10), 모퉁이 돌, 말뚝 그리고 싸우는 활(10:4), 배척당하여 종의 값인 은 삼십에 팔리우는 선한 목자(11:4-13), 찔리운 자(12:10), 더러움을 씻는 샘(13:1), 버림받아 세게 맞은 목자(13:7), 장차 오실 재판장과 의로운 왕(14장).

말라기

만군의 여호와가 이르노라 보라 내가 내 사자를 보내리니 그가 내 앞에서 길을 예비할 것이요 또 너희의 구하는 바 주가 홀연히 그 전에 임하리니 곧 너희의 사모하는 바 언약의 사자가 임할 것이라 (3:1; 또한 1:2; 3:14; 4:5을 보라).

<table>
<tr><td>초점</td><td>그 민족의 특권
1:1 1:5</td><td>제사장들에 의한 타락
1:6 2:9</td><td>백성들의 문제
2:10 3:15</td><td colspan="2">여호와의 약속
3:16 4:6</td></tr>
<tr><td>구분</td><td>이스라엘에 대한 하나님의 배려
1:1 1:5</td><td>제사장들에 대한 하나님의 불만
1:6 2:9</td><td>백성들에 대한 하나님의 불만
2:10 3:15</td><td>장차 임할 축복과 심판
3:16 4:3</td><td>결론적인 경고
4:4-6</td></tr>
<tr><td rowspan="3">화제</td><td>하나님께서 여전히 이스라엘을 사랑하신다</td><td colspan="2">거룩한 축복을 막는 장애물들</td><td colspan="2">의인과 악인의 미래</td></tr>
<tr><td colspan="2">여호와의 정죄</td><td colspan="3">여호와의 강림</td></tr>
<tr><td colspan="2">회개: 만연된 죄악들</td><td colspan="3">회개: 심판의 약속</td></tr>
<tr><td>지역</td><td colspan="5">예루살렘</td></tr>
<tr><td>시기</td><td colspan="5">약 주전 432-425년</td></tr>
</table>

개관

말라기 당시의 백성들은 학개와 스가랴의 위대한 예언들이 아직 성취되지 않았다고 생각했고, 그래서 백성들은 하나님 말씀의 현실성에 대해서 부정적인 생각을 하거나 혹은 의심을 품게 되었다. 그들은 자신들의 신앙이 현실적으로 전혀 맞지 않는다는 사실을 인식하고 하나님의 섭리에 대해서도 의심을 품기 시작했다. 그들은 겉으로는 예배 의식에 참여하면서도 하나님을 섬기는 일이 가치 있는 일인가에 대해 의아심을 가졌고, 이러한 태도가 타성에 젖은 율법 준수, 헛된 예배 의식, 십일조와 헌물들을 사취함 그리고 하나님의 도덕법과 의식법에 대한 무관심으로 드러나게 되었다. 게다가 그들의 제사장들은 부패했고, 그들의 행동은 외식주의적이었으며, 백성들은 영적으로 매우 둔감해져 있었기 때문에 왜 자신들이 하나님의 축복을 받고 있지 못한지에 대해 의구심을 품었다.

일련의 면밀한 질의응답을 사용하면서 하나님은 돌처럼 굳어져 버린 마음을 녹이고자 하셨다. 하나님께서 선지자들을 통하여 전해주셨던 메시지들은 무시당하고 오히려 도전을 받았다: 어떻게 하나님께서 우리를 사랑하셨는가(1:2-5)? 어떻게 우리(제사장들)가 하나님의 이름을 멸시했는가(1:6-2:9)? 어떻게 우리(백성들)가 그 언약을 더럽혔는가(2:10-16)? 어떻게 우리가 하나님을 괴로우시게 했는가(2:17-3:6)? 어떻게 우리가 하나님의 것을 도적질했는가(3:7-12)? 어떻게 우리가 하나님을 대적하는 말을 했는가(3:13-15)? 백성들은 하나님의 메시지에 대해서 냉담했고 오히려 스스로 위안했다. "자, 그것은 그다지 나쁘지 않아!" 그러면서 그들의 패역한 행위들은 드러나지 않게 조용히 행해졌다. 하나님에 대한 그들의 의식이 점차 흐려지자 물질주의와 외형주의가 독특하게 자리잡게 되었고, 결국에는 그러한 사상이 바리새파와 사두개파 같은 이 사람들을 단단히 사로잡아 굳어지게 만들었다.

그럼에도 불구하고 하나님은 여전히 자기 백성들을 사랑하셨으며, 그분에게로 겸손히 돌이키고자 하는 사람에게는 다시 한 번 그의 은혜를 펼치셨다. 말라기는 그 민족의 특권(1:1-5), 제사장들에 의한 타락(1:6-2:9), 백성들의 문제(2:10-3:15) 그리고 여호와의 약속(3:16-4:6)을 언급하고 있다.

표제

말아키, 곧 '나의 사자'라는 이름의 의미 때문에 그것이 고유명사 즉 선지자의 이름인지 아니면 이름을 알 수 없는 어떤 하나님의 사자를 언급하는 한 가지 방법인지에 대해 다양한 의견이 생겨나게 하는 원인이 되었다. 그러나 모든 것을 종합해 볼 때 선지자의 이름일 가능성이 크다. 만일 선지자의 이름이 아니라 '나의 사자'라는 작자 미상의 인물이라면 이 책이 기록된 선지서들 가운데 유일한 작자 미상의 작품이 될 것이다. '말라기'는 아마도 **말라키야**, 곧 '야웨의 사자'의 축약형일 것이며, 그러므로 이 이름이 '언약의 사자'의 오심을 이야기하는 이 책에는 아주 적절하다('사자'라는 단어가 2:7; 3:1에 세 번 언급되고 있다). 칠십인역은 이 단어를 '그의 사자의 손에 의해'라고 번역하면서 **말라키아스**라는 표제를 사용했다. 라틴어 표제는 **말레아키**(*Maleachi*)다.

저자

구약성경에서 말라기에 관한 유일한 언급은 1:1에 있다. 요나단 탈굼은 이 책을 '서기관 에스라'의 것으로 돌렸으나 이 주장은 타당한 근거가 없다. 사실상 말라기의 저자, 연대 및 단일성은 결코 심각하게 도전받은 일이 없었다. 이 책의 단일성은 그것을 함께 묶고 있는 변증법적인 문체에서 찾아볼 수 있다. 말라기에 관해서는 (그의 아버지의 이름조차) 아무것도 알려진 바가 없으나, 유대인의 전승은 그가 대공의회 의원이었다고 말한다(스가랴서의 저자를 읽어 보라).

연대와 배경

말라기의 정확한 연대를 확실하게 결정할 수는 없지만, 내적인 증거를 통해서 말라기의 유사한 연대를 추론해 볼 수 있다. 총독을 나타내는 페르시아 용어 **페카**(1:8; 참조. 느 5:14; 학 1:1, 14; 2:21)는 이 책이 페르시아가 유대를 지배하고 있는 동안 기록되었음을 가리킨다(539-333년). 희생들이 주전 516년에 재건된 그 성전에서 드려지고 있었다(1:7-10; 3:8). 분명히 제사 제도가 제정된 이후 여러 해가 지났다. 제사장들은 제사 제도에 싫증을 느꼈으며, 그에 따라 제도 자체에 타락한 내용이 들어오게 되었다. 말라기의 메시지는 느헤미야가 직면했던 바로 그러한 문제들을 담고 있다: 부패한 제사장들(1:6-2:9; 느 13:1-9), 십일조와 헌물을 경홀히 여김(3:7-12; 느 13:10-13) 그리고 이방 여인들과의 통혼(2:10-16; 느 13:23-28).

느헤미야가 주전 432년에서 주전 425년 사이에 예루살렘으로부터 떠나 있었을 때, 즉 학개와 스가랴가 예언을 시작한 지(520년) 거의 한 세기 후에 말라기가 여호와의 메시지를 받아 선포했던 것으로 보인다.

주제와 목적

말라기의 예언에서 하나님의 담화는 이스라엘의 불신앙과 실망과 낙심이라는 장벽을 무너뜨리고자 하는 하나의 호소를 담고 있었다. 약속된 번영의 시기는 아직 오지 않았고, 따라서 야웨를 열정적으로 섬길 만한 가치가 없다는 듯한 풍조가 그들의 도덕적 및 종교적 부패 속에서 명백하게 드러났다. 그러나 하나님은 이스라엘이 영적으로 무기력한 상태에 있었음에도 불구하고 자신의 끊임없는 사랑을 나타내 보이셨다. 이 신탁 가운데서 그분이 호소하신 것은, 백성들과 제사장들이 축복을 받지 못하는 까닭은 하나님의 관심 부족 때문이 아니라, 그들 자신의 부패와 언약의 말씀에 대한 불순종 때문이었음을 그들로 하여금 깨닫게 하시려는 것이었다. 그들이 회개하고 진심으로 하나님께로 돌아올 때, 하나님의 축복의 통로를 막는 장애물들은 제거될 것이다. 말라기는 또한 하나님께서 의인과 악인을 심판하실 보응의 날이 반드시 오리라는 것을 백성들에게 상기시켜 주고 있다.

성경에서 말라기의 위치

말라기의 구조는 고발("너희가 나의 것을 도적질하고 있다"), 질문("우리가 어떻게 주의 것을 도적질하였나이까?") 그리고 논박("이는 곧 십일조와 헌물이라")의 순환 형태로 되어 있다. 거듭하여 백성의 잘못된 결론과 변명 혹은 합리화("그러나 너희는 말하기를"이라는 구절 및 이와 유사한 표현들이 12회 이상 나타난다)가 반박할 수 없는 확고한 논증들을 통하여 제압당한다. 말라기의 55절 가운데 47절이 하나님의 직접적인 말씀인데, 이것은 모든 선지서들 가운데 가장 높은 비율이다. 말라기는 또한 자신의 책을 심판의 내용으로 마치고 있는 유일한 선지자다. 요엘과 스바냐는 말라기보다 더 강렬하게 주의 날에 대한 주제를 표현하고 있는(3:2, 17; 4:1, 3, 5) 반면, 말라기는 구약성경에 잘 어울리는 결론이다. 그 이유는 본서가 죄악된 인간의 상태를 강조하며, 장차 오실 메시아의 사역을 통한 하나님의 해결 방법을 바라보고 있기 때문이다.

내용

1. 이스라엘의 특권에 대하여(1:1-5)

이스라엘 백성들은 자기들에 대한 하나님의 사랑을 깨닫지 못했다. 자신들이 처해 있었던 문제들에게 몰두한 결과, 그들은 과거에 하나님께서 자기들을 위해 행하신 일들을 전혀 의식하지 못했다. 이에 대해 야웨께서는 에서(에돔)와 야곱(이스라엘)의 운명을 대조하심으로써 그들을 향한 자신의 특별한 사랑을 그들에게 상기시켜 주셨다.

2. 제사장들에 의한 타락에 대하여(1:6-2:9)

제사장들은 야웨의 이름에 대한 모든 경외심을 잃어버렸고, 탐욕으로 인하여 더러운 떡과 병들고 온전하지 못한 짐승들만 제단 위에 바쳤다. 그들은 살아 계신 하나님보다는 페르시아 총독에게 더 큰 존경심을 가졌다. 하나님은 자신에 대한 이러한 외식적인 의식으로 인하여 그들에게 내리려는 축복을 거두는 한편, 이방인들 가운데서 자기 이름이 크게 될 것이라고 말씀하시면서 복음이 이방인들에게 전파될 것을 암시하고 있다. 나아가서 하나님을 무시하는 제사장들을 멸시할 것을 말씀하신다.

3. 백성들의 문제에 대하여(2:10-3:15)

백성들은 젊어서 얻은 아내들과 이혼하고 이방 여인들과 결혼하여 패역한 일을 행한 일 때문에 비난을 받는다(2:10-16). 그들은 하나님의 공의에 관해 질문을 던졌는데, 그 응답으로서 메시아의 강림에 대한 약속과 더불어 그분이 가지고 오실 심판에 대한 경고를 받는다(2:17-3:6). 백성들은 하나님의 십일조와 그에게 마땅히 드려야 할 헌물들을 도적질했으나, 하나님은 그들이 자신을 첫 번째 자리에 모시고 온전한 십일조를 드린다면 풍성하게 복 주실 것이라고 말씀하신다(3:7-12). 최종적인 문제는 하나님의 인격과 역사하심에 대한 오만한 도전이었으며(3:13-15), 이러한 도전은 다음 부분에서 모두 해결된다.

4. 여호와의 약속에 대하여(3:16-4:6)

여호와께서는 악인이 심판 받고 그분을 경외하는 자들이 축복 받는 날이 올 것임을 그의 백성들에게 예고하신다. 주의 날이 올 때 "하나님을 섬기는 것이 헛되지"(3:14) 않다는 사실이 밝혀질 것이다. 구약 예언의 마지막 위치에 서 있었던 말라기는 '저주'라는 단어로써 메시지를 마무리한다. 백성들이 결국은 우상 숭배에서 벗어나기는 했지만, 이스라엘의 역사 가운데서 영적인 진보는 거의 없었다. 죄가 여전히 넘쳐났으며, 구약 시대가 막바지에 이르자 메시아께서 오셔야 할 필요성이 그 어느 때보다 더 커졌다. 그 왕이 오실 때까지 반드시 기억하고 있어야 할 것이 있는데, 그것은 곧 시내 산에서 모세를 통하여 주어진 주의 율례와 법도다. 왕이 오실 때 주의 법도에 충실한 사람이 주께로 돌아와서(회심) 참다운 주의 백성이 될 것이다.

말라기에서의 그리스도

말라기는 400년 간의 예언적 침묵에 대한 전주곡이며, 그 침묵은 선지자 세례자 요한의 말과 함께 깨어진다. "보라 세상 죄를 지고 가는 하나님의 어린 양이로다"(요 1:19). 말라기는 주의 앞에서 길을 닦을 사자가 올 것을 예고했다(3:1; 참조. 사 40:3). 세례자 요한은

이 예언을 성취한 인물인데, 요한이 곧 엘리야였던 것이다(4:5; 참고. 마 3:3; 11:10-14; 17:9-13; 막 1:3; 9:10-11; 눅 1:17; 3:4; 요 1:23). 그러므로 엘리야는 그리스도의 재림 전에 나타나지 않을 것이다.

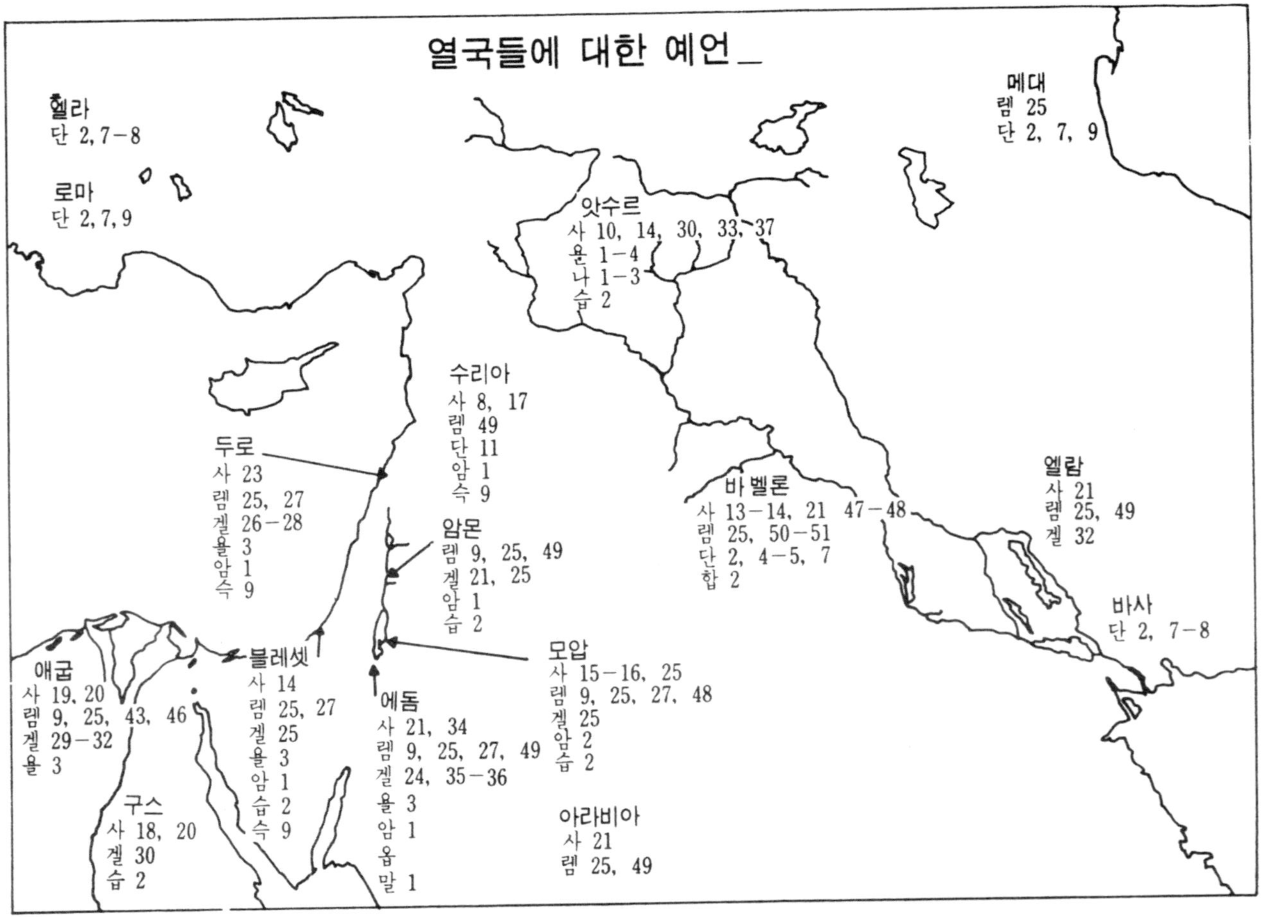
열국들에 대한 예언
헬라
단 2,7-8
로마
단 2,7,9
메대
렘 25
단 2, 7, 9
앗수르
사 10, 14, 30, 33, 37
욘 1-4
나 1-3
습 2
수리아
사 8, 17
렘 49
단 11
암 1
슥 9
두로
사 23
렘 25, 27
겔 26-28
욜 3
암 1
슥 9
바벨론
사 13-14, 21 47-48
렘 25, 50-51
단 2, 4-5, 7
합 2
엘람
사 21
렘 25, 49
겔 32
암몬
렘 9, 25, 49
겔 21, 25
암 1
습 2
바사
단 2, 7-8
모압
사 15-16, 25
렘 9, 25, 27, 48
겔 25
암 2
습 2
블레셋
사 14
렘 25, 27
겔 25
욜 3
암 1
습 2
슥 9
애굽
사 19, 20
렘 9, 25, 43, 46
겔 29-32
욜 3
에돔
사 21, 34
렘 9, 25, 27, 49
겔 24, 35-36
욜 3
암 1
옵
말 1
아라비아
사 21
렘 25, 49
구스
사 18, 20
겔 30
습 2